法国大革命史

（上）

[法] 马德林◎著　伍光建◎译

吉林出版集团股份有限公司

图书在版编目（CIP）数据

法国大革命史 /（法）马德林著；伍光建译 . —长春：吉林出版集团股份有限公司，2017.11（2022.5 重印）

（王权的更迭）

ISBN 978-7-5581-3412-8

Ⅰ . ①法… Ⅱ . ①马… ②伍… Ⅲ . ①法国大革命—历史 Ⅳ . ① K565.41

中国版本图书馆 CIP 数据核字（2017）第 262507 号

法国大革命史

著　　者	[法] 马德林
译　　者	伍光建
策划编辑	杜贞霞
责任编辑	王　平　史俊南
封面设计	老　刀
开　　本	650mm × 960mm　1/16
字　　数	498 千
印　　张	41.5
版　　次	2018 年 4 月第 1 版
印　　次	2022 年 5 月第 2 次印刷
出版发行	吉林出版集团股份有限公司
电　　话	总编办：010-63109269
	发行部：010-63109269
印　　刷	三河市京兰印务有限公司

ISBN 978-7-5581-3412-8　　定价：108.00 元（全二册）

目　录

卷首　介绍文

第一卷　议宪会

第二卷　立法议会

第三卷　特别国会

第四卷　指挥府

作者原序

在这个时候（一九一一年），敢毅然刊行一本《法国大革命史》，作者何尝不知其未免果于自命：惟是作者却不敢自居是个通才，故此自定界限。

此作并非作为课本，亦不敢作为专门学问家的著作，因为既不能适合于何种教育程度，更不能钻研汗牛充栋的档册，当日曾经苦心研究者，却是另一种范围较小的档册。

作者因为著这本书，才晓得近来五十年间所刊行以供学者研究的著作及文牍，是非常之多。

专为研究法国大革命的问题，发起极多的杂志及学会，而同时毋论何种杂志，无不研究这个问题。刊行的历史专著列传，有以若干大厚册作为一种的，亦有篇幅甚短，也作为一种的。关于大革命的著作，可谓丰富之极。此外还有革命时代的记载、日记、尺牍、偶录等类，都是当日亲眼目睹的人，执笔记载的。其中什么样人都有，什么党派的人都有，也有是外国驻使所记的，也有穷乡僻壤乡下种地人所记的；也有当恐怖时代所谓节度使所记的，也有后来被戮的贵族所记的。至于当时的公文，此时正在刊行，也有不久可以刊竣的。例如奥拉德（M. Aulard）所监刊搜辑的公安会案牍，及采自各方的国人诉苦书，此外还有指挥时代的案牍，及便于比较公牍与私人记载的制作。作者却是最注意于私人尺牍，故采用尺牍比采用记载为多。

或谓已经刊布的文件虽多，不过只能供学者作初级的研究，不过只到了门槛，并未能升堂入室。作者对于个人的话，却不能否认，若将已经刊布的文件与未经刊布的文件两相比较，诚然不过是初到门槛，但是只据已经刊布的文件作资料，也未尝不可以先制暂时适用的历史。

作者自命不过如此，这就是个界限。有许多读者是不欲深入汗牛充栋的迷楼的，作者就著这一本书供给这种读者，以便他们晓得近数十年来我的先生同我的同学此时所得的结论。洛郎（Rollin）先生著了一本《罗马史》，他的介绍文说道："我采用许多他人苦心孤诣的著作，此是不必隐译的。"作者这一本大革命史，也会采用许多他人的著作，读者若是觉得有趣味，可以读作者所引的原作（可惜所引的名作尚不算多），读者应归功于原作。

近二十年的历史家，做了许多深远的综合研究，我所从受业的索勒尔（Sorel）氏曾著一部《大革命时的外交史》。求魁（M. Arthur Chuquet）著了一部当时的军事史。哥西（M. Pierr de la Gorce）现时正在著《宗教史》，奥拉德著了一部《政史》（应称《革命时代的政见史》）。以上数种大不同的著作，都是很有价值的综合。

读者将晓得作者特别注意于政治，但是自限于惟一方面，是作到的。修史家把所有互相牵掣的事，强为分开，是件危险的事，若把外交史、战史、政史、财政史、宗教史、经济史、社会史、文学史分作绝对的题目，是不甚妥当的。对于革命史尤其要兼顾各方，研究同时所发生的事实；因为此一事与彼一事都有重要关系，不能撇开彼一事专论此一事的。今试举一端：例如大历史家坦尼（Taine）是作者所钦佩的人，假使他读过索勒尔的著作，是不会对于某事某事说他太过火，与事实不符。例如索勒尔描写的是一个被围的城，坦尼所写的是往往不过是被围的人民的情形，写他们有时颓丧，有时发怒如狂。惟是历史家的天职，是要站在城墙上，四百八方都要看到的，不独要留意被围的人，还要注意围攻的人。索勒尔很明白这个道理，故此写得面面俱到，不偏不漏的。

作者此书原已先定了一个界限，除了必要之外，是不能详细讨论办外交及作战方略的详细情形，亦不能详论财政、经济、社会的种种危机至于解事实的因果，及为论事论人持平起见，则讨论及之。

作者是要极力持平论人论事。无不出于公允。此一节最为难，原是无人能作到的事；但是作者深信在此著作中，并无不公允的褒贬。

《法国大革命史》原是一个极为难的题目，作者一下手却并不存何种成见，当研究这个问题的时候，对于革命的见解，往往十变其九，对于某人某事，往往发露个人的情感，有时是愤激，有时候是怜悯，有时是赞美，主持公道，却不能不如此。但是作者对于当时的人物，自信有持平的褒贬。作者曾经苦心研究过他们的列传，为最后的分析，晓得某人是无意为恶，或为恶而不自知其为恶，某人则是处心积虑的要为恶。

至于大革命总问题，作者觉得不难保留个人的观察及个人的意见。大革命原是一件极其复杂的事，自问无力可以下一句决绝的断语。此时更觉为难，当时的事实及原因效果，仍然是不能解决的问题，只有才识远过鄙人的，惟能下断语。

世人无有能免于错误的，当时的各党各派，也逃不出这个范围，都免不了错误。某人作错，某人犯了大罪恶，曾经作者指出。革命时代是无时无刻不是危机，所有一国罪大恶极的人，都一齐浮在面上。凡德尔（Vandal）说过："白沫也浮在上面，红沫也浮在上面，所有深藏于内的穷凶极恶的情性，一齐发露，是以作了许多罪大恶极的惨事。”

惟是另一方面，同时亦有极英雄极高贵的性情发现，作者亦经一一指出。作者是崇拜本国至于极点，毋论本国受于何等制度之下，原拟多铺叙本国的战功，不愿铺叙国里内乱的惨杀。但是为此作的规画所限，不能尽如我意，心虽不愿，不能不照原定的规画布置，大约总不能免于为此一派人及彼一派人所指摘，作者却已决计忍受。

在一九一〇年正月间，我的享大名的朋友凡德尔发起法国大革命的演讲，作者也与闻其事，作者且引他当日所说的话。

凡德尔说道：“我们的演讲，不要越出两端之外；一端是教人革命，一端是不教人革命。演讲家只能自处于历史家的地位，讨论历史，不要存什么成见，也不要预存结论，也不要发表什么融通的议论。”

“有人把大革命比作一块死木头；这个名称，是很不能入听的。毋论什么当国的人，或是平常人，把革命当作一块简单的死木头看，就是大错。”

“革命绝不是一件单简如一块死木头的事，是一件极其繁复的事。其中的原因、元素、举动、效果等等，都是繁复的，有计数不尽的种种方面。有人说过：‘人心是无限的。’我也说：革命也是无限的。”

“我们演讲家务必将种种繁复情形、种种方面都要说给在座诸君听的，还要深印于听者心中，要发明大革命给与法国，及给与天下的高贵情感，有效果的热心，及一切进步，及公道之增加；同时又要发明当时的种种不良的学说，种种破坏的意想，及所有过火的举动，及一切罪恶，及一切高贵的作为。其中有许多英雄豪杰，置内乱于不顾，而注意于边界；边界被外国所蹂躏，我国的豪杰出以英雄气概，以抵御外侮，竟能大收成功，为法国增加荣耀。”云云。当时作者称赞凡德尔这几句话，是常常称赞这几句话。作者著这本书，很受过老友大历史家凡德尔的勉励，不幸老友已死，尤不能不恪守他的指教，恪守他的精神作这本书。

路易·马德楞（Louis Madelin）序

译者序

路易·马德楞（Louis Madelin）为法国大历史家索勒尔（Sorel）入室弟子，而与凡德尔（Vandal）齐名，有良史才，善属文，他人以千言叙一事，写一人者，路易·马德楞能以百言了之，尤能深印于读者心中，通篇无不警策之句，宜其为法国学会列为第一，得哥柏尔奖赏（Gobert Prize）矣。英国译行之，附以介绍文，是布特理（Bodley）所著，自第一卷起皆原作也。今所译者，为一九二五年四月第五版，法国大革命之人物及其事迹，法国读者已知其大概，原作往往不复祥叙，中国读者或患其太略，译者今搜采提爱（Thiers 即《普法战纪》之爹亚，曾著《法国大革命史》，其事实议论，有可采者）、迦莱尔（Garlyle 是大文学家、哲学家、历史家，观事论人，有其特见，其著《法国大革命历史》在一八三七年，议论往往与路易暗合）、贝洛克（Belloc是文学家及历史家）、理诺（Lenotre 关于法国大革命之特种反面著作甚多，如专论革命法庭，即其一也）诸家之作，及《大英百科全书》作为附注，亦有未及加注者，则限于行箧书籍不多，无从取材作此。著此书之宗旨，具见原序，不复赘。

伍光建序

民国十六年（一九二七年）五月

卷首　介绍文

第一章　乱　象

（一）招集立法议会

宰相芮克（Necker）说："我要拿一分大年礼送给法国。"这句话是他在一七八八年十二月二十七日说的，离新年刚好还有四天，一到一七八九年正月初一日，这句话就播传出来了。原来那时候是路易第十六（Louis XⅥ）在位，宰相报告过大局的情形，开过国事会议，议决招集立法议会；分代表为三级，第一二两级，是享受特别利益的，第三级就是老百姓。他们代表的数目，却是议好了，要比第一二级的加倍。当时便把决定的议案，印刷了几千份分送，国人晓得了有这种好事，自然是很歌功颂德的。

从前原有过召集代表议决国是的，但是已经有一百七十五年没举行了。这时候国人的普通意思，因为政府有这样非常的举动，居然肯叫老百姓们选举倍数的代表，很相信这一次会议国事，是非同小可的，与从前的大不相同。一七五〇年的时候，有一位侯爵名叫达戎松（d' Argenson）不是说过的吗？他说过："假使不招集立法议会就罢了，若是一招集，就不是麻麻糊糊的会议，不成什么结果，一定是很认真的。"国人得了召集的消息，那个人心里不是很受点震动的。个个都称赞这位芮克，说他是“国人的至爱”；说他这张议决案，简直的是“天降的德音”；有许多人读了，是欢喜到流眼泪。据说：“有一处小乡村，有一个小牧师，在一个小教堂里的讲经台，对听经的人，读这张议决案；那些乡下的老百姓听了，简直感激大恩，欢喜到如疯如狂的。”作者所引证的，都是当时的人的来往书信。说道在法国京城巴黎地方，人人的梳洗桌上，都有一张议决案，上自侯爷，下至老妈子，看见了都是心里很受激动，个个都是欢喜若狂的。

读者自然要问：为什么这样欢喜？

因为这时候法国人是很穷苦的，自然不必说，就是有许多享受特别利益的人，都以为自己太受压制了，都要想得有一线的自由曙光。又因为法国的礼教制度等等都是腐败不堪了，无人不受痛苦，以为这次的议决案，是改良的起点。若论大概情形，则因为这些年来法国的社会受了许多哲学的培养，却受一个专制无法度的政府所逼压，又无法挣扎得开；现在奉了德音，以为是法国从此可就有了宪法了！读者要晓得：这“宪法”两字，并无一定的意思；你喜欢作什么解说，就作什么解说，自然就发生无限若干的理想。那些好出主意的人，得了“宪法”两个字，就有许多胡猜，暂时可以满意了。

（二）宪法

法国这时候是没有“宪法”。有几个人说：“从前原是有过的，久已不知抛弃在那里了”。作者要说句真实话：从前“宪法”两个字，有从前的意思，与现在的意思不同；从前的人看“宪法”两个字，并不是“设议院”解。当时法王克罗维斯（Clovis）

在位的时候，“宪法”两字，并不说是这位克罗维斯王要有两个立法院帮忙他来治个法国。但是这班人的知识思想，有七八年来，都是被哲学家议论所动，被他们迷住了，对于无论什么事，都要诘问理由。就是上帝也要诘问：“为什么他就该节制人类的灵魂?”自然对于住在维尔塞（Versailies）离宫的一位君主，也要诘问他：“为什么就该任凭他的尊意管辖法国的国民呢?”卢梭（Rousseau）已经发过有什么“民约”的议论，这种议论，是最时髦的。法国的人也就想到当初大约总有一种的条约，是君主同百姓们立过的。事隔多年，这种条约大约是失去了；现在可要重新再立起来。

在老百姓们一方面，他们的思想是很单简的，不甚晓得什么叫作专制，只晓得这个时候简直是乱七八糟，是个无政府的时代，只想要有个办法，有种组织叫做“宪法”；他们以为有了“宪法”这个东西，总要比现在没得组织好得多。

从前原是有过条约的，还是不止一个，大约都是默许的；不然，就是未曾黑白写得分明的。

从前揆拍特朝的君主（Capetian King）同法国许多小邦有过条约的，法国的百姓就愿意容他的管辖，一连好几代。这一朝的国王，不独是能征善战，还帮助各乡村把那些小诸侯们都服住了，不许他们欺负乡下的百姓，又把各省的大诸侯也压服住了。他们这几代的国王，打服大小诸侯之后，还要管理刑名，替百姓们伸冤，替他们料理一切官司。这几代的国王，不独是作法国的地主，还要作他们的法律长官。历代相传下来，有一段故事说：“圣路易王（St. Louis）有一次走到文新尼斯（Vincennes）地方，就坐在一棵大橡树下，替百姓们判断官司，替一个孤儿寡妇伸冤。”后来法国的小邦结合起来，成了一个大国，那时候的国王除了判断官司之外，还要替国人打外国，不许外国人来侵犯，这都是从前的旧话。到了现在就大不相同了；现在的国王有多少年并未到过战场，不独未到过战场，连官司也不理，连乡村的老百姓们他也不保护；现在的国王究竟算是个什么东西呢？大约从前立过的条约是不算数的了！古人曾经作过几句诗，专讲国王的地位的，这几句诗的意思说的是："国王戴了我们法国的金冕，是要有勇气的，是要小心谨慎的，不然的话，法国的荣耀，就让他丢光了，历史上就要说他不配加冕作法国的国王。"

不独是这个条约不算数，还有两个默许的条约，也不算数，视同具文了。两个什么条约呢？一个就是大贵族同国民立的；一个是教士们同国民立的。第一个条约，是贵族要拿出刀子来保护国民；第二个是教士们要替百姓们祈祷上帝。贵族同教士们并不是白干的，他们因为这两件事得了许多权利，得了许多豁免税捐的利益。自从贵族们没得打仗本事，因为平民比贵族会打仗，贵族自然就不应该还要享受权利；教士们现在既不能在上帝面前替百姓们说话，不能称他教士的职，教士们也不该还要享受权利了，这个条约，也应该作废了。

这时候法国的人民，对于从前的默许未经写出来的旧条约，也是这种意思。

（三）国王有专制权

这时候法国人以为国王专制。凡是考究旧时制度的学者，听见这句话，总禁不住发笑的。他们那里晓得国王是被这种制度束缚住了，作了制度的奴隶；他对于这种制度若说一句不以为然的话，是可以的，若是要更改，连他也作不来。

国王是一国的元首，是不错的；但是他不过是个奴隶首领罢了。国王不过是宫廷里头的一个奴隶，是政府的奴隶；最可怜的，他也是风气及习惯的奴隶，他要想自由比我们老百姓还要利害得多。倘若国王是一个喜欢改良的，他一下手改良，就觉得改良比什么都为难；若是国王是个好省俭的，当时风气同习惯却要他乱花钱，有人伸手来讨钱，他就得给他；有贵妇来要，也得给她；叫他从那里省俭起呢？

这时候法国所以闹到这样扰乱，还有别的缘故。此时不独是维尔塞离宫里管不好，连各省也管不好，比离宫还要乱得多。读者请勿要求我把各省官上加官，架床叠屋的制度，说个清楚，因为这一个问题，就要写一本书，才能说得明白。总而言之，就是乱到团糟。

（四）特别利益及重税

乡下的老百姓们，或许能够忍受这种无政府的苦，但是有两件事情，却是绝不能再忍受的了；就是贵族们所享受的特别利益和当时财政情形。

据说："法国共总有七万法国人，是享受特别利益的。"

这种利益都是封建制度，贵族们所享的，不是物件，就是钱财。因为从前他们对于公家建过什么功业，就特别享受免税的利益，另外还有特别好处。作者把贵族所享的利益，分列于下：

一、卖酒利益　贵族地主在他的地界内，每年有若干时期可以酿酒出卖，不许他人卖。

二、有逼用利益　贵族地主在他域内，建立许多东西，强逼乡下人租用。例如建造许多制面包的炉房，凡是界内的人，不许在家里或别处制面包，一定要在地主的面包炉房制，每年出租钱若干。

三、过路税　凡有牲畜货物在地主的地界上经过的，都要纳捐，作为修路之用，凡经过桥梁津渡的，也要纳捐。

四、养鸽专利　惟地主可以养鸽，不许他人养鸽。

五、果捐　凡有种果园的，必要分若干份与地主。

六、界捐　凡有划分田园界限的，都要纳捐。

七、粮食捐　秋收的时候，地主要收获的粮食十分之一。

八、特捐　此外还有种种特别捐项。

以上所说的种种租捐，从前原有用意的；因为从前的地主，对于种地的人有许多规画，有许多布置，种地的人，原可以得着他们许多好处。以后却并没有这种事了，地主早已不住在地面上，并无人管理；不管也还罢了，若是有人来管，愈管愈坏。所有的贵族们都跑到维尔塞离宫去享福，愈闹愈穷，愈穷就要剥削乡下的老百姓，他们派到乡下的总管，自然更要虐待乡下人。

还有一层：这时候国里的人，对于纳税不平等，同享受特别利益两件事，是非常之注意；在他们眼中看来，更看得重的还是不平等的利益，特别权利尤在其次。拉洛瑟尔（La Rochelle）地方的“诉苦书”，（未开立法会之前，路易第十六曾令民间分区各诉疾苦，具呈上闻。）有一条最特别的诘问，就是诘问既是人皆平等，为什么某人犯罪，就应该问斩，某人犯罪，就应该问绞呢？这是未免太不平等了。

（五）教产之富

教士们所处的地方与贵族不同，也是一样的招国人的怨恨。作者且先说说他们财产的地位。通国的教士，大约总在十二万至十四万人之间：其中有二万至二万五千之间是僧徒（借用），正式教士人数在六万人之间，尼姑（借用）有三万七千人。

管辖法国宗教事务的有一百三十位主教，他们所管辖的教区，地面大小不等。（例如某区有一千三百八十八处小教区，某区只有十九处。）他们的进款，更是参差不等；有一处大教区一年有四十万旧佛朗的进款，有些不过七千旧佛朗。

僧院的收入亦是不等。有一处每年有五十万佛朗（专指旧佛朗）的收入，小僧院的收入，不过六千佛朗。

有许多历史家对于教产收入，未免言过其实。拉哥斯（M. de la Gorce）所算的数目，是每年总收入有二十九万九千二百万旧佛朗。作者看这个数目，还不差什么。他们每年正项收入是八千五百万，但是他们抽收奉教人的款项还有八千万。

这都是数百年前善士们捐的，或是遗分给他们的产业，却不是白捐的白送的，都有个用处；原要他们替死者念经祈祷，赈济穷苦的生人。到了宗教堕落的时候，教士们也还多多少少作了点赈济祈祷的事，化去教产的进款不少。近来有好些年，教士们把这些该作的事，都觉全忘记了；把从前善士们捐助钱财产业的用意，一切都不管，都当是自己的私财，任意乱花。

既是这样，他们自然是不该享受。

（六）最招怨之什一宗教税

小教区最恨的是什一教税：（及革命时代，教士们最受痛苦，小教区反出力援助之，此事见于下文。）因为几件事体，不知老百姓们同教士们打过多少官司；一七八八年有一次开贵人会议，有一个教长作一个什一教税的概说，说是诚心奉教的人所甘心愿意乐助的款。有一位公爵驳他，说道："什么愿意乐助？假使是愿意乐助，为什么这时候，因为教税，国里有四十万起官司还未了结?"

还有一层：教士们享受免税的利益，原是一七一〇年他们曾经花过一笔大款，才能豁免捐税的。他们久不久送一笔款给国王，就免了纳税。教产的分配又极不公道，也是一件痛苦的事。有一个某处的主教进款极多，简直的用钱同泥沙一样；但是有六万多小教士，都是过挨饿的日子。然而在宗教里头这班穷教士，都算得是最好的人：故此老百姓们心里更不服。大约一个小教区的牧师，每年有七百佛朗教俸，副牧师大约有三百五十佛朗，主教每年却有十万二十万或多至四十万佛朗的进款。若论起行为道德，主教却还不如一个小牧师；故此这群挨饿的教士，自然也有许多痛苦要申诉的。毋论如何：诚心奉天主教的教士，也免不了许多怨言；奉耶稣教的教士，因新近才受过许多窘逼，自然更不以主教们为然了。

（七）特别税

有一种特别税，是老百姓们一定要纳的，贵族教士们却是免纳的。若是毋论什么阶级人等，同样的纳税也还罢了；偏偏这种重税，要百姓们纳，百姓们自然是更恨贵族教士了。这时候贵族虽然也纳人头税，还有一种叫做五厘税，已经够重的了，可算作是活剥老百姓的皮。这特别税简直是闭塞住百姓的咽喉，叫他活不了。这种特别税就是一种所得税，若是所得是一百佛朗，国家就要征收五十三个佛朗，这还不算，政府还可以随时任意加抽。从前有个一位财政大臣叫做科柏特（Corbert）真是善管财政，那时候国用是很省的；自从他死过之后，就没得这样的财政大臣。是以在一七八九年一月一日，百姓们还是要纳这所得税的。更有一层，收税的机关，还要上下其手，任意估抽。有一位游历家走到法国，看见这种情形，十分诧异。平常百姓一亩（英亩）地，要纳十四个佛朗的地税，贵族有十二亩地，只纳九个佛朗。

（八）盐税

此外还有一间接税，再加上这些间接税，简直的是把百姓们压倒了动不得。读者总有许多晓得的，政府卖盐专利的事，就是法国革命的一个极大原因。盐税激动革命，比所得税的力量更大。此外还有各种捐项，这就同盐税差不多，政府所用的不肖官吏，可以任意挨家搜查骚扰，他们跑进人家，什么地方都搜查遍了。此是最令人难受的事，百姓们痛恨是深入骨髓。

百姓们受了这几种层层剥削，那里能够担负得起呢？故此从外面看来，百姓们是穷极了；然而细加考察，骨子里还不见得穷。作者也不晓得当时的老百姓究竟用什么法子，居然能够省俭积蓄余财？又不知他们用什么法子，把蓄积藏起来，拿去置买田地？因为曾经有人详细确实考查出来，自从十八世纪以来，乡下人陆续置买田地，此时法国的地亩，大约有三分之一是在乡下种田人手上；可见得他们很有节省的本事，很有要自己作地主的志气。此是向来无人疑到的，近来有人研究出来，才知道有这种事实。他们既然有这种志气，自然是更盼望一旦得以免了这些担负，更可以多置田产了；故此他们要求平等相待，就是以能多置田产作目的。

在市镇的贫民，是常常挨饿：自然是要国王及政府负责，如同在一七九一年要当时的议会负责，在一七九五年是要当时的国会负责。

无论在城市抑或在乡村，百姓是没得一个不诅骂政府的。到了一天，请他们说话的时候，自然是狂叫狂喊的，发表他们的愁苦。

有一位大臣，名叫堵哥（Turgot），曾经对路易十六说过："这却是因为法国没得宪法的缘故。"他的意思（并非有意要仿英国的制度。）亦不过要有一种合情理的机关。因为一七八九年并非是制度好不好的问题，当时简直是并没得什么制度。

有一位大臣当王室快倒的时候，曾递过一件报告；这件报告值得一引，给读者晓得。

他的报告里头有一段最要紧的话，说的是："法兰西原是好几个分邦凑成的，各有各的治法，各省不相闻问。有几府县是完全自由，并无担负的；所有的担负，却都推在别的府县身上。最富的人纳税最轻，贵人所享受的权利，就做成不稳固的形势，不能行一定的法制，又不能有舆论。总而言之，是个最不完全的国，害民的事，数不胜数；按着现在情形而论，简直是不能管理。"云云。

这几句话是谁说的呢？是一个中等人做到大臣说的吗？是一位改良家说的吗？是堵哥说的吗？是芮克说的吗？全不是的！是一位享受特别利益的贵族卡伦伯爵（Comte de Calonne）说的。他当了两年大臣，得了许多阅历之后，说出来的！

此时的人心，因为有了知识的进步，所有陈腐旧说，都逐渐的脱离了，觉得这样无政府的扰乱情形，不肯再受的了。

第二章　知识进步

（一）不信旧学

法国的制度，全靠旧学古风扶持，新学新风气同旧学旧风气，是绝对不能两立的。乡下的老百姓的情形，真是困苦，但是并不见得比从前困苦（还比从前稍好些）。此时作手艺的人，往往挨饿，但是并不见得比一百年前的作手艺的人挨饿的日子多些。享受特别利益的人，这时候诚然是很苛暴的，但是也不见得比从前更苛暴。若是从某某方面看来，现在的政府好像比从前还要有实力得多；为什么单独到了这个时候，国人就要蠢动呢？因为这时候什么旧学古风都无维持的力量了。有许多哲学家把墙的基础都透底挖通了，不久这四面的墙就要坍塌了。法国的制度，原是建筑得不牢固，况且不独是间架不好，连灵魂精神都早已没得了。好比一个人，骨格既坏了，灵魂又失了，还能够活吗？

有许多人说："这是卢梭的不好！"有许多人说："是福耳特耳（Voltaire）的不好！"有许多明白人听了这两句话，就未免要发笑，因为把责任都推在这两个人身上。其实是许多人的不好，许多事的不好，不能专怪这两个人。话虽是这样说，但是革命的时候，对于这两个人却有特别尊崇的表示，可见得是很当这两个人有助成革命的功劳。

（二）罗兰夫人

当时不独有卢梭所作的自状，此外还有他人所作的自状，我们试打开有一位罗兰夫人（Mme. Roland）所作的自状。这位夫人原是一个中等人家的女子，她的父亲是一个怀疑派市侩（又作中等人家，又作小康人家，阶级在斯文人家及劳工人家之间，以后所用市侩两字即是此意。译者注）；她的母亲是一个诚心奉教的女人。这个女人为什么一生专提倡革命呢？这个女人原有她的伟大不可及的地方，也有很错误的地方。她是生于一七五四年，那时候孟德斯鸠（Montesquieu）是快要死了，福耳特耳正是最得意的时候，同达兰贝耳（D' Alembert）连盟，攻击宫廷。罗兰夫人出世的那年，度克罗（Duclos）即介绍哲学在黎塞留（Richelieu）家里；不久，达兰贝耳也就来聚会。一七四五年，就有一个哲学家狄德罗（Diderot）著一本书叫作《解释自然》（I' Interprètation de la Nature），就变作一个无宗教的人。这一年又是第三本百科全书出现，居然得了审查图书人的认可。这一年又是卢梭造《不平等论》（Discours sur I' Inéqualité）。后来十年里头，无一年不是哲学得意的时候，所有的后来革命伟人都是这十年里头出世的。（只有两个不是的，一个是西耶士（Sieyes），他是一七四八年出世，一个是弥拉波（Mirabeau），他是一七四九年出世的。）布里索（Brissot）是一七五四年出世；拉法夷脱（Lafayette）是一七五七年出世；穆内（Mounier）是一七五八年出世；罗伯斯庇尔（Robespierre）、汾约（Vergniaud）、丹敦（Danton），他们三个人都是一七五九年出世呢。对穆郎（Desmoulins）是一七六〇年出世；巴那甫（Barnave）是一七六一年出世。作者所说的都是革命伟人，其余的只好不详细说了。作者特别在这一段书，这里提出罗兰夫人［未出嫁时是姓夫力逢（Phlipon）名玛诺（Manon），在革命时代，人家都称她作罗兰女国民（CiloyenneRoland）］。因为其后她专喜欢看书，看柯奈耶（Corneille）著的书，就要学作罗马英雄；看波卢塔（Plutarch）著的书，她就要学作希腊英雄。最后看的就是达兰贝耳、福耳特耳、何尔巴哈（Holbach）、爱尔法修（Helvetius）、狄德罗，诸家的著作，就要作革命党。她最喜欢读的是卢梭的著作。据罗兰夫人自己说道："可惜我读卢梭的书读得太迟了，却幸亏我读得太迟，若是读得太早的话，我这个人就会变疯狂了，别人的著作我是不要读了！"

读者却要晓得，凡是这个少年女子那时候所读的书，同时的男子们，也是要读的；从罗伯斯庇尔至对穆郎都是要读的；从格里瓜（Gregoire）他是个教士，至拉法夷脱他是个贵族，也是要读的。总而言之：贵族们的儿子女儿，小市侩们的儿子女儿，所喝进肚里的，都是同源的水。

（三）百科家的潜力

作者到这里，又要讨论极有趣的先生及学生问题。既然有孟德斯鸠、福耳特耳、卢梭这班人当先生，就有罗伯斯庇尔、丹敦、布里索这班人当学生；这个问题，就很有引人入胜的。研究了陈言旧意，作者是绝不相信的，只好另走新门路来研究。作者曾经研究这一百年内情形，把从一七八九年至一七九九年，这十年间以来二十个的革命大家的各种环境又都研究过，才晓得他们都饱装了一种共同的哲学，可惜全是破坏的哲学。

这种哲学的潜力，发生不止一种效果，法国的大革命就是这班聪明人，同一班自以为是思想家的人预备的办出来的。他们的思想，就是这五十年间的思想，就是武断的理想。古代的理想，还有什么同胞，人道，反对基督教，同推翻一切，毁灭一切的思想。

既然晓得革命是件理想的事，是件武断的事，我们试听了有一位在两次革命议会当过议员的人，又是最后的一位哲学家，所说的话，这个人就是康多塞（Condorcet）。他在一七八九年许久之前，就说过一句话，他说的是："一条好法律，应该施于毋论什么人都是好的；如同一个算学理题，人人都晓得是真确的。"法国大革命的全盘错处，就在康多塞这一句武断话里头。这位大算学家，简直的是不知所谓，他与他的同宗教的人，全不晓得以心理学作根柢的真确的社会学。说出这种话来，可见得他们并全不知道历史。

若是有人苦心去告诉他们，也是枉然！他们就要拿古时代的雅典（Athens）、斯巴达（Sparta）、罗马（Rome）来反驳；古时历史家波卢塔，拿他的作伪的希腊人，作伪的罗马人，供我们的消遣，有千百年了，我们这一班哲学家同他党徒们醉心于古时代的人物，就要借这班古时代的伟人的名如李奥倪大（Leonidas）、革拉古（Gracchus）、布鲁特斯（Brutus）、伽图（Cato）等等来办他们的革命，高呼他们的名字，何止千遍。

他们办革命，还要借重外国的法律。罗兰夫人自己觉得有种大同的灵魂，喜欢外国东西。那时候的哲学家从四面八方贩回来的许多新鲜思想，有从柏林贩来的；有从圣彼得堡贩来的；有从日内瓦贩来的；有从海牙贩来的。从伦敦贩来的更多。从美国费城贩来的尤其多。他们恭维华盛顿（Washington）及佛兰克林

(Franklin)，称呼他们作布鲁特斯及伽图。这就很够了，很够激动人心，播下扰乱世界的种子了。这班喜新厌旧的人，拿这些东西来号召，自以为有无上的好处；因为全是舶来品，全不是法国的。

（四）人道主义

这班人拿人道主义作个起点，先登台的是个“人”，第二登台的是个“好人”。这时候人人都醉心于慈善，一见好人出台，自然是人人心动的。既然有人，就有同胞的思想，说出来好像并无什么要紧，但是既兴了人道主义，这“同胞”两个字，就发生极过火的革命事业来了；既拿人道主义作了个好题目，自然是脱不了“慈爱”两个字。譬如说：一七八九年正月时候，部耶(Bouille)看见乱象已成，把那时候万分危险的情形告诉芮克，芮克却并不承认有这种情形，但是部耶说道：“我们要倚赖人道主义。”所有当时的政客，却是倚赖这种道理；他们的结果，就是从议会登断头台。

倘若人都是好的，自然似乎可以自治了；于是就发生广义的共和来了。他们既都很羡慕古代希腊罗马的共和，听见“共和”两个字，是欢迎的了不得。但是一七八九年，却并无什么人当真要建设共和。丹敦说过：“未宣布共和成立之先二十年，人人心里都有共和思想。”这句话说得是不错的。在十八世纪一百年间，初时不过是一种反对独裁制思想的萌芽，随后慢慢生长，最后便遍传国中了。

若是讲到法国的普通群众，他们何尝读过什么卢梭的书，什么福耳特耳著的书，什么《百科全书》呢？但是虽然未曾读过这些书，却是一样的怨嗟，有时还造反。（在路易第十五的时代，有过好几次的大暴动。）但是有了造反或是大暴动的事，还有君主的权力去弹压；那时候君权还没有基础的摇动，况且那时候并没有那些新式的市侩们，当群众的头目，指挥他们。如大革命的时代，若是没有这种头目帮助暴动，是变不成革命的。除了哲学家之外，还有什么人能够箝制政府的威权呢？能够夺了贵族们的利器呢？能够把少年市侩们的头脑，装满了革命的精神呢？毋论哲学家是被反对革命的人所痛骂，毋论被以革命为荣耀的人所称赞；总而言之，哲学家要担负这个责任，是无可驳的了。

革命原是由多种事实酝酿成功的，然而若是没有知识界来帮忙，却是发生不起来的，这是无疑的了。

第三章　三阶级　危机

法国大革命不止是政治上的革命。一切阶级的国人，都觉得痛楚：贵族，公民，教士，农民，工人，都要面面相对的。为什么有些就失败了，有些得了胜利，有些是大上其当，被人骗了，有些是变作奴隶了？在一七八九年的时候，后来的结果，都在他们各阶级的手上，在全国的国人手上。

（一）贵族无力

按历史上说话，法国的国王若是到危难的时候，原是仰仗贵族扶持的。这一次简直的是既无军队，又无将官来维持，因为贵族不能号召群众成军，自己贵族里头，又不能自成其为军。

但是读者却不要把贵族看得太不中用了。贵族里头知识还是有的，其中有几位在将来的议会里很占点势力。还有后来外塞（Vaissiere）所搜辑的《贵族尺牍》，有好几位很能说俏皮话，写信是写得很漂亮的。

然而作者还是要说他们材料不够，不能自成团体保护自己的阶级。又不善观时变，碰着有几个好机会的时候，又不晓得讲和调解。法国的国王有几百年来专作削夺诸侯权柄，降黜诸侯人格的事。于是来了一位红衣大主教黎塞留用尽多少机谋，果然把他们收拾一番。路易第十四在位，也是用同样的政策。这些贵族原是极有可为的人，被他们化作不能振作无用的人了。他又不让贵族多得政治阅历，简直是把贵族挫折到十二分，于是所有大多数的贵族，都变成惟命是听，卑污垢贱的人了。受挫折的日子既然过得久了，遇着大风潮，自然是再也挺不直腰的了。

况且路易第十四简直是把贵族的根柢都拔起了。一棵大树，既然没得根，怎么样能够抵得住大风呢？当初法国的诸侯，原是寓力于农功的，原是他境内的大田主，是农夫们的领袖，专一振兴农业的。到了路易第十四的时候不要他们留意什么农业，把他们都唤起来在维尔塞离宫住。乡下的农人许久见不着田主的面，自然就对他们没得什么感情；一遇着有大风潮的时候，贵族回去号召农民，农民不独不帮他，掉过头来还要反对他，攻击他，驱逐他。故此当大革命的时候，贵族们什么事都做不成。读者不要怪他们，只好原谅他们，说他们并不是不想振作，却是振作不起来。

贵族既受了多少年的挫折，既受了根本上的毁伤，同时又被当日的思想潮流所卷，与多数的人们一样。作者上文已经说过，贵族们从前是能征好战的粗野的豪杰，后来就慢慢变作斯文了。后来遇着那一阵哲学的潮流，他们更变斯文了，两只手连刀枪都不能抓。有好些最著名能征能战立过奇功的贵族的后人，都变作读书人了，变作福耳特耳、狄德罗、达兰贝耳、卢梭，这班哲学家的朋友，附和他们的议论。

这些新议论印入贵族的心里，比别人更深。有许多于是就失掉了宗教思想，却也不客气，公认不信宗教；有许多不知不觉的失掉了君主立国的思想。所有的贵族也不相信他们有享受特别利益的权利。有一位历史家特为作一本书，专论贵族中最有新思想的人，如力安库耳（Liancourt）、拉洛士佛科（Larochefoucauld）、维留（Virieu）、喀斯特蓝（Caslellane）、拉理·托隆达（Lally－Tollendal）、克勒芒·吞涅耳（Clermont－TonnetTe）等是也。一看这本小著作，就晓得这班贵族的大方，同他们意想的空虚。他们以为革命是反对君主专制，反对教士的狂妄。等到一七九一年，这大革命革到他们头上来，他们觉得很诧异，只好举头问天。克勒芒吞涅耳只有痛哭，维留只是诅骂，力安库耳只要想法替路易第十六招兵，但是都来不及了。

贵族那时候分开两派：一派是太好商量，太多让步；一派是太不好商量，简直的是不肯多让步。从前所相信的道理，现在被时势的潮流都推翻了，群众又不附和他们，因为在宫廷日久，人格又变卑劣了。从前法国最慷慨最好修饰的贵族，惟有光明磊落一死；但是他们一死，是否算得光明磊落，还不能说呢。

（二）庸劣的教士

这一群提不起精神颓唐堕落的贵族，是不可靠的了。教士们可靠不可靠呢？恐怕还不及贵族！因为在教士队里，就有仇敌在炮台里，况且这座炮台是快要坍塌的了。

当十八世纪的初年，就有人说过，宗教里并不要有什么大名望的人，要的是有大道德的人。教士们那里肯听这句话，到了争名夺利的时候，他们什么道德都牺牲了。

一七八九年的时候，也未尝无很好的教士，但是居高位的居多，都是声名狼藉的，其余的道德知识，都是庸劣不堪的。据说当日总有一百三十位居高位的教士，只有十五个是称为有道德的，还指明洛翁（Rohan）、罗美泥·得·布里恩（Lomenie de

Brienne)、查棱脱（Jarente)、塔力蓝（Talleyrand）等等的声名，最为恶劣。

（三）下级教士的民主思想

下级教士对待那些声名恶劣的上官，只有妒忿。这些小教区的牧师，都是来自民间，信教是很虔笃的，也多少沾了些当时哲学的思想，很有点提倡民主的精神。

凡是下级教士，个个都是提倡维新的，这是极有关系的要点。因为有了他们的助力，才能够打倒享受特别利益的上两级国民，使第三级国民（即平民）大获全胜。

当时有一件极不相干的事实，却是很有价值的：有一位很研究当日时事的说过，他在某处找出一张单子，是购买《百科全书》人的名单，共总有四十人；其中有二十四个都是小牧师，为什么单单这个地方的小牧师，比别处的这样肯舍得花钱买《百科全书》呢？其中自然是有个道理的，他们就是读卢梭的著作，也不觉得难过的。

因为看见当日的时局，他们是极不高兴的。主教同僧众，是富得太过，他们小牧师是穷得太过，几乎所入，不够养活。那些大主教们，在应酬场中，是挥金如土，对待小牧师们，却是非常之鄙吝。故此到了一七八九年，这些穷牧师，很预备同平民同走一条路。

到了这年选举的时候，他们是极端反对主教们。有位主教气极了，五月间说道："都是这班穷鬼把我们毁了。"在事实上看来，的确有了这班穷教士，才能够把革命闹成功的。主教们原不敢自信他们有什么正确的权利，又碍于位分，不甚晓得应该怎样奋斗。穷牧师们就不然了，卷起两只袖子，就挥拳奋斗，攻击他们有特别权利的人，比市侩们还要激烈得多。为的是有了穷牧师帮助，故此平民才能够打胜仗。作者现在要说到平民了。

（四）因反对不平等而起事

有一天，拿破仑说道："到底是为什么要革命的？实在都为的是争名争利！有许多人说：'为的是自由。'这不过是托词的话！"拿破仑这两句话，说得是太岂有此理，也不甚公道，然而却不能说他的话完全无理。有一位历史家曾证明一七八九年的革命，与其说是要推倒专制，到不如说是要推倒不平等。故此还是社会革命的分数多，政治革命的分数少。在市侩里头何尝无几位志气高贵的人，因为崇拜自由，然后努力去作革命的事。例如穆内（Mounier）就是一个极好的法国中级人的代表；他不久就明白是上了当了。崇拜自由的市侩是很少的，对于不平等怀恨的却是很多。有些怀大志的市侩跑出来当领袖，登高疾呼"自由万岁！"但是他们还是法国人，凡是法国人都晓得只是有权力的人能够有自由。那一个心窝里因为自私自利起见，不要平等的。当时有两个党派不同，但是他们所说的话，却是能证明拿破仑所说的那两句话是不错的。一个说道："并不是专制激怒国人革命的，实在是因为忿恨贵族。"那一个说的话，也差不多同这样意思。

还有一层：少年市侩读的好著作也不少，似乎还比贵族读得多。作者已经说过罗兰夫人少时所读的书，她所读的书，也就是罗伯斯庇尔、布里索、丹敦、巴那甫、对穆郎他们所读的书。他们简直的是崇拜这些作者，于是惹起他们的忿恨，同时又鼓吹自由，助长他们的傲性。作者还可以举两件事实证明他们的忿恨：

一件是罗兰夫人的事实，有一次有一位贵夫人请罗兰夫人，他母女两人于是到了贵夫人家，贵夫人把她们请到仆人屋里。有一次巴那甫陪母亲去戏园听戏，他的母亲被一个无礼的贵族推开一边。这一位少年女子同这一位少年男子心里只是敢怒而不敢言，能够不怀忿恨吗？此外还有许多常时同贵族接近的，不知受了他们多少侮辱！受了他们多少显露出来的故意谦抑的态度，这却比轻侮还要难受得多，心里更是按不住的忿恨怨毒。又如卡累（Carrier）是当贵族家的总管的，不知受过多少侮辱。一七八九年的时候，这些人那个不是怨恨的。西耶士称贵族作纸卷。总而言之：一七八九年所有的平民，大约无不个个希望平等，不过盼望到了平等，就有权力。在一七八九年至一七九九年，这十年之间，更有一件最应注意的要紧事，就是这些人心里并无丝毫民主思想，他们对于大多数的群众，又是极看不起他们，又是怕他们。勒佛耳利尔（M. Meynier de la Revelliere）说得最好，他说："一七八九年的市侩，一方面是恨极了贵族，一方面是极不相信群众。"读者不久就要看他们的举动，作者此时不必细说了。

（五）农民之怨嗟

惟是当一七八九年冬天，同选举那几个星期内，市侩们不能不敷衍更在下等阶级的国民，尤其要敷衍的是农民。于是分到各乡去，激动他们，叫他们，说他们的痛苦。

乡下老百姓，的确有极大的痛苦，作者前文已经说过。乡下老不管什么自由，不管什么英国宪制，什么两院制，也不管什么美国费城的共和制；他们只想废除了贵族们封建的权利，同各种重税苛税，此外也要政法改良些。这时候有什么东西束缚住他们呢？是不是世卿束缚陪臣家臣的制度呢？但是贵族都不住在本乡，还有什么制度可说呢？是不是宗教束缚他们呢？老百姓们原是奉天主教的，将来有一天他们还可以证明他们是笃信天主教的人。但是这个时候，那种什一教捐，：实在是受不了；我们很晓得一七八九年一月间老百姓们，要动手毁害贵族们的堡砦府第，小牧师们并不十分拦阻他们。

乡下人所要求的是田地自由，倘若国王帮助他们办到这件事，他们就说这是一位好国王到了。一七八九年八月间，果然办到田地自由了，老百姓们就没得什么要求的了。后来他们看见革命闹得太不成样了；恐怖时代，杀人杀得太多了；又看见每处乡村，都是恶人得志；纸币出得太多，害人也实在害得太多了；又看见革命政府专门同乡下的小牧师作对。乡下人就立刻掉过头来看看，那里有什么有权力的人可以能够致国家于太平，可以能够维持革命得来的的社会上，政治上好处的，请他救国。至于什么政治自由，他们都甘心牺牲，只要可以看见太平日子就十分满意的了。

（六）平民与农民联合

在一七八九年一月四月之间，市侩们向来是绝看不起乡下的农民的；这时候不能不暂时放下架子的，卑躬屈节拉拢农民，以便他们市侩们的私图。一七八九年所演出来的事，就是这种联合的结果。

市侩更善于利用下等穷可怜虫市民（其实并不分穷苦）。这些市民大约都是作手工的人，这种人是容易知足的，不甚想积蓄，得闲就高唱。但是一七八九年，他们最下等是要挨饿的，他们自然是怪政府不良。若是来了一位市侩，如丹敦律师，或是马拉（Marat）医生，或是对穆郎报馆记者，走来激动他们，带了他们去攻打大监狱，或是去攻打王宫，那是很容易的事。若遇必要，还可以招集许多土匪，帮助工人，立刻就招集成军。假使在一七八九年，只靠巴那甫的辞令；若在一七九二年，只靠汾约的一张嘴演说；是绝不能招集成军的。从前的工人及土匪们，何尝不屡次起过事呢！但是一起事就被官军弹压下来了，他们挨了一百年的饿，仍不敢起事。到了一七八八年至一七八九年冬天，实在是非常之冷，这班可怜虫挨饿受冻而死的，不知多少，当时有一位纪事家说得好，说是国王手执的钢刀丢在地下了。穷苦百姓们看见有权力的人没得利器了，就让炮台要害，都落在他们手里。

市侩们得了农民的帮助，故此一七八九年的选举大获胜仗，又要利用工人打开国王的大监狱的牢门。

（七）国王之懦弱

贵族及高级的教士都不能自保，自然是盼望国王保护他们，国王能够保护他们吗？自从一百年以来，国王无所谓宗旨，自然就无所谓政策。法国虽为绝对的独头专制，然而往往大权旁落，入于各议会之手，也不甚考究议会究竟应该有些什么权！就是招集议会时，也不晓得国内之阶级的公民，该享什么权利？

政府既无行政宗旨，又无财政宗旨，更无政治宗旨，在国里是有物质上的扰乱，在政府里是有道德上的扰乱。

国王又无社会上的宗旨，国王究竟倚靠那一阶级的国民呢？作者曾经说过，有许多时是倚靠各自治区。一七八九年各自治区，也想重新同国王联盟。自从路易第十四以来，原是倚赖贵族的。但是他的政策，只是不让他们发达，既是不能发达，自然是日见衰弱了。政府用人，全是私见。自从科柏特（Corbert）至芮克，政府的好位置，皆用的是中等阶级的人，却又看不起他们。总而言之：国王所倚靠的，是已经衰弱无力的贵族；政府所用的，是他看不起的市侩。

一七八九年维尔塞政府简直的对于社会问题，政治问题，毫无解决的法子，天天走到危险的地方，还不觉得。

国王果然招集议会了，也答应第三阶级的国民有加倍议员的数目。这是怎样讲呢？假使是按着阶级总议决，加倍数目，是毫无用处；难道是按人数议决么？这一个问题，路易第十六还不晓得，他的大臣们也不晓得。议会是招集了，让他们办什么事呢？有什么事是不是能让他们办的呢？问谁谁也不晓得。特别利益是不是还要保留呢？抑或是一概全废呢？也是没得人晓得。遇着必需的时候，是不是要压制议员呢？也没得人知道。作者却要加一句话，那时政府若是想要压制，也办不到的了。

因为一个无舵的政府，就是拿了利器在手，那只手是要发抖，拿不牢的；这个政府，遇着紧急的时候，要用军队，军队却不为他所用了。

（八）军队之反侧

一七八九年七月初八日，有一个平民代表的议员说道：“国王既无心力，又无兵力。”自从十八世纪以来，兵丁们拿长矛的手，是摆来摆去的；将官们拿指挥刀的手，也是摇了摆了的。总而言之，是靠不住。一七八八年的冬天，路易第十六有一次要派兵弹压某地方，有一位上将曾奏明国王，说是军队是绝对不能倚靠的。等过了六个月之后，正要开议会的时候，芮克说道："我们不能信赖军队。"政府之所以失败的原因就在此。

军官们是管不了兵丁，这个理由是浅而易见的。所有的军官，大多数是不够材料的。他们原不配带兵不过他们的运气好，呱呱生下地来，起码就是个大佐。下级军官，自经一七八一年明诏之后，是永远不得升官的，自然是怨恨那些可以升官的下级军官，有几个如乌第诺（Oudinot）马塞那（Massena）等，只好弃官而去。有几位如缪拉（Murat）等（此数人其后皆为拿破仑部下名将。译者注），弃官的时候，还说了许多不平的话才走的。其余的虽然不走，却是终日口出怨言。

军官手下的队伍勇气是诚然有的，不过是很危险，内里是什么人都有。有一位曾经带过兵，后来当议员的说："他们简直的都是强盗。"

这样的军队，自然是要有极严的纪律才能驾驭得了的。但是当时军官，也是为当日的思想潮流卷去了好谈人道主义。

还有一层：法国军队好入秘密会，这是从英国的爱尔兰军队带入法国的。一七八九年军队的秘密会场，共有二十五处。读者且不必问这种秘密会，是否有了革命的思想，平等精神却是有的。一个军队里，如何容得平等思想的呢？最能为军纪之害者，就是在秘密会里头。有时一位大佐，不独够不上同下级小军官平坐，还要坐在他之下；秘密会里头的实在情形，即是如此。例如某处的一个秘密会场，是一个小军曹当会长，一个上将不过是个会友，他还是一位侯爵。我想不出这位上将，怎么样好号令这个小兵曹，开枪打杀平民？况且平民当时所呼号的原是"平等"两个字，同他们所呼号的是一样。

从此就慢慢引到军队解散，先从一七八九年法国卫队叛乱，一直到一七九〇年八月有南锡（Nancy）兵变。故此路易第十六变作无兵可用，无人保护。

享受特别权利的贵族不能保护权利，既然无力，又是分离；教士们又分为两派，市侩们虎视眈眈，日夜要揽权夺利，要先下手抢得自由，抢得平等。这班市侩却是很有精神，很有知识，很有大志，又是极贪财的人，得了乡下里的农民来帮助。农民的意思，不过要推翻特别权利，倘若路易第十六要保护特别权利，他们就要攻击专制。市侩还有市民帮助，这些人挨痛受苦，已经有许久了，一有人号召是极容易起事的。此时大局变作两方面：一方面是国王贵族等等，一方面是市侩农民市民等，夹在中间的是一个政府；无政策，无调解方法，又无实力，要想作主人翁，也作不起来。

（九）革命份子

此时的大局实在是令人可怕。凡是革命，内中总有许多份子。除了上文说过的之外，还有别的份子：有在上级的暴乱份子，有在下级的暴乱份子。在上头指挥的，纯然是用激动党徒的法子；图富贵的，动之以富贵；想报仇的，激动他们去报仇；想泄忿的，激动他们去泄忿；失望的，还他们的希望；想发财的给他发财机会。当一七八九年有一国会议员就说过：“将来作革命史的人，一定不晓得当时有许多云烟过眼的事，有许多极不相干的事；然而此种事，与革命却有极重要的关系。”作者今日执笔作这本历史，并不是不晓得有这许多事。最有趣味的，无过把革命的首领，开列一张单子上，从拉法夷脱起，下至松退耳（Santerre）止；又上从弥拉波起，下至对穆郎止；又上从巴那甫起，下至科罗得霸（Collot d’Herbois）为止。（除此之外，作者还可以再举出五十多个的名字。）这些人却卷入革命漩涡中，不是因为身受抑郁痛苦，就是因为嗜欲太多。受利用供牺牲的，流品更杂，更是不堪的人物，城市也有，乡下也有，都是最恶劣的人，原是沉在最卑污地方之最下层的，一有人来号召，立刻都浮在面上了。有人说过：“这些人不是欠了重债的，就是犯过极重的刑事的，是绝不能再翻身的；除非是把一切都破坏了，推倒了，他们才能够翻身。”我们去再作详尽的研究，对于当时的秘密党是要说两句的。此外还有外国政府派来的秘密机关，这些人的行踪，更是诡秘；我们只能看见他们的东鳞西爪，总也捉搦不住他们。总而言之：这个大革命酝酿了有五十年，其中的因子是极多，都不能一一说得出来。

（十）上级人之精神萎靡

按事势而论，革命是绝不能免的了。读者慢慢就晓得这次革命逐渐退化，同初时的性质大不相同；虽然，非革命不可，是万不能幸免的。这一次的暴发，实在是替人道主义报仇，即是替精力雪耻。

一七九八年二月马勒特度攀（Mallet du Pan）说过：“我们就城市来说：所有的富人，贵人，地主，斯文人，个个都是只会吃，只会喝，只会懒惰，没得一个是能够提起精神有振作的。”

从前他们是个个都有精神，并且还是精神很好的。国王是成立法国的，诸侯是替国王出力打仗的，教士们是化导全国的百姓。现在他们的后人，是没有精神了，又享受许多特别权利，埋没民间多少真材。英国有一位大名士，曾经到过维尔塞离宫，说道："这些人都犯了贫血病。"

但是维尔塞宫自是维尔塞宫，法国自是法国。法国人还是很有精神的，内中有五十万公民是极有精神的，不独并不颓唐，并且因为受了压制更激发许多精神出来，这五十万健儿，第一步是费了大力，替这初产生的共和国争来许多荣耀，其后就归入拿破仑的部下。一七六八年，是拿破仑部下名将缪拉、摩尔退（Mortier)、柏舍耳（Bessieres）产生的年；一七六九年，是奥士（Hoche)、马索（Marceau)、内（Ney)、苏尔特（Souh)、兰（Lannes)、朱伯尔（Joubert)、拿破仑产生之年。那些阔家出身庸劣无能的教士，虽然也很想出力救国，但是到底都作了逋臣了事。但教士里头，很有有毅力的人；他们第一步先出力恢复自由，第二步就是用全力保全宗教。此外在这种无能政府之下，却有一班少年出来，毋论他们是律师，或是当医士，或是操别的行业的，都是极激烈的人。

那时候有一个五十多岁的人说道："我心里原有一个极活泼的东西，被压日久了；一到革命，这个东西又活泼起来了。我甘为国牺牲，作个爱国人。"这个五十多岁的人尚且有这样思想，何况少年？所有这班少年的活泼激烈精神，也有靠个人的力量作事的，也有合群共作，因为被一个陈旧机器逼压得日久了，就索性把这机器打碎了，所余的精神四处横溢，作了许多世界向来未曾见过的事。所有少年人同有气概的人，都转入潮流里。一七八九年，有一个投营当兵的说道："一个十八岁的人，毋论那一党，只要是进攻的，我就投进去。"

第四章　一七八九年之政府

（一）国王的晚景

国王的政府受了逼迫，只好招集议会：当日因为种种错误，种种失败，故有此举，上文已经说过了。有人说："这是一人专制的日落西山。"有人说："这是革命出世的如日初升。"在作者看来，一七八七同一七八八两年，是国王的桑榆晚景了。人人都是这样想：都说是路易第十四的太阳，要坠入西山了，后来几代的国王，是掩着两眼看不见。

然而解放国人的，就是一七八九年的政府！作者已经说过当时国中情形及政府的情形，与夫当时的风气。现在要说当国的人物了；法国是向革命的路上走，这是无疑的了。但是这次革命，是长时期的，抑或是短时期呢？是安静的革命，抑是暴烈的革命呢？是少有改革，抑或是全盘推翻呢？这是要看什么人当国，又要看当国的人的材具了。

当国的人，就是国王、王后、亲贵、大臣们。

（二）第一幕的角色

路易第十六完全不是他这一种族的苗裔。他奉教虔笃，变了入迷，爱慕贞洁，到了不理他自己的妻室。他不是波旁（Bourbon）族的苗裔，是斯坦尼斯罗（Stanislaus）族的苗裔。（波旁是指父气而言，斯坦尼斯罗是指母气而言。译者注）路易第十六的血管里头流的是斯坦尼斯罗族的血，不是痕立第四（Henri Ⅳ）的血。（痕立第四是波旁朝第一代之王，斯坦尼斯罗者，则后族也。译者注）路易第十六这个人不喜欢劳力，不喜欢恋爱，不好打仗，不好政事，他生平只有一样嗜好，就是专好打围。除了打围之外，只好作铁匠的手艺；他有本日记，记的都是打围的事。说起打围，他就有了精神，就有胃口；只有这一种，还算是乃祖乃父的诸般嗜好中之一，他只要有了这一门嗜好，对于毋论什么都是乐观的。一七九〇年，有一位美国的名人莫理斯（Gouverneur Morris）说过："路易第十六身处这种环境，还是极能吃，极能饮，又能安睡，又能大笑，世界上再没得他这样欢乐的人。这样一个人，还有什么希望呢？"

他是非常之快乐，却是快乐得很粗俗的；故此大祸临头的时候，他还是能支持得许久。

（三）路易第十六

路易第十六虽然生得身材蠢笨，面貌粗俗，却并不是个傻子。著作家好形容他，未免说得太过火。有时他是极其机灵的，大臣们听了很诧异，有几次大臣们还斗不过他。有时候他的眼光是很好的，但是他脾气太好，太容易说话，故此办不成事。他性情是很慷慨，很大方的，又是个奉教诚笃的人，有人伤害过他，他也不计较，这是很可惜的一件事。他也受了当代思潮的影响；他也读过卢梭所著的书，很相信本善的话。他心地是慈善的。上一个国王死的时候，国里的人很盼望新君可以替百姓作点事，有人期望甚切，在新桥上痕立第四的像上，刻了“复生”两个字，可惜他太令国人大失所望了。

天理良心说的话，路易第十六心里因要挽回当时局势起见，是很有意思，要从自由路上及人道主义上作几件改革的事：读者不要忘记了他在一七八九年以前，也曾作过几件好事，还是甘心情愿作的，并不是因为有什么压力来逼他作的。法国奉耶稣教的人，很亏他这个奉天主教的人；他很晓得他的好百姓受痛苦，在这十五年里头，很想作点事拯救他们。他还叫好些医士们替病人看病，他还改良自己，他又让别人乱弄钱，他自己却是省俭的；因为他作一国的表率，故不能不省俭，以身作则的意思。若是别人不学他的榜样，我们能够怪他吗？他的意思，原是要他人摹仿他的。

他有一特别性质，就是无主意。他最容易受人运动，但是有时候却又执拗到了不得，主意打得很牢。大概而论，若是有人对他说什么话，劝他作什么事，他是满脸笑容留心细听的，但是打不定主意。他身边有一位谋臣常对人说道：“毋论对他上什么条陈，他第一句话总是个‘不’字。”若是不强逼他，他是不作的。大臣们没有法责备他，或是王后责骂他，他才肯动一动。但是因为这样，这一方面的责备他，那一方面的人也责备他，他就东摇西摆，不知如何是好了。故此他自己的王后，他的亲兄弟，他的大臣们，他的百姓们，都不敢绝对相信他。一七八九年有一位议员说过："路易第十六自己简直是没有主意。"反而言之，那时候宫廷里头，彼此倾轧，议会所作的种种冒险的事，及民间的暴乱举动，一毫都不理国王的动作。因为他们都晓得他的话，是可以不必算数的；毋论在朝在野，都是一样的话，说的是非强逼国王不可，强逼他原是不难作到的，为难只在要他不再改变。他的亲兄弟曾对人说过："强逼国王作事，如同一手抓了好几个油泡象牙球，能够捉得牢吗？"

原来路易第十六有一个最大的毛病，这是最不好的毛病。说骨子里的话，他是怠于政事。读者试看他后来被囚的情形，就可以晓得了。这时候他过的是很简单很有条理很清闲家庭的日子，他还教他的小儿子读书，同家里的人一桌吃饭，他觉得欢乐到了不得。这个可怜的国王，他一向不晓得什么叫作欢乐，等到被囚的时候，才算是实行享受欢乐。天生他这个人，是只好作个闲人，享受清闲之福的。据说他行加冕礼的时候，就说这件王冕太重，害他头痛，果然是令他头痛。还有人说："一七七六年有一个大臣当面呈递辞职表，路易第十六叹一口气说道：'你的运气真好！为什么我就不能辞职？'"这个路易第十六真是个可怜人，他这句话真是由衷之言。一七九〇年，莫理斯至书于华盛顿说道："路易第十六是个慈祥厚道人，是一个绝好的太平宰相。"有一位历史家接得好，说道："可惜他的乃祖乃父，遗下一个革命给他。"这种势不可当，锋不可撄的革命，假使路易第十四看见了，也要有点望而却步的。路易第十六懦弱无能是有的，但是我要说句公道话，要可怜他，到了他在位的时候，劫运都一齐来逼压他，他也无法可施。我们还要替他说句好话，他始终不肯令百姓流血，宁可从容就死，流他自己一个人的血。读者后来看他死，他是很能牺牲自己的，很有可以称赞之处。我们固然是该可怜他，但是事实却不能隐。

在作者的眼光看来：我们要一个国王，不是要他死得名贵，是要他管理国事，王后常常唤他作可怜人。一七八九年，人人都说国王是个慈爱人。拿破仑有一次写信给他的兄弟说道："百姓们若说国王是个慈爱人，这个国王，一定未曾把国治好。"

一七八九年法国的确是未曾治好，路易自己也不晓得他自己要什么。有一个人说道："路易第十六见了人，就要问有什么好法子？有什么办法？我该怎样办？"他曾经转托马尔最弗（Malesherbes）问从前的一位大臣里发洛尔（Rivarol）应该怎么办？那位大臣答道："你既然登场作国王，就该唱国王的戏。"但是路易第十六是绝对作不到的，因为天生他不是个国王材料。

（四）王后马利·安推涅特

若是路易第十六不是个国王材料，那末王后马利·安推涅特（Marie - Antoinette），她总可以唱国王的戏了。弥拉波说过的："路易第十六左右只有一个人，就是王后。"这位王后相貌长得很美丽，性情又是很骄傲的，原是可以作点大事的，可惜她帮着忙把路易第十六毁了。批评她的议论很多，有说好的，有说坏的；但是说她好的，说得太过，说她不好的，也说得太过。可惜她这个人欠的是谨慎，不会打算，更有一层的短处，是不能忘记。凡是一国的国王，若是有人得罪过他，他终身都不会忘记的，这个国王，就不能治国；但是却不要像路易第十六那种过于宽纵，容易忘记，要有一种有条理有规则的忘记。王后这个人，既不能忘记她的仇敌，又不能忘记她的朋友，是一个恩怨太分明的人。在平常女人，原可以算作好处，若是一个王后，有了这种性情，就有大危险；况且她的朋友，还恃着这点交情，去作坏事呢。

廷臣们，王族们，很攻击她，很毁谤她，她很被他们中伤。她天生是个骄傲人，本来是能相信人的，因为受了许多攻击，就变作很悖戾，很失意，对待人是骄蹇到了不得，这就把她毁了。拉非厄特（La Fayette）说："她能够抵抗危险，却不推倒危险。"她对于路易第十六不能说没有潜力，但是不能有一定，有时行得通，有时却行不通。她只能强逼他动，王后自己以为能使路易第十六出大力，但是可惜无毅力作到底，就未免变成一种无意识的暴躁举动。

（五）王弟布罗温斯伯爵

路易第十六的兄弟们又不能帮忙他的；王弟布罗温斯伯爵（The Comte de Provence），将来是要作一个奇特的国王。这时候不过还是一个好说俏皮话，好耍小聪明的人，多少有些哲学意想，很相信王室有无上威权，比相信上帝还要利害。第十八世纪的思潮，他也沾上多少。后来有一天，芮克把他的俸裁减了好些，他就立刻变了腔调，主张反抗，却是一种阴谋诡秘的反抗。他的心地，远不如乃兄；但是乃兄的聪明，却远不及他。路易第十六并不十分喜欢他，不相信他；更觉得他的贵弟，有点看不起他。

（六）王弟达多亚伯爵

还有一位王弟达多亚伯爵（The Comte d' Ardois），比布罗温斯可爱得多。这一位相貌既好看，人又来得活泼漂亮，也有勇气。遇有大事，很肯拔剑向前的，可以算作一位壮士。他与两位阿哥不同，是一个好钻脂粉队里的人，又自名英雄，动不动就要讲打讲杀；但是他头顶白鸟羽的军冠，只在维尔塞离宫的御花园里摇摇摆摆罢了，在别的地方，却看不见他。当革命的时候，他嘴里不离说拔刀护国，却向来未见过他的刀子出过刀鞘。他既是有这种性情，故此只听见他常说反对革命的话。对于王室只是有害而无利，他常时口出大言，偶然也还能够多少鼓舞路易第十六的精神；但是左右的人听见了，都觉得有点难为情，很讨厌他。他的态度，是很激烈的，他的脑海里却没有多少东西，若是同他筹划国家大事，是有极大危险的，若是听了他的话，不晓得要闹到什么地步？若是不听他的话，请他远远的走开，他是要乱说话，生出危险的。

这几位都是亲贵，路易有时偶然也同他们商量，他对于一班大臣，也是这样，不过也是偶然碰巧有个商量。在一七八九年的时候，大臣们总劝路易不要听亲贵们的话，他自己却永远拿不定主意，究竟是听亲贵的话好，还是听大臣的话好？这就是路易第十六最吃亏的地方。

（七）宰相芮克

一七八九年五月间有一位议员说道："内阁就是芮克，什么事都在芮克一人身上。"

芮克原是日内瓦一个银行家，他的祖宗原是勃兰登堡（Brandenburg）人，此人以银钱可靠，及营业得法起家，因其办理银行有效，以为亦必能救法国，使不至于破产。

他却凭舆论得入政府的，一七八一年他退位，国人都很可惜他；一七八八年，他又入政府，国人自然是很欢迎的。其中却另外还有缘故，因为他从前在他的银行楼上开了一所好像招贤馆，专欢迎敷衍一班哲学家；哲学家有时却很感谢他这番美意，故此在一七八一年把他架弄入阁，一七八八年又运动他入阁。

但是他并不是个政治家，一年之后，穆内就说道："以他的知识及他的人道主义，同他办事极有条理而论，在太平时候，很是一个好宰相；但是这时候是党争最烈的当口，他就很缺少对付的本事。"他所差的，同路易第十六一样，就是无决断。又有人说他既不晓得他自己能作什么？又不晓得他自己要作什么？更不晓得应该作什么？这是弥拉波批评他的话。弥拉波原是芮克的仇敌，所说的话，有点不公道。芮克何尝不作过一件事，但是只这一件事，如何能够支持当日的危局呢？他所作的就是先要整顿财政，既要整顿财政，就不能不招集国人帮忙，连第三级的国人也要请来商量。其意是要整顿一切免税免课的利益，要通国的人一样的捐纳，只要一旦改良，使国帑有着，不必再事更张。有一个人说道："他的意思的确是造成一个为民父母的政府，所有国家收入，归一个头等财政专门名家管理，听命于一位最圣明君主之下。"

弥拉波说他是个"走得太慢的钟表。"即在一七八八年而论，已经是来不及的了。

他有一样大毛病是太过审慎，遇事不能撒手，这原是银行家的习惯：他的女儿得斯塔厄尔夫人（Mine. de Stael）是最崇拜他父亲，有时崇拜过火，未免为人所笑。他的女儿也不能不说他父亲寡断。他的条陈何尝不是很好的，但是遇着突如其来的事变，或是从旁袭击的事变，他就对付不了。国王同议会都晓得他有这种弱点，故此马劳脱（Malouet）说他道："他若是被人激恼了，就手足无措，不能办事。"他又有胃病，凡是一个人要当领袖的有了胃病，是不成功的。

一七八八年，他再入阁，以为是不过要对付财政；其实不然，要对付的是革命。他请路易第十六招集议会，还当是银行开临时会议，请股东来商议的办法。

一七八八年十二月二十七日开御前会议，议他的政策，结果是赞成的。只有两位反对的，有两位不在场，有五位赞成；这一赞成，就算是路易第十六摔他的王冕了。

这总算是主意定规了，办法却未定；路易同芮克都不是对付眼前危局的人。据事实上说：这个政府的确是一个操守最好的政府，是法国向来所未曾有过的。毋如其不能对付危局何？

第五章　选举及申诉书

（一）国王是国人之良友

这个政府的意思，的确是很诚信，很大方的。一七八九年一月二十四日，政府颁发于各长官全部章程，章程之前，有一篇文诰，其中有云："国王决定招集全国议会，以宫廷为会所，并非有阻碍议会进行之意；不过表示国王之对于国人，是个良友之意。"这一句话，很能够感动国人，故此民间所递之申诉书（即诉苦书），有许多都引这一句话的。

我们试看了这部章程里头说些什么要紧话？内里说的是纳税要先得国人许可，议会是按一定时期招集规定预算，政府诸部长，无任意动用国库之权，废除诏狱，国人都想个人自由，议会规定言论自由章程，创设永立之省议会。还有最要紧的两条：一条是定宪法，一条是纳税平等。只要行得通，这是极好的章程。

但是关于如何投票议决，却未说到。芮克的条陈上，是请享受特别利益的那一阶级的人，承认计算人数的办法。国王亦说过，盼望他们为爱国起见，解决这一条的办法。国王的意思，是看得清楚的。

（二）要国人递正式的诉词

还有一层国王所有的国人递正式诉词，分阶级投票议决，贵族自有贵族的向来办法，教士们的人数已经增加了，凡是教区的牧师，都在其内。御前会议议决案内还说道："你们牧师终日同穷民们接近，赈济他们，你们是深知他们的情状的。"

平民们好像是得了通选权，凡是到了二十五岁的人，只要税册上有名的，就有投票权。有一位历史家说道："这不过是一种阴谋诡计。"当时的用意，不过要大多数的愚民来压有知识的中等国民。但是这句话是不甚确的，因为这些年来维尔塞离宫所好读的书，不是阴谋家的书，是卢梭的著作。路易第十六及芮克既然要国人个个都有投票权，我们晓得他们的意思，以为人人都是好人。我们只晓得当时中等国人，是极不愿意这样泛滥的投票权，穆内并不愿意这条办法。

（三）选举议员

若要把这次选举说清楚了，要另外写一本大书。因为这件事不独是一件极大的举动，其中的情形，又实在是太过纷乱。这是第一次选举，那里像是我们现在选举那样有规则呢？大多数部分都是在里甲的公所决选，也有复选的，也有作三次选的。

一办选举，才晓得国里处处都有乱状；同在一区里头，这一保同那一甲争，办事人个个都要争作会长。

那位管御金的大臣曾经说过："叫办选举的人员，不要运动有选举权的人，也不要干预他们选举权。”但是这一次的选举，很危及政府。

政府如何用压力，却是找不着凭据，若是有用压力的话，大抵都是地方上贵族们的长吏用的；因为他们自己很想当选，他们却很有维新的意思。有人说过：“这些官吏们，平常对于社会上的事，虽是很慎重的，当了会长的时候，却很发表维新意思，反对专制。”

在事实上论：政府对于此次选举，确是并无竞争，但是竞争者则大有人在。（向来都无人知有此种情形，新近数年始查出当时实有此事实。）我们若是读从前所著的革命历史，那些陈旧历史家，以为这几百万有选举权的百姓，是暗中有鬼使神驱，叫他们去会场投票的，并未受有什么政客的运动，以为乡下的老百姓，同中等国民及小牧师等，暗中若有神助，叫他们发表一致的愿望，同用一样的文字达意的。

（四）诉呈

有许多考据家，很研究过当时的诉苦书。此等历史家都说：“即使当日无集中的大机关运动选举，当地是一定有机关的。”勒索脱（Lesort）和西（See）谓布勒塔尼（Brittany）省确有半官式的机关，他省亦有。当时有人分派所谓格式，全国都分派到了。此外奥尔良（Orleans）省，还有所谓十要则等等，到处派送。

分送这种格式，是很要花许多钱的。到底是谁花的钱办这种宣传的呢？又是谁作的呢？这种问话，作者实在是答不出来，简直是无从查考。有人说：“政府虽不干预选举，却间接的叫他人干预。”到底是谁办的呢？

自从一七八九年一月起，民情就是异常的激动。作者就在这里推求当时会议的情形，各分区的会议场，也有在圣器房的，也有在教堂里的，还有在坟地上的，好像是要请死者也发发议论。他们所议决的诉苦书，有些是很有理由的，有些是很不相干的，有些是很可发笑的，有许多是极其凄惨动人的；他们议好了，就送交小官吏们，经他们办好了，再送到政府。

（五）布勒通地方的会员

布勒通（Breton）地方的各分区，共总有八百个会员。这八百位会员，似乎是很尽忠于路易第十六的；因为他们恭祝今上的万寿，喝了许多酒，喝得太多了，明白人见了，都很讨厌他们。这些酒同那里贵族的举动的效果，就发生布勒通会员的暴烈举动。故此他们一到了维尔塞离宫，就发起一个政党会，就叫作布勒通俱乐部。

这八百个会员有三个为首的：一个名叫隆举伊内（Lanjuinais），一个叫得斐蒙（Defermon），一个叫勒沙普利尔（Le Chapelier）。这三个起程的时候，满肚子里是忿恨享受特别利益的贵族们，第一位其后在路易第十八的时期封了伯爵，入了贵族院；第二位其后在拿破仑时代入阁，亦受封为伯爵；只有那第三位太可惜了，不到几时，就登于断头台。

教士们的议会所发的议论，是极激烈的，恐吓的话很多。在里曼（Le Mans）的会场，他们不许主教开口；在亚仁（Agen）的会场，他们把总会堂的牧师哄出会场；在波亚叠（Poitiers）的会场，大教士们看见情形不妥，都退了会。从这种会场，要选出二百零八个教士的代议员。

(六) 弥拉波之被选

最要紧的是弥拉波伯爵被选这件事：这个弥拉波魄力是有的，性情是有的，曾经运动政府要当贵族议员，芮克不答应，当地的贵族，又把他哄走了。他自然是满肚子的不高兴，只好跑开，运动当第三阶级国人的议员；他所发的议论，是很能动听的，他要人家都晓得他是政府及贵族所最反对的人。他对众人演说，常说道："他们都喊我作疯狗，我也许是个疯狗，但是你们只管选举我，自然能够把什么专制，什么特别利益，都咬死了。"故此有好几处地方，都争着要选他。

他到了许多地方去运动，去演说，无处不得胜利，结果有两处都选举他。于是以一七八九年四月，就跑到维尔塞离宫，他因为民众都非常欢喜他，装满一肚子气忿恨芮克，忿恨贵族的恶意，是令人可怕的；他十分得意，以为这一去，可以把一切他们妒忌他的心，同政府的威权，一齐推倒。

那时候被选的，有穆内、巴那甫、隆举伊内、拉法夷脱、剌宝特（Rabaut）、西耶士、弥拉波等等。其中也有相信可以有为的；也有是志高气扬，要作大官的；也有很有实在本事的；也有不过是空有虚名的。选举了这班人，自然是件要紧的事，但是尤其要紧的，是他们都有舆论作后盾，有许多民众作后盾；这班民众，是要同这班议员闯进维尔塞离宫的。

（七）诉苦书

作者要说说这些诉苦书了；据说贵族，教士，平民所递的诉苦书，共总有五六十万件。现时还有一班很能吃辛苦的人，在那里研究这几十万件的诉苦书。现时已经刊布者不过几百件。作者提及诉苦书，不能当作一切都研究过的结果。

有一位很有知识的人说："这些诉苦书，的确是发表无以答复的法国通国人的意思，同他们的欲望。"有些历史家看得是很不相干的，有几位很不以革命为然的，看作是一派乱嚷。

这句话却是说得去的；我们要晓得：凡是个人对于其所受管辖之下的政府，是永远不能满意的；假使是一个天下最良的政府，若是叫他们诉苦，他们一定是有苦可诉的，并且还是大声诉的。即使以现在而论，若是叫民人诉苦，他们自然还是说不好的。

但是我们试看他们百姓们选：举了代表，要他们代表替他们说些什么话呢？看看乡下的种田的人，他们满肚子都是要说盐税，他们的鸽子、兔子同苛税教捐的话。又看看作小买卖的人同小牧师们要说什么话？他们这几种人除了诉苦之外，还加上要求设立代议院，还要求立宪法。虽说是有些种地的人，都是自己作的诉苦书，但是文章作得又好，各处的诉苦书，又是大概一致，同说那几种的话。作者实在是难以相信他们会引古罗马的大政治家的话，放在他们诉苦书的第一页上，作个大题目。

况且对于几个要点，不独平民的思想是一致，连贵族教士同他们都是一致的。作者且把他这种意思说个大概。

所有这三个阶级的国民，原该是国王的忠仆；但是他们对国王说的话，是愿意国王作一个法国人的王。

他们又愿意立宪，却并未说明是要立那一种宪，不过规定：（一）要担保个人自由。（二）不许再有诏狱。（三）不许再有国监狱。（读者宜留意此两件只与贵族们有相干，与其他两阶级之国民不相干。）对于言论自由则不甚能一致；对于设立议院，亦无一定办法。

要求纳税平等却是一致的：有些教士要求省权平等，第三阶级及有些享受特别利益的，都要求个人平等，有些贵族要求清理国债的，有人要求废盐税，有人要求废他种苛税，若是不能废的话，要求纳税平等，毋论贵贱，一体缴纳。

他们还要求改良司法，尽除一切恶习。教士们的诉苦书，说的是："司法不良，即使是极有理的事，也不敢去打官司。"又要重定司法区域，更要废除贿买司法差缺；因为有钱就可买司法官做，国里就有几个无知无识的司法官，专一损害百姓财产名誉。

这三种阶级的国民（连教士在内），有时还很反对君主同教王所缔结的条约，有许多要求主教选举。教士们最反对的是教王干预教事。贵族们还说三级国民尽能管理宗教纪律，贵族同平民又一致（教士除外）提议，提教产办公益。又有些人要求废除僧制。由此可观第十八世纪哲学家之影响于当时的贵族。

但是各阶级有各阶级的苦，因为这个缘故，故此往往不能一致。至于通同投票议决这一件事，贵族中就不能十分一致。有人研究过二百件的诉苦书的，只见有三十九件是正式请愿分阶级投票的，十九件则主持特别议案不在其内，有二十四件是主张三阶级共同投票。

下级教士则注重限制主教的权。读者要记得此一问题，是在主教面前辨驳过的，就可以见得这时候反对主教的人很有势。

最要紧的还是第三阶级国民的诉苦书，最紧要，又最为繁杂；因为毋论什么富人，贫人，市侩，乡下的田主，或是农民，穷苦的乡民，都可以说话。作者只能撮要说说。作者曾经说过，他们的诉苦书，有引古时罗马大政治家的话，也有不过诉说关于结婚的事，及丧葬的事取费太昂；也有要求良心自由的，也有要求废除一七八七年的上谕，因为过于优待非天主教的人。有大多数的人要求普选权的，有的说是倘若议会不能自由行动，就不要普选权；有的是简直不要普选权，有的是要一个有宪法的君主制，有的是只要修通道路，有的要从根本上起修改宗教制度。还有的说："国里的教员实在是太少，要稳婆入学校受教育，以便可以教孩子们读书。"

对于要紧问题，如同废除享受特别权利，改良税法，废除封建的利益，田地自由，免收教捐等等，却各处都是一致的。有一处的诉苦书的结论说的是："倘是毁灭了封建制度，我们都可过欢乐日子了。"

对于实业上，城市的意见不同；有人曾经讨论过六十件的诉苦事，其中有四十四件是要求自由的，有七件要求改良的，有十六件要求保存工人团体的。所有大城市都要求这一层，却毫无社会党的思想。大家是还承认财产有神圣不可侵犯的权，只有对于享受特别利益得来的财产，他们当作是霸占得来的。

（八）大众的要求是改良

大众普通的要求，都是众口一词的要政治改良。惟是政治已到了陈腐的极点，一说到改良，就是引入革命的路上。有许多人却是不愿意的：当日只要能改废了封建制的特享利益，废了苛税，至少也有四分之三的人也就能够满意的了。有多数的市侩们就说道："我们一定要立宪，若不立宪，毋论什么重税，什么特别利益，都废不了的!"他们于是打定了主意要立宪。

于是立宪就成一七八九年的目的。

是年四月底议员们坐了马车到维尔塞的时候，人人的皮包里头，都有一件立宪的提议。于是法国的大路上，就有这一千六百个议员都向维尔塞西走。内中有大贵族，有面目粗俗的小乡绅，有阔教士，有穷教士。这班穷教士却打定主意，不要上大主教的当。还有各处来的律师医士，外面是非常之骄蹇，内里却是非常之害怕，打算要改良国制。还有农民打算要争得田地自由。

四月底他们到齐了，他们还未到的时候，宫廷里的人，那个不笑这班议员。

(九) 议员齐集维尔塞

谁晓得这就是山上的一条大冰河，要压在国王身上，把他打倒了。

这时候有许多人还是发笑！芮克心里就很有点不安，觉得这种大举动很可怕。他在马罗厄特（Malouet）面前就流露出恐怖的样子。赶快去调军队：四月十五日就有一万兵向巴黎而来。试看当日的情形，军队是不能不调的，因为二十七那一天，巴黎附郭的圣翁团（Saint - Antoine）（工人所居之区）地方就有聚众起事，流血的情形，就要调马队来弹压。市侩议员听了就有些害怕，在维尔塞大街上走来走去，三五成群的私议。

因为这群可怜虫（指工人），杀死一个开小铺子的，市侩们就很生气；这时候他们不独并不看不起芮克，更觉得在这个当口，非芮克不可。

但是并非人人有这种意思。路易第十六看见有这种的闹事举动，也恐怖起来，又受了贵族们的责备，就传谕一位老臣入朝，请他作宰相。那个老头子以为太迟了，来不及，力劝路易留住芮克。

这正是危急存亡的时候，国人所要求的原是一种革命，可怜这个维尔塞政府，一点办法都没有，听见“改良”两个字，就吓缩作一团，能够不失败吗？

第一卷　议宪会

第一章　议　会

（一七八九年五月至六月）

（一）在维尔塞之议员

五月一日是个星期五，维尔塞地方就大热闹起来。人人都要看国王宣谕威严。有许多骑兵护卫着四名宣谕官，去到宽大的地方就停住。宣谕官就宣读上谕，定于五月初四日开议会。

有许多议员是无事可做，已经很有点不满意。因为原先是定于四月二十六日开会的，等得已经很不耐烦，三五成群的去拜谒亲贵，拜谒大臣，亲贵大臣们并不怎样欢迎他们。

五月二日，路易第十六在宫里召见国民代表，那平民的代表们在一间大厅里头，挤在一个栅栏中间，足足等了有三点钟之久，被那班廷臣们冷眼看了许久。后来好容易一个挨一个的鱼贯而入，算是到了国王的面前。那时候路易第十六是站在两个兄弟中间，对着那平民代表，毋论那一个是不说一句话，每个代表对他行过鞠躬礼，都向右转弯。只有有一个神父名叫机剌德（Gerard）的，穿了一件乡下种田的衣服，算是特别邀宠，蒙路易第十六说了一句道："好人，你早吗！"能够得国王这样谦恭屈节，这位神父自然以为是不胜荣幸之至，有许多人都同他贺喜。所有的代表出宫的时候，神经都有点不安，他们一番的高兴，就如同冷水浇背一样。

（二）五月四日之宗教式游行

五月四日的大游行所留的印像，较为好点。这一天是一种宗教式的大游行，宫廷里的人，及三个阶级的代表，都在其列。就引动了巴黎城里的人，都跑来维尔塞看热闹，居民的楼窗出赁给看热闹的人，每间楼窗要租三个金钱。宫廷里的人，打扮得异常的好看；路易第十六穿上宗教式的大礼服，王后是满身的珠宝，随从人等华丽非常。贵族代表穿的是通身绣金衣服，戴的是白鸟羽的大礼帽，高等教士穿红袍紫袍。只有牧师们及平民代表都穿的是黑衣服，只看见一团黑，分不清那人是那一个；因为牧师们穿的是黑色教袍，平民代表没有法子，虽然心里很不高兴，也只好一律都穿黑色衣服。代表们在圣路易大教堂足足等了三点钟，等候国王驾临，有一位代表等得不耐烦，首先口出怨言说道："一个人不应该叫全国的人等他一个。"多尔良公爵（Duc d'Orleans）事前在公园（旧的御苑）商量好的，要惹人注目，不随宫廷大队进来，作为代表进来。代表们见了，大声称赞，等到众人欢呼喝采欢迎王后的时候，有人喊"惭愧!"等到国王及亲贵进来的时候，谁也不响，毫无欢迎的意思。代表们手中拿了蜡烛，只像是送殡的。

于是排列游行，华盖的四角是四位亲贵，我们读这四个人的名字，就激动起我们记忆国内六十年扰乱。一个是柏立（Beny），一个是翁季盎（Enghien）。这两个里头，第一个是被暗杀送命，第二个是被拿破仑枪毙的。还有两个，一个是翁谷雷谟（Angouleme），就是后来的路易第十九；一个是沙脱尔（Charires），就是后来的路易·腓力（Louis－Philippe）。

主教拉非耳（La Fare）说教讲经，很教了宫廷一顿，代表们喝采，王后咬了一次牙，路易第十六却睡着了；若是他听见了却不好，还是睡着不听见的好。路易是不该睡着的，若是不睡着，就许当天把这位主教哄回去，让他咀嚼教训宫廷的危险的滋味。

好在路易睡着了，醒了的时候很高兴，满脸笑容，可以当作很以主教为然的解说。代表们看见路易这样高兴，也自然高兴，以为路易是要挽回他的地位；主教说了好些百姓困苦的情形，他是能领会的，是无疑的了，到了明天开会的时候，他要指明如何补救方法，第一步要吩咐三等阶级的代表通力合作，使全国共受其益，是无疑的了。五月四日晚上，维尔塞地方悬灯结彩，庆祝一番，人人心里都以为这件事体，是大有把握的了。

（三）第一次开会在消闲堂

第二天早上代表到进了宫里的消闲堂，这就是第一次制造革命的地方！第一件事是先点名，共总是一千七百位代表，点到下午一点钟才算点完。

到了一点钟，路易进来，人人都站起来，人人都脱帽：王后随着进来，坐在国王旁边的一把交椅上；在他们身后，站立的是大臣们，管御玺的大臣，穿的是紫袍，路易坐下并不脱帽，读一篇极长的演说词，他读得很响亮，所说的大抵皆是君权的话，还说他虽然召集议会，但是应该议什么问题，一切都归他作主。又说财政一定是必要整理的。他所说的话，大概是如此。议过之后，是不是议会按期开会呢？是不是按人数投票议决呢？这两个问题，却没有人晓得。路易只表示意思，说他对于国人的感情甚好，可以担保他们，凡事都尽有希望。这些话都是很空泛的，同从前痕立第四对国人说的话，相差太远了。一五九三年，痕立第四说的是："我请你们来，我原是要听你们有什么说的，原是要听你们的话，照着你们所说的话去办。……我亲爱的你们，我只有两个志愿，一个是解放法国的束缚，一个是恢复前状。"假使路易第十六也说这样的话，自然国人欢声雷动了。

喝采的声音不是没有，那位管玺大臣好像是答应些好处，说的是所有一切爵位，都变作国民，纳税平等，所说的原是不错，但是他说话的声音太低，有许多人简直是听不见。

芮克演说了有两点钟，说得不好，代表们大失所望。国人原是很相信他的，故此他一开口，众人都喝采；他初时还说得有点精神，随后就有点疲倦，末后他就交给一个小官吏代读，说得太长了，没有一个人满意。有一位不满意他的议员说道："他并无一字说到立宪，看他的意思，似乎是主张分开代表阶级；他所上的条陈，张大其词，令平民误会，现在所说的话，未免同他从前所说的话大相矛盾。"

四点半钟闭会，大众虽然觉得失望，也还能勉强凑起来喊一声"国王万岁。"王后有好几个月来没得百姓们欢呼，这时他们却还欢呼他。平民代表们虽然见国王尚未放胆解决几种问题，还当作是不过一时拿不定主意，总还希望不难解决。有好些却是非常之悲观，有一位说道："我们从此就开仗了。"

五月五日这一天，路易第十六既不能作横蛮之路易第十四，又不作收买人心的痕立第四。

当国的人不独对于小事无远见，对于大事也毫无远大见识。他们作错的事是很多，其中有一件就是替第一第二阶级的代表预备好了地方，让他们分阶级议事，却不管第三阶级的代表，随他们在会场内一间公用的大厅里。他们却很喜欢的，因为这才像国民会议。

（四）五月六日会议

五月六日早上九点钟，他们都齐集，有一会子大众都有点心忙意乱；但是大多数的人以为国王既未公然反对按人数投票的办法，他的私意一定是已经默许了，只要稍为加点强逼，一定是肯答应的；既是这样，自然就该用点压力。但是平民代表有五百人，既无领袖，又无善于辞令的人，都不能人人彼此意会。惟是当时的代表却有一种一致的思想，就是要三个阶级的代表合并起来，作为一个议会。故此暂时先不成立第三阶级代表图，第一第二两阶级也许用不着第三阶级去强逼他们，就能决定先调查三个阶级的代表权，既是这样，不如姑且等等。

过了一会子，就有人来报告消息说："第一第二两阶级的代表中富于维新思想的，曾经有过这样提议，都被否决了。"但是第三阶级代表并不灰心。当时在贵族团里头赞成此条提议的，在一百八十八个代表中只得四十七个，在宗教团里头二百四十七人里头却有一百四十四个赞成的，只差十票，就可以打胜仗了。

惟是马罗厄特却是愿意循守旧章。代表们看见当时的情景，正在十分为难，个个都糊涂了的时候，忽然有一个面貌极其难看，满面怒容的人，挺直牛脖子，两眼冒火，跳上讲坛。有许多认得他的，同时喊道："弥拉波！弥拉波！"他是一个倒霉堕落的贵族，市侩们不相信他，杜蒙说他是个丢了脸面的人。五月五日，他按他平民代表的资格，坐在第三级议员席中，市侩们还嘶了他。这一位代表是古时希腊有名的平民代表革拉契（Gracchi）兄弟的派头。他是向来最佩服这两位古时的大英雄的。贵族们既然是不承认他，他自然是不能容贵族的。他是看得清楚，第一第二级代表团里头既已分裂，第三级的代表团，只要凭着顽固坚定力，自然就可以打倒他们那两团。

穆内晓得弥拉波是个专制的性情，不甚喜欢他。难道第三阶级的代表团，就被这个人所利用么？

穆内于是引诱他们议决，说他们是奉过命令去伺候那两代表团的，并劝他们同那两团联合，自己就愿作领袖，带领他们。

教士们也欢迎这个条陈，牧师们内里也有几个赞成穆内的，演说了好几点钟，大教士之中也有六个赞成的，有一位道德很高当了六十年高等教职的老教士，也在其列。于是指定几位委员，预备把答复的话送去。

贵族们是一味的多礼，有几位陪送穆内们出门口说道："我们的心是跟着你走的。"

（五）第三代表团不肯成立

第三代表团专在那里等，并不指派会长，打定主意，一定等到他们那两团到了大会场，他们才算是成立。等到派来的教士们来送回话，说是他们不肯来，平民就要请他们坐在他们原有的议席，同声喊道："你们的议席全是空的。"第三代表团抱守他们的政策，一毫也不让步，手段又灵敏，更现得第一第二两阶级的代表们手足无措，毫无办法，亦现出政府的政策太过庸劣了。

（六）调停

据事实论，政府此时是躲在幕后，大约是因为看见代表们的趋势很可怕。现在看见他们三团不和，正要趁机会借词解散他们。一连有十日，这三代表团的使者彼来此往，商量调停，令人看见未免要问一问，当时究竟有无国王，有无大臣，有无行政机关？

这十天很是个极要紧的关键；第三代表团是忿恨之极。十天过后，政府提出一个调停办法，由三代表团派员互验权限。假使提议在早，也许第三代表团还可以答应；这时候已是太迟了，不肯照办。

国王的左右借口第三代表团不答应的话，作为他们有意谋乱。路易这时候拿不定主意，就任亲贵们摆布。（所谓亲贵指王后及王弟达多亚伯爵，他们这两个人向来是不对的，这一次总算是能够一致。）六月九日太子死了，国王很忧愁，不在宫里，到了别的离宫；但是还有人还是常常的教训他。有一个对他说："第三代表团反对宪法，一定要他把他们压服下来才好。"六月十四那一天，平民代表中有一位资格在先的，名叫巴宜（Bailly）走去见国王，亲送一张解说书。路易接待这位代表很无礼，声色俱厉的（他一动心的时候，是向来如此的。）说道："我要看看这张说明书，我将来自有话答复你们这种无礼的办法。"平民们听了，很不高兴。

他们很相信，若是行政官不来干预，他们一定可以得胜的。其实那个时候，那两个代表团是日见其不和，其所谓四十七人，很有贵族们附和，他们自然就有大多数本来日日都在那里说"拔剑决胜负”的，自然是很生气。那些守旧的教士们，更鼓励他们这种思想。教士代表团的首领红衣主教拉洛士佛科（de Larochfoucauld）于五月三十日接见贵族代表团派来的委员时候，就对他们说道：“当日建设教堂及保护教堂，原是你们的乃祖乃宗，现在你们该要保护那个国了。”但是这时候有些高等教士们，原来是反对组合的，现在要找个调停的办法，小牧师们此时只是一味的大发其怒。有一次，有一位方丈（借用）在那里骂平民代表，就有一位小牧师就要拦阻他，不许他开口。有一天，有一个小牧师对一位方丈名叫摩里（Maury）的（他是巴黎学会四十个会员中之一）说道：“若论到学问，我们乡下里的小牧师，许比不上学会的会员；但是小牧师们，却还：有乡下人的常识。”牧师中有一个名叫查勒特（Jallet）的，他是领袖之一，很当面挖苦主教们一番。说道：“贵主教们要知道在这个地方，我们都是平等。”那位最粗野的格里瓜（Gregoire）每天晚上，总要招集六十多个有民治思想的教士们，在那里想法把宗教代表团分作两派。第三阶级代表团很晓得他们内部的分裂，故此胆大，一天比一天大。

（七）巴宜及西耶士

五月二十五日，巴黎代表（个个都是到底维新派）都到了，第三级代表团从此增加势力。为首的是一位老学者名叫巴宜，他是三个学会的会员，又是个有名的天文家，可惜他不久就要跌落井里去了（引用伊索寓言，译者注）。但是他却不及西耶士方丈那样动人的好奇的心。这位西耶士原是宗教团里头的，他却同弥拉波一样，不当教士代表，当了平民代表。有许多平民代表当他是个先知，当他是个神人，头上有光圈的。他曾说道："你们问第三阶级是什么吗？毋论什么，都是第三级！"一切都是第三级作主。他若是说一句不必这样抬举第三级的话，人家已是很欢迎他的了。他现在说这句话，自然更加欢迎他。这次到来，自是很有把握的，看着自己是个教王，又是个哲学家。作者这本历史，自始至终都常说到他；他总不离这两种派头，自己看得重大到了不得，很有威望兼带些秘妙不可测度的神气。他这是第一次来到，好像就要揭开天幕。

当时原是弥拉波告诉议会，说是六月十二日，有"一位巴黎代表"，要来发表一个极重大的提议。西耶士来到是很严肃，是很镇静的，宣读他的提议，就是修书给那享受特别权利的两个代表团，作最后的宣召。他们前来与第三代表团联合，因为那两团无代表到来，第三团就可以不必理他，只管自行决议，审查所有代表的权限。

贵族团接了通知之后，即开会议。反对的是一百七十三票，赞成的只得七十九票；宗教团滑头，并不即时答复。到了六月十三这一天早上，平民代表团看见那两个享受特别利益的代表们，还是完全缺席，未免有点着急。

（八）宗教代表团与第三阶级代表团联合

忽然听见门外有大声喝采声，原来有三个小牧师都是从波亚图（Poitou）来的；一位叫拉栖斯乌（Lecesve），一位叫巴剌得（Ballard），一位叫查勒特（Jallet），投到平民团来。查勒特首先说道："我们为正理的烛光照导，我们热心于国事，我们又为良心所激动，特为到来与同胞们联合一致！"于是欢声雷动，居然有感动到流眼泪的，许多人就同这三位小牧师相搂抱。这三位不过是乡下里的小牧师，原算不了什么；然而这次的举动，却有极大的关系，随后一定还有仿照他们的榜样的自来投到。总算是享受特别利益的炮台被攻破了一个角，并且还可以证明国民代表是在这里。不是在那里。果然到了第二天，又来了九位宗教代表，平民代表自然是异常的欢迎他们，这就是革命的第一步，总算是革命由牧师们发起，可惜后来这个革命，却把牧师们全毁了！

自从这数天起，平民代表们的胆子就大起来，什么事都敢作敢为。十五那一天点名，有十五个教士应名，平民就自视为国民的惟一代表，却要行正式礼节，证明实在是国民会议。十七那一天，有一位代表就提议称为国民议会，根据发明一绝大理由，说是："不必听候国王批准；难道当日美国独立，还等候英王批准么?"读者看这两句话，就晓得此时叛乱的进步是很猛的了。这原是一句反叛的话！西耶士这个人很明白水到渠成的道理，他第一个先赞成这个名词，于是大众拍掌欢呼，就用"国民议会"四个字。他们却还有点慎重的意思，同时还高呼"国王万岁"。但是同时发生一个问题，国民既肯让国王活到一万岁，国王肯不肯让国民议会存活呢。塔力蓝（Talleyrand）自始至终都是个首鼠两端的，他曾经说道："我当天晚上就劝路易第十六惩办这种大不敬僭越权限的事。"但是路易心里想，若是解散他们，他们不肯解散，又无法强逼他们解散。其中尽有多数代表以为一定解散的；有一位代表曾写信告诉亲友说道："我们不久都要回家了。"

谁知并无什么事体发生，他们倒觉得诧异，自然胆子更大。十七那一天，他们宣布所有一切苛税，虽说是违法的抽收，但是仍准其照常征收，以至议会解散之日为止。但是从这一天之后，所有各种税捐，未经议会议决正式宣布准其征收者，立刻停止，不准征收。又派定四个委员团，分起处置民食问题，同管理验权及布告会章起草等事，可见得此时离革命很不远了。

贵族团此时是大为扰动，有一位贵族议员说道：“贵族们盼望同他们奋斗。”很相信有一个妙法，把他们杀得干干净净。内中的维新派很同那绝无调停余地的陈旧派，很有决裂的争辨。小教派有一次派克勒芒·吞涅耳（Clermont - Tonnerre）再同守旧派提议同平民代表联合的事，有一位名卡札雷斯（Cazales）的喊小教派作“逃兵溃卒”，揆吕斯（Caylus）立刻跳起来拔剑在手，所有小教派的人也拔出剑来，会长看见不妥，立刻散会。

原来同在那一天，教士代表团也在他们那里开会，正在会议的时候，忽然有位主教演讲了一篇激烈的话，主张联合。十九那一天又开会议，要正式解决办法，忽然他们会议地方楼窗大开，有一个教士伸出头来大喊道：“打胜了！打胜了！”这时候正是六点钟，街上早已人山人海的，听见这句话，欢声雷动，连宫里都听见，街上的人欢喜若狂的，彼此搂抱称庆。这次决议是投票多得一百四十九票，主张联合，散会的时候，是更为热闹。有几位主张联合的教士们，简直的都被街上的群众高抬起来，抬送回家，以示得胜的意思。被他们高抬起来的，共总有六位，都是主教，大主教同方丈。跟随他们后面的，还有一百四十六位牧师，僧侣们。群众都大喊“主教万岁”，欢喜到流泪，手巾都全湿了。谁也料不到后来先夺他们的教产，三年之后，简直是大杀教士。此外那些反对革命的教士们被人侮辱，只好跑去找国王，要求他保护教士及贵族。

当时有一位外国的大使说道：“十八那一天国王王后的左右，是无一个人不主张保护教士贵族的。”定下很严厉的办法，开御前会议，请三个阶级的代表们都到来，国王当面吩咐要他们分阶级，各自开会。假使五月五日那一天行这种办法，也许还有多少行得通，办得动，到了六月二十这一天是太迟了，来不及的了；

虽然相隔不过是六个星期，就好像过了一年的。

御前会议定在二十三，但是还晓得立刻还有骇人听闻不合法则的事体发生，先要把会场关闭了，等到二十三再说。于是二十早上，平民代表们跑到会议场一看，是大门紧闭；有人告诉他们说是有人在里头装修铺排，预备二十三日开会议。这种孩子气的办法，激动代表们发生示威运动。

（九）球场改作会场

众人看见这个情景，迷惑了一会子。忽然有几个代表喊道："我们都到球场去吧！"这一所球场，原是亲贵有时打球的地方，离会场不远。果然平民代表团到球场来，不到几时，这个空旷地方就塞满了人。众人把巴宜举高放在一张桌子上当主席，这位天文师的左右前后都被代表们包围住，预备毋论何种极端大举的事。西耶士的意思，是急于请他们先卦巴黎。穆内首先提议要代表发誓，不等到定好宪法立有稳固根底的时候不得分散，倘若为环境所逼要迁移会场，大众仍然是要聚在一处会议。这一个提议是人人欢迎的，人人都喝采，把这个提议写出来之后，不到一会子工夫，代表的名字都签满了。后来穆内对人解说，是因为过受激刺，故此有这个提议。不料三个月后，他入了反动派，前此他是莫名其妙他作的是什么事。他原是一个深信维新的人，六月二十日这一天，他恐怕政府方面有不测的大举动，故此提出这个办法。这一星期内预议的教士们有十九位，今日签字的有七位，会议场中并无一个贵族，亦无一个僧侣。当日有一位画师作了一副画，为的是配景好看起见，画了一个白衣和尚站在前排，其实是并无其事。在场的代表们个个都签字的，只有一个不签。过了几点钟之后，这些代表们走向各处宣布他们的宣誓词，这时候代表们个个都自命为古时的打倒专制的英雄。

达多亚伯爵（Comte d' Artois）这位亲贵吩咐下来，说是明天就要打球，自己以为聪明到了不得。这是亲贵向平民代表宣战，先挥一拳头，平民代表团自然有招架的手法。于是圣路易地方，教堂的牧师说他大开教堂会，请国民代表进去。于是二十一日这一天，平民代表团就在这教堂里开会，这一次却是第一次，有两位贵族到会。平民代表正在高声喝采的时候，有一位年老的大主教带领一百四十八位教士也走进来，正在快要开御前会议的时候，忽然有这样的事变发生，可见得御前会议也是没得什么希望的了。

路易第十六是决意要开御前会议，芮克是没得法，只好听命。开会的时候，他却并不在场，亲贵们觉得是一定要得胜的：所有三个代表团到来的时候，会议的地方，四面都有军队围住。早一天晚上布勒通俱乐部（Bretonclub）有一番很热烈的会议，结果是消极的反对。

（十）六月二十四日的御前会议

路易第十六进了会场，却是满脸的忧闷，达多亚伯爵是满脸的得意。路易第十六说话初时的声音，是有点抖颤，其后说得很粗暴。他所说的话，完全都是跟着享受特别利益的两阶级代表的意思走，历史上向来未有过的国王同贵族结合，这时候即当着平民的面成为事实了。他的意思是要分开三个阶级代表团，分开地方，各团议各团的，他们可以议税捐的问题。至于三个阶级的从古以来所享受权利及宪法上的权利，还有下次开国民议会的宪章封建制度及地主制度的产业，第一第二阶级的应享的权利等等问题，是禁止讨论的。这个当口，正是平民要革贵族的命的时候：自从波旁朝第一代的君主一直到最末后的君主，都是始终反对封建制度的；到了这个时候，路易第十六却走来同贵族们拉扰起来，自然是要同贵族一齐同归于尽的了。有一个议员批评路易说："他这个时候又是忧愁，又是生气，不知怎样是好？"

路易第十六说道："这就是我的主意，这个会议，只好散会的了。"向来都说君主意思即是法律，果然实行了。有许多人晓得要有变卦，于是路易第十六起来就走，上车的时候，只听得吹角的声音。贵族们是得意极了，却有点觉得很不放心，全体跟着路易走了，因为国王已开口说过，贵族里头亦有不以为然的，也只好走了。教士代表们也全体走开。惟有不言不语的第三级代表团不走。

（十一）第三代表团不肯走

忽然间路易的宫内大臣全身披挂，走进来对平民代表团说道："国王有旨，令第三代表团退出。"这时老天文师巴宜脸无血色，答道："第三阶级代表团，还要斟酌过这个问题。"宫内大臣背后是有军队的，有一哨法兰西卫兵，有一哨瑞士卫兵，分布会场大门左右。弥拉波一眼就看见他的机会来了，他跑上前怒气填胸，两眼冒火，对着宫廷大臣说道："你回去告诉你的主人翁说：'若无白刃相临，我们是不走的！'"有人说弥拉波当时所说的话，比这几句激烈得多。也有人说他所说的不过是一句很简单的话。

（十二）君主让步

宫内大臣把弥拉波这句答话回报路易，这句话是很有火药气味。众人都看路易，路易只露出怠惰的神色，说道："他们愿意停留在那里么！既是这样，就让他们停留罢了！"可见得路易骨子里是很害怕，莫理斯的记载说道："路易同王后都是很恐慌，我看他们只有再让步。"但是国王王后所害怕的，是军队不肯用命。

当下西耶士绝不能抛弃这个好机会出出风头，说说他的词令，于是对代表团说道："你们今天还是同昨天一样：我们还是议我们的事吧！"有八十个教士走回来，于是果然开议，议决的是议会所议决施行的条例，是要保守实行的；议员的身体自由，是不能侵犯的。国王却并无侵犯他们身体自由的意思。芮克本来就拿辞职来恐吓，到了这时候，是更有辞可措了。

（十三）三个阶级代表团之混合

二十三晚上，芮克还算是宰相。二十四日这一天，平民代表仍旧开会，大多数的教士都走回来了；二十五日是来了四十七个贵族，众人自然是欢迎他们，有好些欢喜到流泪。点名的时候，喊到多尔良公爵，他答了一声"有"，大众简直的是欢喜到发狂。

朝廷这时候还是优游不决，不听命令的事体是到处都有；有许多人听说是要调军队，但是当时有一个人的尺牍说过："军队激变是一定的事：法国卫兵早已声明是归附于第三阶级的了，他们只肯放枪打贵族，打教士。长官是官辖不住他们：有一个长官还被他们打了一个耳光。”路易第十六是很颓丧，现在降谕，愿意三个阶级联合作一起。六月二十七那一天，教士们同贵族们（是奉国王手谕）就同第三阶级代表团联合，众人此时，如释重负，他们接待贵族们是很尽礼的。

（十四）革命是过去了

这时候人人心里都有一番感动，当时有一个法国人写道：“革命是过去了！好了！完了，一滴血也未流过。”

路易第十六觉得他自己还是国王，但是他不能算是国王了。现在国法和权柄都不在他手里，这两样东西，不知不觉的到了国民手上了！

第二章　七月十四

（一）国王之听命于国民

有一位方丈奉国王的命令，向会议场去的时候喊道："犹太人的上帝，你是打胜了！"可见得他是并不甚愿意去的。有多数的贵族们是盼望不久就要报复，路易的外面好像是也还高兴，在宫里召见国民代表，这一次并无栅栏，所有的门都一齐开放。有人说道："路易第十六是满脸高兴，好像是个小婴孩第一次解脱了罩裹的！"其实他是觉得手上无利器。七月一日有一个人说道："那把刀子从他手上溜丢了，他还不觉得。"

（二）调兵到维尔塞离宫

他却是很想法取回这把刀子执在手中，军队是纷纷齐集到巴黎的四面；维尔塞地方，也来了不少的军队。

代表们觉得有了危险，好比古罗马时代贵族所处的环境。他们正在忙于议决宪法的发端那几条，其实这个时候最要紧的问题，还是民食的供给；这个问题人人都觉得可怕，代表们更觉得可怕，因为粮荒的情状是日甚一日，不久街上很有许多人喊道："从前国里只有一个君主的时候，我们至少还有饭吃；现在我们国里有了一千三百个君主，反没得饭吃。"有人来报告，说是巴黎城里的人起首有点不安，恐怕要滋事。议会的会员却并不是党民，最怕的是有人滋事，却是夹在两种害怕中间：一方面是怕乱民，一方面是怕军队。因为自从七月一日以来，军队来的愈见其多，维尔塞地方好像恶氛弥漫，人人都是愁闷心乱，又时时刻刻听了许多恐吓人的假消息，人人都易于犯疑，易于发怒，七月八日，代表们就请当道把调集的大兵撤去。

（三）芮克之免职

那时候只有一件事还可以安代表们的心；他们晓得只要芮克在位一天，是没得一人敢动代表们的手的。从前芮克失去的民心，现在是完全恢复了。到了七月十一那一天，会员们得了消息，说是芮克免职了。芮克的女婿说是达多亚伯爵同他的从党还有王后运动免他职的。新任的内阁大臣们，据说都是反革命的（其实殊不尽然）。一位是布洛利（Broglie），这是一个心地很明白的人。一位是布勒忒厄（Breteuil），是位大贵族，看他从前所作的事，是很可以令国民们欢迎他的。又一位是傅隆（Foulon），很有人糟蹋他，据说他对人说过一句话，说道："人民们若是无面包吃，就让他们吃马草吧！"芮克的女婿说道："这几位大臣，都是声名极其恶劣的人。"议员们得了芮克免职的消息，如同半天的霹雳。七月十三有一个奥尔良伯爵党说过："国王左右的小人，居然运动到免芮克的职了。"这一句话可以代表当时众人的意思。十二那一天是个星期日，不开会议，到十三那一天，代表们反对芮克免职的事。格里瓜演说的话很激烈，他说议会一定得惩罚发起免职的人。于是派了一个委员团去见路易。伟恩（Vienne）大主教当着新派的大臣们，对国王说道："我用代表团的名义来宣布议会永远不忘惋惜前宰相，永远不能相信新派的几位大臣。"路易第十六只答了一句很短促的话。于是代表会场发生辩论，议决："所有一切事体，皆要国王的谋臣负责，不问其位分之大小。"这一句话是恐吓达多亚伯爵的。又议决："议会永远开会，注意巴黎送来的报告。"这时候巴黎却是极其骚动，议会原是毫无实力的，故此人家都注意在巴黎，快要实演的大惨剧。

（四）一七八九年夏间的巴黎

巴黎正在人心骚动的时候，忽然得了芮克免职的消息，城里本来就有许多人要乘机为他们自私自利起见，要嗾城里大受恐怖的市民，激他们同政府作对。

自从四月以来，住在巴黎城内城外的人，无时无刻不是在恐怖时代，却又不晓得到底是恐怖什么？故此反为更加恐慌，又不是因为政府有什么惊人举动。总而言之：不独是巴黎一处，全个法国都是过恐慌时代，好像是得了一种普通的疯狂病，历史家是永远解说不出来的。

（五）盗匪

惟是巴黎的恐慌，的确不是从六月起的，是从四月就发生的。自从这一个月起，居民就晓得相离不远的某处，有了许多强盗。自从一月起，这班强盗就渐渐的向巴黎来，四郊常有放火打劫的事报告到城里来，常常截断供给，有时还闯进城来同土匪联合；那位警察长，也是受了恐慌的，没法驱逐他们。那些饱受惊慌的市侩们，正当旧政府坍塌，新政府未成立的时候，见得毫无保护，更是惊慌。

（六）对穆郎

巴黎居民虽然是讨厌这班土匪，大约是免不了要受土匪的害的。那时候贫民的困苦情形已是可怕，更加无政府的纷乱，那困苦的情形，只有日见增加的。挨饿是容易扰乱头脑的，况且一七八九年七月的天气是异常酷热，众人的头脑是很发热，不会十分清爽的。御苑的地方，常常都是塞满闲人的，有一个叫做对穆郎原是个少年演说家，在那里演说，激动人民，叫他们攻击社会。说道："那只野兽已经跌落陷坑，我们还不打倒他，更待何时！我们这时候打胜了，是大有所得的；只怕你们没得胆子，倘是有胆子的话，四万所宫殿，同阔人们各处城里的大宅，城外的别业，都是你们的！"

（七）选民公会

市侩们听见这"胆子"两个字，更为恐慌。这时候中央的官吏是并无保护，市民们只好发起一种非法的公会，称为选民公会。自治区的执事人员忘其所以，就请这公会在市政厅办事。这个公会是毫无法律上的权力，每天晚上开会；这就是一种乱象，但是从上至下处处都是乱象。这个不合法律的公会，在比较上看，似乎觉得较为合于法律。因为这个公会的目的，是保护巴黎，反对对穆郎这班人，故此选举巴宜、西耶士两位议员的人，就溜到办公事的地方，得了地方官的位分。这班市侩虽是维新派，最怕的还是御苑的游民大会，不甚怕达多亚伯爵的举动。

（八）法国卫队的态度

这时候还有一件极可怕的事情，就是法国卫队的态度。御苑开会，他们是必到的，对群众说道："诸位不要怕我们军队，我们原是国有的军队，是通国的百姓们养活我们的，我们不是国王的，国王自命号令我们。"群众散会出苑的时候，卫队们大喊说道："一切都说好的了！你们喜欢作什么只管作什么！"

这就不能怪土匪横行了。六月二十四有两营的兵不听号令。军长原是个世家，满肚都装满了哲学，遇着这件事，却不能尽职，他不敢十分严办他的手下兵丁，只好禁止他们不许离营。后来别的营里头也不听号令，他只好禁止全团都不许外出。六月二十八这一天，因为风声不好，恐怕盗匪起事，这位团长不知轻重的分给各营多少子弹，并预先警告他们："一旦有事，就要出发弹压。"他们听了这两句话，把枪捽了，闯出兵房，跑到御苑去报警，大声喊道："我们是国有的军队！第三阶级平民万岁！"当天晚上，他们回到兵房，被群众恭维的话及烧酒灌醉了，军长只好把他们拿交监狱，监禁起来。六月三十这一天，另外一个领袖名罗斯塔罗（Loustalot）的，出嗾游民们攻打监狱，把被禁的兵抢出来，安置在御苑里头，好百姓们保护他们。等到有一天代表议会，走去同路易第十六求情，居然把这几位当时所谓英雄放了。这种兵丁从此以后，以为毋论什么事都可以干的了。

（九）国民卫军之成立

政府处这样环境。自然是要调集别的军队，这是可想而知的事。毋论什么当局面的人，都不得不这样做的了。初四那一天，有一位议员，是个极端派的，在维尔塞简直不否认法国卫队的非法行为。巴黎的人觉得此种异乎寻常的军队，保护力实在是不足。二十五那一天，选民在市政厅决定募集民兵，这就是将来的国民卫军（简称国民军，译者注），有许多历史家说是对待政府为自卫之计的。近百年来，读者都相信这句说话；其实专为防盗匪的，有选民的记载可证，他们最害怕的还是盗匪。据事实而论：盗匪们是定于七月十三晚入巴黎，巴黎的人，个个害怕。

这时候正是政治风潮闹得最热闹，盗匪们自然是趁势起事，才能够达目的。

（十）七月十二之御苑

七月十二这一天，芮克免职的消息是人人都知道了。芮克免职同招集大兵布满城外，自然是有关系，有许多人都相信是要解散议会，宣布破产。

这一天御苑是人山人海，若是布洛利上将（Maréchal de Broglie）真要扫除城里的土匪，御苑内是要没得一个人的！忽然间有人高喊众人所最喜欢的名字，喊的名字，就是对穆郎！他立刻就跳在一把椅子上，他是个瘦长条子，却很有筋力，满脸却是胃病的神色。这时候他受扰动到了发狂程度，大喊道："你们去拿军械，一刻都不可以错过的！我才打维尔塞回来，芮克已经免职了！这就是鸣钟起事乱杀的暗号！今天晚上，所有城里兵房的瑞士兵，德国兵都要出来杀我们，我们所有惟一的机会，就是执械自卫!"答的话就同一阵雷响。就有上万的人，内中什么土匪光棍都有，围住御苑。什么人都要有个徽章，于是每人取一块栗子树的叶子，也有插在帽上的，也有插在衣扣上的，这二十四点钟之内，就拿这个绿色徽章作记号，这上万的人就冲突出城。

（十一）路易第十五大街之冲突

这班滋事的人，就在一间蜡人院，把芮克同多尔良公爵两个人的蜡像杠走前行，跟在后头的就是这一群上万的土匪，走到峰多谟（Vendom）街，他们就掷石子打德国兵；到了路易第十五（Louis X V）就遇见一群马队，有拉谟柏司克王爵（Prince de Lambesc）一马当先。

这时候正在修桥，大空地上堆了许多石头，这些土匪晓得马队要冲过来，就有许多躲在石头后面，有些躲在别处。有人说："拉谟柏司克是个火气最猛不过的人，他的马队是最凶暴的。"原来不然，却是很文雅的，作者有二十多家的记载为证。有许多躲在工人棚里的，掷石子打马队，马队总还是缓步从容往前走，毫无冲击的举动；后来石子来得太多了，他们才快马向前走。有一个被打跌下来，被土匪捉住，大加作践。在推勒里（Tuileries）宫那一面，他们是用园椅打马队，马队只好把土匪们打回头。有一个老头子不知是不肯闪开，抑或是来不及躲开，被人打倒了，受了些伤。群众就大张其词，就说："老头子被马队打死了！"据事实看来，既然是只有一个老头子打倒了，就足以证明当时马队弹压，实在是极其从容的。有一位外交家在他日记里头说，他看见这样示弱，禁不住耸肩。贝赠发（Bezenval）虽然有五千人扎在城外营房，却并未援助拉谟柏司克；因为法国卫队又出风头，他恐怕把事体闹得太大了。法国卫队如疯如狂的从营房跑出来，先同马队冲突，大声叫喊问他们道："你们是附第三阶级的吗？"马队答道："我们是服从号令我们的人！"这一天不晓得死了好几个马队，把其余的追退了。不到一会子工夫，卫队就赶到路易第十五大街，夹在乱民同马队中间，放枪攻击骑兵，拉谟柏司克一看见这是内乱的开端，很害怕，把他的队伍退到一间公园内；不久，马队都退回营房，乱民跟在后面乱喊乱嚷，还拾石子打他们。他们这一退，就是把巴黎交给乱民。

天色将晚的时候，本来是七月天气极热，街上忽大喊说道："我们已经犯了大事，索性作到底，不是打个胜仗，就是失败了，上绞架送死。"

（十二）强盗来了

到了晚上，忽然市政厅的大钟报警。从前的革命历史家说："这是警告市民同时起事，攻击政府。"后来才研究清楚全不是的，原来这三个月以来市民所最恐怕的强盗，果真来了。闯进城来，逢店抢店，逢人抢人，市政厅鸣警钟，是求救之意，并不是要起事，这班市侩，昨天晚上还是维新党，并不是要打倒大监牢，这时候恨不得再盖二十个大牢，把盗匪们一齐都监禁在牢里。这就是报警的意思。

（十三）七月十三的事

七月十三那一天，自天亮时候起，巴黎城里是骚乱到了不得。市政厅前后左右不知有多少人包围住，群众里头，是什么路道的人都有。有一位方丈，也是一个很有维新见解的，据他说来，这一堆人里头，有些简直的是野兽。有许多乡下人，拿了铁镶的木棍，是害怕强盗跑来的，其实还不晓得是真强盗，还是假强盗，他们想不到走来作帮凶的事。许多人还是戴上绿色徽章，若是不戴的，人家就要侮辱他，他也只好戴上一个。已经遣散的法国卫队同滋事的乱民，手拉手的走来走去。有他们在人堆里，还好像在无秩序中现出有点秩序。

此外还有几种事可以证明，是强盗进了城：因为面包店都被他们抢了，卫兵库、寺庵及警察长的住宅也都抢了；又有一队人跑去打毁了拉福耳斯监狱（Prison of La Force），放出犯人来，立刻就跟随乱民去闹事。

这件事体很深印市民心中，眼见得这种举动不过是借政治问题为名的。商人的会长算是巴黎市的行政长官，简直的迷惑莫名其妙，虽然是胆子太小，却是正经人，他名叫夫勒塞勒斯（Flesselles）。有人曾经请他把军械发给民团，他恐怕军械落在坏人手里，只好请示政府。一直等到十三这一天才得着政府的回话，奉命部署一万二千人成为一军。不料第二天会长同政府来往的公文，落在他人手，众人知道了，就是极和平的人都说会长同政府有诡秘的阴谋，故此后来乱民把会长杀了。有许多都说是应该杀的，在明白人看过去，会长的举动原是一件极应该作的事，众人不明白，可怜这会长就作了冤鬼；可见得当时人心之可怕了。

其实巴黎尚未接到政府回话之先，那班选民已经先动手部署军队的了。他们看见土匪游民及监犯们是十二分恐怖，有一个人说："选民的举动，说是他们害怕盗匪比害怕政府的计划利害得多，故此要部署民团，抵御盗匪。"又说是："假使国民军组织得较为合法，七月十四那一天那大监牢，万不至于被乱民攻破的。"

（十四）七月十四

但是组织是来不及的了。七月十四早上，民团还未有军械。贝赠发亦未奉到政府命令，只好把他所带的垂头丧气的军队关在营房里。

这一方面是毫无预备，乱民方面却是预备好了，他们从军械库里什么都抢来。十四早上乱民先抢陆军修养院，抢了二十七尊炮，一座田鸡炮，三万二千枝枪。当时又有谣言说："长官们要把法国卫队炸死，卫队们是渴想报仇。"那时候毋论什么谣言，都有人相信：未攻打大监牢之先，原就有了谣言，盗匪们已是扰动到发狂，总要找题目闹事。他们要的是军火，有人说："所有的火药，已经搬进大监牢了。"于是有几个匪类就喊道："我们去攻大监牢！"

（十五）攻破大监牢

他们于是涌到大监牢，这座大监牢，不过是个有名无实的大炮台。墙垛上有几尊炮，不过是助兴的东西，照例遇着庆贺时节放的，有多少年来未曾放过一炮了。来往的人，那一天走过不看见这座炮呢！不过今天忽然觉得这些炮是危险东西。于是派了几人跑去要求市政厅把炮挪去，市政厅的选绅派代表去同管监的长官（名叫对罗内 de Launey）说。对罗内这个人是个有仁心的人，付之一笑，说是无理的要求，却把大炮挪开，留代表吃早饭，以为是太平无事了。

这群特为借故滋事的匪类们，如何肯答应？他们不过是借口，于是派了一位律师图理奥（Thuriot）去见对罗内，对罗内很客气的对待他，把部下所有的人喊出来，请他看了，共总是九十五个退伍兵，三十个瑞士卫兵，监长吩咐把炮洞都用木板遮盖起来，算是最后的让步。图理奥很满意出了大牢走了，土匪们却不肯走开，一心只要毁了这所大牢。

对罗内并不派人守护前院大门，把所有的人都安置在围墙内，把吊桥拽起来。土匪们当他是预备动手，于是就要示威，派两个人，其中一个是法国卫兵，把斧子砍吊桥的链子，这吊桥忽然落下来，前院立刻就堆满人，大约都是土匪。看见几个守兵，就对守兵放枪。

监长职守攸关，于是号令守兵放枪。当天晚上就造出谣言，张大其词，遮掩他们这种可耻的举动。说是监长派人同群众讲和，请他们进去。他们相信监长的话，果然前进。监长忽然发令开枪，把前进的人打死个干净。历史家却并无一个人相信这种的话。

初时土匪们很害怕，掉过头就跑，随后又回过头来进攻，攻了许久，没得进步。盗匪们只有抢乡下人的本事，攻炮台是要军队的，土匪们是不合的。

（十六）对罗内被杀

军队果然来了，就是法国卫队的叛兵。守监的兵看见他们来了，不由得不变了心肠，对罗内见了也心灰，只好议降。叛兵里头有一个小头目，据他后来对人供认，就是他同守监的议条件，凭他的信用，议明不伤害一人的。谁知不到几分钟，乱民们便把对罗内的性命害了；小头目很出力救护他，也救护不来。对罗内是个有勇男子，很同乱民奋斗，遍体受了重伤才死的。乱民简直是把他剁成碎块。乱民里头有一个是厨子的徒弟，很晓得切肉，一刀就把对罗内的头切下来，这个厨子的徒弟，自鸣得意，很要居功，逢人便说夸了十年的嘴，到后居然得了一个赏功的徽章，酬他的功。乱民还杀了三个守监的军官，杀了一个退伍的兵，吊死两个。

（十七）流血惨剧

此后就是野兽食人世界，把守兵都拖了出来，乱打乱杀，却放了好几个监犯。其中有四个是犯私铸的，两个疯子，一个淫棍。乱民用长枪尖子高举人头，在街上游行。

（十八）夫勒塞勒斯被杀

选绅们这时候还是糊里糊涂的，不晓闹了这样大事。夫勒塞勒斯还在那里同他们开会议事，到七点钟的时候，大队的乱民快到了，远远就听见他们大喊："打胜仗了！打胜仗了！"不久就看见他们抢来的大监狱的旗，同长枪上插的流血人头。这时候要拦也拦不住。不知有多少乱民闯进会议厅，大骂夫勒塞勒斯，说他是个反叛，同对罗内同谋，不配坐在市政厅，若不立刻走开，他们就要哄他走！夫勒塞勒斯脸无人色，只好走了。不料还没走了三步，即被乱民杀死，剁作多少块，取下首级，又插在长枪上。随后把所有的首级都摆列在御苑示众。有亲眼看见当时的情景的人说道："有许多人（包括小孩）看见流血人头，居然不害怕，还在人头之下跳舞，一面大声喊道：'可惜杀的不多，最好杀他一千个！'"这就是大流血的起点。乱民还把第一个攻入大监牢的法国卫兵肩抬起来游行，表示他立了奇功；又把对罗内身上戴的圣路易大勋章除下来，挂在这个兵的身上。

这个时候布满巴黎城尽是奇怪谣言。兵丁们及地方官恪尽职守的都叫作反叛，闹事的人都叫作英雄。他们还从大监里释放令人注意的监犯。又说在监里头发现骸骨。又说找出多少残酷刑具，在案卷里头还寻出令人可怕的诡秘谋害案子。还说因为这个不名誉的管监长官欺诈人民，故此他们才受了许多枪炮。这种谣言一播传之后，人人都忿恨。弥拉波说道："巴黎居民心里，其实简直的是慌乱之极，他们很晓得这些得胜的英雄，都是一群土匪。"

殊不知到了第二天早上，巴黎的市侩们听说国民代表们在维尔塞很以七月十四这天是极有荣耀的一天，市侩们于是就起首想到要居功。十三晚上，这群市侩正在那里联合抵御土匪扰乱地方，以为十四日的闹事，是土匪横行的事。到了十五这一天就变了腔，要作为是巴黎市反抗专制的举动，骨子里实在是他们大失败，却要掉过头来，反以为他们的荣耀。他们因为贪功，故此把土匪所作的事，当作英雄事业。国民军原本是要预备弹压土匪的，这时候却有了为自由而革命的大功了。是以当革命初时，这极可宝贵的自由生下地来，就是不干不净的。这种的误会，是永远洗刷不清的了。于是从一个大谎话，就生出一个新纪元来了。代表议会，就是第一个造这个大谣言的人。

（十九）七月十四十五两日之维尔塞

自从七月十三这一天起，议会就终日害怕政府有什么举动。到了十四晚上，选绅就派了代表到维尔塞，报告目睹巴黎所演的惨剧。这几个选绅很怕，他们归咎于巴黎，却不为市民解说，专归罪到对罗内身上，说是对罗内的举动引起市民聚众，于是用枪炮击杀市民，代表议会是痛恨。政府很相信这种解说，并不怪市民有这种暴动。

（二十）代表议会赞成巴黎暴动

议员们见了报告大生其气，并不对碎剐监长的土匪们生气，是对监长生气。十六这一天，有十多个议员们所写的信，是人人都很容易看得见的，无不称赞巴黎市民攻倒大监牢的。所用的都是极其夸张的字眼，最平淡的，也说他们办得有秩序，有见识。有一个议员写的是对罗内是判受死刑；读者不晓得的，还许误以为是一个法庭判他的罪。他们所写的信，都有市民办得不错，监长死当其罪的话。有一个还加一句话，说是市民虽未开正式法庭，却是办得很从容的。

议员们得了这报告，心里却放宽好些；因为大监牢既落在民众手里，绝不能再有政府把议员监禁在这大监牢的事了。有一个议员写道：“这原是个有幸福的大错，因为免得我们受许多残酷的待遇。”他这一句话，实在是能够达出当时的普通意思。

十四那天晚上是开了一整夜的会，有一位有自由思想的贵族，想到报告国王。路易第十六这一天是终日在围场，得了报告，觉得很诧异，说道：“这不是造反吗?”贵族答道：“陛下！这不是造反，这是革命!”路易也觉得对罗内的欺骗不对，答应撤退兵队，还说天亮就驾临议会。七月十五早上，有一位议员写道：“我们从此享受自由了！我们的手永远不戴手镣了!”写这两句话的人就是度揆讷（Duquesnoy），终身却未戴过手镣，不过到了民国二年，他就晓得有另外特种的手镣。

路易第十六是大为震动。议员以为正是好机会，派代表去见他，劝他答应让步。弥拉波就预备好了极堂皇的演说词，我们现在拿来一读，不过付之一笑；但是一百二十年前，是很能激动人的。

路易第十六到了，他还说：“并不带护卫，只有随身的道德，就是他的护卫。”他的神色是很好的，议员们很欢迎他。他还说：“明天往巴黎。”议员决定选派代表，明天也去巴黎看看。代表们看见全个巴黎闹到一团糟，心里也很动。原来十四那一天就用红蓝两色的徽章，还看见一个牧师戴了四方帽，穿上教袍，统带一队兵，牧师的帽子上也戴了这两色的徽章。巴黎的大主教，在一个礼拜之前，是极力反对三阶级联合的；这时候提议到我后大教堂唱祷谢上帝歌，拉理·托隆达（Lally－Tollndal）讲了一篇经论，教堂里听讲的人无不下泪，翌日众人还要他登讲台再讲一番。于是力安库耳（Liancourt）提议宽贷法国卫队的叛兵，克勒芒吞涅耳（Clermont－Tonnerre）责备力安库耳不应用“叛兵”

两字，极力赞美他们办得不错。还有一个议员说：“他们不是抛弃军旗不顾（即逃叛之意），不过是带军旗走开。”

市侩所练的民团，请拉法夷脱当统领，选绅们请巴宜作巴黎市长。于是排列游行，又到我后大教堂祷谢，教堂有二千人同时唱祷谢歌，人人都戴红蓝两色徽章。有个在场的人说道：“这群人简直的是发疯了。”

他们请路易驾临，表示言归于好的意思。十七那一天，果然命驾乘坐他的大辂，扈从的议员总数三分之二人数，都是两个人一排，小教师旁边是位大主教，主教旁边是个平常工人。在他们前头的是一群卖鱼的婆子，她们手上拿的是树枝，树枝上挂的是各色带子，手舞足蹈，真像一班酒疯子。

到了巴黎门口，就有府尹来接。这个府尹并不是什么法律规定的人，路易原可以不承认的。这时候送城门的钥匙，府尹还说了两句俏皮话，说道：“从前市民送给痕立第四的，就是这把城门的钥匙，那时候他是打伏了他的人民，现在人民打伏了国王！”这两句是极大胆的话，路易第十六斜着身子对一位王爵说道：“我不该听这两句话。”

（二十一）国王与议员在市政厅

但是路易第十六已决意要看看什么情形？要听了他们说的是什么话？这位路易第十四的孙子，土匪乱民们把他的炮台上的军旗拿了下来。他走到市政厅看见这军旗，却毫无感动。大众因为表示恭敬国王之意，加一道白色在红蓝两色之间，作个徽章，请路易戴上，路易果然戴上。群众于是欢喜极了，大声喊道：“国王入了第三阶级了！”有一位伯爵看见这种情形，大为激动，说道："陛下有了！百姓有了！这三色徽章，将来是可以一统欧洲了！"伯爵这一句话，可算作有先见之明。

巴宜在市政厅预先布置一切；请国王戴三色徽章，请他登殿，请好几位大演说家对路易演说。名为恭维路易，其实是教训他，都是巴宜事前的布置。路易却是很镇静的恭听他们的教训，毫无难色。拉理托隆达的演说用了好几次"请你们看，这就是国王他……"。路易第十六所处的地位，真是种种为难。有一位教士向来是反对政府的，这时候也禁不住说道："我看见这种情形，我都觉得难为情。"路易第十六坐下，一毫也不动，两唇间露出似笑非笑的神色。他立起来要去走的时候，大众又欢呼恭维他，说他很出力调和。但是平民们是向来不识体统，不识礼节仪文的，大声问议员道："国王曾否签押让位表！"

第三章 法国之瓦解

（一）自然发生的祸乱

此是历史家坦尼（Tain）说当时法国情形。这一句话说得很得法，但是用于七月十四后之法国情形，却并不对。这种反乱情形是由两件事生出来的：一件就是攻倒大监牢，一件就是八月初四日的事。这种反乱，是有人激动，有人主使的。

打倒大监牢，原是一件造反的事；假使当作是造反的事看，或者还可以免得后来的结果。不料许多人还以这种举动为然，还要称赞这种举动，自然而然就越闹越大，闹到不可收拾。当时所谓执政不晓得因为什么缘故，一时昏瞶糊涂，手足无措，办了几件坏事。有一位贵族议员是向来绝不肯通融的，十六那一天写道："这是给执政大臣们一个好教训。"有一个宗社党向来也是极力反对革命的，十八那一天写道："巴黎打破一切政治的束缚，恢复自然应享的权利，是不错的。"又有一位美国人莫理斯事前事后都是反对革命的，说道："七月十四攻倒大监牢，是一个办事勇决的好榜样，还要饮一杯美酒，庆贺法国国民恢复自由。"这是十五说的话。到了十八那一天还说道："我把这件事详细想过，攻破那座魔鬼炮台，是件可喜的事。”

这位美国人，原是富有常识的人，原来还是路易第十六引起他说是魔鬼炮台的话；因为路易第十六还答应人民在大监牢的废址，建他自己的佛像，十五那一天，就把这座大监牢拆毁得干干净净。最奇怪的是有许多人都要买拆毁下来的砖石，不独是激烈民党要买，还有许多最时髦的阔家妇女们，也争着买，同买精肉一样，按磅的出卖；他们买回去，在家里当陈列品。

在维尔塞地方就有许多人反对达多亚党，说是七月十四的叛党是住在宫里的人！达多亚伯爵十七那一天，就离开维尔塞，就有人说：“这间堆积马粪的臭气熏天的马号，是洗刷洁净了。”这两句话是谁说的呢？是不是革命党说的呢？不是的，这是当时一个人说，凡是历史家反对革命的，都相信这个人所说的话。

闹完了这场反叛大事之后，居然并无人说是巴黎的大不是。外省也就明白了，以为巴黎城内既可以这样办法，城外自然也可以仿办，就以为是官兵是可以逃亡的，可以反叛的。旧派的地方官长，若是反对的话，是可以违抗的，可以杀死的。国里头所有的贵族堡邸，就是四万座大监牢，可以攻破的，可以焚毁的；若至必要时候，连邸堡的主人，都可以一并烧死的。有一位议员实在是太过单简老实了！七月十八那一天，他写道：“激动的情形是慢慢可以沉静下来，什么事不久都可以回复旧观，军纪也不久就都遵守的了，国民的精神是可以补救一切的！”

七月十四那一天，有一位左派的议员叹气说道：“国王是没有了，议院也没有了，军队警察都没有了！”不久，穆内就要写十四以后法国之可怕之乱象事，过百年就有一位历史家采辑许多事实及数目，证实穆内所说的话。

（二）巴黎是反乱的中心点

巴黎就是个乱事的中心点。巴宜说过："这时候人人都晓得发号令。却并无一人晓得遵守号令。"巴黎共总是分作六十区，每区都自以为有自专的君权。有一区居然任意拆看执政的公文，要看里头有什么反对国民的事没有？有一区擅自停止一辆运银子到造币厂的大车，因为巴黎也可以造币，何必远运他处呢？这时候的国民军如虎生翼，是绝不能守纪律的；不过偶然碰见他们的高兴，拉法夷脱还可以调动他们。有一位最维新的议员说道："若是在城里设计杀人，就在城里稠人广众之中杀人，还要巴黎的市侩民团作什么呢？"

（三）杀傅隆及柏提耳

他所说的话是指杀傅隆及柏提耳（Benier），当日关于纪载这件事，各家不同，颇值得一引。傅隆在维利（Viry）拘捕的，七月二十二解到巴黎。拉法夷脱想尽方法，要救他一命，但是群众的意思，是一定要流血；因为见惯了流血，就喜欢流血。

他们把市政厅的大门攻破，把傅隆捉住，用种种的酷刑，就是铁石心肠的人，见了他也难过。随后就轮到傅隆的女婿柏提耳，他是巴黎的一个长官，因为七月十四晚上他发火药给兵官。这原是他的职守，他们却以为罪，剁成六十块，把剁下的手脚高举游行示众，用长枪穿他的心脏，献给府尹看。那时候把傅隆的首级割下来，用干草塞满他的嘴，也用一根长枪穿起来，各处游行。刚好这两个首级在某处相遇，于是将两颗首级紧靠，扛首级的人还说道："你同你的丈人接吻吧！"

拉法夷脱只好辞职，随后又撤回辞职书；代表们惋惜有这种事发生。巴那甫安慰他们；诚然是流血，但是所流的血并非什么清洁的血。有一位牧师很称赞巴那甫这句话，说是真罗马人的话。巴那甫对国人说：法国的血管里，有些不清洁的血，是应该流的；不幸而三年后之事，巴那甫的血，也变了不清洁。这位罗马人也要流血，与傅隆同走一路。

（四）各省之扰乱

巴黎先作个榜样，外省自然是效尤。有一位历史家说："一七八九年的夏天，是很燥热，西方，南方，及居中的几省，比较上无甚扰乱；东面数省则不然，周围若干里地方，扰乱到如同一片大火焚烧一样。"焚烧堡邸的人，其中有曼德立（Mandrin）的徒党，先时招集他们到巴黎，后来又打发他们回到各省。有一个住在外省的人早已有见及此，很恐怕十四那一天，他还是说在这大城市中，应该早把他们哄走了。但是官兵有什么能力呢？若是他们忠于所事，人家是看不起他们。三个月前，群众看见了官兵是懔然生畏的；现在不然了，群众谈论要攻击军队，官吏自己当自己不成东西，因为群众杀了夫勒塞勒斯、对罗内、柏提耳、傅隆，官吏们是十分恐怖。国王是懦弱，无能力保护维持君权的人，官吏恐怕无人作他们的后盾，也就个个都变了胆怯的懦夫了。

然而这时候最紧要的自然是有大权力的人，穷民们是挨饿，凡是造反，骨子里的原因总是饥荒。有一位学问家解说得很透彻的，说是法国大革命原因，是经济问题，不是政治问题。他所著的书，内中有一章题目，就叫作（粮食与造反）。但是饥荒有大多数成数，是由于扰乱，种粮食的人，囤藏起来，因为是怕被抢。伊塔匹斯（Etampes）的粮食市，平常交易都是一千五六百袋的交易，扰乱之后，到不了一百六十袋。

（五）大恐慌

人民不独是挨饿，心里简直是扰乱无主。当时的谣言说是外面八方都是强盗；“强盗”这两个字，从巴黎城外传到极僻远的乡村。只要这两个字传到，就种下恐怖的种子。我们事隔一百二十年后，读当时的记载，看见他们那种大恐怖的情形，亦免不了寒心。读者试看一个种葡萄人家的日记，就可以晓得了。他的日记说道：“七月底就有许多谣言，说是强盗快来了！大约都是外国人蹂躏乡村，焚烧粮食；说是贵族们花钱叫他们焚抢的，要把无论什么东西都要毁了；后来又说是议会办的（这就是说是叛党作的事），要试试看可以利用群众到什么程度？”读者看这种话，就可以晓得谣言扰乱舆论了。盗匪是有的，都是下流社会沸腾浮在上面的匪类，但是并非处处都有强盗土匪。这种使群众恐怖的事是免不了的，这都是群众们立在悬崖边上，既不能上，又不能落，自然发生的恐慌；个个人心里都有个前途可怖的预想，眼见得内乱外侮，乱杀仇杀的事，就在目前，焉得而不恐怖呢？数百年来的官府方面的权力，一旦都消灭了，既无指导的人，又无保护的人，怎么能够不恐慌呢？凡是乡村人人都预备军械，为自保之计，若果有盗匪来，是要把盗匪们打杀，为地方保全秩序。但是亦有许多因为受了激动，就自己先作了扰乱治安的利器。这种人一有军械在手，就先结合成群，其中自然有败类，这就是真实盗匪，就怂恿他们去攻打邻近大宅舍。当时又传播一种谣言说："只要把贵族们所收藏的文据毁了，就可以不再纳捐。"有一位历史家采辑五十封小省分贵族们受过攻打者的信，一看就能明白当时的情形了。当时的人往往说道："把他们的橱柜都烧了，若是有文据在里头，自然是同归于尽的了。"于是就放一把火把房子烧了，连橱柜都烧了，有时还烧死人。

（六）大蹂躏

森林也烧毁了，无处可打鸟和猎兽了。八月初四日议会有异常的极欠斟酌的举动，将所有制度建设，都扫除净尽，国人就晓得可以为所欲为了。从前他们好偷免，这时候这种本性更加发达了，人人都可以杀供猎的野兽。有两位议员说道："附近维尔塞的御苑，他们都有权利，随便可以杀供猎的野兽了。"有一个本地人说道："他们不独杀野兽，连围场都糟蹋完了。"初时群众们执械是预防盗匪，其后却自己变作盗匪了。

（七）大杀官吏

在城市里头则大流其血。八月一日，就听说有好几处地方有暴动。有一处地方，有一位主教被群众拖到街上，用武力逼他签押一张字据，放弃他自己的磨粮食的磨房；假使他不肯签字，立刻就要送命。味真兹（Vergennes）八月五日写道："在巴黎城门口就有妇女们杀死圣登尼斯（Saint - Denis）的府尹，因为妇女要定面包的价，不许多过若干铜钱。又有特类业斯（Troyes）也有虐杀府尹之事。又有喀延（Caen）瑞士卫兵的大佐，被人撕成几块。有好几起的暴动，诚是盗匪当魁首的，因为有许多人都晓得他们原是放出来的大罪犯。这时候道德简直是消灭净尽的了！只说在维尔塞地方，群众居然从刽子手中劫放一个弑父母的逆子，就是革命派的代表报告这件事体的时候，也禁不住发怒，法律是完全扫地了！

当时群众们所作的事，无非都是焚毁森林，偷抢粮食，抢盐；不纳税捐，是不必说的了。文武官吏们收税官等等，人人自危，人人恐怖，都不敢露面。

（八）自治会之发生

此时官吏既无能为力，人民自然要设法组织新机关治事，或辅助官吏所不及，或取其权而代之。市侩们或者亦愿意改良，却又恐怕群众造反，目前都是时时刻刻可以造乱的情景，此时但求自己的平安，于是照着一七八九年七月巴黎的办法。某某等所谓选绅，因现时选举已是过去之事，并无特别事权，只好自立为董事局，又叫作自治会。这就是一七八九年夏天的自治举动，这也是从无政府官吏无权的扰乱发生出来的，却不是从法律上发生出来的，是非法成立的。从事实上看，却是上等人的组织，防御在下的扰乱。此种自治会的会员，大多数都是守旧派；然而事权则发于革命，因为这一层原因，故此他们的权力就不足，他们可以问有几处暴动的首领道："是谁封你作公爵的？"那首领可以答道："谁派你作国王的？你们的权力是从什么地方得来的，是从国王得来的么？国王并未派他们作会员，是人民们选举他的么？"

也不是的，人民并未选举他们。故此一有反乱，就把这些自治会如摧枯拉朽的扫除干净。当时有一件文牍说道："我们很少得看见自治会胆敢令人守秩序的。"毋论群众怎么样暴动横行，都不敢过问，宁可不过问，不愿意，倘或闹出大事来，人民们要他们负责，是以自治会无论什么事都不敢不答应。

若论大概，自治会是偏向革命的。国民军亦有相同的趋向。

（九）自治会无能维持治安

他们喜欢如现在快要成为事实的和平革命，但是又恐怕革命再起。因为有这种感觉，故此发生永远不相信宫廷及贵族的意想，不久连教士们也不相信了。又怕压制太过会生反动，取得事权之自治会及国民军，只好用放任主义，随第二起革命党自由行动。

从此以后，穆内所力斥之普通扰乱发起，焚烧乡下里的大第宅，糟蹋森林，任意驱逐地方官。最可怕的是这时候发生一种新学说，说是国里有一种败类，新近得了特别利益，他们是应该糟蹋这败类的。当时有一个人于七月二十七日写道："这时候人人都要拘拿他所疑心的人。"

这时候芮克已经复职了，他同议会看见这种情景，心里都很难过。八月初五这一天有一位议员写道："若不是赶快议定宪法，我怕我们法国原来都是慈善，都是忠诚的人，都要变作食人的野人了！"其势不至尽为奴隶不止。写这几句话的维新派的人，瞥见此时已经有了专制的人了。

国王手上所执的利剑已经丢落在地下了，议会是不是把这把利剑拿在手中？

第四章　八月初四晚及公布

（一七八九年七月至十月）

（一）议会有两种恐慌

此时议会有两种恐慌：一怕政府，二怕群众。政府这时候是奄奄待毙，路易是被一群口称追逐一七八九年思潮的执政大臣所包围。路易昨天还是专制君主，他的大臣们这时候从彼极端变作此极端，告诉议会说："议会所未决议施行的事，执政们是绝不施行的。"因为有过这样的声明，这班好说话的行政官，就毋论什么事都不理，只好交给议会同国民去办交涉。

我们是晓得的国民有一个月以来是随匪类们横行，喜欢作什么，就作什么。这个匪类的称呼是国民派的议员用的字眼，可见得第三阶级的代表们，是怕极这群盗匪的了。但是匪类们只要不高兴，是毋论什么人，毋论什么东西，遇着就要毁的，代表们原有先下手毁坏之可能。不过代表们都是中等人家出身，有许多顾忌，有许多斟酌，不敢放肆破坏。其中有许多还是法律界中人，寻不出路子去，把数百年以来贵族及教士们所享受的特别利益，一旦都破坏了。但是若不废除破坏，又怎样能够叫群众满意呢？

他们心里，实在是有种种的疑难。

（二）无土地之约翰

八月初四日晚上，大约是八点钟左右，正在快要散会的时候，诺亚勒斯（Vicomte de Noailles）子爵忽然站起来，起首要说话。这时候正在宣读一篇抚慰各省的公布，子爵站起来说道："群众所以被逼不得不焚劫乡间贵族的大宅的缘故，就是地主勒缴的苛重税捐；这原是封建制度的遗臭，一定要扫除的！"第三阶级代表们乍听这句话，诧异到了不得，说不出话来，只好拍掌喝采。这位子爵竟能为全体贵族作榜样，情愿伸出颈脖子请斧子来劈；这是一个解决的法子。此时无人愿意记得这位子爵，不过是他一族的旁枝，又是一个身败名裂的人，他所说的这句话，是不能算数的，并无何人授权于他，叫他说的。在他自己的知交中，他的绰号叫作"无土地的约翰"（即光蛋之谓，译者注）。可巧这时候又有一位糊涂亚居伊永（d' Aiguillon）公爵，原是自命为提倡革命的。贵族看见"无土地的约翰"得了先着，赶快赞成子爵的提议，于是第三阶级代表们又拍掌喝采。随后又有一位沙脱勒脱（Chatelet）公爵，也反对封建制度。

（三）放弃特别权利

立刻就有许多贵族都慷慨激昂的纷纷甘弃权利，如一阵狂风骤雨一般，这就可以证实法国人的性质，是不能坐下从容谈论议事的，都是最容易受激，就忘其所以了。也许诺亚勒斯子爵真诚相信自己有权可以慷他人之慨，牺牲贵族全体的利益。第二天就有一位贵族出身当代表的在日记上写道："代表们都无抛弃利益的权。"又有一位在场眼见当时情景的说道："他们不管有权无权，人人都是慷他人之慨，他牺牲他自己所无的权利。"据事实说的话，选举子爵的人，并未授权于他，叫他毁了他们。洛林（Lorraine）地方的教士们，并不打发南锡的主教（Bishop of Nancy）走去维尔塞去声明抛弃他们第二阶级的一切利益，但是这时候这位主教却声明抛弃，自然大众都拍掌喝采。这一千七百个议员简直都变了疯子，在那里洒泪，互相搂抱，人人都争先恐后，要博大众欢呼喝采。还有一位沙脱尔的主教，爱伊克斯的大主斯（Archbishop of Aix），走来代表教士们赞成那位代众抛弃利益的主教的议案。沙脱尔的主教抛弃了打围的利益，只有对于这件事，贵族有点觉得心痛舍不得。有人听见沙脱勒脱公爵低声喃喃的说道："好呀！主教把我们打围权利送丢了；我也要还敬送丢他的利益！"公爵于是替主教送丢了什一的教捐。但是那地方的贵族，还是一位法庭的庭长，已经登了讲台，要求废除财产上的特别权利。于是欢声雷动。当下即有某某处几位小牧师，自愿抛弃某某种临时捐项。于是会议场中，个个称赞喝采。到了初八那一天，才晓得一位只抛弃二十个利华（法币名），一个只抛弃了十五个利华，随后养兔的特别权利及葡萄税也废除了。

有人说："这班代表简直的是醉了，糊涂到不省人事了！"布雷康侯爵（Marquisde Blacons）提议各省也该抛弃特别权利：于是有布勒塔尼（Brittany）、郎基多克（Languedoc）、亚多亚（Artois）、勃艮第（Burgundy）、洛林几省，果然依议抛弃了。

既抛弃各种特别权利之后，巴黎大主教提议大众应该到宫里的教堂行赞谢上帝的礼；同时有力安库耳及拉理（Ially）叫众人颂扬路易第十六，称为恢复法国人民自由之人。

作者书案摆着有六七位市侩议员的记载；人人都受激动到忘其所以了。有一个说道："我们觉得欢喜到狂了，因为看见当时情景，是从好变作更好，所有一切大阻碍，都推翻了，消灭了！"又有一位说道："我求上帝授我以合宜之发言！"第三个说道："我们欢乐到哭，我们互相搂抱，我们法国人是个不知有多少好的民族！有何等的光辉！作了法国人，就是有了极大的光宠！"

翌日早上八点钟，就颁发三十多条的命令，定为法律，毋论那一国都未曾有这样的社会大革命，将所有抛弃特别权利的事，永定为律。当天有一位议员写道："拖连几个月办不通的事，我们不过十点钟之间都办完了。"过了几个星期之后，这位议员才承认那一天不幸的晚上所作的事，反令议会处于办不到的地位。读者可想见不知要经过多少个月的工夫，才能将所有议决颁行的纷乱复杂议案，理出头绪来。

（四）享受特别利益者之祷谢

中等人家出身的议员们，心里安慰到了不得，深信群众们必为这样慷慨的举动所动，自然是喜欢的，天下可以从此太平了；这些议员们，果然走去教堂行祷谢礼。谁知他们是大错而特错。因为群众们在此之外，还有要求，等到议员们详细审查事实，才晓得他们所抛弃的利益。其中还有许多分别：例如有些利益是可以抛弃，不必给赔补的，有些还是要花钱买的。这些特别利益，原是很复杂的，群众们都是脑筋简单，那里晓得其中有许多分别呢？他们只晓得八月初五有议会颁行的布告，说是封建制度是完全废除了。有一位议员说道："群众很能体会议会答应他们的好处，不知其他封建利益的委员会所加的各种限制，群众是绝不能答应的。”他们以为这种限制不过是失信，是食言，毋论那一位委员会里头的慎重议员，倘若减轻一丝毫主教们所抛弃的特别的利益，是要惹祸的。第三阶级的国民唱祷谢歌，颇为自己所作的事感动，自以为是殉难，可入圣贤之域了。

（五）民权之宣布

就是这样算是把封建制度废除了，现在凡是法国国民都是平等。众人以为似乎要有一种文章宣布民权；弥拉波曾经说过：“按现在时局而论，各省无不骚动杀人、放火、抢劫、抗不纳税，军队变乱省省都有，与其宣布民权，不如宣布民职。”但是这时候许多人，是急于要宣布民权。

议会是自从七月底以来，就在那里忙这篇大文章。民权的原则，是由拉法夷脱从美国的费城带回来的，只要承认了这些原则，其余的意想，就有日内瓦哲学家卢梭的意想，供给材料。

据理而论，此件民权宣言书应该以各处的诉苦书作根据。克勒芒吞涅耳却从这个来源作出十一个条文来，既不是从费城来，又不是从日内瓦来的，是纯粹土产，纯粹国货，众人反说他不对。有一位说：“难道我们这个议会，只专为一国设想么？我们要作出一篇民权宣言书，毋论什么人，毋论什么时候，毋论那一国，都可以用得着的，要替全世界作一个榜样。”这样妄自为大的议论，未免令从费城来的一位议员听了，付之一笑。又有一位在日内瓦说：“这种议论是孩子话，假使日内瓦大哲学家卢梭听见了，也要惊诧的。”

若是根据卢梭的意想，这篇宣言书是必定有许多国民派的话，市侩们大约是不甚见得喜欢。但是寡不敌众，敌不过那时候维新贵族及国民派的教士人数那么多。八月初一日，有一位贵族提议，又有一位贵族赞成，要投票议决宣言书的全文，不得枝枝节节议决。有两三位市侩议员听了这种话，大起恐慌。弥拉波也觉得揭幕揭得太早，不合算。弥拉波说道："若揭得太早，群众一定是滥用民权；民权原是一种秘密，绝不能先揭露的，要到有了好宪法，使群众们到了听见这个秘密不会发生危险地步的时候，才可以揭露的。"马拉爱脱（Malouet）也很有中肯的话，说道："我们为什么把群众抬高他到了山顶，叫他们一眼看见他们所应有的种种民权，明晓得我们不得不请他们下山，同他们立界限，还要安置他们在现时的世界上，他们一到了现时的世界，每一举步，都要碰着界限的。"但是既经一位贵族提议，一位贵族赞成之后，就有许多贵族主教还有大主教等等，各人都有提倡民主派的条文，自然是很受大众喝采欢迎。他们心里不知不觉许有轻视第三阶级国民的意思，故此促进他们走极端，然而却是出于至诚。穆内原是授意此项提议者之一，惟是穆内颇受维新贵族的运动。

于是公开会议制宣言书的草案。当时有两个外国人在场，一个是德国人，名坎柏（Campe），一个是日内瓦人，名杜蒙（Dumont），都说他们讨论草案是乱杂无章的，有许多在字句上发许多无谓的辨驳，有的是乱谈理想。杜蒙说道："这个会场变作理想学校的课堂。"八月十二日，坎柏写道："会场里是纷乱嘈杂到万分，看见这种情形的，简直是女巫的安息日。"

由屡次修正而成之宣言书，几乎全是共和性质，无甚道理，若是卢梭见了，一定是要禁止的。有一位教士帮一位伯爵的忙，要这篇宣言书加上上帝的印章。

（六）宣言书与宪法相矛盾

有一位著名历史家，证明宣言书与宪法相矛盾。据事实而论，中级国民在宣言书中先立将来取债的基础，一投票议决之后，议员就说这是国民的问答书；但是这本问答书是要深密藏起来的，用帷幕谨谨严严的遮掩起来；他们用的是帷幕政策。一七八九年的人先开幕，后闭幕；一七九三年的人要撕破这张幕；一七九五年的人，要缝补这张幕；至今还未完全开幕。宪法就是闭幕的宣言书。说道："凡人生来既是平等，应享受平等权利。"云云。但是按照宪法却不能平等，当初还不是如马拉爱脱的话，既不能叫群众享极乐世界的福，何必领他们登高山顶，看见那极乐世界呢？

（七）宫廷的举动令人生畏

有一个原因，逼议会于八月九日走革命的路，就是宫廷的举动，令人又发生恐怖。王后是投入达多亚伯爵党里，因为那时候王后受了许多攻击；又见御营已有不安的景象，不能不四处找帮助。不幸她又不能用巧妙政策去遏乱萌，压倒快来的风潮。俗话说的好："解铃还是系铃人。"这时革命所到的程度，只有能发者能收。拉法夷脱看见这时候景象，也有点迷惑，还告奋勇试试看要收拾这个危局。弥拉波有一个月以来，就探听宫廷里有什么办法。当时原该把他们两个人中之一拉入政府的，可惜这位王后无忘记的本事，都不要这两个人。弥拉波一晓得宫廷疏远他，他只好回头用他的激烈政策，说道："国王及王后两个人都要消灭的，群众还要踏他们的尸身。"

（八）王后的态度

议会这时候很被人讨厌，王后以为反动的时候到了，就想到同他们算帐，群众诚然是很不满意，很忿怒。有一个在十七日说道："余烬底下慢慢又烧着了！或是在麦面底下烧上来了！"这时候闹饥荒群众，都要议会负责。

王后是很想解散国会，最要紧的，自然是先买好军队同他们拉拢，她的计划，却被议会猜着了。有许多和平的维新派疑心到王后有这样的计划，就投入左派去了。宣言书既经投票议决之后，就起首讨论宪法。穆内是委员会的记者，要宪法有保守的趋势。一七八九年，穆内曾经对人说道："我们当初要一个有大力的人的大椎，打碎一切害国害民的制度；现在却要一个有神力的人，肩负这个君主国。"他的意思是要英国式的宪法，设上下两议院，及有大力的强政府。他的那一党是失败了，他们有穆内作领袖都退出委员会了。九月十五那一天，左派得了胜利，等到提议要给君主否决的权的时候，发生很激烈的辩驳。

（九）否决权

这"否决权"的问题一发生，群众们就有了题目了。好滋事的人，早已在那里等机会，借题发挥。有人写道："借饥荒的问题就可以发生二次革命。"但是要激起无知乱民暴动，不如还是播传他们所不懂的名词。于是激动乱民的专门名家，立刻就抓住“否决权”名词作题目。街上一个某甲问某乙道：“你晓得‘否决权’这个名词是怎么讲吗?”某乙答道：“不晓得。”某甲就说道：“等我来解说给你听吧！譬如你此时走回家去，你的太太已经替你把晚饭都煮好了，国王只要说一声‘否决’，你就没得晚饭吃；这就是‘否决权’。”议会要投票议决，给君主一种停止的“否决权”，群众听了，大为发怒。十月初间，有人听见一个在街上演说的喊道：“我们现在是没得面包吃，你们晓得是什么缘故吗?我来告诉你们吧！三天前国王用他的停止权，于是他把所有的粮食，都运到国外去了!”听他演说的人很喝彩，说道：“原来如此，他说得很不错。”

他们喊道：“议会里头反叛不少!”罗斯退罗（Loustalot）说道：“我们非把这些反叛拖出去不可!”马拉（Marat）写道：“一定得要解散这议会，议会所作最不名誉的事，就是选穆内作会长，这个人是个反叛，又是个贵族。”群众那时候所攻击的，不止是议会。八月初四的议会所议决的条文，即是民权宣言同宪法的条文，路易第十六不肯批准，他说得却有理。说道：“所有一切的事体，要先理出个秩序来。”十月初四，罗斯退罗说道：“革命就不进行了吗？我们一定要第二次革命。”罗兰夫人很不耐烦的，希望法国清醒过来。

（十）巴黎人要往维尔塞

这时候的时局是很急迫。群众们是攻击政府，议会是怪责拉法夷脱及巴宜，说他们不起劲。又为的是饥荒，助成暴动党的计策，最要的原因是挨饿。群众喊道：“我们都到维尔塞去把面包司务，同他的女儿儿子都弄到巴黎来吧!”他们又诬赖巴黎大主教，说是他花了许多钱买动磨坊不磨面，到不如当着议会把大主教杀了。达尔良公爵以为是时机成熟了；很激动群众是无疑的了。这时候最激烈的，就是布勒通俱乐部（Breton Club）的人走去巴黎，在黑幕里暗中行他们的诡计。当下有弥拉波激动群众，盼望将来他可以乘机出来，作一个救时的大人物。我们其实不必搜讨什么深藏不露的理由，在下级的革命党是决意要造出二次革命。十月初四，两个激烈派罗斯退罗同对穆郎，他们原是闹翻了的，这时候又好了，以后只要预备好一通申诉书，把所有的匪类都送到维尔塞去；有了否决权的问题，选穆内当议长的问题，还有国王不肯批准宣言书的问题，这还不能够借口吗？还有宫廷这时候迟疑不决的反对革命举动，更是可以借口。况且骨子里还有一件最要紧的原因，就是许多人挨饿。

王后正在那里梦想要解散这个众人所恶的议会。议会正在要把王后的势力化为乌有。群众正是要到维尔塞，把宫廷同这议会都一切扫除净尽，把穆内推翻，把王后拖下殿来。

第五章　一七八九年十月

（一）法兰德斯军队驻扎维尔塞

九月底法兰德斯（Flanders）军队调到维尔塞，议会就起了疑心。据说是这些军队是很效忠于路易的，国王是不是要翻案呢？是不是有非常的举动呢？这时候谣言虽然是很多，却都不能证明路易有这种举动。有一个人指明，说是队长吕晋永（Lusiguan）在议会是坐在左党堆里的，这军队的来意，大约还是保护议会的意思居多。实在原因是维尔塞自治会恐怕巴黎的匪类来犯，要求政府派军队来助张声势的。

（二）十月初一日的情景

虽是这样说，但是十月初一日发生一件显然反对革命的事；照那个情景看来，怪不得主张革命的人见了发生恐慌。有几个星期以来，宫廷里的贵妇女们不晓得发生什么傻气，出出入入都带白百合花，穿白色长衣。这原是无害的事，不过未免太不审慎了。十月初一这一天的情景，更欠谨慎。那一天，侍卫们在王宫戏院大厅请法兰德斯军队及其他军队吃饭，吃得太高兴，恭祝王室万岁。路易刚好打猎回来，还有王后及太子陪他。忽然在厢内发现法兰德斯军队中有六七个吃醉了把红蓝色徽章撕下来（作者是从可靠的记载得来的事实），大声喊道："请议会让吧！我们是国王的人，我们都预备为国王而死！我们还改穿国王的制服吧！挂国王的白色徽章吧！"等到王族要出去的时候，这些军队们简直是激动到如疯似狂的，都走到院外的园子。有两个爬上骑楼，路易所站的地方喊道："陛下！我们攻打敌人，就是如此，我们是专诚一心保护王躬！"

当时实在情形，不过就是这样；但是已经闹得太过火了。假使我们当真是有非常的举动，要出其不意忽然推翻现状，这样的举动，岂不是事前都流露了出来吗？若是并无此意，则是此种举动授报告以根据。这不过是轻狂无知的人的无意识的大言夸张，然而会发生危险的。

（三）妇女们之冲动维尔塞

初二那一天，通巴黎都晓得了这件事。暴徒们听见了是高兴极了，他们要找一件事好借口，找了一个月，都找不出来，这时候忽然间却有了借口了。他们这一天的布置却是很巧的，因为妇女们因粮食稀少，价钱太贵，叫苦连天的，比男人们叫得凶得多。这一次要妇女们出头成群结队去造反，谁敢对妇女们开火呢？况且都是捱饥喊饿的妇女们。妇女们队中，自然是可以混进许多男人。早上五点钟就聚集了一万妇女们，乱喊乱动，这群妇女们的道德同状态，是可以不必问的了。其中有一位叫作德瓦格内（Therwagne de Marcourt）姑娘，是初次露面，她原不是个琉克里细亚（Lucretia）。又有一位叫作揆布立（Chabry）是在御苑卖花的（并卖接吻），她是被选对路易说话的。其余大多数的女人，都是从各市上（如菜市果市之类）来的。这群妇女却是很可怕的；有的赞成国王，有的是反对，但是个个都是极端凶暴的妇女们。那时候还惟恐妇女们不多，就添上许多男人，剃了胡子，擦上粉，穿起裙子来，改作女人。还有法国卫队的兵，穿上女人褂子。这一群人真是不伦不类。

有一个不相干的地保名叫马拉德（Miallard），拿了一面鼓当鼓手。不消一点钟时间，就有了七八千妇女（他们所谓妇女），就如同军队一样，向维尔塞出发。

这群可怜虫，才出发了一回，国民军就宣言必要跟他们同走。拉法夷脱起初是不许他们去，他部下的兵大喊道："军长！你也要同我们一齐去！"拉法夷脱还在那里游疑不决，他们又喊道："或是同我们一道去维尔塞，不然，我们把你吊死在街边灯杆上！"有一个人说道："我们要把所有王室的人，都带到巴黎来！"众人听了大声喝采。拉法夷脱无法，只好向自治会要一个正式出发的命令。这位伯爵当时的情景，也真是可怜。四点钟时候，国民军果然出发，从外面看去，好像是拉法夷脱带领他们去的。

（四）议会内扰乱情形

这天早上五点钟，议员们都觉得不安，自从用秘密投票法，把穆内选作议长之后，极端左派就大生气，预备报复。议员中最猛进的，都是布勒通俱乐部的会员（西耶士说他们向来是提倡暴动，当正经救急的良法），常常同巴黎的御苑通消息。那个地方全是达尔良公爵及弥拉波的走狗们，在那里忙的地方。近来有好几个星期，弥拉波很拉拢对穆郎。

议会当十月初五那一天，是等候路易批答；他们请他批准宣言，批答居然来了。路易第十六对于宣言是从缓批准，暂时却批准宪法条文之已经议决的。左党听了大喊，弥拉波所说的话，是向来无人说过的，也宣言反对御前侍卫的举动。只要先声明，惟有国王一个人的身体是神圣不可侵犯的！他还要指出当晚那种举动的罪魁，他惟恐众人还不明白他的意思，他当走下讲坛的时候，还很清楚的说道："若是必要的话，我还要排斥王后。"于是全个会场喧闹成一片，穆内此时是窘极了，正在要闭会免得发生难堪不名誉的举动；刚好从巴黎来的妇女们到了，好像是风起潮涌的，包围会议厅的四面。马拉德为首，引了二十个人进了会场。马拉德首先大骂囤粮食的人，妇女们大喊，说是巴黎大主教买通磨坊，叫他们不要磨粮食。这种无知识的话，是常常有人说的，当下有几位议员，居然离座走去同妇女们说话。当时有一位议员还说这种举动太过，不成事体。渐渐走进来的女人更多了，她们总不离粮食问题。有许多议员还在那里对她们大发议论；妇女却答得很好，说道："你们只管说得好听，也说不出面包来，你们还是同我们说面包吧！"因为他们嘴里只管说答应去见路易，强逼他批准。穆内只好发起供给粮食的提议，请众人表决，宣读一遍（其实是毫无用处），居然东拉西扯，算是把粮食问题弄好了。至于批准的话，会员们强逼穆内去见路易，要求他批准。穆内是满肚子不愿意去，只好答应下来，他请了一位主教，当了临时代理主席，就进宫见路易。

（五）穆内进宫

穆内走过之后，会场更是喧闹，所有从巴黎走来的妇女们，此时都进了会场，主席的主教只管请她们保守秩序。妇女们答道："秩序只算得是个……（语过粗俗只好不说明了），我们要的是面包。"弥拉波子爵以为这是绝好叫同事们惊愕的机会，把一个面貌最好看的女人抱置在膝上。妇女们有些是跑上讲坛乱跑乱喊，对主教说道："请你同我们接吻。"主教叹气一声，只好同她们接吻。有几个妇人还说要把摩里方丈（Abbe Maury）的头当球玩耍。可怜那位当临时会长的主教，等穆内回来，等到十点钟。

（六）十月初五日王宫被妇女包围

穆内看见王宫已经被围。下午四点钟时候，妇女们转入某大街，看见一个偶然在那里的侍卫，就对他说道："你走进王宫去报告他们听，我们快到了，要取王后的脑袋！"执政大臣是恐慌到害热病，正在那里开会议，总不能从路易口中讨得一个一定的办法。王后说道："一定得要有个办法。"路易答道："何必着急！"又说道："绝不能对妇女们开火的。"

当下正在秋天将晚的时候，各种军队都齐集王宫，来的就是著名法兰德斯军队，柏瑟内军队（Berchany Regiment），还有三个主教区的军队。妇女们走到军队面前说："卫队先生，请你让我们过去。"小军长答道："不能，你们要过去作什么？"妇女们答道："我们要见国王。"军官问道："你们要见国王作什么？"妇女们答道："我们要他退位，什么为难都可以免了！"他们说到王后，还没得这样客气，人人都想吃王后一块肉；有些说吃王后大腿的肉，有些要吃王后的五脏，说完就在那里跳舞。

当下大臣会议，多数主张把妇女们哄退；但是陆军大臣听见这种主张，只是发抖，那怕是和平的号令也不敢发。主武库的，是不肯发子弹给法兰德斯军队（库里的子弹原是很充足的）。兵丁们附和民党的，把通条插入枪膛里，表示枪膛是空的。

末后路易吩咐让几个妇女走过，于是接待两起代表，答应他们快要发命令，从科贝耳（Corbeil）、伊塔弥卑斯（Etampes）两仓发放粮食。正在此时，穆内跑进来。

所有这些事情都发现出军队是绝不可靠的，聚众滋事的人们，越闹越胆大了。虽是有一颗枪子把一位军官打死了，兵丁们还是不动。维尔塞的国民军赶快开到，其实意在帮助滋事的人，并不是来弹压的。卫队是屡次受滋事的人侮辱，仍然是不理。末后路易发出命令：一切军队都退去，只留国民军守护王宫。卫队退人宫门里头，不到几分钟，就晓得难守宫门。

路易第十六是打不定主意，不晓得到底是作什么好？穆内要求批准的时候，他起先是不答应，打算从特喇农（Trianon）逃去到卢昂（Rouen）；后来又答应批准。穆内回去议场报告好消息，一路走，一路就宣布。那些匪类们听见了，说道："哈！我们强逼这个坏种批准了！"他们其实并不晓得批准的是什么事。

（七）拉法夷脱到王宫

这时候却又生出枝节来了，巴黎的国民军快走到了。拉法夷脱到了色佛尔（Sevres）桥边，迟疑了一会子，居然决计过了桥。

晚上十点钟，他来到了，戴的是三色徽章。

他走进会场看见那扰乱的情景，实在是可怕，穆内是回来了。读路易的宣言。忽然从堆中有人喊道："这篇宣言能够给我们面包吃吗?"于是接二连三喊的，都是"面包!""面包!"会长很受了感动，就吩咐拿面包来，还送了酒来，不到一点钟时间，这群匪类都吃醉了，那时候的情景，真是令人望而生畏。正在这个时候，拉法夷脱走进来，穆内声色俱厉的问他道："你跑来干什么?"拉法夷脱答道："我来保护君主。"随即走近会长身边说道："还要劝国王撤退法兰德斯军队。"于是走入王宫，他们是冷冷的接待他。还有人说道："克林威尔（Cromwell）来了!"拉法夷脱答道："克林威尔才不肯一个人走来!"等到他见了路易，他就痛哭流涕的指天誓日的，说是来保护王躬。路易却听他的话，自去安歇（已是半夜两点钟了）。拉法夷脱原把旧时法国卫队同国民军一齐领来的，就替代卫兵守护王宫。王室们都进去安睡，这时候穆内也困倦了，只好劝议员们散会。议员们散了之后，只有巴黎的妇女们还在议场里脱了沾满污泥的裙子，在那里晾，有一位眼见当时情景的说道："当时情形，实在是不堪入目。"作者很相信他这句话。

维尔塞地方的一场热闹，这时候暂时安静下来了；群众就在大街上露宿，王宫各门都是法国卫兵把守，只有一门仍然是王宫的卫队把守。早上五点钟，拉法夷脱才安睡。

有一个人说了一句极重的话，责难拉法夷脱。说他睡觉是反对路易！作者知道这句话说得不公道，拉法夷脱虽然已经有过两个月的阅历，以为放任群众滋事，就可以止住滋事，故此他才去睡的。读者不要惊怪这样思想，要晓得我们有过四十三年阅历之后，到了一八三二年，还是照着这种意思办，先后如出一辙。

王宫这时候简直的是无人护卫，早上三点钟将卫队带往他处，只余数人同守一处。

（八）十月初五之袭击

到六点钟时候，匪类们成群成队聚在各宫门；当时不知是因为什么误会，把院门既不加锁，又不派人看守，土匪们拿了斧子火枪，从院门进去。

卫队们赶快走来，他们的军官就同闯进来的人说话。群众把他包围住，哄他回到石梯最下的一级。他手下的人，见寡不敌众，慢慢的退后，对军官大喊，请他先到国王的寝室，还叫他快跑。但是已经来不及了，土匪们把他打倒，割下首级，就蜂拥登楼。有一个卫队问他们要什么？内中有一个匪类答道："我们要国王、王后的心脏同脏腑作徽章！"他们上楼，卫队先走入国王的大厅，其后又入王后的大厅，最后跑进另一大厅，就在这里头作临时栅栏，阻止匪类们前进。那时候有一位宫里的官员，已经被群众打倒，斩作几块，取下头来，插在长矛上。禁卫森严的地方，是染了血污了！有些法国卫兵走上来帮助，对他们说道："你们戴上我们的徽章吧！"那时候各人还是为这种徽章，或是那种徽章作战。

（九）王后之危险

卫队先去王后那里报警，王后只好半裸的跑进去国王的寝室。群众这时候要求国王立刻答应起程回巴黎，住在卢甫耳（Louvre）宫。他们还说："我们好百姓要的是我们的国王！"路易也就答应去，这个消息一播传，群众大呼欢迎，这时候匪类们已侵入石宫。他们提到路易还是欢呼的，对待王后还是要撕作几块的。王后此时不得不在窗口对群众露面，却有拉法夷脱在身边，群众见了，只是大喊。那时候只见匪类丛中高举两颗流血的人头，他们走到大街的时候，不知怎样这两颗人头抛弃了。他们就在大街等候领国王王后大排仪仗的回去巴黎。大辂是已经预备好，国王不能跑到别的地方，设法恢复王权的了！国王王后是要回去巴黎，不料其后当真把王权都失去了。

这一天议会是午前十一点钟开会，穆内主席，那时候不知有多少种革命的提议，穆内只管反对，都不相干。最应记得的提议，就是巴那甫的提议：要议会随同国王回去巴黎。昨天匪类们那样闯进会场滋扰，那种强逼议会的宣言，还有神圣不可侵犯的会场，被那一群不顾羞耻的妇女们污辱了，议员都不记得了。还以为离专横霸道的人还远呢，谁知就在目前。

（十）国王王后回巴黎

再过几点钟，仪仗都排好了，匪类们是高兴到发狂，就向巴黎走。一路走，一路跳，一路唱，一路骂贵族，骂教士，还说一到了巴黎就要把贵族教士们悬在灯杆上，把他们吊死；还摇摇树枝作势，又摇摆他们杀死取下来的两个兵丁的首级，这群众里头还有国民军、法国卫兵、王宫卫队的人。有两个被他们在街上拖走，一面走，一面辱骂。他们原先还要露刃在大路左右，押送君主到巴黎，后来有人强逼他们藏了刀。随同群众回去巴黎的，是国王、王后、太子、拉法夷脱等，妇女们喊道：“制面包的司务，同他的女人、儿子都来了！”又有一个大喊道：“维尔塞离宫，此时是出租了！”群众听了，大喊大笑。

晚上七点半钟到巴黎，巴宜出来迎接，还说了些话。到了市政厅就把大辂停住了。毋论走过那一条街，王后总是挨他们骂的，还有人对王后说：“有灯杆伺候你呢。”还有些人对王后说不堪入耳的淫秽话。等到主教当执政大臣的露面的时候，群众又喊道：“凡是主教，都是要吊在灯杆上吊死的。”

他们用火把照路，九点半钟到了推勒里（Tuileries）宫。路易精神焕发，王后只穿黑衣服，戴小帽，不施脂粉，向来的骄蹇态度，都看不见了。到了十点钟开晚餐，路易第十六的胃气是非常之强，吃得很多，旁人看见的，都觉得诧异。

于是宫门同监房前面的大厅，就关锁起来，把王族都关在里头。

当天晚上有一个人写的记载，说是杀了个王宫卫队，却是并未死了一个国民。

第六章　议会俱乐部及宪法

（一）议员在练骑学校开会

十月初十莫理斯的记载说道："这个地方是最讲秩序同庄严的，但是在讲坛上却很能自由。"他是一位极有智慧的美国人，不久就要把美国的议院从太热闹的地方搬到华盛顿去，因为在那里议员们，可以自己作主人翁。

我们法国的议员却不然，没头没脑的要跳到深坑里。他们议决先在大主教府邸开会，等到王宫的练骑学校装修好了，再搬过去。有一位好挖苦的议员说道："议员们是在练骑学校，但是骑马的都在御苑。"（指土匪流氓也，译者注）穆内很晓得处这种环境，是无自由讨论之可能，设法劝和平派议员全体辞职，他们不听，只好个人辞职，回到他的本省；劝人起事又劝不成，只好作了逋臣了。现在革命的潮流已经起首，淘汰一七八九年的真革命家，预备吞噬了他们。这一位代表，就是第一个牺牲。

（二）国民议会

议会这时候的党派，可以划清界限了。左右两党是分坐两边，都是要争夺那骑墙派的无定准的五六百票，左党、中党、右党都有好手，我们却不能凭他们的事迹去裁判他们。但是十年后，那位大建筑家拿破仑从这班议员里头选出好几个大人物出来，都是政治的好手。上自拉布兰（Labrun）他是后来当首领的；下至穆内是当郡守的；又有特里哈德（Treilhard）是当参政的；塔力蓝（Talleyrand）是当部长的。还有马卢厄脱（Malouet）说议员堆里，很有办事的能手。

我们试先从右党说起，内中就有摩里方丈，他是个暴烈人，是很粗俗的，有时候同人相处，是很亲密的，有时却很能令人可怕，眼光是透亮的，可惜没得什么人相信他。他出身是很寒微，不过是个要手艺人家的儿子，是个天生的下级国民，始终是个反对革命的。他这个人是毫无宗旨，几乎死在下级国民手里。有一个名叫孟德斯鸠也是个方丈，很机灵的，是个极端贵族派，很有见识，很能令人同他亲密，弥拉波说他是一条毒蛇。有一位叫作卡扎雷斯（Cazales），嘴里很会说话，有一位同事称赞他，说他说话如同神人。他原是个官，信教很笃，是个始终不变的宗社党，每逢他一演说，连左党的人都要喝采的，因为他们都很尊敬他这个人有种种的美德。右党里头有一个马卢厄脱，大约在第三级国民里头只有他是个极显著的宗社党；未被选举之先，他原是个官，是个实事求是的人，当时是很难得的。他对着议会总是劝他们效忠于国，对待宫廷要用大度，对待诸事都要和平。

这几位都是右党的特色，其余的人，也就不过尔尔的了，都是一班庸才。弥拉波子爵绰号叫作“大木桶弥拉波”（并不是那一位极有才干的弥拉波），虽然也是个有知识的人，但是他一定要现出他的乖僻的举动，同他古怪相貌一样。他好作暴烈的事，也不晓得他是真的，抑或是造作出来的，人家却都不理会他。总而言之，右党里头都是些好发怒的贵族，及不得意的乡绅，同些好好先生的教士，没得能在讲坛上出色的，不过靠几个大受恐慌的市侩们作后盾，在议场上算不了数的，不久就要被人推翻了。当一七八九年夏天的时候，穆内就觉得他们不甚肯到会，林德脱（Lindet）看见自下午五点钟以后，他们的座位都是空的，却很高兴，总在六七点钟之间，通过许多革命的议案。穆内说道：“他们到了时候，一定要吃饭的，把吃饭的钟点推后些，是绝不能的。”他们于是很谢谢右党，这个大革命，都是当右党走回吃饭张灯的时候办成的。右党有许多是太不小心，有许多简直的是害怕。若是有敢反对的，左党的人就恐吓他们，说是要告诉他们的选举区，他们也就不敢反对了。

左党同中党（这时候很不容易划清界限）也有另一种贵族，就是维新派贵族。有些大贵族却是真维新派，真民主派，有几位是莫名其妙的慷慨大度。其中如拉理·托隆达（Lally - Tollendal），人都称他是个会演说的；如克勒芒吞涅耳是个极激烈的哲学家；如拉洛士佛科耳（Larochefoucauld）、力安库耳（Liancourt）是个博爱派，怪不得无人不称赞，他始终都相信性善。在民主派的教士群里最能演说的，就是格里瓜；他是个热心奉教的人，最厌恶的是奉教不笃，最厌恶的是崇信教王同君主。他却是个诚笃人，品行是极端正的，也还有过人的名贵美德。塔力蓝主教却是同他正相反，算是教士群里的一个败类。在十月间时候，他还是首鼠探风色，到了明天，他却拿定主意了，他晓得革命是得胜了，他坐在左党里头就打定主意，要卖教士，要卖宗教，卖君主，还要卖他自己的灵魂，满脸笑容，预备脱下他的教士袍。他只管作卖友的事，还不叫被卖的人生气，他善诱善骗，反覆无信，是一个惟一卖友的好手。还有一位教士叫西耶士，读者已经晓得他是个什么路数的人了。这个人不久又要出风头，作者到那个时候，再细写他一番；现在他已经做到毋论有什么事都先要请教他了，人家都以为他有整顿乾坤的手段。

（三）弥拉波

还有一个从贵族里头投入左党的，就是弥拉波。这个人满脸麻子，面貌是极可憎的，终日皱眉，两个大块肩膀，又有点驼背，又是个大胖子，行动是很慢的，两只眼常常冒火，两片嘴唇就露出他是个激烈性子，态度是很令人怕的。他却善用他的丑恶面貌态度，他还对人说道："丑恶就是权力。"他却最会说话，他的演说是无人能抵抗得住的；他却真有本事，有时说得很和平，有时说得极激烈，能操纵自如。但是他已往的历史，是极不名誉的，他的习惯是荒乱无度的，颇有贪贿的名声，同他接近的人，都看不起他。故此他只在讲坛上有大势力，一离开讲坛则无势力了。他偶然也能慷慨，但是性情懒惰，太好酒色，无一件事他不是极其注意的，但是永远不肯研究到底。人家作好的演说交给他，他演说出来，简直像是自己作的。然而对于政治，他却有极好的思想。在这个议会里头，只有他是个大人物，可惜在这个扰乱不成体段的议会中，他虽有本事，也变为无用，有时且变作有害，又可惜他不永其年，不久就死了。

左党里头还有一个人物，就是罗伯斯庇尔（Robespierre）。当时有人比较人才的说："弥拉波是个大火把，罗伯斯庇尔是一根小蜡烛。”他是一个惨淡无起色的律师，将来有一天是要大放光的。他这个人是个诚笃、骄傲、褊浅、好摆架子的律师，他这时候的演说，还带些油味醋味，极其难闻，议场中的人听了，都觉得肉麻，只有嘲笑他的。他被人这样侮辱，心里是恨极了，只好心里忍着痛，不说出来，却是时时刻刻在那里想法子，等将来报仇雪恨。

左党里头有一个叫洛德劳（Roederer），是个最善取巧的政客，将来还要投入别的局面里头的，这时候他却主持极端的见解。那党里头还有一位叫做部左特（Buzot），他是个小说里头的英雄跑到会场来的，是读卢梭的书，及希腊人波卢塔（Plutarch）的英雄传变成的。那里还有一位丕梯恩（Petion），相貌是长得很好的，若论到才具，也是不过尔尔罢了。他全凭机会，常出风头，后来有一天机会不作美，他也就不成了。说到党里的罗伯斯庇尔，当时称他是“清中之清”。这四位议员，就是议会里头的极端左党。在这个极端左党里头，还可以位置三个人：一个是巴那甫，他这个人体魄是冷如冰，他的灵魂却是热如火，作者要留到后来再说他。此外还有一个叫度朴（Duport），一个叫雷马司（Lameth）。这三个人，就是很有名的雅科俾（Jacobin）俱乐部的三大英雄。

以上所说的几位还凑上拉法夷脱及巴宜，就是当时最著名的人物，但是却不能算是领袖。议会是怕会里的民党魁首，见了俱乐部就要发抖，见了聚众滋事的更害怕，常常都是被事势领到那里，就是那里，庞然自大，觉得不受纪律，不受人统领，自鸣得意；却是被一群乱杂无章律师们拉到那里，就是那里。这班律师终日是抬头望天，要从云雾中找他们的法律。殊不知法律原是土产，就在他们的脚下，他们却不晓得，当日就是这群律师作首领，领着一群不相干的人。

在这个乱杂无章的人数又过多的议会之外，就是雅科俾会，这时候慢慢成形了。这个雅科俾会才算是真议会，指挥将来的事，还是这个会。

（四）雅科俾会

最早的俱乐部名叫布勒通，当初不过是多少位议员聚会的地方。发起人是三位律师，隆举伊内（Lanjuinais）、笛斐萝（Defermon）、沙普力耳（Le Chapelier），还有几位布勒通地方的民党派教士；随后就有弥拉波、西耶士、巴那甫、丕梯恩、服尔尼（Volney）、格里瓜、罗伯斯庇尔、雷麦司两兄弟、及亚居伊永公爵（Duc d' Aiguillon），也得入会预议。

等到议会搬到巴黎时候，这个俱乐部也跟着搬到巴黎得胜街第七号；但是此时还有一个比他更大的会，快要把他并吞了。这一个就是宪友会，这个会起首开会就在雅科俾寺，所有布勒通俱乐部的人都到这个会。这个会里头的会友，原来都是兵丁们同巴黎的小买卖的人家，及作手艺的。他们名为跟着议员的路走，其实是操纵议员。等至一七九〇年底，这个雅科俾会就变成舆论的源头。再过几时，这会里的一千一百个会员不独要指挥巴黎，还要设分会。这时候就布置好大会基础，将来就助成革命。一七九一年头，就有二百二十七个分会布散各省。再过三个月，就有三百四十五个分会。等到立法议会下台的时候，就有了四百〇六处分会。那时候全个法国，就是被这四百〇六处分会管辖；故此议员们都不看重选举区，只看重这个雅科俾寺，因为内里就是制造舆论的地方。是以自从一七九〇年以后，雅科俾俱乐部就是议会的主人翁。

这个议会完全在俱乐部的掌握中，还在那里作梦，以为君主在他们手里。路易第十六这时候完全退让，自居于木头国王的地步，希望放任他们革命，就可以拦阻革命，就是在他左右的人好像也变了麻木不仁了。布罗温伯爵（Comte de Provence）也不阴谋反对革命了，即或有之，亦是作得非常之诡秘。况且这时候已经恢复秩序了，这件事有拉法夷脱担保，只有弥拉波一个人劝王室不要相信这外貌上的安静。

弥拉波却并不能入阁，他因为这个缘故很生气。

（五）弥拉波之阴谋

他在议场里是要博得群众的欢喜，故此总是主张极端的平民政策，一面常常同宫廷通信，有时候还恭维王后，说她是国王左右第一个能人。弥拉波往往用危词恐吓宫廷，他却是很有先见之明，他能预料此时若不设法阻住潮流，将来就一定有什么事体发生。后来果然不出所料，读者现在也要诧异的。他是非常之热中，要揽大权，但是当时路易第十六同议会都不能打定主意，让他这样独行独断的人独揽大权。议会后来通过一条例，凡是议员都不能入政府。这却把弥拉波所有的希望都打断了。右党提这一条议案时，完全为的是痛恨弥拉波，只有利未斯公爵（Duc de Levis）却很晓得这次举动是大错。弥拉波自然是觉得这一打击很利害，就说道："你们何妨索性提议表决，不许我弥拉波入阁罢了。"从此以后，他恨极右党，自己咬牙切齿的打定主意，必报此仇。他这时候虽然仍短不了帮助宫廷，但是对于政府是尽力攻击。塔力蓝也是一个要揽政权的人，同受这条议案的痛苦，自然也是极不高兴的态度；虽然比弥拉波较为和平，但是心里也是一样的痛恨，从此以后，他的议论逐渐变作偏向民党这一边了。弥拉波、拉法夷脱、塔力蓝这三个人都是很想入阁的，都为这一条议案所阻，不得行其志。当时只有这三个人，或者还可以阻遏革命潮流，既然都不能入阁，慢慢就走入歧路，反去帮助革命潮流，增加许多势力。

（六）辩驳宪法

当他们暗中进行他们的阴谋时候，辩驳宪法还是一样的进行。到了一七九〇年二月间，讨论宪法算是告终了，所有一切行政司法政治改良，都包括在一七九一年的宪法。当一七九〇年及一七九一年间，虽有重新讨论，重新组织，然而一直等到一七九一年九月才得路易批准，变为法律。

（七）议准君主否决权

当议会迁到巴黎的时候，宪法已有告成之势了；设立第二议院的办法，也总算是有头绪了；国王的否决权也议准了。

议会的让步，自然心里是很不舒服的，国王虽然是几乎无事不迁就议会；但是议会总当政府是仇敌，不久就设法剥夺了政府许多事权。这种举动未免太过不近情理。这种错误举动，原有解说，因为一七八九年的议员先生们，全不晓得群众专制，往往会很过火的，也不晓得议院制有许多流弊。

这许多议员中，除了弥拉波同穆内两个人之外，都是无眼光的，全看不见将来种种的流弊，他们只晓得国主专制的害处。路易第十六这个人，原无什么令人可怕的地方，议员们很晓得路易第十四是很可怕。读者记得这次革命，原是反对路易第十四，一七九一年的宪法，原是反对专制，并不是争民权的革命。弥拉波说道："议员们是要节制国主，不受国主节制。"

当讨论国主否决权的时候，弥拉波自己以为不久将要入政府揽大权，故此费了许多气力，才能把这一条议准。他曾经说过："假使议会议驳这一条，我宁愿住在土耳其都城，不愿意住在法国。天下最可怕的事，无过于主权在六百个人手里！"当日有一位议员的见解，却同弥拉波的反对。这位议员说的是国主不可一日同议会反对，因为国主同国人分任其过，是一件极有荣耀的事。

所谓君主否决权是件什么东西呢？就是说当三任立法机关存在时候（即是六年），路易第十六可以不必同国人分任其咎。这就是他的主权；我们还要看看，这到底是什么样一件事？

这个问题讨论完了的时候，这位新君主变作什么呢？为什么要称呼他是新君主呢？因为他们要重新行加冕礼。他们为什么还要保留君主呢？因为古时希腊的斯巴达邦，是个民主国，同时却有两个君主；但是现在虽保留君主，却要改变称呼，要称为法国人的国主。还有许多人提议要改称路易第十六为路易第一，法国人的皇帝。这班人的意思发生得太早，这时候还是作梦，要等到十五年后，才有皇帝出现。这个皇帝却与路易第一是很不同的！

（八）君主是一国的第一个长官

这时候君主变了不过是国里的最高的政务官，是第一个公仆。凡有一切的公牍，都印有一行字：第一是"国"，第二是

“法律”，第三是“君主”。

在陆军里头他是个首座，行政方面也是他居首；最高级的官是用他的名义派定，其余行政、司法、陆军的事，他一概不能管。

君主有铸币指挥陆军签署条约的权，若是议会议准的话，也能有权宣战。君主又可以任用任免阁员，他还有一种否决权，就是议会议准的条例，他可以施用他的否决权，使这种条例，六年之内，不得施行。

在面子上看，君主似乎也还多少有点权；实在简直是无权。这一位路易第十四的孙子所有的君权，还不及现在大总统的实权四分之一。

君主的否决权议员们还要取消他的；他任免阁员的权，他们还要同他争。每逢君主要实行他的职权，国人就要反对，说他妄用其权。

即使君主能行使他的职权，若是同议会相对，还是自觉不如；因为君主无解散议会的权，遇有同议会冲突的时候，总是议会占优胜的。他们若是讨厌君主否决权，觉得不甚便当，他们还有法子可以报复，可以不议准预算，直击政府。但是君主却不能丝毫奈何议会。是以自从此时起，君主真是变成国民的首座官吏了。

首座官吏也还罢了！只要能够实行他的职权！但是要实行职权，必要有必不可少的两件事，才能作到。第一是要有议员（或政党）内阁，君主才能够常常同议会通气；第二件，君主应该有实在把握，可以操纵手下的官吏，使国人尊重法律。

议会的大错而特错的事，就是一七八九年十一月七日议决议员不能入阁的这一条例。这一条例，简直是同他们意中的宪法规模太相左了，第一步棋就走差了，这是自作自受。他们这条例原为的是反对二三揽权的议员而设的，不久就变成一种无意识无理的武断条例。立法与行政隔阂不通，往往误会，越闹越僵。一七八九年十一月七日宣布的条例（这是宪法的第一条），就够把全个政治局面闹僵了。

因为政府组织得特别，君主简直的是一步动不得。按照宪法纸片上，君主原是行政的元首；惟是阁员及大官吏有极大多数都是国民选举的，君主不能免他们的职，又不能停他们的职，怎么样能够节制他们呢？当宪法未议决之先，原有人提问过。拉法夷脱也曾对人说过："各省行政长官若是不奉君主的号令，该怎么办呢？他们虽然是该奉君主命令的，但是他们是被国民选举的，可以不尊重君主命令。"议会为的是要保护自己，是以不许君主解散国会，又不许他从议员中选任行政官，许多重要公事，都不许君主过问。弥拉波也说过："议会并未创造什么行政职权，因为既无办事人，又无机关，如何能行使职权呢?"议会既然把君主改变作公仆，又不给他事权，叫他有把公事办好了的机会吗?

（九）中级国民反无政府的宪法

这时候什么叫作立法的主权呢？这个主权是交给单独一个议会，叫作立法议会。这个议会是畏首畏尾的，一方面又怕国民，一方面又怕军队，都不敢请教；君主是不能叫会员同有选举权的国民们见面，军队是不能走近立法议会，是要离开议会六万码。

立法议会的议员是一任两年。这种办法是尊重民权的牺牲，因为有这种牺牲，若是可以实行宪法，就未免太过束缚代表议院了；因为在每两年间考虑所及的议案，等到后来又要重新提议，所有上一任曾经议决的案到了后任的手上，因为从前未曾预闻，这个时候对于前任议决的案，未免加上许多新解释。到了一七九一年更觉得加倍为难，因为定了一个极不好的办法，凡是上一届当过议员的，都不能在下一届被选。作者将于下文再详细讨论这一要点。

那个时候的办法，是每两年重新由国民公举代表。什么叫作国民呢？这时候议会里头的市侩们，才把他们的黑幕揭开。按着宪法说话，是人皆平等，按照宣言书自然是人人都有选举权。康多塞（Condorcet）的意思，是不独全国男子都有选举权，全国的女人，亦该有选举权。

但是议会似乎并无这种意思，虽说是人与人相等，但是他们的意思，还要表示许多分别。

当日人人嘴里都说是人都是平等的；当日议决这一条的时候，是人人都是很热心的；议决的时候，是全国欢呼雷动的。这一句“人人都是平等”的话，原是卢梭主持的，但是议决之后，议员先生们打开孟德斯鸠所著的那本《法意》一看，原来这本书曾说道：“因为民主（或国民）制腐败了，然后操工作的小民，才能够设法得到公民或选民的资格。”那里晓得这种办法，一直等到后来一八三〇年才算办到。这时候议会里头有一位自由派的议员说道：“什么叫作公民或选民？只有有产业的人才够得上作公民。”这一句话就可以解说当时所谓银圆主义。

这银圆主义就能够把当日的选举制度都包括了。按宪法的意思，凡是国人都是公民；但是有个分别，有的是消极公民，有的是积极公民；消极公民是无选举权的，积极公民是有选举权的。在积极公民里头，因为一七八九年十二月二十九的议决条例，又另外还有分别的规定。凡是纳税等于三天的工值的叫作头等选民，按当时的计算全国有四百二十多万人是有选民资格的。按据法律，这四百多万人才算是国民，可以代表这个国字。但是读者自然立刻就要诘问："这四百多万人都有选举议员的权么？"作者赶快作答说道："他们并无选举议员的权，他们只能够选举代表，再由代表选举议员。"读者又要问："代表要有什么资格呢？"作者立刻答道："代表无被选资格，若非纳税等于一个大银圆（值五十个利华）而有田地房产者，不能当议员。"

当日就是这样提案，就是这样议决的，当时有人反对得很猛烈，随后也还反对，极端左党是始终要反对的。一七九〇年一月二十五日，中党还有一位议员说：表决这条议案之后一个月，又重新提议这条银圆主义的案，足足有八次之多。随后常常重新提议，一直等到取消这条例才肯罢手。但是改变选举制，能够比从前的较为合于民主或国民制度么？例如绝对的地主或终身地主，其价值等于一百五十日或二百日工值者，或租田耕作及田户有地产等于四百日工值者，都能有议员的资格；难道这个制度，能够比从前的好吗？

据孟德斯鸠的意思，凡是当工匠的都不该有公民资格。一七九一年四月二十八日，罗兰夫人写过一封信，发了许多愤恨不平的议论。若是其人自居于民主派或国民派，她的议论是很对的；若是自居于革命党，却是很不对。国里原有特别一种人，因为某种宪制有利于己，才肯依附于某宪制的。这时候大多数的中等人，不独是银行家，连暴发户及乡下小地主都包括在中等人之内。这时候就是他们当革命的保障，因为这次革命并无所利于他人，只因有平等的提倡，故此他们才能够牺牲了贵族，得了许多利益，只有毋论或大或小的市侩们得了革命的利益，故此他们是很感激革命的。某议员的话说得不错："无产业的就无真正公民的资格。"

当时就是这若干享受特别利益的人，选举那七百五十个议员，却是有一件极奇怪的事，极矛盾的事。有一类人既无资本，又无田地房屋的，却可以被选作议员。（详见此后一七九一年九月的事。）

（十）自治会

但是地球的面目是要改变的，法国的面目首先要变换。忽然来一打击，把一切什么旧的组织、官吏、行政区域、司法区域，一举而扫除净尽。这时候的新精神，是要从头至脚都要改变了。新样子由革命同时生出一种新制度，这就是新创的自治会。革命初起，这种自治会就组织起来，成立起来；因为革命之成功很依赖自治会的帮助，故作慢了的自治会，也就得了许多势力，打散中央集权，却很赖有立法议会的助力。每个自治区简直是变成一个小民主国，自己选举县知事、行政官、司法官、市政局、市政长、董事会、检察官，且指挥陆军（即是国民军），定税则，收税捐，此外还有警察权。一个自治区的检察官，不久就变成一个小专制的官吏。

自治会里头的人都有极端的新思想。从革命方面观之，无怪乎自治会得了许多的事权。

（十一）割分各省为道

割分各省为道之后，每道的事权却是很小的。

颁行分省为道的条例，是在一七八九年十一月十一十二两日，及一七九〇年二月十五二十六两日，从议会方面看来，是得意之作；因为一经破分各省，于是所有各省反抗国都所颁行限制他们的律例，无从下手。这种办法原是很把法国变弱了，手足都不能动了；因是法国得了贫血的病，变成沉疴不起，于是头大过四股，在一七八九年及一七九〇年的冬间，所谓旧时的法国，算是改变净尽无有存在了。

一七九〇年二月十五日颁行条例，破分原有各省为八十五道，每道再分为府为县。二月二十六日替新立的各道命名，选择各道的名称，过于草率，很不得当，有时简直的是毫无道理。因为选择每道某市镇某乡村为重要分区，往往发生多少争论，参观当时议员来往尺牍可见。

每道、每府都自选行政指挥官吏及董事会，每道、每府皆有所谓总检察长，是事权所归。但是他的权力，远不及极小的自治区的检察长的权力。拿一道同一自治区比较，一道的权力是弱得多，这也是发生无政府状态之一种元素。

司法组织是仿行政组织，凡有司法官都是要选举的议员们，以为这是恢复古来草昧时代的特别权利。当时有一位议员曾经说过："法国向来是自选裁判官的，到一六九七年（这时候教士们始能入省议会），才起首丧失这项权利。"这位议员，如是之果有自信，发明这种议论，还有什么话好答他呢？有一位很有知识的说道："现时快要把国主所剥夺我们的权利恢复了。"

（十二）取消省议会

议员们最讨厌的是省议会，这时候都一笔勾消，这却是很有利益的事。因为这六个月以来，这些省议会很反对议员的议会，有时是明反对，有时是偷偷的反对。议员们很不耐烦，与路易第十六待他们不同，不要开什么御前会，把省议会的会员都驱逐了。

另外由国人选举人补他们的缺。君主对于这种举动，直是无话可说；这件事体是很令君主面子上不好看，因为君主是省议会的总主，又是总裁判；但是这是革命时代，是样样都要从根本上推翻的！每县每府的裁判官，每道的刑事法庭的裁判官连同陪审员，都是要选举的。中央政府同各道等法庭的关系，并不是尽在君主手中，中央派出的巡按，虽然是君主所派，报告情形于君主，但是检察官是被国人选举的。上控院的裁判官，也是被选的，每省都有一个上控院。最高法庭是在奥尔良（Odeans）地方，这个法庭是审理对于君主有大逆不道重案的，但是现时，还是审理反对革命的案子多。

（十三）政府之飘摇

这一次在历史中惟一的大革命，虽是在历史中算是一座华表，可惜建筑得太过脆弱。作者已经说过中央政府之过弱；事权虽属于政府，政府却行不通。政府只管发号施令，无如国人总是不奉命令的，既不奉命令，也没得人来诘责惩罚他们，因为政府无权管辖国人。国人的天职是应该管那班公民的，应该裁判公民的，却反为那些公民操纵。这种情形未免太不成事体了。

假使这些公民们真实行他们的选举权，也许还可以得有好政府的效果。可惜这班公民各人都有各人的执业，实在是忙碌的了不得，原都是头等最好的公民；因为看见选举的流弊太多了，实在是看不惯，只好抛弃权利不去选举了。于是本地的政客，或是本地的政党，当时叫作某某会，某某社的，就趁了机会，把持选举。于是有雅科俾党苦逼这些政党社会联络起来，于是有多数联络好的社会变了无名而有实力的政府，取那有名无实的政府而代之。假使当日有个强有力的政府，是绝不能够让这大组织的政党社会，操纵全国的。

一七八九年及一七九〇年冬间，立法议会所建立的政府，实在脆弱无力。作者已经说过：法国的骨骼被人抢夺了；等到再造架子的时候，再把骨头取来作架子，布置得外面很好看，却毫无筋肉。等到特别国会成立（仍是按着一七九一年的宪法而来），替代君主地位时，才显然见得当时议会的大错特错。议会因为要筹款，要募兵，要国人遵守法令，不能不派政府代表。谁知这班代表看见通国的情形如同散沙，如同空骨头无筋肉，就大弄其权。这时候议会才后悔，也就来不及了。共和二年，那种不合宪法的特派员四出，就是证明他们一七八九年及一七九〇年铸成的大错，他们要靠这种非常的支柱，然后能站立得稳；一经有了支柱之后，就少他不得了。

自从一七九一年有了这种宪法之后，读者就晓得是立脚极其不稳的，时时要动摇的。一七九〇年十一月二十日，莫理斯的日记说道："这样的宪法，就是上帝也办不动，除非是另外创造一种人出来，或许可以行得通。"拉法夷脱也疑心行不通，弥拉波说得更痛快，说道："若是要支解法国最妙无过于这种宪法的了。"一七九二年已经有裂缝出现，一直要等到一八〇〇年才有重新大改造。未改造之前，那非常国会，只好时时刻刻的和些石灰修补宪法的裂缝。

第七章　没教产为国产

（一）君主正式批准革命

一七九〇年二月四日，会长宣告，说是君主要光降议会，众议员听了，自然拍掌欢呼。路易第十六果然到了会场，发表他同议会一致的意思，又宣布他答应所有已经议决的议案，又特别声明极不以阻止革命的人为然，于是全个议会无不感动，很热心的谢君主。

他们这样的感动，是由于他们的着急忧虑。因为革命的事业越办得完备，不满意的人却越多。一七九八年春夏间的大举动，诚然是为通国所欢迎，后来就渐渐的改了方向；当改方向的时候，未免有许多人吃了大亏。

（二）贵族之漠视

最奇怪的是贵族，他们吃的亏最大，却是他们好像是并不觉得什么，他们简直把革命看作不算什么一回事。封建的利益是全取消了，在各省里头，民众是很窘辱他们，在巴黎的被人耻笑，毋论到什么地方都被人恐吓；然而大多数的贵族，还是当作等闲看待，不过付之一笑。左党中有一个人说道："不过拉下几个风向轮，不过烧了几所别墅。"可见得议会对于这种事是很冷淡的。最不可解的是贵族们，就好好的忍受，让国人窘辱。他们这样的表示让步，却并不相干，有些发露爱国热心的也都无用。国人当他们是仇敌，国人越压制他们，越疑心他们。贵族们既受了许多虐待，若是不阴谋报复，是没得人相信的。假使把贵族们驱逐出国，他们到了外国当逋臣，是要阴谋报复的。于是只好加倍的压制他们，压制到他们付之一笑。

国人恨贵族是恨极的了，当时有许多人唱灯杆歌（拿街上的灯杆作绞人架），说的是要灯杆替国人报仇雪恨，要把贵族们拖来吊死在灯杆上。

贵族们听了，好像并不为所动。一七八九年及一七九〇年间的冬天，贵族好像比平时还要热闹高兴得多。有一位贵族写道："新近数天，我们有许多极娱乐的茶会，我们很有乐事可以消遣。"一七八九年除夕那天晚上，他们辞岁是比往常热闹；到了半夜，男人们很高兴的同妇女们接吻，个个都摇头，简直的当革命作一场大笑话！有一位贵妇人在戏院看戏，楼上看戏的下等人极多，有一个拿一个苹果打这位贵妇人，这位贵妇人把苹果送给他的亲戚拉法夷脱，加上一封信，说道："大将军这是革命最早的结果，到了我手上来了！"赶市集的粗女人走去同议会贺新年，对着议员们说道："我们的女儿们看见诸位议员先生，是都要称父亲的。"贵族们得了这句话，就传为笑谈。他们对待拉法夷脱同他统带的国民军是常常耻笑，是不必说的了；他们只有这个法子报复，当三月初四日议场散会之后，有一个鞋匠对一位贵妇人说道："我很盼望我的儿子将来有一天作到现在法国的上将，你看我现在不是我队里的军官吗?”那位贵妇人听了自然是好笑，其实这位贵妇人是错了，她不晓得这个鞋匠发露出来一种担保革命成功的大力，就在这一句话里。

贵族社会中是不能晓得的，作者要问贵族们能够有明白革命的日子吗？他们不把革命当作笑话的时候，却要把革命当作儿戏。他们穿的，戴的，都改了“爱国”称呼，例如首饰叫作宪法首饰，三色国旗的鼻烟壶，宪法式的衣裙，革命式的帽子等等。当一七八九年及一七九〇年间的冬天，议员们正是忙的支解法国，推倒省议会，废除分省，推倒教士，废除陆军的时候，正是卖首饰零碎的人，卖买最好的时候。

（三）省议会之反对

贵族虽然是安于所遇，没得什么话说；省议会却不然，过了好些时候才算是降伏下来。省议会动了许多公牍来反对，措词都不甚相同，有说得太过火的，还要他们走来巴黎赔不是，有许多贵族向来有些势力的，也只好降伏下来。于是就有许多市侩心里很不高兴，因为他们还是心乎宫廷。

有几省因为他们要废省制，很想同中央离异。某处又想仍要作公爵采地的都会；科西嘉（Corsica）岛简直是要同法国分离独立；议会没得法，只好请这个海岛为首反对的帕奥利（Paoli）作了这一道的长官。各省这时候都很妒忌巴黎，痛责巴黎，不该把持一切。有许多大市镇，从前都算是都会，这时候都降低了，自然是很不高兴。

（四）工匠们的不满意

各处的工匠们都不满意。议会把许多行会团体都废了，也有许多人不高兴；马拉（Marat）是极力反对议会，又严禁劳工及工匠们结会，或同盟罢工，遇有这种事是要严办的。最可怕的是当时是到了极端民穷财尽的时候，对于这一层，当时眼见的人都是这样说的，粮食是日见其少，面包是很少，价钱自然是极贵。里昂（Lyons）待赈的饥民，有二万八千人。有一位大游历家，看见许多纺织厂都闭门停工。享受特别利益的贵族们的财产，既然受了剥夺，工业商业，自然也要跟着吃大亏，工人自然也吃亏。议会不得不设立赈贫的工厂。一七九〇年五月这种工厂养着一万一千多的工匠，到了十月就加多一万八千多。一七九〇年一年共总花了一千五百万利华，养着这班人。但是食于国家的工人，总觉得吃不饱的。

当下制造家同商家觉得一天不如一天，就反对议会。一七八九年他们原是很欢迎革命的，这时候才晓得这革命的价钱，未免太贵了。

教士们当一七八九年末后那几个月，原是维持主张革命的。

（五）教士们反对

议会忽然定了条例，要变卖教产，毫不留情，自然教士们是要反对的。这一件事，在革命历史中很是一件极要紧的事，吃了亏的是极力反对，得了好处的是极力维持。作者不能不较为详细讨论这一件事。

他们当日想出变卖教产的主意来，无非为的是筹款；弥拉波因为筹款的事，曾经对议员说过，说的是你们只管坐在这里商量讨论，你们晓得吗？破产是到了眼前了！弥拉波说的是不错，当时的确破产就在眼前。芮克管财政的时候，原是出过两个主意：一个是要借三千万的款子，一个是要借八千万的款子。这两条计划都不成功，抽收新税是办不动，议员们曾经苦劝什么爱国捐，有许多当下就立刻解下银制的鞋扣当捐款，有许多人见了很感动，禁不住滴下眼泪；但是这样的爱国捐，共总凑不上七百万。已经欠某银行有一万五千五百万，不能再借；芮克想要开国立银行，因基金无着，不能成功。那时候天天有新条陈，却无一条行得通的。有几位议员很有异想天开的，发了许多荒谬议论。有一位以为有了妙计，曾当议会说道："请诸君静听吾言，不到二十分钟，我担保可以筹得六万万。"议员们果然听他说，他说了二十分钟，一个铜钱也筹不出来。

议会简直的是束手无策，如何进行呢？只好乱捞乱抓；毋论那里有钱，只好抓来用，那时候只有教堂里很有财产。

从前路易第十四曾经说过："国王是所有一切财产的主人翁，毋论是教产，或是非教产，只要国家要用钱的时候，都可以拿来使用，不过要用得得法，合乎经济。"这时候议会为环境所迫，只好借重路易第十四这几句话。

（六）教产充公

那时候教堂的财产诚然不菲，自从一百年来，执政大臣个个都想动教产的手。有几位理想家恐怕大臣们不好意思，觉得难为情，于是发了许多议论，好叫大臣们安心挪用。说是："教堂产业都是许多善男信女濒死时遗嘱，交付教堂的，不过是存款性质，归教堂保管存储而已。"又有一位理想家说："教产是大善士们及教士们所共有的，不是专属于教士的。什么叫作大善士呢？大善士即是国民。"这种道理，诚然有些勉强，因为要钱用，不得不说出多少理由。

有一班议员原是同国币空虚无甚相干的，也很主张这种办法。这一班就是反对宗教派，他们很想着宗教同革命冲突，要一网打尽宗教。有一位耶稣教的牧师，当那一天通过议案的时候，非常之高兴，说道："从此以后，教士不能成其为三民之一了！不算是议会里头一大部分了！从此以后，不是帝国里的一个共和国了！现在只有叫教士去还俗结婚，这班人将来对于定官制是很有力量的，很能利用。"其他议员对于教产充公，说不出什么理由，只能说一句话，就是说若不动用教产，叫我们拿什么还债呢？

那时候已经同教士派说好，先行禁什一教捐。议员们原盼望教士们以后亦能如此让步，假使当时教士们有远见肯牺牲的，肯毅然出头担认借一笔大款与国家，或者可以使议员们不至于乱动教产，可惜他们见不及此，或是不肯些微牺牲。其后有人提议及此，内中有一位最有远见的教士，名霸基林（Boisgelin）说道："可惜太迟了，假使早两个月献此条陈，又当别论，可惜教士们的眼光见不及此。"那时候只要借出四万万，就可保全一切了；但是作者已经说过，享受特别权利的人，既无自卫能力，又不善画策。

还有一层，教士们有许多是很与革命表同情的。他们不预料有什么仇恨他们的举动，并不相信有仇恨存在，终日只晓得唱祈祷歌。

（七）塔力蓝的议案

塔力蓝是宗教中人，是个主教，他首先放一把火。十月十日那一天，他不动声色偷偷的走上演说台，他说话是很从容的，并不叫号。他把他的提议悄悄的放在末后，快散会的时候，他宣布他的提议；是很单简的，并无多说话，只说是把教产交国家处置。翌日弥拉波首先赞成；于是发生许多激烈的辩驳，作者试述其大概。

教士们自然是力争，说是已经牺牲了什一教捐，只这一项，每年至少也有八千万；不肯抛弃教产，若一旦抛弃教产，即是自取灭亡，诸事仰人鼻息，况且又对不起诸大善士，塔力蓝既有这项提案，随他抛弃死者遗产。摩里、西耶士都很反对；霸基林说得很有道理，对大众表明所谓教产，并非给教堂的，是给庵寺、村乡、医院、学校等等的，原有指定的用处。三十一日那一天，他竭力牺牲担任一笔四万万的大借款。假使议会当日能应允此项画策作为了事，原可彼此相安；但是此时议会的脚步错了。有一位揭明议会的责任太大，若是将教产充公，就要维持担任国内所有一切教育及慈善事业。有一位议员反驳他这两句话，说是教产在教士们手中，不过是作害人的慈善事业，不过奖励游惰，不过使人迷教发狂而已；若在国人手中，则建立工厂，贫民不至于失业，此则大有利益于国家，从此以后，国内无贫民，其甘于自暴自弃者，则当别论云云。读者要记得这几句话，是一百二十年前说的。

看这位议员的议论，可以窥见当日大多数议员的心理。他们心理第一件着急的自然是国用不足，第二件却是以为不应该有大多数人结成团体，把持财产。但是强迫通过这个议案的，原是弥拉波之力。

教士派中有格里瓜等二十多人是赞成此条议案的。然而议会中对于此条议案都不甚放心，故此投票表决的时候，细数票数，赞成者三百六十八票，反对者三百四十六票；有四十个议员临时回避，并不投票。中党有三百人，则并不入场。

（八）芮克之为难

议决之后，国家骤得一兆进款。芮克反觉得为难起来，他对于这件事，良心上实在是过不去；并且变卖教产（有大多数是田地），是一件极其为难的事。那时候正在信用失落，忽然将许多田地房产发交市上变卖，自然是卖不出好价钱。这位大财政家因为要用缓兵之计，只好推病在床不出面。

教士们却并未绝望，还妄想财政部够用之后，还把产业交还他们掌管。

到了一七九〇年四月十日，教士们才完全失望。有一位议员提议请先宣布凡是教产皆是国产。霸基林为最后的出力调停，于是请将教产作为借款的担保。但是这时候议会中反对教士们的人数加多了，怨恨教士们比从前较深。教士们因为切己的关系，对于革命不能如从前之深表同情，立刻就要决裂。有一位民党派的和尚（借用）已经赞成教产充公，此时又提议规定以天主教为国教，在他左右四围的议员，听了大哗，正在这个时候，弥拉波述及从前法王查理第九（Charles Ⅸ）枪击耶稣教徒的事。于是投票处决反对国教的得四百九十五票，赞成的得四百票。到了四月十六这一天，议会议决没教产为国产之案，同时又议决教务预算案。这是宗教最后所受的一大打击。这一个议案，宗教由此失其尊贵，不啻一落千丈。从此以后，宗教要仰政府鼻息，政府有操纵教士之权，其所谓不良者，政府可以惩罚。

这时候只有一个问题未能解决，就是教产如何变卖是也。变卖是极不容易的事：一来是银根奇紧，二来是有许多人自问良心上过不去，不甚愿意买教产。此时就想到市政厅，首先出来帮忙的是巴黎市政厅。巴宜愿出二万万买二十七处宗教团体所有的产业，于是照价成交。这个办法，推广到各处自治区。出市政厅的期票，就用买进的产业作保。但是这些期票，都转给政府的债主，反不如出一种纸币的便当，就拿估计共值十兆的教产，作为纸币的担保。这就是很出名的产业纸币。当初票面即是值若干的国产，原是一种强逼行用的纸币；凡执有产业纸票者，可以取偿于国产。自古以来，变卖极大价值之产业，向无如是之轻而易举者。然而有一种特别效果发现得很早。正月初十日，就有人晓得其中诸多不妥。林得特（Thomas Lindet）的著作说道："不久这种产业要流通全国，凡是执有此种票的人，无不维持革命者。"当日办理教产充公条例的主席说道："这样一来，凡是国民都无不关心大局了。"

辩驳发行纸币议案，是在四月十日及十五、十六、十七等日。右党是反对最利害，摩理是怒极了，因怒而发出后来灵验的预言。他说："这种纸币将来必发生许多困难，到后来是一定破产。"丕梯恩（Petion）也有先见之明，说的是这种纸币有极大利益，即是其能担保维持革命。这两个人的意思，极不相同，皆幸（或不幸）而言中后来的结果。果然是这种纸币几乎毁了法国，然而革命则赖以维持。

到了四月十七日议定条规，每张纸币皆定有面值。

（九）教士们之痛恨

全国起而反对者极多，教士们在教堂里大发雷霆诘问众人，谁敢买教堂的产业？于是从发行纸币第一天起，就没得多少人肯信用。

变卖教产，诚然是能发生多数新发财的人，这些人诚然是竭力维持革命。但是政府不能发给教士们薪俸，因此立法院不能不受此事的束缚；所谓政教分离的事，是历时许久都办不到。读者不久就要读到因此发生极荒谬无理的官制。

这个条例的直接效果，就是因此有许多教士们从前是主张革命的，这时候却不主张了。乡村的牧师们，从前很是心向新政府的，这时候都变了面目。从前他们是很热心附和革命的，现在议会反剥夺他们的权利，打破他们的饭碗，以作谢酬，这还罢了，还要添上许多侮辱他们的话。有一个女人是很偏袒得胜党的，还要说几句很过火的话，说的是除非我们毁了他们的洞穴，不然是永远不能驱逐这群野兽的。康多塞这个人总算是向来不会偏袒天主教士的，事过一年之后，却也还禁不住说两句公道话：说是教产充公，是一件极不公道的事，况且也不是善策；又说牺牲了教士们，是丧失许多维持革命的大力。

过了几个星期，破坏宗教一切旧制，更令教士们痛恨革命。这原不足为怪，因为教士们已经吃了许多亏，还要毁谤侮辱他们，也怪不得有许多很正经的主教，极力说革命不好，盼望全国的人睡醒，睁眼折回头恢复旧制，保存秩序。

有许多人听了教士们这种话，是很能入耳的，于是通国都是怨言。议会于是不得已于一七九〇年二月发表一种宣言书，表白他们教产充公的理由。又有许多议员们，于是从君主入手，请他也提醒精神，振作有为，反对教士们。又强迫路易第十六于二月四日亲临议会，议员们加倍的热诚欢迎他。因为路易既称为革命首领，很要言行相顾，要国人服从革命。

（十）议会之无结果讨论

议会只好一切不顾，作他们的事。有一位议员说道："这时候议员的步骤，比较上似乎日见其近于情理。"云云。他们此时很像是得了一种运动不调的病。这六个月里头他们也很忙碌，很棼乱。他们既要讨论宪法，又要讨论行政，改良市政，规制预算不足，处置教产，科西嘉（Corsica）岛抗命陆军藩属，解放黑奴，处置报馆，税务之新组织，供给粮食等种种问题。此外还要讨论许多意外发生临时即要处决的各问题。林得特说得好，说议员们讨论各种问题，就如同瞎子走路，是盲摸乱碰，一事未讨论完，又要讨论别事；在讨论陆军问题的时候，忽然又撇开转入讨论宗教问题，及黑奴问题。

此时政府的执政，毋论关于什么政务都要送达议会取决。议员们对于行政更是外行，无从下手，如同入了迷楼，东冲西撞，也寻不出路径走出这座迷楼。议员们最怕的就是政府咨送取决的公事，却又不甘心牺牲，一定要干预到底。也不晓得这些议员先生们，究竟是凭什么处决的。弥拉波说道："议会就好像是一个赌场，所有的牌都是乱的，要赌也赌不来，终日糟蹋精神气力，好容易才过了一天，临到散会的时候，还是毫无进步，仍然在纷乱之中。"当时有一个外国的驻使说道："通国无政府的情形，是日见加增。"

到了夏天，议会仍然还是在旋风里过日子。有一位议员说道："议会场里的议论，热度是很高的，要多摆许多冰块，才能消减热气。"

议员们所作的事，还往往闹笑话。例如有一次议会很郑重的接待天下万国的代表，于是来了几个印度人、阿拉伯人、亚美尼亚人、埃及人及他国的人。这些大使及代表都是无国书的，有一位贵族认得这班大使之中有一个黑鬼，是他朋友的一个黑奴，不晓得他得了多少钱，跑到议会当非洲大使。有人说议会既为宇宙定法律，自然是很喜欢的欢迎宇宙的大使来朝贺谢恩。至于这种不伦不类的大使，只好不过问的了。

（十一）宫廷之无用

议会虽然这样被潮流所卷，宫廷简直的是不管，无法过问。布罗温伯爵（Comte de Provence）起先叫法甫刺斯（Favras）阴谋起事，后来忽然抛弃他，让他受绞刑而死，以后就难得再有人阴谋起事了。原有许多政客献策阻遏革命潮流，幸而路易并不相信他们。路易很花钱给弥拉波上条陈，但是也并不听他的话。宫廷是毫无振作，无人画策，无人指挥，凡是左右的人，有反对革命的，宫廷都不承认，并不帮助他们。芮克是抛弃了，对于拉法夷脱是敬而远之，弥拉波原是很热心要帮助路易设法，要替他们出力的，可惜他们又怕弥拉波，不敢请教他。毋论大小诸事，他们都忍受，他们惟一的报复，只是叫议会每天去对付革命。

（十二）国里无政府的情形日见加增

议会一面在巴黎产生宪法，国里的人却不理会什么叫作法律。在巴黎而论，分区设法制止自治会，自治会却要制止议会。法国的南部是扰乱骚动，从里昂至土鲁斯（Toulouse），土匪是时时刻刻滋事。一七八九年十二月，土伦（Toulan）地方群起反对那里的海军长官，强逼市政厅把他监禁。一七九〇年三月，马赛（Marseilles）地方船坞工匠反起来了，带同国民军攻击当地的制兵，把他们的军长杀了。因为这一次闹事，拉法夷脱请议会注意通国无政府的情状。

议会却是绝不敢用弹压手段，也不许君主用弹压手段。随后要想弹压也弹压不来了，因为军队全体都变了。

第八章　兵变及同盟

（一）军队之骚动

一七九〇年二月二十日，议会发起一个问题，自己诘问自己，这个问题深印于人心者，足足有一百年。这问题就是处什么样的环境，到什么程度，军队方可以开火打国民？当时法国的军队却有一个直捷痛快的答复。就说："军队永远不打国民。"军队这时候的思想，还是同滋事的人商量调停的成数多，弹压的成数少。

有一位富于阅历的老将军刻勒曼（Kellermann）说得很对，他说："革命是全靠军队。"他的意思是要说军队，原可以遏止革命；但是军队，并不愿意遏止。

作者已经说过，军队是什么人，大约都是无名誉的人，犯过刑事的人，大多数原是土匪，原是强盗；小军官是永远不升官的，因怀忿恨而煽动军人；上级军官又各分党派，不能一致。又有许多是要急于升官，故此采用政客计策，不然也是同政客要好。有些军官是痛恨革命，因为势力不足，无所施其技。为首的就是路易第十六，毫无振作。此项军官们原想要振作的，然而都不能实现，却并非是完全由于部下不听号令，实由于军官群中，人各一心，不能一致。

况且他们还晓得倘若振作起事，是无帮助，无人作后盾的。那时候的陆军大臣，是一位坦白诚笃，曾经百战的老将军。但是有人说："可惜他老拿不定主意，又好听儿子的话；这个儿子，又是个激烈的民党派。"八月十三，有一位议员，葸葸畏惧的告诉议会当日军纪废弛的情形，议会只好指派若干人，成立一个组织新军的会。旧军队听见了，更想借口解散。

自一七八九年十月起之后，煽乱逐渐成功，等到一七九〇年六月，军队的横暴举动，是很显著的了；今天是这里兵变，明天是那里兵变，几乎无处不兵变。

（二）军队反对军官

最特别的兵变，是发现于赫斯丁（Hesdin）地方。有一位年纪很轻，不过十九岁的军官名达武（Davout）（后来是名将），带领手下的小军官同部下的兵去见队长，请他交帐，任从部下的人侮辱他；随后有命令来，叫这军队离开赫斯丁地方。当地的国民军，帮助军队反对军长（一七九〇年五月十五日的事），不奉命令，不肯离开；居然还有极厚的脸皮，还要向议会诉苦，议会居然也敢说一句闻之诧异的话。但是这军队始终不听军长命令，不肯离开赫斯丁地方，议会也无法，只好让步。从此以后，一连有几个月，赫斯丁地方的军队是横行无忌，军长常被他们侮弄，谁的命令都不听，只听那位少年军官达武命令；于是通国的军队都效尤。

自从一七九〇年七月起，我们可以跟踪全国军队的举动，就晓得是军纪扫地了。有一处地方的马队是抢劫军需，把长官驱逐了。有好几处是闹兵变。有一处兵丁们说长官要毒害他们，强逼军官等同他们吃一样的饭菜。驱逐长官的还有几处。有几处的军队奉命开拔，走到半路就哗变起来。还有好几处的军队，说是长官欠他们多少钱，若是不给就抢劫起来，从长官手上抢钱的也有，抢钞票的也有，恐吓长官的也有，抢劫长官的也有。南锡（Nancy）地方有三队人把长官监禁起来，几乎酿成大乱。

（三）议会之懦弱

议会晓得这种事，怎么样呢？陆军大臣是常常有文牍报告兵变及军纪扫地的事，议会听了只说是诧异。作者今日见当时议会说诧异，也觉得诧异。六月初四日，陆军大臣指明给议会晓得，说道："此种民主式的军队，是一种政治怪物；凡是产生这种怪物的母亲，将来是要被他们吃的。"议会得了这种警报，很称赞他，但是毫无办法。他们虽然恳求君主重办违反军纪的人，作者并不能叫这种恳求是个办法。这个立法议会太过取巧，很愿意行政官去压制军队，好去归过于行政官。这是有明证的，因为行政官对于某件违反军律的事，拟定办法，请议会议决，议会束诸高阁，不敢过问。

我们要诘问这种目无军纪的事，是不是长官的错呢？在瓦棱萨（Valence）地方，兵丁们把统带官交于群众，群众竟把统带官杀了。他处也有同样的事发生。有一位很有名的著作家说道："行政官也有很不对的地方，他们明晓得某某军官是反对革命的，偏要把他们派在军队里。"六月四日罗伯斯庇尔（Robespierre）却完全归过于军官，说他们反对革命。这时很有意思勒令所有反对革命的军官辞职。六月十四林得特写道：“只要旧派军官在军队里一日，则一日不能维持军纪，最好是请他们辞职。”

若是议会还是要用他们首鼠两端的政策，这个办法很是显而易见的。弥拉波写道：“最好是解散君主的军队，另用革命宗旨，重造新军，这个办法至少也能叫军队无所借口。”当下议会仍然是不敢降伏这个怪物，又不能驯他，却也还有点举动，就是请军队们派代表，同在巴黎的大校场作一种大聚会，大同盟。议员们希望以好言相劝，军队们就能明白他们不该那样无礼的对待长官；并且希望如同母亲教训儿子一般，儿子们自然是不好意思叫老母忧心。

（四）大同盟

大同盟这个话很令人注意！当一七九〇年六月间无人口中不是说这句话！因为这时候国内各处都有许多自由的结果，成为团体；乡村有乡村结合，市镇及省，亦有他们的结果。议会故此请他们派代表来巴黎作一种全国的结合或同盟。各处的结合原为的是国内无政府，扰乱不堪，不能不互相结合，互相帮助。从前是君主维系全国，现在这种维系的力很薄弱，恐怕维系不来。可怜这国里的人，没得法子好想，只好自己大众维系起来。这个时候众人都还慷慨激昂，相视如同胞的气象。这种情景发现出来，有许多人不能体会，视同儿戏，当作笑话。其实一七八九年，国人的情感却是出于至诚，众人伸出手来，原是因为胆怯害怕，而彼此拉手，都有感情。这种举动最初发起于西部：一七八九年十月二十六日，布勒通地方有十五个自治会首先同盟，结合团体。十一月二十九日，东部又有十四处市镇结合起来。到了冬天，大乡村都结合起来。立法议会废省制，把所有一切公共机关，都毁灭了；法国几乎瓦解，幸而国人立刻重新组织起来，又打成一片。一面自治会互相联络，各省效之，亦相结合。一七九〇年二月十五日（读者勿忘此要紧日期，因为这一天是一个大举动的初发生日子），安如（Anjou）地方及布勒塔尼（Brittany）地方各派代表会于朋地委（Pontivy），郑重宣言，彼非安如地方人，此非布勒塔尼地方人，同是法国人。这就是打破省界县府等界，一视同仁的大举动。议会看见这种举动，颇有戒心，只好想法指挥这些团体，不使有什么歧趋。各团体派国民军里的人作代表赴巴黎，议会很热心招待。七月初间代表陆续来到。这些团体，原有很可嘉的义气，向来被政党俱乐部所掩，到了这个时候，却一一都发现出来。

最奇异的是代表们到了巴黎，对于君主却发现很好的感情。从图棱（Touraine）地方来的代表，觐见路易第十六的时候，把一只从前法王痕力第四戴过的戒指，献与路易。当时的人都说布勒通地方的人是最热心，革命的代表们见了路易，跪在面前，痛哭流涕，代表的领袖，把剑送与君主说道："请陛下善用此剑，只染仇敌的血。"路易第十六搂抱代表答道："朕向来不疑布勒通人效忠于君主，请汝转告众人，朕是国人之父，国人之兄弟，国人之友。"

这时候各地方各机关无不欢迎招待代表，路易大为感动，有时又未免过于用情。

（五）大同盟的庆祝

于是在最宽敞的地方，设立社稷神座，所有巴黎的人，上自极阔的贵妇人、教士、僧徒、公民，下至渔婆，无不亲自动手，在草地上摆设座位。人山人海的观同盟大礼。塔力蓝主教全身披教服，立在神座前诵祈祷文；相助行礼的，有四百位教士，都是披白袍，围了三色腰带，主教冠礼冠，执法杖，祭过国民军的红色神旗及八十三道的旗，各各赐福。

早一天晚上，拉法夷脱提调一切（这是他的喜庆日），这时候走向神座将剑放在神座上，庄重宣誓："效忠于国，效忠于法律，效忠于君主。"在场的人无不感动至于极点，如疯如狂。有许多人把国民军统带举起来，放在肩膀上游行一周。

轮到议会会长宣誓，随后就是议员们宣誓；但是群众对于议员们是很冷淡的，并不欢迎，有许多人讥诮他们，有许多人简直的大笑。

（六）欢迎国王及王后

路易第十六到场的时候，群众却是异常的欢迎，欢呼雷动，高叫"君主万岁"，比叫"法国万岁"还来得响得多。路易并未走向神座，只立在交椅之前说道："朕今宣誓所有宪法授朕之权，予誓用以维持议会所定为朕所批准之宪法。"这时候群众更加欢呼，王后看见群众如此之热诚欢呼，把太子（将来的路易第十七）举起来说道："此是我子，我母子二人与国王的意思一致。"群众欢呼若狂，于是拜旗放炮。有一个在场的人说道："当时群众是非常之高兴，如同上天御空而行。"云云。有一个代表指天誓日的说他亲耳听见路易第十六说："若遇必要时，朕甘心流血以维持革命。"

到了晚上处处都悬灯庆祝，照耀如同白日，在我后大教堂里有六百乐工奏乐，群众就在大牢狱的瓦砾场跳舞。有一位亲见当时情景的人写道："大概而言，众人都极其爱戴君主及其亲属。"这几句话，是七月十六日写的。

这一次大举动，不能不令人寻思反想。弥拉波当时对于拉法夷脱的举动很生气，以为是弄错了，使群众崇拜错了小丑傻瓜。弥拉波原意是要路易骑马到场，作为大同盟的盟主，要看他离开御座走到神座前。如是则必为群众所高举抬在肩上。有许多原要激动群众恐吓君主，殊不知群众视君主制度，如性命也。

虽然这一次大同盟，却是很有利于君主，这是众人一致的。议会却被群众耻笑；弥拉波很惋惜这一层。大同盟的第二天，街上就有许多歌谣耻笑议员。

按照逻辑的道理，宫廷既不能利用这次大同盟的机会，大同盟自然要反对宫廷。

（七）大同盟所发生于军队之危险效果

大同盟所发生于军队代表之效果，尤为危险。巴黎的俱乐部很敷衍联络军队代表，很细心的指教他们什么是他们的天职。例如教他们不要相信长官，说长官们都是贵族；又教他们不必害怕不奉行君主的命令，教他们只管流官长的血，却不要流国民的血。有一位老将说道："这次大同盟，不过是叫军队受毒。"翌日早上王后的军队驻在斯腾内（Stenay）的就哗变，说是军长们要把那地方送给奥国。这还不过是小事，不及南锡（Nancy）地方的兵变，是件极大的事。

（八）南锡兵变

陆军大臣于八月六日报告议会，说是兵变的风潮很烈，议会于十六日不得不议决设法禁遏。君主派员去南锡查账，一到了那里，即被瑞士队伍痛殴捉住；这位特派员不能不拔剑自卫，费了许多气力，才离开营地。兵士们近随他，围住长官的住处，大声恐吓。这位特派员被逐，只好逃到卢内维里（Luneville）躲避。军长被兵丁们捉住，在地上乱拖，遍体受伤，关禁在牢里，同时还有几位军官被禁。随后马济尼（Malsiegne）居民又把特派员送交叛兵，兵丁欢呼，要绞死他在灯柱上。

拉法夷脱此时苦劝议会，不可再用徒事恐吓空话，要实在动手弹压。于是派防守麦次（Metz）炮台的将领部耶（Bouille）去平乱。部耶带了若干人马走去南锡，他行军很能迅速，谁知议会为罗伯斯庇尔（RobespieHe）所劝，先软下来，议决一种办法（这是巴那甫提的议案），要阻止他进行。

但是他已经先到了南锡，同叛兵们大战一场，损失了五六十个人，有一个很勇的军官阵亡，部耶奋勇向前，在枪林弹雨中直捣中央，又损失了四百多人，四十多名军官，居然把叛兵们打下来。

既然得胜，自然就想到如何惩办这群叛兵瑞士队伍，从前有个制定的办法，只好照例交与本管军官处置。杀了三十三个，有四十四个是罚作苦工。谁知这四十四个作苦工的期限未满，不到两年，反欢迎他们在巴黎街市游行，当作英雄好汉看待。别的叛兵，却还不必等这许久就释放了，因为议会派员来南锡查办，一定要从宽发落。但是议员们早已不快于部耶，怪他办理得太神速，处到三个月，把陆军大臣也哄走了。

（九）军队不服从命令发生出征意想

因为议会这种游疑无定的举动，弹压不能有效，从大同盟回去的军队代表们，就遍播变乱的种子。在八九两个月间，全国的军队处处都有反对长官的事发生。左右两党的议员们，看得很清楚，军队是要瓦解的了，心里就想到不如派他们去出征打仗，或者还可以挽回风气。有许多议员们（这是大多数）却是很悲观的，以为这种不服从命令，常时哗变，快将瓦解的军队，如何能与欧洲对敌？但是一七九〇年的秋间，这个问题渐渐发生革命，与欧洲这时候是面面相对。彼此虽然尚未决意攻击，但是都在那里彼此审时度势的了。这次大同盟的激烈情景，不能不令人害怕。

第九章　和耶战耶

（一）欧洲与革命

七月五日，有一位议员说道：“粮食我们是有的，不久我们还可以有宪法；惟是我的见解，是只要打一仗，就能把我们的粮食，我们的宪法，同我们的纸币，一切扫除净尽，点滴无余。”试观当时议员们的尺牍，就晓得当日他们有许多人心里，都存了这样的意想。时候已经到了，议员们的眼光不要只看会场，还要高瞻远视，看到法国边界之外。自革命以来，虽然是已经阅历过许多困难，才能到有今日；但是此时不能只顾国内，还要看看国外。当时早已有谣言，说是欧洲要干预法国的内政，国人慢慢也相信这种话。这种报告原是极可怕的，因为稍有知识的人都能明白：若是要同外国打仗，只有两种结果，一种是推倒革命，一种是更促进革命发展。一七八九年起事的人，看见这两种效果，都是很可怕的。

从前一直有好几年，都有许多人诘问三句话。一、当革命初有胚胎的时候，欧洲为什么不来打倒革命，以免各国受其波及？二、法国内部彼时因无政府，四分五裂，军官匿迹，又是毫无阅历的新政府，竟能单手独拳阻遏欧洲多国同盟之侵犯，这是什么缘故？三、彼此见过仗之后，欧洲并不算败，革命军队亦不算胜，如何各国乖离，居然同法国讲和，因其自行解体，反令新法国得了许多利益，这又是什么缘故？

大历史家索勒尔（Albert sorel）曾经研究能窥见当时欧洲全局内情，得有新揭露，以解决此三个重要问题，以飨读者。作者引用于下。

（二）一七八九年之欧洲

今试发为问题，问欧洲之干预法国革命，为何如此之迟慢，如此之不善审断，因是而无效果？答曰："只因并无欧洲之全体存在。"中古时代之基督教共和国早已成为过去之事，有四百年来，举凡一切什么共同的宗教家族的联络，独裁制之根基，及所谓最郑重之宣誓同盟友谊，一概都牺牲了，只有自私自利侵略的政策存在。

全是强权用事，公理是扫地净尽了！所谓基督教的帝王公侯等彼此互相打击，所有什么联络，都打断了！例如最新近时期的事，如腓特烈第二（Frederick Ⅱ）、喀德邻第二（Catherine Ⅱ），这两位都是号称哲学家的帝王，还有号称使徒的女主马利亚德利撒（Maria Theresa），这三位就瓜分了波兰（Poland）。当时之所谓国家，都是全无肝胆的。是以等到法国革命时候，欧洲诸国议决派兵来打法国，并不是因为什么保存独裁制的根基，为的要在来因（Rhine）河之西，再得一个波兰，他们可以瓜分。欧洲的帝王称呼路易第十六是好兄弟，但是不等到这位好兄弟不至于绝望，非倚赖他们诸位好哥哥们来救援的时候不可，好哥哥们才肯来帮忙。蒙救之后，好兄弟不好意思不割一两省地方，酬谢好哥哥帮忙。

什么叫作国王与国王兔死狐悲，同病相怜，什么叫作王室系统的问题？这两句口头话，原是一七九二年，欧洲诸国骗人的两句假慈悲的话。但一七八九年及一七九〇年，欧洲并不畏惧，也并不觉得革命是大不应该的事，心里另存一种感动，与此正相反。欧洲当国的人，不过当法国的革命是一种叛乱而已（这却是他们看错了）。以为这种反叛的效果，不过使法国变弱些而已。他们当时是既怕法国，又恨法国。欧洲向来的政策，是鼓励人民反对其君主的，故此把法国革命也当作叛乱反对看，如同从前在比国或匈牙利之反对皇帝。法国举动之势力渐见增长，原非彼等所能料到的。直等到五十年后，梅特涅（Metternich）才当作笑话的说道："法国若是得了感冒，欧洲是要打喷嚏的。"

法国革命，欧洲并不震动，亦并无戒心。攻击帝王的事，并不算什么稀奇，并不发生何种效果。威尼斯（Venice）地方，就有五六位退位的王者，即使论到一月二十一日弑君的事，也有许多前例可援。喀德邻第二为什么能够作到俄罗斯女帝的呢？还不是因为她设计叫人把她的丈夫彼得第二（Peter Ⅱ）杀死的吗？第一位女主登断头台的，不是法国的马利·安推涅特（Marie - Antoinette）（即路易第十六之王后），是马利·斯图亚特（Mary - Stuart）女王，原是依利萨伯（Elizabeth）女主，请她登断头台的。虽然依利萨伯女主有杀马利·斯图亚特之事，但是欧洲的帝王，那个不想娶依利萨伯为后呢？苏格兰的詹姆士（James）就是被杀的女主的亲生儿子，还想娶依利萨伯为后啦！英国克林威尔（Cromwell）不是弑君的吗？法国的国王，却很想同克林威尔携手，作好朋友，很要仰仗他。弑君的事，真所谓司空见惯的了。此一国的帝王看见彼一国的帝王，并不算得是什么一回事。

还有一层，帝王们要实行他们所谓政策阴谋，什么下等的利器都肯用，什么毫无心肝的举动都看得很惯的，只要能够达他们的目的，什么手段都肯用。是以欧洲要对付法国革命，简直的无法可想，无力可施。他们又不能借口什么宗旨来干预法国，因为欧洲原无所谓宗旨。只有一样宗旨，就是利于其本国的宗旨。因为有这样的趋势，是以欧洲的帝王，彼此都互相猜忌怀疑，是以有许久，他们都不能联络拉拢起来。根本原来就是极其薄弱，是以虽能联络起来，为时不久，又解散了。

（三）欧洲对于法国革命之误会

假使只因彼此误会，亦不耽搁各国结合这样的迂缓；假使各国帝王，不是深信法国从前是很强很可怕的，但是近年以来已经弱了，快要瓦解了，则结果自然较早。他们以为法国向来是骄蹇的，是无疑的了。他们的错处，就是把法王代表法国人。却也不能说他们全错了，前朝的法王有九百年来政策都是很好的；创造法国原是这九百年间的功业，他们的意思是要法国强盛，日见其强大。欧洲以为这是那一朝代的规模宏远的帝国主义，若是这一朝受了束缚，法国就立刻甘愿低首下心，甘于降格。

这是各国的大错特错，若是那一朝的法王把法国弄到强大，这原是通国上下一致齐心，领法王走的路。

一七八九年起事的人，大多数都是法律家，同前朝参赞机密的人同是一个路数。一七八九年提倡的人道主义，诚然是反对侵略政策者，不过这种精神不久就打消了，本来的大志远略，自然发生。在前一七四八年的时候，就有人说过。国人终日梦想，要勤远略；革命的时候，原是国人发起的，很容易走上旧路，要行前朝政策；其实前朝的政策，也是不过是俯顺舆情。

欧洲各国，既无确实消息，又不知法国内情，窥不见其中奥妙；他们总以为法国之强大，只是国王之功，现在国王无力，法国自然也要变成衰弱了，以为欧洲的极繁复大问题，与法国无相干涉。不知者以为法国革命，欧洲各国可以不必互相争竞，互相猜忌了；谁知他们还是一样。

（四）欧洲之分裂

大历史家索勒尔说道：“自从一七八九年至一七九五年，欧洲各国之所以互相冲突，其关键在欧洲之东北两方；由是而揭露各国争权夺利之相冲突，各国政治之腐败；因互相冲突，而无暇兼顾他事，不能注意于法国，故此不能联络，直至一七九一年才能结合，不久又彼此牵掣，行动不得，随后只好解散。”云云。

俄罗斯有一百年以来常常要闯入欧洲结合的局面，设法使他们解散。俄罗斯要在欧洲据一重要地位，又要扩充海权。俄国有两处临海，一处是黑海，一处是波罗的海；但是北方有瑞典，南方有土耳其，叫他无路可通，西面又有波兰，障碍他不能与欧洲通往来。自从继大彼得（Peter the Great）之俄帝以来，无不筹画毁灭这三个国，打通这三处障碍。一七八九年，是喀德邻女帝在位，很苦心的要实行这个政策。一七八九年，俄国已经得了波兰，有半个波兰已经瓜分。这位女帝的精神，又注意瑞典，同东方病夫的土耳其。这一位最残酷的女帝，也还情愿同普鲁士、奥大利第一次瓜分波兰。她日夜梦想，要独吞剩下半个的波兰；然而她最注意的，还是将来轮流把瑞典、土耳其吸收到手之后，就撇开他的同盟普鲁士、奥大利两国，不让他们分肥。因为存了这样的目的，于是设计引诱普奥两国向别处张牙舞爪。这个女帝起初原不晓得该怎么样利用法国革命，到了一七九一年她才看见有一绝妙的办法，她就想到打倒革命，因时夺得法国几省的政策。若是如此相劝，普奥两国自然愿意发兵向来因河而来，既是这样，所有维斯杜拉河（Vistula）、波罗的海、多脑河（Danube）、巴尔干半岛，自然都归了她。喀德邻这种诡计，早为日耳曼人所疑，许久迟疑不能决，不肯把军队全数调向来因河。

（五）东方问题

一七八九年，俄国女帝喀德邻正在同土耳其打仗，奥大利与俄罗斯联盟，但是俄奥都很疑心普鲁士同英国暗中帮助土耳其。这位女主深晓得法国向来是恨极英国的，曾经同法国提议，要俄法两国同盟。法国不肯，俄国于是恨法王，又因攻打土耳其不能取胜，尤其怨恨法国。普鲁士向来畏惧俄罗斯，现在看见他有种种障碍，不能进步，是高兴极了。普鲁士又恨奥大利，偏要令他难堪，于是设计在波兰国里，使他多事不宁。

是以一七八九年欧洲这一盘棋，实在是繁复，假使革命党一起事，就露出要干预外事的举动，扰乱这一局棋。假使再进而已甚，把棋盘都夺过来，欧洲自然是暂时不赌胜负，先把扰乱棋局的人处置好了再说。法国一闹革命，诚然欧洲这一局棋无法国的分子，同法国并不相干，法国也表明不预外事。欧洲各国这时候并不把法国看在眼里，还是下他们的棋子，安安稳稳的进行了两年，全副精神在那里暗斗，并不想及法国的乱事。

这样看起来，法国革命，欧洲各国反觉得十分满意。当法国的乱民攻毁大牢狱的时候，欧洲帝王只看见住在维尔塞离宫的路易第十六好兄弟能力日见其薄弱。有一位外国官说道："法国变作不成其为国了！"俄罗斯女帝喀德邻第二说："法国算是完了！没得什么希望了！"普鲁士王威廉（William）从前见奥法两国同盟，很有戒心，心里极其不舒服，看见路易第十六及王后倒了，趁这个机会，解散法国外部大臣所作的同盟的事业，正式同议会的首领们开谈判。

说到英国，英王同他的宰相有极其简单的解说，说是一个国王既无能力保护都城里的一座炮台，是可以不必畏惧的；这样的国王，令人怜悯则有之，不知要等多少年，法国才能派军队走到荷兰海口，恐吓英国。

一七八九年十月二十日，比利时也有革命，是反抗奥国在那里横行霸道。欧洲各国对于这个革命，却不能淡然漠视。普鲁士对待比国的政策，比较法国的对付，尤为显而易见。比利时共和国派大使见法国议会，那时候弥拉波是极力主张和平，劝议会不必帮助比国，路易第十六也不接待比利时大使。奥帝约瑟第二（Joseph II）看得很清楚，普鲁士、荷兰、英国都想在比利时染指尝点滋味，决计首先平乱，再与同盟们算帐，不料一七九〇年七月二十他先死了。

（六）奥帝利欧破尔得

继位的奥帝，是利欧破尔得（Leopold），脾气无前帝那样暴躁；他从前原是意大利多斯加纳（Tuscany）邦的大公，曾经熟读马基雅弗利（Machiavelli），是一位外交家，他首先答应宽贷比国人，于是用诡计，叫人通知英国政府，宁愿把比国双手奉送与法国，不愿承认比国是一个独立国。英国宰相庇得（Pitt）听了大惊，于是苦逼普鲁士。普鲁士起初是帮比国的，只好袖手旁观，不再助比国。一七九〇年六月二十六日，普鲁士王腓特烈在赖痕巴哈（Reichenbach）接待奥国、荷国、英国使臣。这几位专使，求他不要干预比国的事，同时又微露其意，数国若能合力攻打法国，普鲁士很有开疆辟土的机会。同时俄国的喀德邻却同瑞典王开谈判，这位瑞典王原是法国王后马利·安推涅特的好朋友。当一七九〇年的夏天，欧洲的外交很热闹，他们向来很分离的，到了这个时候是要合力大举。法国革命，此时并不能令各国生畏惧，不过各国已经见到一旦同盟共同干预法国的事，或者有机会，可以解决他们自己的竞争。俄罗斯很相信只有此法，可以使日耳曼忙碌，日耳曼人也见得这是一个可以饱其欲望的一法，从此又可以解决多少争论不休的问题。

（七）日耳曼在亚尔萨斯的权利

要找干预的借口是并不为难。法国议会对待比利时革命的态度是极其正当，无可吹毛求疵的，他们不能拿这事借口，但是有个彼此不相干的问题，不能令法国新政府与两处相接触，与这两处相冲突。一处就是奥帝，一处就是教王。第一个问题是关于亚尔萨斯（Alsace）地方！第二个问题是与亚威农（Avignon）地方有相干。

一废除封建制度，亚尔萨斯地方有许多日耳曼小侯大受其影响，不服从命令，因从前立过条约关系，小侯们上诉于日耳曼之强有力诸国。此是一七八九年九月间的事，日耳曼诸国无暇顾及此问题，又不能一致，只好形式上行一公文，送与法国政府外交大臣，转送与议会。一直等到一七九〇年四月二十八日，立法议会才议决，凡该地方失职小侯皆给予赔偿。但是小侯们所要求者更有出乎赔偿之外者，追溯从前路易第十四的办法，要求在亚尔萨斯一方免其奉行废除封建制度新例。议会不准，谓议会不必遵守奉行路易第十四所许条件。

议会更进一步声明，此是新时代国王的话，不能算数，这是有过事实为证的。因为这时候英国同西班牙因为一个问题有所争执，西班牙诉于法国，根据从前所谓家族缔合条约，求助于法国，议会不承认旧时的条约，于是设法要求得一种理由，作为不承认及不肯帮助的根据。罗伯斯庇尔虽然常时不为议会所齿，却屡屡要乘机出风头，于是提出一个理由。

（八）法国宣布抛弃一切侵略思想

（罗伯斯庇尔）说道："我们应该宣布天下，法国抛弃一切侵略思想，法国以为本国的疆界有上天永远规定。"弥拉波向来虽是主张和平的，却看出罗伯斯庇尔这个提案极其不妥，他很晓得欧洲各国都是预备有事都是守武装和平的态度，法国亦不能如是以维持其在欧洲地位，既然，则断不能无外交政策。五月二十日，弥拉波于是发言说道："永远和平，这句话不过是作梦，此是异常危险的梦；欧洲各国无时不预备打仗，惟有我们法国废弛军备，岂不是危险的梦吗？"有一位牧师却反对弥拉波，说道："各国若都得了自由的时候，如同我们法国现在一样，世界那里还有什么战争呢？"此后主持和平的理想家，都变为反对军备派，或武力派。有一位议员叫卡扎雷斯（Cazales），很发表了一长篇冠冕堂皇的爱国议论，反为众人所詈，还要赔不是。多数议员提议，从此以后，不必再有外交官，不必再有军队，不必再与各国缔立不合道德的条约。五月二十二日就提出一个很著名的议案，说的是："法国抛弃用兵力侵略的思想。"大众欢呼通过，因为要为议会立一个华表，于是将这条议案位置在显著的地方，作为宪法第六章的题目。

弥拉波却是很有先见之明，其后大发议论证明此条议案之荒谬无理。惟是他虽然有远见，能够预料到将来拿破仑时代统领三色旗的法国，军队四出征讨，经过多少场血战么？

后来的事实，未免同此时法国抛弃用兵力侵略思想大相违背了。

大历史家索勒尔（Sorel）说道："议会自己相信作一个极端大公无我的好榜样，给天下看看，以为是最得意之笔；欧洲他国的眼光却不然，以为法国露出弱点，听了通过这一条议案，自然是非常之高兴。”法国驻英大使说道，他在英国到处都听见人说道：“英国从此不必畏惧法国了，可以在东西两半球称雄称霸，不必有所畏忌了。”英国只有这一次太过相信法国了，在法国虽是出于至诚，在英国则未免有点过于相信。欧洲各国以为法国废除军备，是很容易为人所牺牲的，因为法国主张和平主义，激动各国侵略政策，反令法国急于备战。

（九）法国之据亚威农地方

刚才说过亚尔萨斯地方诸小侯的问题，还未解决，自然授日耳曼帝国以口实，借题发挥来相干预。威泥沁（Venaissin）小邦问题又生出为难，威泥沁是附属于教王的，而教王则在罗马。一七九〇年六月十一日，亚威农居民为四邻的革命风气所激动，也就发生革命思想，把教王的大代表驱逐了，建立自治会，请归附于法国。一七八九年时，真革命家很反对与教王为仇敌的，于是仇视教王的议员，赞成将亚威农收入版图，却引五月二十日：禁止侵略的条例。这一条议案之不能实行，及其欺人之处立刻发露。极端左党大叫说道：“不是曾经宣布不侵略的吗？”罗伯斯庇尔出台指明其中的分别，说是亚威农是自请归化收入版图，这是应收受的。从此这条议案就裂了一条大缝。一七九〇年十一月二十日，议会呈请路易派兵占据亚威农。

（十）欧洲之惊惧

从此时起，五月通过的不侵略的议案变成具文了，于是巴黎忽然来了许多外国人，日耳曼、瑞士、意大利等国的逋臣，都跑来巴黎，请法国把他们的各国都收入版图。他们自称为人类的大使。法国人如对穆郎之流，又火上加油，鼓励激动这一群来献地自称外国大使的，叫他们在法国边界外骚扰起事，只要激动居民起事，某府某县就可以献地于法国，请归入版图。因是之故，欧洲原是看不起法国的，到了这个时候惊惧起来。

欧洲各国，首先看看奥国有什么举动，因为奥帝是法国王后的兄弟，并且有两条可以借口干预的事在手中。但是奥帝是一个脑筋清醒善于打算盘的人，说是除非法宫有直接的请求，否则不能妄事干预。

（十一）利欧破尔得侯路易第十六的请求

法王既然承认革命，别人不能越限维持王制。

但是法宫的请求，不久却要发出了。路易第十六当初承认革命原是出于至诚，到了这个时候，却要作第一次的违背革命。他之所以有这种举动，却并不是为他自己君主地位之尊严起见，为的是对于宗教良心上有过不去的地方。刚好在这个当口，议会又作了一件大错特错的事，即是表决宗教官制议案是也。从这一个条议，不知发生多少祸害出来。从此教士们永远同革命分离（其中最崇拜自由者亦然），于是因为革命，因为窘辱宗教，因为路易忽然良心发现，鼓励各国前来干预。读者却要晓得战事之发生，并不全为的是亚尔萨斯及亚威农两个问题，其实是发生于抛弃侵略思想的条例。

第十章　官制

（一）改宗教

一七九〇年，有一位议员名叫卡睦（Camus），发起一种议论，说道："宗教原是国家的一部分，我们既是国会，就有权可以改变宗教。"这一位卡睦原当过教士们的律师，他是个展申派（Jansenists），因为反对派毁灭了他们的"波尔罗雅"（Port－Royal），故此变成一个极端国家主义派，有无限的权力可以干预宗教的事。卡睦决计要强逼教王取消从前的教敕，这时候正是好机会，于是展申派及加力坎派（Gallican）教决计要打倒教王，因为教王从前打倒他们的教派。此外还有人亦要反对教王，有许多不明内情的人，看见议会正要改良宗教，为什么不求教王帮忙，以为奇怪。卡睦、加力坎等是恨极罗马的，非要设法削夺一切教王干预法国宗教的权力不可。当时的议会自命维新，反受为要报复数百年前宗教问题的旧怨的议员们所利用，又铸一大错。似乎是数百年前的死者，这时候在议会诉冤。议会听了这种话，反把自己打倒了。

当初牧师们原不知有后来的举动，随后才晓得受人欺骗。有几位主教，明晓得已经有官制的恐吓，亦受过教产充公的苦，也还不相信后来还有更甚的举动，故此当大同盟那一天，也还到场帮忙行礼。

（二）罗马与革命

教王庇护第六（Pius Ⅵ）屡经失败，变成很小心谨慎的一个人，对于议会每次侵犯宗教的权利，不过发为惋惜之词，从不作雷厉风行的话。法国革命关于这一层，总算是占了多少便宜的。教士们虽然被议会剥削，还是一样的唱祈祷颂。教王的政府是最容易挑剔的，也不说什么话，无什么举动。贵族们并得不着奉天主教各国的帮助，也就安心忍受。欧洲各国虽然对于法国是很留心瞻察，却还未劝奥帝动手。总而言之：在这个时期，路易第十六总算是个无价宝的好国主，低首下心，强就新法律、新民意的范围。

以一七九〇年六月的时期而论，最正当方法是不必再事进行，只要维持已成的局面，恢复秩序，固守征服所得之自由，号召全国隶于已得胜之宗旨主义麾下。但是有许多要在混水里摸鱼的人，在这种人如何肯半路停止不再进行呢？况且还有许多怀恨最深的宗教异派的人，要乘机报复前仇的呢？好修旧怨的人，是竭力主持官制，当作报仇雪恨的利器。专在混水里摸鱼的人，自然是要搅扰到底，方能达他们的目的。

（三）宗教改良

从表面上看来，当日的宗教改良，似乎不过是恢复最初使徒时代的古制。由信士们选举牧师，古时是如何选举，非事隔千余年之后所能知。最初时代之基督教信徒，都不得而见了。现在的问题，就是如何重新建立，第一层的为难，就是对待耶稣教人及犹太人。为为革命之后，两派人都承认同是公民，若是要恢复古初基督教制度，是首先要驱逐耶稣教人及犹太人。况且还有极多数之自由思想家，也该在驱逐之列。但是他们号称为实行福音真精神的人，绝不肯用此种根据。

议会同时又号称要改良行政，若是在皮毛上作点和平的改良，那是绝不能享大名的。讨论改良法律委员会的委员长的报告说道："委员等查得教务大分区，有每区不过只有八十、六十、五十、四十、三十、十七小分区的，也有每大分区内，有五百、六百、八百，且有多至一千四百小分区的。"立法议会是颇有几何思想的，以为这样的规制未免太不相匀称了，还有应该同新颁行的分道规制改为一律吗？凡是有思想的人，看见他们把改良宗教的问题，拉扯到行政改良的问题里头，勉强使就范围，未免好笑。

议会还要改良政治，第一件首先要取消的，就是法国政府同教王所立的条约。弥拉波深恨此项条约，说道："此项侮蔑宗教，不顾名誉的条约，是一个无道德的教王，同一个专横霸道的君主私立的，以便瓜分法国人的权利及法国人的金钱。"这原是一五一五年间立的条约，可发的议论尚多，在此时期大约已为众人所厌弃。

一七九〇年五月二十日，马铁奴（Manineau）所提议的官制议案起首讨论，共总费了六个星期的工夫；因为中间又讨论别的议案，七月十二日通过。

（四）马铁奴的报告

普通讨论费了三天的时光，众人最注意就是这三天的讨论。马铁奴作了一个改良的节略，是废除旧时的分区：每一道设一位主教，每十道作一郡，设一位大主教，另外设立牧师代表主教，先取决于代表，然后能行政，废教士会小教区的界域，从新规定；主教及牧师代表牧师等皆由每道或每自治区的选民选举，始终并不提及罗马一字。这是议会中宗教事务委员团的办法，由马铁奴报告于议会。

以当时情形而论，即使是极不通融极古板的奉天主教的人，也见得有改良之必要。议会原可规定某点某点要改良，例如分区之地面太不相等，主教们的住处离得该管区域太远，有些教士会所办的事，原是很有用的，重定小教区疆域是应该办的。当日也还可以给予信徒们多少选举牧师之权，因是修改条约，假使当日以此规定基础，路易第十六也可以易于同教王商量改约。当时的议会却曾屡次表示，要使宗教较为多有罗马教之性质，现在要改良罗马教，却反不同罗马商量。

（五）为何不使宗教与政治分离

此外尚有一办法，即是宗教与政治脱离。若照此办法，国家即与宗教无相干涉。宗教只好照罗马的规定，自治其事，变作私立团体，与国家分离，如现时美国之宗教是也。但一提到团体两个字，立法议会的议员先生们就不愿意听。一七八九年的自由党骨子里原是专制家，他们无自知之明，是全不晓得，他们的思想原是从福耳特耳（Voltaire）得来，一七六八年，福耳特耳致友人书中有言曰："你们的君主是惟一的帝王，知道怎么样治国；他发给他们薪俸，要他们开口说话，他们就说话，叫他们不说话，他们就不开口，他们很听他的号令，国里却是很安宁的。"马铁奴的意思原要破坏教王的条约，算是拿破仑的开路先峰。后来拿破仑重新定约，原有操纵教士的意思。当日议会藉没教产的时候，原答应过公共的教务经费由政府发给，若是果然办到，宗教同国家分离，所有充公的财产，是否应该一切发还呢？

故此他们不要宗教同国家分离，不如改为国教，脱离罗马关系，不与罗马交涉。

卡睦等宣布国家有改良宗教的权。卡睦的话，作者已经提过。还有一位说道："君主判定以为宗教有改良之必要时，是不能反对的；国家原有承受，或不承受一种宗教之权。"若是拿破仑对付这件事说话，断不至这样过火的。

（六）关于宗教问题之辩驳

教士们对于这个问题，却毫不出色；在一方面而言，宗教的流弊实在是太多，当日的条约，的确是一件腐败不堪的公牍；虽说是宗教里也会发生名人，但是发生的恶人也不少，可以相对抵销。在另一方面，教士们也有许多不对之处。有几位主教（也有此时身为议员的），声誉实在是不好。还有一层，教士们都是加力坎派，同罗马并无什么感情，不能说保护罗马权利的话。教士们至多不过说一句，说是议员们办得太过火而已。

主教们的代表霸基林（Boisselin），却是处处让步，他有一条反对得很有理，说是现在所谓选举，同古代宗教的选举，是两件事。他还有一层道理，说是既然要有这许多的改良，不能不让教士们参预末议。他的意思原要法国的教士们会议，设法强逼宗教首领承认某某项新规则。

（七）不承认教王有无上高等教权

但是卡睦是不承认教王有无上高等的教权。什么叫做教王？他不过是一个主教，是耶稣的办理教务的，同其他办理教务的人一样。他们的事权，原有从前罗马教区规定的，我们法国是最看重自由的，现在时候已经到了，法国还不应该脱离罗马教吗？还要作罗马的奴隶吗？隆举伊内（Lanuinais）说到教王，总是称呼教王是罗马教区的主教。有人研究当日辩驳的情形，说是委员会同议会都宁愿同教王商量调停办法。当日的条文原有一句是请君主通盘筹画的话，内里藏有意思，以便路易可以同教王商量，但是议会把这一条勾消：其实这一条的意义，并不清楚。

宗教官制的条例，是七月十二日通过，当天就是请路易批准。

（八）路易第十六之烦心

路易第十六看见这件通过的议案，心里实在难受，御医诊得路易是大发热，不晓得是什么缘故？君主是预料到这新例是一定要通过的，已预先警告教王大使，请其转劝罗马谨慎对付。全案通过之后，路易即写信通知教王，庇护第六回信说：“要讨论。”

当下宗教委员会不由分说的请君主批准。政府同两位主教，却力劝路易不要用他的否决权。路易忽然批准了，准其施行；外交大臣告诉罗马，说是君主为宗教的缘故，不能不如此。罗马自然是大不以为然，暂时先不举动，到了十月二十二日，庇护第六坦白的说出来不能承认。当下路易心里是非常之懊悔难受，仍然发热，不见稍退。

（九）教士们消极的抵制

宗教官制颁行到各省，主教们组织消极的反对。首先办的是取消教士会，这种举动发生许多不妙的事，处处都有主教阻碍进行。奉行的人无法可想，宗教委员团决计用法堵教士们的嘴，说是一定要压制这种反叛教士，叫他们服从命令。雅科俾党的报章主张从严惩办，说是只要拘拿两三位当众研讯，其余的自然会小心。

这时候许多人都存了强迫大小教士正式承认，服从新律的意思，存这样思想的人日见其多。十一月二十六日，有一位议员宣读委员会主张发誓的报告说道："民意已经宣布之后，个人不能不服从，若是不服从者，即当作辞职论，若是有暴动反对者，尽法惩办。"而法国从此多事矣。

这时候两方面都大动其气。有一位很和平的主教发言要开一个宗教会议讨论，议员们不让他说话，自始至终争讨这发誓的问题，都是异常的激烈。路易第十六心里委实是难过，在宫里听候他们争论到什么结果，若是果然通过强迫发誓的苛例，宗教竞争，必定在所不免。路易第十六原是个奉教诚笃的人，是否应该批准这一条新例呢？这一条比上一条还要可怕得多，弥拉波用变本加厉的手段，或者可以推倒这条议案，免得路易为难。谁知右党不明白他的用意，发表无理的反对。弥拉波急了，大生其气，激动了摩里（Maury）出头干预，发了许多激烈议论，把宗教官制条例攻击到体无完肤，预言不久即有宗教战祸。十一月二十七日居然通过宣誓条例，毋论什么调停希望都完了。

十二月初三日，路易恳求教王允准这两条新例，教王庇护第六根据九十三位法国主教的辩驳，反驳两条新例。十四日答复法国驻使说："若是允准新例，不独要遭罗马教的反对，还要受加力坎教的反对。"他只能办到暂缓处置。

（十）国王批准新例

但是在法国是刻不容缓的急于施行新例的。宗教官制新创出几个教区要补缺，于是招集选民。十一月二十三日，公举的是亚尔丁（Ardennes）主教补新缺。十二月二十日，又新选一位马也内（Mayenne）主教，当时众人相信有大多数的教士，是愿意发誓的，于是十二月二十日，议会就请路易第十六批准新例。

路易有许多时心里极其难过，后来只好请教霸基林。这位大教士自己是决计不发誓的，却劝路易批准，不过要表示是受强迫批准的意思。路易左右有一位老朋友，在他的内阁里头是向来绝不肯丝毫通融的，也劝国王隐忍批准。二十六这一天，路易心里难过到极点，只好批准。当天晚上，议会会长当众宣读路易批准新例的敕谕，左党是高兴极了。

（十一）最好的教士都不肯宣誓

十二月三十日，有一个写信与友人说道："大多数教士都是服从新例的。"当日的舆论，都是这样说。但是舆论全错了。在议会的教士们，首先作个榜样。正月四日，四十九个主教之中，有四十七个被举当议员的，有全数三分之二，向来都是热忱维持革命的，到了现在，还是有时服从宗教官制的，对于发誓新例，都是极其反对。他们说物质的利益，他们已经甘愿牺牲了，至于奉教的信实，非等罗马有什么话说，是不能牺牲的。

这种榜样，却很留点深印象于国人心中。正月十九日祈祷过之后，要请凡是不在议会的主教教士们发誓，大约有一半是答应的。其后因为晓得教王反对宗教官制，他们都翻悔了，教士的教敕未宣布之前，每一百个教士之中，就有五十五个不肯发誓的。教士们全体分作两半，从此就发起竞争。

所有主教除了四个之外，都是反对宣誓的。塔力蓝是不必说，是不反对的。查棱提（Tarente）主教人家都称他作流氓，是不反对的。萨樊（Savine）主教人家都说他是个疯子，是不反对的。有一位红衣大主教，从前当过宰相的，这个人原是随风倒的，那一党有势力就趋附那一党，也是不反对的。此外还有一位是无上帝的大主教，这位大主教的举动，真是离奇，有一次他当一个俱乐部的主席，居然把他的红衣大主教的帽子，改作时髦的自由帽，在会场戴起来。这几个都是主教群中的败类，若是要恢复古代使徒时代的风气，这样的发端，未免太不对了。还有两个不信教的大教士，也是服从新例的。

（十二）新主教之授职礼

当下凡是不服从新例的主教，都正式免了职。在二月至五月之间选举新主教；被选的主教中，有十九个是兼代表的，格里瓜就是他们的领袖。这十几个新主教是要行授职礼；塔力蓝答应作重新产生的新宗教的神父。一七九一年二月二十日在教堂行授职礼，塔力蓝有那两位不信教的大教士当助理，就伸手摩三位新主教的头。这三位行过礼的，就去对其余新被选的行授职礼。一七九一年五月十四日，林得特（快要当新主教）写出几句奇怪的话，说道："到后来坐下吃饭的，立起来让站在桌边挨饿的坐下来吃。"这位教士大约是最研究吃食的，故此说出这种话来。据作者看来，他虽然得了坐位，坐下来吃，恐怕桌上的饮食，并不见佳；不然的话，为什么到不了三年，他就抛弃教袍教帽！改了行业，不当教士了。

原来这一桌酒食，果然是很不好，味道是很苦的，这一群冒充大教士的饱受反对羞辱。但是有许多人不是冒充的，与塔力蓝及林得特等不同。例如格里瓜等，自己是诚实深信要涤除宗教的污秽。一七九三年及一七九四年间，他们同志中有好几位很有许多胆识，对付他们旧时的朋友们窘辱。大概而论：他们本人虽是有热诚，但是部下无人，不能成军。立法议会所议的法律，以这个宗教问题为最失败。

（十三）教王斥责宗教官制

到了正月底，大约许多人都看得清楚，教王只是斥责官制而已。当时有一个左党的议员写道："红衣大主教们，若是承认官制，则罗马必发生革命，把他们先牺牲了。"教王一定不能允准，严责官制之非，谓是显然令宗教分立门户。

（十四）路易第十六与革命冲突

路易原是笃守天主教的人，从此以后，有已觉得是个罪人。他从前批准官制，原是逼于不得已，于是觉得从前的举动不当，既失了国王尊严的身分，又抹煞了信徒的良心，于是翻悔改过的心，日盛一日。革命与国人信教之心不能相容，即从此起。

第十一章　革命之危机

（一七九〇年十二月至一七九一年五月）

（一）国王及王后有召外援的思想

当路易第十六被逼批准勒令教士宣誓的时候，说道："朕今处此环境，与其作法国的国王，不如当麦次（Metz）的王，好在不久就完了。"他说这两句话的时候，已经把一七八九年及一七九〇年的良心都抹煞了，心里很想到求救于欧洲各国，请他们来干预。

王后是早已到了这一层了。读者却不要急于谴责他们两个人。在我们今日看来，求救于外国人是极丑的事，但是从前一向都是用这个方法的。从前法国的耶稣教党，不是请英国及日耳曼派兵入法国的吗？康狄（Conde）王爵不是个贵胄吗？他们起事失败之后，不是要请西班牙兵来干预吗？路易第十六除了与外国交际，及例行外交公事外，另外同外国发生别的关系，也不能当作什么非常的举动。因为法国宫廷里，常有国王本人的秘密交际。按着当日情形说话，路易求外援，并不令人诧异；其令人诧异者，还是他为何不早日有昧良的举动。

王后马利·安推涅特早已存着这样的意想；但是一七九〇年夏天以前，却不想实行。王后全是妇人孩子的思想，她并不想请外兵深入重地来反对革命，她心里只想请外兵在边界上耀武扬威，表示不以法国人如此对待国王为然，只要请奥帝发兵装出要入境的样子。于是路易即统领法国军队去抵御，于是奥兵就大大方方的撤回，路易从此凯旋，自然能令国人爱戴，同时又能使国人得了警告。这样一场把戏，在路易一方面，自然是出了风头，却不想到对方奥帝利欧破尔得（Leopold）岂不是大丢脸吗？奥帝肯不肯这样迁就甘心出丑呢。这不是小孩子的思想吗？王后却也曾探听过他的兄弟奥帝的口气，一直等到一七九一年六月间才得回话，奥帝说的是先要路易离开巴黎，他才能决计。因为外兵一入境，而路易还在巴黎，恐怕有极大的危险。奥帝所虑原是不错，有后来一七九二年八月的事很能证明。

（二）求救于奥帝

惟是路易并未发现以如此办法为然的表示，到了批准勒令教士发誓这一天，才决计用王后的妙计。于是谕令布勒推耳（Breteuil）以法国国王之名，请奥帝注意于在巴黎所发现的事。

这时候奥帝利欧破尔得刚把比利时收伏了，同普鲁士很亲近。俄女帝喀德邻第二在一七九〇年大胜土耳其，很垂涎波兰，因为还有半边波兰未曾到嘴，她要把第一次同她瓜分波兰的伙伴们踢开，就激动他向来因河那一方面去发展。一七九一年二月二十日，奥帝在维也纳接见普鲁士的专使，听到向来因河方面发展的妙策，很听得入耳。

（三）逋臣

法国的逋臣，自有他们的作用，逋臣的数目，是一天一天的增多。最先一批的逋臣，是一七八九年逃亡出国的；这一群逋臣，是过于骄傲，不屑看革命的举动，故此出奔的。第二批逋臣出奔的理由较为充分，因为他们的第宅被群众焚毁。但是逋臣们出奔，在这个时候，颇当作是一种时髦举动，又当作是一种自重自爱的举动。读者试听听当时的人议论出奔的事，作者若引与贵族为仇的人所说的话，恐怕不甚可靠，今且引与贵族要好的人所说的话。有一位说道："议会所颁行的新例，原不足以毁贵族，贵族之自毁，实由于出奔，当时纷纷出亡，好像是一种流行疫病，最易传染。"他们都先跑了，路易在国里变了孤立无援。有一个聪明的女人说道："不入赌场赌博，是绝不能赌赢。"最可惜的是贵族们，不入法国的大赌场赌博，反逃往外国才赌，把国里的局面都毁了。

欧洲第一次看见逋臣们是非常之诧异，后来就很讨厌他们。第一次招待逋臣，也还有点殷勤，因为接待他们的，以为他们既有钱，态度又令人可亲，逋臣们在欧洲各处，虽总不离带着一副笑脸，到后来却令人讨厌，况且他们并不甚富。这一层是最能令人失望的，后来因为他们举动过于轻佻，各国的中等人家，很不以为然，日久更令人讨厌。

（四）达托斯伯爵轻举妄动之影响

逋臣们初出亡的时候，原有极热心的希望，到了后来，变了毫无主意。达托斯伯爵（Comte d' Artois）初出亡的时候说道："不过三个月，我们都要回国的。"谁知一直过了二十五年，他才能够回国。他们当初料错，关系不浅；这一位是路易的手足，在外国只有他是惟一的王室代表，他以恢复王室为己任；他住在他的至亲的都城里，不久就得了不好的名声，人家都晓得他最好多事，是个极危险的人。所有法国逋臣侨居在法国边界外大市镇大都会的，无不得了不好的名声，令人讨厌。他们全是一群大声鼓噪的阴谋家，自以为激动欧洲各国干预法国革命为己任，殊不知反激动各国看不起他们，反对他们。外国人一想到被这一群无聊的人所利用，实在是不值得，自然是无人肯伸手援助。

这群逋臣逃到外国，还是一样的寻乐，他们还是一样的好斗牌、好吃、好跳舞，见着日耳曼人及比利时人是要挖苦的，说他们怎样粗俗，怎样偏信宗教；还是一样的趋时髦，一样的勾引人家的妇女。逋臣中有一个女人写道："你看这种样的人，配改良国事么？配作维新党么？"逋臣们最要紧的计策是反对维新，他们要设法破坏一七八九年的事，惩办起事的人，他们把革命党中最和平的，当作是尤其要尽法惩办的；例如拉理伯爵（Comle de Lally）是他们所最恨的。他们对待革命党和平派，是无所不用其极，以为闹得愈坏，愈好补救。

他们的确还是法国人的本色，他们要欧洲干预，还是摆出大架子，若是有人胆敢对他们提起要法国花钱，或要法国割地才肯派兵干预，他们是要挥拳打那个人，要同他拼命的。他们以为保存独裁制，或是帝王制，是欧洲各国应尽之责。

达托斯伯爵的宗旨是主张外兵入犯，路易第十六所派的专使布勒推耳觉得这位贵胄，是非常之讨厌，只好警告奥帝留心他。一七九一年正月，奥帝果然请路易第十六的贵介弟达托斯伯爵走开。王后马利·安推涅特的主意，是要自己一手办理，仍然抱住示威的计策。

（五）法国议会授外国以口实

当下议会接二连三的授外国以口实，议会却不敢直攻逋臣，而对于小邦诸侯之容留逋臣者，常出怨言。然而最易生事最易惹祸的，还是亚威农问题，议员这时候对付这个问题，手足无措，失其常态。四月十三，教王批驳宗教官制，五月初四，巴黎的人怒极了，用纸扎一个教王，当众缢而焚之，教王的大使逃去。威泥沁问题，于四月三十日又在议会讨论，主张收入版图的人数比前加多。这班议员表明亚威农原隶属于法国的理由，若收入版图，无所谓是用兵力征服。有一位议员说："一收入版图，未免令全欧惊恐。因为难保将来一旦法国不表明比利时亦隶属于法国，因为从前大胆查理曾经管辖过比利时；又难保将来一旦法国不表明爱斯拉沙伯（Aix - la - Chapelle）也原属于法国的，因为查理大帝的陵在那里。"在说这几句话的人，当时不过以为是一种诙谐之谈，反对主张收入版图之人；但是他这几句话，却预料中后来的情形。当下投票取决反对收入版图者，只多六票，可见得收入版图是万难幸免的事。巴累（Barere）要欧洲晓得议会这一件议案，是有何用意，乃宣言道："予以法国为自卫起见，可以采用路易第十四及路易第十五对于利害较轻的问题所用的权力。"

（六）奥大利之迟疑

幸而奥大利此时迟疑审慎，不能立断可否干预。那时候俄国女帝喀德邻第二的手段令人烦心；喀德邻是决计破坏波兰，因为一七九一年五月三十一日波兰胆敢改良他的宪法，其目的在乎维持余剩有限的独立地位。喀德邻立即借口作最后的干预。但是她却打定主意，这一次要好好的一个人坐下吃独桌。女帝曾写道："朕用尽多少脑力，要想出绝妙的计策，引诱奥国同普鲁士去干预法国的事，以便朕一个人有用武之地。"假使她说以便朕一人安乐自由的饱吃一顿，这才算是实话。

（七）喀德邻第二的阴谋

于是立刻演一场小戏，喀德邻装糊涂装作分别不清的，把波兰的革命同法国的革命混而为一，大发议论，痛责这两国的雅科俾党，又说道："我们各人必要各自发起反对革命的举动，日耳曼要入巴黎，俄国要入瓦萨（Warsaw）。"自此时起自己变作一个发起人，要各国联合，她自己却不想与他们相联合；一面尽力激动达托斯伯爵，一面又激动瑞典，一面又激动奥国。

奥国却约略晓得这个女阴谋家玩的什么把戏，故此于五月十一日在孟都亚（Mantua）地方遇着达托斯伯爵，只好板着面孔，冷如冰霜。不久普鲁士王同奥帝约在匹尔尼次（Pilnitz）相会，讨论法国的事。奥帝一面应允约期相见，一面表明先不干预，要等到瓜熟蒂落，法国人自己醒悟过来，要改变的时候，再行讨论。

（八）内忧

但是法国觉得有改变之必要，不过有许多人却觉得国内有人还要把这个法国往前拖，不晓得要拖到什么地步？以为先要歇歇，不必再往前拖了。到了这个时候，一七九〇年的人，已经把一七八九年的起事人排挤走了。一七九一年的一大部分的革命领袖，要暂时歇息。但是又有一派新人物要推他们向前走，践踏他们的脚后，赶他们前进，恐吓他们，要在他们身上走过去。

国里的人对于政党是已经讨厌了：有许多人抛弃选举权，不去选举，于是选举权都到了政党会手上。国人既然是讨厌政党，很愿意恢复好景象，以便作事。这时候有许多做生意的人无生意好做，在那里闲住挨饿。马拉（Marat）算过一篇总帐，说是自从革命以来，法国的损失，有四千万金磅；有一半的店铺都关了门，有三分之一的工厂是停办。一读当时的尺牍，就晓得当一七九〇年至一七九一年间，国人都是极不满意，到处都是怨言。

无论什么地方都是怨声载道，工人是无工可作，生意人是没得主顾，有许多人是很赞成二次革命，有许多人对于第一次革命，是非常之冷淡。

是以一七八九年提倡革命的热心，到了这个时候都消灭了。现在只有二个潮流：一个是要歇歇，还有许多还要恢复旧日情状；一个是还要前进。因为有这两个相反的潮流，故此革命领袖，也就分开两派，互相反对。从前指挥革命或唯唯否否，跟着革命走的人，此时分作两截了。

（九）革命党之分裂

在议会之极端左党中，渐渐有共和党出现。这一派是从一位有名的女人，名叫克拉略（Keraio）客厅榻上产生出来的。据罗兰夫人所说：“这一位女人是一个短小而极聪明的人，嫁与一个比国人名叫罗伯（Robert）；这位罗伯是一个笨重头脑不清的报馆记者，他的女人非常激动他刊布许多反对宗社党的议论。”在议会里头，同时有大多数人是倾向反对民主派的。极端的左派，很想再造出一群滋事的人来，是以渐渐变成大激动家。一七九一年四月二十，罗伯斯庇尔向来对于社会上的事，是极守旧的；这时候忽然在科第力尔俱乐部（Cordeliers Club）（这个俱乐部的势力此时比雅科俾俱乐部大）大放其极激烈的议论，反对富室。因为他有此议论，故此人家称呼他们作乞儿派。

（十）弥拉波及拉法夷脱

有许多代表们以为太过，不成事体。此时有两个人，就是弥拉波同拉法夷脱，或者还可以把他们拉拢在一起，就可以发生有势力的抵抗。

弥拉波是决计要抵抗，却不主张反动。芮克是已经脱离职务，弥拉波明知有许多人反对他，却很盼望代芮克出面执政，作个领袖，降伏这班人。对于革命的举动，很不以为然。他这时候身体已经有病，头脑是冒火，血液不清，因为太过放荡，身体很受损害，常常动气，有时大骂议会，说他们是一条“笨驴”；有时大骂王室，说他们是“畜生”。路易第十六只管给他钱使用，却并不用他办事。弥拉波是情愿卖身，是无可疑的了；但是拉法夷脱却原谅他，说他不是卖身，他有他的道理。实在情形，是弥拉波一面要保存因革命而得的许多好结果，一面又要恢复国王的权柄。看他写给宫廷的信，就晓得弥拉波这个人的头脑，是很有能力的，可惜他往往都是情感用事，把他闹到终日，好像是害了大热病。

说到拉法夷脱，他也还可以组织一种局面，反对激烈民党。有位名人说过："拉法夷脱曾议有办法，呈请国王采用。"在拉法夷脱的函牍中，也可以看得出他实有这样的规画。当部耶带兵，驰往南锡平乱的时候，拉法夷脱是很帮部耶的。一七九〇年九月二日，乱民在巴黎聚众倡乱，也是拉法夷脱雷厉风行把乱民打散的，因此之故，很动了马拉发怒，自此时起，拉法夷脱往往被雅科俾党的报章攻击。然而他的好名誉，并不因此而受损伤。那时候拉法夷脱是个很有权力的人，同弥拉波合作，是很能够作许多大事的。

可惜宫里对于弥拉波及拉法夷脱两个人，一样的不相信。弥拉波因为这个缘故，反要出力，强迫宫廷相信他。拉法夷脱则不然，因为宫廷不相信，常常发怒，终日发愁。他最怕的是弥拉波入阁，他以为弥拉波是个肆无忌惮的，一个维新派自由党，以为他是个专制家的胚胎，一旦得权，是横行无忌的。拉法夷脱却很使些鬼鬼祟祟的机巧，陷害弥拉波，弥拉波却不管，只知道一味的进行。一七九一年三月，选民把他选举作巴黎道的领袖。当时有一位贵族写道："我们很盼望他能够恢复秩序，维持法纪，这个人所作的事，已经害我们不浅，现在我们盼望他能够替我们作点好事，这时候人人的希望，人人的眼睛，却在弥拉波身上。"

拉法夷脱看见弥拉波有了大进步，立刻惊恐起来，他要阻止弥拉波将来要作到会长，自然就渐渐亲近左党。第一次有机会就打败弥拉波，弥拉波写道："这算得什么！不值得一笑！"随后因有右党的帮忙，居然被举作会长，弥拉波欢喜欲狂。他现在既是一个要紧道区的代表，又是议会的会长，算得是登峰造极了。居然得王后召见，见过之后，又很高兴，以为说动了王后，已经赢得一半了。这时候也许不必要拉法夷脱帮忙，只手擎天，或者可以挽回狂澜！又可惜这时候，他的死期将至。

（十一）弥拉波之死

三月二十七日，弥拉波在会场演说的时候，肾病已经很利害，脸无人色，在场的人看见了，都很害怕。三十日就卧床不起，他的病状是毫无希望的了。巴黎听见大惊，国王问病的专使，同雅科俾党派来探病的人，同时都到了他的住宅，宅外聚集了多少人，都是来打听病状的。他睡在病榻，死期逼近的时候，仍然是壮志不少衰，一面痛责世人，一面深恨功败垂成。他曾写道："我看得很清楚，我们是在极纷乱无政府的时代愈陷愈深，我想到我费了许多心力所办的事，不过是帮同破坏，我觉得很可惊惧的。"

弥拉波这一死，当日看作极重大的一件事，出殡的仪节是非常之隆重，是送到伟人国葬的地方停棺的，民人都同他举哀。最该惋惜弥拉波一死的，还是宫廷，大约只有他一个人，或者还可以救国王。

弥拉波曾经对塔力蓝说道："君主独裁制的烬余与我之死，同归熄灭了！"他未死的早一天晚上，还劝路易千万不要出奔。弥拉波的确有先见之明，他心里猜着国王预备逃走，他晓得他们已经决定逃走的计策。

人民也疑心到路易逃走，故此很严密的侦察宫廷的举动；王族晓得了，很发怒。人民愈要君主不要离开巴黎，路易及王族愈想逃走。

（十二）王族之被逼

此后接连发生好几件事。有一天有人报告，说是王弟（即布罗温斯伯爵）快要出行了，于是就有许多人围住他的府第。这位王弟没得法，只好走出来露露面，又坐了大马车，环游巴黎一遍，表示他并未出行。人民见了很欢喜，有许多粗俗的女人走过来同王弟接吻。王姑们（路易第十五的公主）有一次要想去巴黎，又为群众拦阻，于是聚众在王宫之前喧哗，强逼路易禁止这些老婆子们（称呼王姑）不许出城，勒令她们回宫。随后又发生一件事，当时有谣言说是王宫地下有一条地道，暗通文新尼斯（Vincennes）地方，被人查见了。群众又惊慌起来，一会子跑到文新尼斯地方看看，一会子又跑回来巴黎看看。拉法夷脱费了许多唇舌，发了多少誓，答应了多少安心的话，才把这些意图滋事的人解散了。聚众的人散了之后，拉法夷脱进宫看见有许多贵族已经入宫保护路易，他大不以为然，闹得很凶，几乎要抓微尔启尔公爵（Duc de Villequiel）的喉咙，对着君主斥责这一群贵族，骂他们是绑票的群众，很相信贵族们设法要把王族掳走。路易第十六因为拉法夷脱闯进宫来，又因群众滋事，气极了病倒在床。

将到复活节那几天，心里更加畏惧，他因为批准两次条例，觉得是得罪于天，自己成了个罪人，现在应该去忏悔，又恐怕难蒙宽贷，又决计不去。强迫他批准条例人，又非常之发怒，最奇怪的是这群人很鼓噪要行复活节的礼。路易第十六原想避免群众注意，原要往圣克劳德（St. Cloud）离宫。匪类们又包围王宫，令他无路可出。路易试走出来，国民军首先反对，当下就有十多个匪类大喊道："不要让他走出宫。"拉法夷脱晓得了，即赶到王宫同土匪们开谈判，群众耻笑他。王族们只好不往圣克劳德离宫。王后愤怒到脸无血色，对拉法夷脱说道："你此时不能不承认我们不得自由。"拉法夷脱立刻辞职，随后又撤回辞职书。四月二十一日有斯忒尔贵族（Baron de Stael）写道："拉法夷脱看见部下不听命令，应该在当地把剑折断了。"

当天巴黎道还有公文给国王，措词极其严厉，严责国王不该有如是举动。路易是极其不耐烦，非要走开不可，他是忿怒到极点，不管发生什么效果，是决计要走。于是佯作甘心服从，事事都听他们的指挥。议会还强逼他写通告书，告知各国，证明他有完全十足的自由。他二十那一天，就依着他们果然写了通告书。议会又强迫他当着一个发过誓的教士面前忏悔，路易也依着他们，果然忏悔了。他们又迫他受圣餐，他也受了。有许多人都觉得君王未免太受屈辱，他们的情形，是卑下极了，他们待他好像是待三岁孩子。自从四月十八以来，是证明拉法夷脱并无能力，毋论何时，路易第十六都可以受忽然的打击。

（十三）王族之执迷不悟

在王宫里面却以为好机会到了，欧洲各国都聚集在奥帝身后，预备来干预法国的事。当下法国人是十分疑惑，无可适从。革命党又分裂，议会这时候又很不洽舆情，一旦法国没得国王，这议会能够收拾残局么？若是请拉法夷脱（有人说过他是小丑）当"狄克退陀"（dictatorship）的重要地位，他能够吃得下吗？还有一节最为重要的，是路易讨厌极了住在巴黎，因为住在巴黎，他的自由，他的尊严，他的良心，都受打击。他要去麦次，因为部耶在那里统带军队。有人说只有这一支军队，还是效忠于国王的。只要一晓得他在麦次，国人作了一年的大梦，到了这时候自应醒转过来，一定对君主下跪，哀求大驾回銮。巴黎的议会不是自行解散，就是服从君主。到了这个时候，既用不着奥国白衣军，也用不着康狄王爵的红靴军保护大驾回扈了，他就自己同部耶回京，自己颁行大赦，恢复和平，从此天下太平无事。

（十四）出奔的计画

路易却不晓得部耶的军队，也是极不满意，满肚怨恨，同别的军队一样，不见得能十分为部耶出力。路易不晓得法国是抱牢了革命，绝不肯放松的；因革命得来的许多好处，是要维持到底的。路易一旦逃走，国人是要看作危及法国自由的举动。国人很容易猜得到路易第十六一旦到了国界上，一定是变作日耳曼的同盟，不然就为日耳曼军队所利用。法国的人民毋论是激烈派或和平派，上至公民，下至公匠乡下人，毋论为好牧师所诱，或为坏牧师所诱，到了这个时候，是能一定抛弃前嫌芥蒂，什么都可以忘记了，只不忘记维持革命，不能忘记法国。这时候议会既有全国同心一致作后盾，自然就做起“狄克退陀”来维持治安。这些思想，路易是绝不能有的，假使弥拉波尚在，一定要警告路易的，但是王族，也绝不能听弥拉波的话。在王族看来，是已经饱受屈辱，忍无可忍的了。

第十二章　路易第十六出奔发棱

（一）出奔

六月二十一日早上七点钟，有一内侍入路易第十六的寝室，见床上无人，立即传警，入王后寝室及王子们室探视，都是空的。不过一点钟之内，全个巴黎地方，鸣钟报警。

原来路易同拉法夷脱说话这后，晓得身边左右都是侦察，看管得很严密，就乘机改扮一个侍役模样，溜出宫门，登了一辆极大的马车，同眷属们一车逃走向阿尔艮（Argonne）前进，希望从此能够走到蒙美第（Montmédy）。事前原已约好，一走过了阿尔艮，就有部耶带兵来接驾。

二十一这一天，科夫子爵夫人（Baronne de Korff）（即是王后假名）带同儿女及总管（即是路易第十六）走了一天，路上并无人盘问，又无人拦阻。那天是非常之热，他们到了圣门涅豪得（Sainte - menebould）地方，就有部耶派达马斯（Damas）带马队来接驾。

达马斯带了马队果然是到了圣门涅豪得地方，但是部下的骑兵，也是反侧不安，不听号令，同其他军队一样。他们到了这个地方，是反为不妙，因为王族们所坐的大马车，是非常之大，早已令人注意。当地有个邮务长名叫德鲁伊特（Drouet），却还并不十分犯疑，不过嘱咐驾车的要小心，不要使马失蹄跌倒。于是那辆大马车向前走，刚走过之后，邮务长的儿子却犯了疑心，就同一个同伴名叫威廉的告奋勇，跑到克勒芒（Clermont）地方，盘查这辆大车。他们抄近走入大树林，先赶到克勒芒。

大马车走到克勒芒的时候，天已黑了，达马斯果然在那里等候接驾。但是并未带有马队，因为达马斯很不相信他的马队，先令他们扎住，不敢带他们来。是以这辆大车并无护卫，停了不过几分钟，又向前走。要经过发棱的地方，才能走到蒙美第。大马车才走过之后，克勒芒的居民起哄，勒令马队缴械，鸣钟报警。

当下邮务长的儿子同威廉两个人，骑马拼命向前跑。

（二）发棱

到了发棱地方，一直跑到大马车必要经过的地点，立刻报警，先拉了一辆火车，放在桥头拦住去路，立刻报告当地自治会的检察长索奇（Sauce）。

大马车前走到桥头，果然不能前进，索奇盘问一番，查验护照，都是正式护照，原想放行。德鲁伊特不肯，还要详细盘问。路易第十六着急起来，喊道：“车夫们只管往前赶！”但是这时候已经聚了好些人，立刻把枪装好，预备放枪，喊道：“你们若是前进一步，我们就开枪。”路易第十六还盼望不久部耶的军队快要赶到当地来保驾，不敢再同当地的群众争论，只好听索奇的话，先到他家里稍为歇息。随后果然有军队到来，不料被群众敷衍招待，反同居民亲热起来。这时候有了这种军队，是反为不美，危险更大。

（三）王族被阻

后来发棱地方的人认得路易，路易只好承认。不晓得因为什么缘故，这时候这一位路易第十六忽然降格起来，伸开两臂搂抱认得他的那个人，又搂抱索奇，又搂抱自治会的董事们。假使当时路易以为这样的举动，就可以赢得他们的欢心，他不难连德鲁伊特都要搂抱起来。这时候群众已经包围索奇的杂货店，假使索奇肯答应放行的话，群众也是绝不能让大马车前走一步的。国王于是登车起行，却是回转头向巴黎走。群众先把要路都堵塞住，不让部耶过来，因为他们都晓得部耶是反对革命的。这时群众大呼："大马车回巴黎去，若是不往巴黎走的话，我们先放枪把他打死在大马车里。"路易还想用缓兵之计，索奇觉得有许多为难，于是先打发快马报告巴黎。快马在半路上遇着议会打发来追寻路易踪迹的人。

（四）巴黎噪动

巴黎是六月二十一日早上七点钟，晓得路易逃走的消息，到了八点钟，那王宫左右前后人山人海的包围住了。不过在几点钟之间，群众的感觉，经过多少变态，最先是疑惑，随后是惊惧，再后是发怒，最后是狂怒。最后来是街上无赖小子们，当作是一件笑话。于是群众的狂怒，变作轻侮耻笑。

（五）拉法夷脱掌舵

这时候拉法夷脱所处的地位，变作两难。众人不是当他串通私放，就是当他糊涂受骗。他却是很镇静，骑马一直走入人丛中，遇见市长巴宜及议会长波哈内（Beauharnais），一同走入王宫。到了这个当口，谁该签押公文，发号司令，把君主送回来呢？拉法夷脱执笔签字，于是有多数副官，分途代发号令。当下群众闯入王宫，有一个卖樱桃的女贩子，把果子篮摔在王后的床上。当时又有一个邮差失魂落魄的喊道："我还有几封信，究竟交给谁呢？"有几个流氓答道："他逃走了，并未留下住址。"当下巴黎的群众，已经把国王逃走的事当作笑话了。还有几个人异想天开，在宫门上挂了一张牌子，写道："此房出租。"其实骨子里群众因君主逃走，心里很有点害怕，只好借笑话来遮掩。假使不久就看见奥国军队入占巴黎，是不足为奇的事。

（六）议长波哈内

议会也觉得不能十分放心，当日是早上九点钟聚集，波哈内当议长。他原是有名的美貌跳舞好手，今天轮到他出风头了。拉法夷脱在市政厅出风头，波哈内在议会里出风头。这个人原是个庸才，原是一个贵族，却坐在议场的极端左方，居然摆出领袖的架子来。这位美貌跳舞好手，因为一个女子名叫约瑟芬（Josephine）的（后来嫁拿破仑），替他生了一个儿子，名叫尤金（Eugene），群众当作笑话，称呼这个孩子作太子。

当日议长首先发言道："我们处在如此意料所不到又如是重要的环境，本议长的意思，以为国会自然想到因为保全通国的治安，及维持宪法起见，迅速发号施令，警告全国。"议员们决定长久会议，不离会场，果然一直等到二十六日晚上才散会，当天却无什么号令发表。

后来议妥由内务大臣派专差通告各道，严令各处防守，毋论何人，有出国界一步者，立即拘拿。这一个号令，是议员全体一致通过的，并无一票反对。右党是最守旧的，也不敢反对，左党的争论，也就从此消灭，议会全体通场一致。

（七）洛缪夫之在发棱

拉法夷脱的副官名叫洛缪夫（Romeuf），带了议会证实拘捕路易的号令，趱程前往追拿。当天半夜里他与在路上相遇的同伴贝云（Bayon）到了阿尔艮山麓，取道山坡，经过许多极其鼓噪的乡村，灯笼火把，警钟闹个不休。从一条小路下山，早上五点钟到了克勒芒地方，看见聚集许多人噪动得很利害，探知发棱情形，立即往前走。到了发棱，看见路易们在索奇的杂货店里。这两个人满脸愁容，恭恭敬敬的把议会所发的拘捕命令交与国王，路易很难堪的答道："这时候还有什么法国的国王？"他说这句话的时候，却不预料不幸而言中。君主独裁的制度，就在当时死于发棱地方了！此后一年，巴黎所作的事，不过是掩埋这个君主独裁制而已。

（八）回銮

这时在发棱所发现的事，不过是独裁制临死的呻吟而已。随后就是回銮，那时候并不是那几匹马拉着大马车走，简直的好像有许多人抬着走。因为不知有多少人紧紧的围住这辆大马车，越走越是人多，总算是随扈，很不寂寞。不过沿路上随扈的人，都是极下等的流氓匪类，有许多口出丑言，令人难堪。路易只有一句答话，指天誓日的说道："我并不想离国。"匪类们羞辱王后的话，更是难堪。那时候天气又热，尘土又多，随扈的闲人至少也有六七千。

走到沙龙（Châlons），匪类们侮辱的话更多，有几个一面耻笑，一面说道："卡佩（Capet）（路易本姓）长得很胖，很够我们宰割的了。"又发誓说道："我们要把国王王后的五脏掏出来，作小徽章，剥他们的皮来作腰带。"还有几个要煮熟他们的心肝吃。一路走，所听见的全是不堪入耳的恶言。走到叔易雷（Chouilly），有人还看见匪类们唾路易的脸。路易坐在车里不动，王后同王妹伊利萨伯（Elizabeth）只是忿极痛哭。有时匪类们不辱骂，却又有一班人，一路走，一路教训他们。走到埃培尔奈（Epelnay）的时候，有几位地方官包围住大马车，路易擦脸上的汗，内中有一位地方官对路易说道："你喜欢远行，故此要流这许多汗。"总而言之，王者的尊严，算是扫地了。

（九）巴那甫、丕梯恩同拉菟尔·摩部耳接驾

大马车走到埃培尔奈同沙托·退里（Chateau - Thierry）之

间，就有议会派来的巴那甫（Bamave）、丕梯恩（Petion）、拉菟尔·摩部耳（La Tour - Moubourg）三个人来迎接。拘护路易的消息，是二十四日才到巴黎的，在未得消息之前两天，巴黎是噪动得了不得，群众们心里是很着急，只好拿笑话来勉强遮掩。在外面看来，众人好像打定了主意，不要君主的了。他们在街上乱喊，说道："失去一名国王，失去一名王后，有人找寻得着者，给予重赏。"对穆郎说："卡佩一族的男女，都卷逃了。"议会貌为镇静，摹仿古时罗马人，装作无事讨论刑律。

但是外面虽貌为镇静，心里却是很扰动的。看他们当日的来往尺牍可知；二十一那天，他们写的都是求上帝保护的话，二十二那天，也还是说这种话。议员中原是分开党派的，因为路易逃走，就消弭党见，结合为一，原是极可喜的事。但是有两天得不着消息，他们的日子很难过，心里焦急到了不得。

到了那天晚上九点半钟，那无精打采的议员们，忽然听见门外大喊，说是国王已经拘住了！他们才放心。过了一回子，议长波哈内对众宣读快探从发棱送来的信，于是才派三个议员去迎接路易回来，沿途保护他。翌晨四点钟，巴那甫等三个人就出发。

在拉搽甫（La cave）小村遇着大马车的，就随扈回来。这三位议员却毫不客气，就挤在那辆大马车里头，同车回来。

（十）入巴黎

下午三点钟正是天气极热的时候，大驾到了，一入巴黎城，一切什么恶言笑话，都停止了。但是群众那种严肃不发一言的情状，尤其令人可怕。那时候已经有了命令，见了路易，是没得一个人脱帽示敬的。路易却还支持得住，动也不动；王后却就不然了，她的头垂得很低，几乎垂到膝上。国民军站在街的两边，却是倒拿枪，同出殡一样。有一位议员六月二十六日叙述当时的情景，说得有声有色。

大马车到了王宫，路易下车，走上台阶，一言不发。有许多人看见王后此时的模样，也还有点好像叹息之声。到了晚上七点钟，宫门关闭。

这次立法议员一连四天都在议场，到了这时候才散会。拉法夷脱跑进王宫见路易，请问有什么敕谕？路易大笑：答道："据我看来，还是我要听你的号令，你为什么反来听我的号令？"当日下午，路易得了消息，议会已经议决通过，停止国王行使职权，暂时囚在王宫里，路易这一笑，我们听了很难受。二十六这一天，有许多议员走来盘问他，同讯问口供一样。路易始终都是笑脸对付，一点也不生气。王后对付他们则不然，板下面孔来，对待他们是很冷的，请他们坐在交椅上，自己却坐在一个直背椅子上。

（十一）王后一夜发白

有人看见她的，说道："王后此时忽然变老了二十年！"第二天早晨侍女同王后理发，看见头发全白了，好像是七十岁的老妇。

一连好几个星期，宫门是有国民军严守，常常关闭。王躬是完全，王位是丢了！

第十三章　大校场的排枪声

（一）国王停使职权

六月二十四日，有一个人写信给萨尔谟王爵（Prince of Salm）说道："议会所决定的绝妙良策，能使法国最下等无知的小民，都能相信，可以不必有国王，无论在什么大街上，我们都听见许多人说：'我们用不着君主。'"

这时候好像来了一阵共和大风，把什么宪法，什么波旁（Bourbon）朝代都要刮得无影无踪了，却是用不着什么废位的举动。二十二日，有一位宪法制定的主教说道："路易是已经废了。"这一位高级教士相信路易逃走，即是退位。

毋论把路易第十六当作私逃的人，或是被人拐跑的人，他这时候是最为人人所不齿，最为众人所藐视。罗兰夫人写道："路易是一个受锁闭的王者木偶。"街上的流氓，称呼路易第十六为"无信路易"还有称为"肥猪"的。最严重可令人注意的，就是议会中向来维持君主独裁的议员们，到了这个时候的演说，都带了许多轻蔑的意味。莫理斯是最反对革命的，他这时候的日记上，也说到了路易是个最可鄙最残虐的人，是个蛮横易怒的人。

随后的结论说道："如此一种的野兽，毋怪乎人家把他废了。"这是向来同宫廷最亲善的人，所说的话。

若当路易作一个私逃的人看，自然是很令人讨厌的；若当作是被人拐跑的，是很令人看不起；若当他是一个囚犯，又令人可笑。既是一个国王，被国人押解回京，满脸上都是匪类的吐唾，如何不叫人都看不起他呢？

国民到了这个时候，声价自然增高了许多，革命的基础是从受了路易逃走这一次的大震动之后，更加坚固，不易动摇了。还有一层，国内并不因为他而扰乱秩序；于是他们就得了一个结论说道："国可以无君，君却不能无国。"

（二）被拐

当时议会的人，确是存有这种的意想。路易第十六是停止行使职权，所有的御玺信印，都在议会手里，右党亦觉得难以措辞反对左党，有一派好像是不愿乘机再进步。议员们都一致同意，说是："路易被人拐跑的。"这一句话，全是他们造出来的，却并无一个人能相信路易是当真被人拐跑的。部耶却写过一封信告诉议会说：是他定计拐跑的，拐到手之后，就逃往外国。议会大责备部耶，但是并无提议废路易的话。

（三）俱乐部主张废路易

议会虽无人提议，但是各俱乐部却很主张废他。二十一日科第力尔（Cordeliers）俱乐部把废路易的问题作为议案，同时并通知雅科俾俱乐部考虑。布里索（Brissot）同康多塞（Condorcet）起首反对君主自由行动的话，丕梯恩原要同他们一路走，随后又变了卦。原来他是为爱情所迷，因他同王族同乘一辆马车同路回巴黎，谬讬知己，以为王妹伊利萨伯对他表示爱情。罗伯斯庇尔还是照常很小心过虑的，发出议论反对二次革命。读者要注意这一个罗伯斯庇尔是一个阴谋家，向来是规避直接举动的，他生平最害怕有毅力，有刚断的人，如丹敦（Danton）之类。这时候正好是丹敦在科第力尔俱乐部当领袖。马拉的意思，是要把君主摆开一边，另外选派军事委员会。（马拉是自称国人之友，骨子里却是个专制家。）罗兰夫人却晓得自由的绝妙机会，被他们错过了，可惜没得人利用这样的好机会。

（四）提议共和制

各省才表示过他们如何爱国，大约骨子里还是专重王权的。有一个不知名的俱乐部会员，曾在某处俱乐部攻击过国王的身体，是不可侵犯的道理，说是与教王之绝不能做错事的道理同一荒谬无理的。却预料将来必有政党大战争，曾提议过选举一位皇帝出来，把后来的事体都料中了。曼皮列（Montpellier）有一个俱乐部，因为有康盘（Cambon）提议作了一封书，替几个俱乐部对议会说话，请把法国改作共和制，但是没得赞成的。

（五）议会还是维持君主制

其在巴黎主张共和的，对于创造举动，并不绝望，但是反对宗社党的小书播传通城，议会却不为之动。有一个雅科俾党的报馆记者发起许多议论，与其有一只共和的鹤，不如建立一个木头君主制。马拉所提议的军事委员团，众人听了都很有戒心。康多塞是力持共和制，说得天花乱坠。西耶士却反对共和制，说道他是主张君主制，因为君主制的结果是一点，共和制的结果是一块板；君主制是个三角形，颇便于用，比较共和的平板好得多；因为君主制可以分权，这是自由制的真保障。他既然分别得如此清楚，如此决绝，听者是不能再怀疑的了。

（六）巴那甫

巴那甫（Bamave）出头就居然把这件事办成功。他现在是完全扶持王室。弥拉波早已晓得他这个既富于情感，又慷慨激昂而颇好浮名的人，早要极力拉拢以为己助。巴那甫看见一定沦落到如此情形，遂发生怜悯之心，满腔热诚，要替他们设法。他虽不到处卖弄他扶持王室的至诚，但是反对共和则极其坚决，七月十五十六两日，议会议决通过议案很得他的助力。这两天的议案是替路易洗刷一切罪名，恢复他的权利（原指原理而言），至于所谓停止君主职权，不过停到宪法成立时为止。这时候因为要堵共和党的嘴，还提议请康多塞当太子的师傅。

（七）雅科俾俱乐部之分裂

虽然雅科俾俱乐部的人，大多数是主张进行的。处置路易及改为共和的问题，当日会交俱乐部讨论；因为这个问题，俱乐部的会员立刻分裂。雷麦司（lameth）、西雅士、巴那甫等极端反对共和，于是同时脱离雅科俾党，另外建设一个斐扬（Feuillants）俱乐部，骂雅科俾俱乐部为下流，还说他们不知要建立什么共和制度？雅科俾党这时既无和平派，于是决计要进行他们的共和提议，决定于七月十七日把这个议案放在社稷神案上。

（八）斐扬党

拉法夷脱晓得雅科俾党有这种举动，一定要用武力干涉。新成立的斐扬党员，自然是绝不拦阻拉法夷脱这种举动。有一位雅科俾党人说道："巴黎道是个鬼魅道，帮助斐扬党，还有巴宜及拉法夷脱两位反叛同谋，要实行杀害国民的阴谋。"这是指随后派出国民军弹压，巴宜预备宣布戒严律的举动。

（九）七月十七之大校场

十七早上，就有许多人走到那神案地方搜出两个人伏在案内，众人就说道："两个人躲在神案内，要放炸药。"群众狂怒，自然先拿这两个人泄忿，绞死这两个人。这件事体发现之后，各党派各添作料编成故事，各人说各人的话。有一党派说："这两个人是国贼，其意思把呈送议会提议的雅科俾党人，一网打尽的炸死他们。"有一党派说："这两个人是无辜良民，冤枉死的，也不知是怎么一回事。"只有一件是实在的，他们是把这两个人按照极端革命形式处死的。于是愈聚愈人多，拉法夷脱带领几队兵，到了大校场，群众看见军队不算什么，对他们弹指；这两年来群众是看惯了，军队一看见群众，是立刻把枪放下的。但是这一次市侩们是十分害怕，也不能说他们是无理由的害怕。国民军当这天星期日，全身披挂站立烈日之下许久了，原是已经很不耐烦。拉法夷脱强迫了巴宜好几次，非要巴宜在场不可。

（十）拉法夷脱及巴宜发号令放枪击群众

于是巴宜到场展开红旗（这是实行戒严的记号），那时候国民军及统领，国民军的军长拉法夷脱，展红旗的市政厅长巴宜，同时受群众抛掷石头的欢迎，国民军只是向天放枪。群众中有一个犯了狂热的，抛掷石头迎着拉法夷脱的脸打过去，国民军这时候真不耐烦了，立刻向群众放枪，打出几条空道。

群众狂奔，马队向前直冲。群众从前是看惯的了，故此愈闹愈胆大，不料这一次国民军认真起来，大上其当，非常之纷乱解散了。旁观人害怕到要死，也都跑了。在一七八九年七月十三，假使拉模柏斯克（Lambesc）也发号令放一排枪，如同一七九一年七月十七这位自称民党的拉法夷脱发号令放枪击散群众，当然是不会有攻倒大监牢的事。罗兰夫人未免言过其实，说道："这一天的事，是大杀无辜。"其实并未打死几多人。但是所杀的人虽不算多，然而从此一方面的市侩，拉法夷脱市政厅及议会，与另一方面的滋事群众进步派及极端左党的俱乐部发生大芥蒂，决绝分离。据林得特（Lindet）的尺牍说："有不多几天左党还是很恭维拉法夷脱，说他那一天大度和平。还说这天的举动，居然把布里索、丹敦、拉克洛（Laclo）、康多塞等进行阻止住了，是非常之喜欢。"

极端左党预先见得不久有息拉（Sylla）的强横残暴专制（事

见《罗马史》）的手段来了。这句话是恭维议会之始终如一不改初衷，及拉法夷脱之振作有为。这一位特别的息拉（指拉法夷脱）头发是铺满白粉。很不愿意看见血镂通花的雪白衣袖。（头发铺白粉，雪白通花衣袖是贵族打扮。译者注）罗伯斯庇尔是胆怯性成的，一连躲藏了好几天不露面，这时候却从躲藏的地方走出来。惟有丹敦一个人此时不能不出奔，有人提议查办他，开始查办了许久，拖延了许多日子，其后是毫无结果的，作为了事。

后来丹敦从英国回来，是扯开殉难旗子回国的。

（十一）议会太疲乏了不愿有反动的举动

议会这时候是已经疲劳过甚，不肯提倡或实行什么压制举动；因为果然要有这种举动，又要重新另起炉灶，再作起来。例如恢复官吏事权，解散俱乐部，重新整顿陆军，还要很细心研究新宪法里暗藏许多无政府主义。这时候议会实在无力再办此等事了。

还有一层，虽然是放过一排枪，虽然是要惩当日为首滋事的人，但是七月十七议会们所打倒的人，原是将来不久就要承继他们的人。例如罗伯斯庇尔不久得了好几千的票，被选为巴黎道检察长。他的朋友丕梯恩，已经被选为法庭庭长，康多塞是共和党的大顾问，无一事不先请教他的；不久又被举为巴黎代表。

总而言之：议会此时又疲劳，又灰心，只好袖手不管了。他们这时候气几乎喘不过来，不久就要呜呼哀哉了！

第十四章　议会之末日

（一）议会欲修改宪法而不成

九月十一日，有一个女人名举梁（Jullien），是一个雅科俾党，写道："法国八十三道，都高呼要新组织立法议院。"

这时候法国已经是很厌恶这个议会，同时会自己也觉得萎顿无力，议员们早已想走开享自由。有好几位简直是因过于劳苦，体气吃不住了。还有许多一向是在那里作梦，到了这个时候，都醒悟过来了。

九月初四日有一位外国驻使写道："许多民党魁首变得极利害，他们现在都晓得所定的宪法是绝对行不通的。"

他们很想修葺弥缝。弥拉波当日病危的时候，曾经运动议决修改宪法。

（二）巴那甫亦主张修改，可惜太迟了

巴那甫原先是反对修改的，现在明白过来，反拿修改的问题

作一个利器。作者从前提过巴那甫因为护送回扈所有的见解，忽然都改变了。现在还是如此，他不由自主的改变过来。这一层早已为弥拉波所料到。有一天巴那甫对马拉伊特（Malouet）说道："不过数月之间，我变老了。"

一七九一年的巴那甫才明白过来，忙了这两年，所作的不过全是破坏的事，这时要起首作恢复的事了。一七八九年的穆内（Mounier）及一七九〇年的弥拉波都是这样想。读者宜留意将来到了一七九二年的汾约（Vergniaud）及布里索，一七九四年的丹敦及对穆郎，也是觉得不过个月之间，都变老了，可惜后悔太迟了！

巴那甫这个人是一个面冷心热的人，与他同时的一个人说他道："巴那甫仅有少年人的令人可亲之处，而不露其热，外面并不是热气沸腾的，他心里头却是一把大火，烧得很热；他现在要弥缝修改，心里真如火烧。"王后是很倚赖他匡助。俱乐部哗然，说他是个反叛。巴那甫这时候是渐渐的转到右党了。

他还要把得他的好朋友雷麦司、勒沙普利尔（Le Chapeliel）、杜波特（Du Port）等三个人拉在一路走。这三位从前原是雅科俾俱乐部的首领，现在是脱离关系了。他们是很想预备帮助某种反动，不过恐怕一起首反动，自己的能力操纵不了。勒沙普利尔尝对马拉伊特说道："我们怎样能够恢复君主的大权呢？一恢复之后，自然是首先反对我们。"他们又恐怕，又恐反为俱乐部所噬，便宜了宫廷。议会的右党，又并不欢迎他们投过来。有一位是在左右党之间来往商量的，他把新左党的提议，走去同右党商量说道："你们要破坏一切，不幸而你们果然破坏一切。"右党对于巴那甫他们的提议，发了许多挖苦他们的议论，说："放火的是他们，这时候又要救火。"但是当日右党应该同这班放火人合作的，因为只有他们晓得是什么地方着了火，可以变作最好的救火人。

因为右党不肯同他们合作，他们只好不主张彻底的修改。有一个人很反对他们的说道："他们把君主的王冠上的珠宝都拆下来，重新又放上去。"这几句话是不该如此说的。巴巴鲁（Barbaroux）说道："他们是议会的败类。"也未免说得太过。

（三）不许改宪法

马拉伊特果然提出一个方案，是替政府增加权力的。有一位议员说道："这种办法，岂不是反对革命吗?"勒沙普利尔原是力劝马拉伊特登台演说的，看见风头不好，害怕起来，反请主席禁止人登台演说。议会只限制于讨论修改选举法，在我们今日看过去，当日他们的办法，是不能禁止激烈横暴的政客把持一切，以选举本人。在另一方面，又要使共和党无话可说，议会只好议决，不到十年不能借口修改宪法，这是要等到一八〇一年。到了那时候，还是特别议会修改的。我们今日追从前对于他们这个议决的案，不禁付之一笑。到了一八〇一年，还有什么一七九一年的宪法存在呢？自从一七九一年之后，已经定过三个宪法了，到了那个时候，其幸而不为巴那甫，勒沙普利尔等之登斩首台，送了性命的议员们，在首领制度之下作大官了。

（四）名誉扫地的议会之精疲力尽

当那时天气最酷热的时候，这个精疲力尽的议会，还在那里终日勤苦办事。他们已都知道议会是很不洽舆情。刚好那一年又是个凶年，收获很不好，不及往年四分之一；工匠们无事可做，个个都痛恨议会，遍地都是挖苦辱骂议会的歌谣，议员们自己也取笑自己，有一位议员对他的同人说道："今日议决通过的议案，还不是同昨日通过的一样糊涂无理吗?"那个同人答道："你何必说出今日昨日，毋论那一天通过的议案，不是一样的糊涂无理吗?"议会里头自以为如此，舆论也以为如此。作者引不尽许多证据，证明这个奄奄待毙的议会，种种不洽舆情的地方。

大约议会因为自己也晓得舆情不服（当时的舆论原也不免有很不公道之处），故此议会更铸一大错。议会通过一案，是规定此届议员不能当下届的议员，他们以为是表示大公无私到极点了。作者则以为这又是他们大错，提议及通过这个议案的人，简直是完全破坏他们这几年辛苦的事功。因为他们起首办理修改的事，总算是起首同事实相接触，这一群理想家，从此才慢慢得了一点议员办实事的阅历，假使他们能够二次被选当了立法会议的议员，还可以有机会对于他们上届所定的条例加以匀称平衡，不然，也可以设法实行他们所定的宪法。可惜右党又不善体会，于是竭力运动要通过不能再被选的议案。马拉伊特自己也承认这大错，说道："现在只剩了一件大错事留给我们办，我们居然办了，又铸成一个大错。"

马拉伊特同时承认当日是劳苦困顿到极点了。此外还有好几位议员的尺牍，还有许多报章，都承认这句话，说是这个议案是劳顿及退位的结果。

（五）匹尔尼次地方之议会

议会当日规避各种为难问题，不敢提议，宗教官制是处处失败，凡是关于这个问题的辩驳，一切都停止。逋臣们聚一科不林士（Coblentz）大发其怒，议会不敢设法反对他们。有一位议员写道："简直的是不晓得议会有什么一定的主意。"那时候奥帝同普王会于匹尔尼次（Pillnitz）地方有所会议。议会向来是最易于犯疑的，到了这个时候，装作不知有匹尔尼次地方会议之事，这就是鸵鸟的政策。此时全国的军队都是不服从命令的，全体都哗变了。八月二十九日议会因为这个问题有所讨论，有一位在场旁观的人说道："议会常时决定几种毫无道理的办法。"此时是第四次提议亚威农的问题，这算是最后的一次提议。议会规定了一个极可笑的办法，作为解决。教王的秘密使者立刻去找巴那甫，（这位全才很以光降巴那甫住宅为耻，尝说："我怎么会跑到这种不相干的人家里。"）商量无效。

（六）吸收亚威农

遂于九月十二日，议决将亚威农收入法国版图。摩理是极力反对，话不成声。可见得这一位最有毅力的议员，也疲倦无力了。

然而这一个最后的议会宣谕，是有极重要关系的；因为欧洲各国得有借口。奥帝虽然不见得十分愿意拿这件事借口干预，但是此时奥帝渐渐同普王日见亲密，好像是奥普要议定合作。考尼次（Kaunitz）曾在维也纳提议，和国政府会商一个共同办法。惟是奥帝目的不过是要使各国政府为难。有几个政府的答复，都引了许多理由，提议各种缓不济事的办法。这原在奥帝意料之中。俄国女帝喀德邻虽然很恭维日耳曼的办法，却借口时期已迟，不允发兵。他的目的却在华沙。普鲁士向来是讲实事求是的，要求奥国先给担保（普王颇疑心奥帝有对法国方面开拓边疆的意思），然后才把军队借与奥国，一定要先答应有什么调剂赔偿，最好还是先交赔偿才肯借兵。因为有这样种种阻碍，故此法国还可再过六个月安然无事。

（七）逋臣之骚动

当下逋臣既失望，又发怒。路易第十六的贵介弟布罗温斯伯爵是六月二十逃走的，走到比国都城，大摆其架子，召见逋臣，俨然国王制度，自称摄政。瑞典王有一次驾幸爱斯拉沙伯（Aix－la－Chapelle），这群逋臣以为将有大举动了，于是商定如何举兵入犯，却绝不计及各国政府究竟是什么意思？他们又商定入犯之后，如何报复，如何把所有的革命党个个绞死；上起拉法夷脱，下至巴那甫，都要绞死雪愤，一个不得漏网。部耶勇将因为过于发怒，发到糊涂了，不明事势，贸贸然告奋勇，担任带军队入巴黎，还写了一封说疯话的信给议会。幸而议员们分党不和，不然，这封信尽够把王室完全推翻了。

路易第十六晓得他的贵介弟在外胡闹，苦苦劝谕，他的令弟还是不从，一味的胡为。他骚扰奥帝到极不耐烦，奥帝无法，只好答应他来匹尔尼次堡。他就得意极了，以为是奥帝请他去同日耳曼的帝王诸侯会议大事。

（八）日耳曼帝王诸侯主张宽缓

帝王诸侯们原来并不愿意有战事，不过是要想出方法，可以把战事改迟。八月二十五日初开会议，一致赞成从缓。二十六日逋臣的领袖部耶、卡伦（Calonne）、坡林雅克（Polignac）、康狄（Condé）及亚多亚（Artois）等来见，要求颁发分列十款的声罪攻讨的宣言书。其中有一款是在巴黎残杀无遗，及将所有扶助革命的人斩首。帝王诸侯等因为已经一致赞成从缓，决计不好令这班讨厌的逋臣们毫无所得而去，于是议定宣言书的草案。其中全是骑墙的话，意思是说先要欧洲各国一致赞成某种办法，然后干预。当时曾有利欧破尔得的尺牍证明。奥帝说过，宣言书这种话语，是表明这次的举动，毫无举兵干预之意。云云。

（九）科不林士之布告书

逋臣们却善用这个机会，日耳曼帝王诸侯会议的结果，原是大多部分是制止干预，逋臣们却利用得很有效果。奥帝同普王正在劝路易第十六真诚承认宪法的时候，逋臣们却把匹尔尼次的宣言书送去巴黎，另外自己加了些极不相干的话。这极不相干的话，就是他们的科不林士之布告书，足以维系通国人心，使其都倾向议会。这一件公文，足以断送了路易。原来曾经有多人苦劝路易的两个令弟，叫他们不可如此，他们总是不听，像是有心要害路易，王后一见这件公文，有路易两位令弟的签字，喊道："这两个人，简直的是该隐。"（该隐（Cain）手刃其弟，见《旧约·创世纪》（四），译者注）议会对于这件事却无人发言，他们此时大约都是预备回家的了，暂时先把这个利器搁在一边，等到有好机会再取来利用。当日发生这些事体，却能证明一件事。总而言之，是尚未到攻击，不过恐吓而已。当时有人说道："倘若这些人错过一个月不来攻击我们，春天之前决无战事。"

（十）路易承认宪法批准颁行

九月二十五日，路易承认宪法，立即批准颁行，议会当即解散。

九月十四日将宪法送于路易。十三日，路易写了一封很大方的信，承认宪法。信内还说："假使我谓宪法所规定之办法，真能有实力，可以对于版图如是之大之国维持统一，振兴国势，则予言为不诚实，不过对于此事，意见尚未能有一致，我亦愿意姑且试行，借阅历以判断可也。"云云。信内并说明将于十四日亲临议会，宣读其承认宪法之宣言。

这次会议待遇路易尽有许多不该这处，惟是群众并不知之。路易既已承认宪法，此后国中可以安宁无事了。此时群众对待路易，也还有好感。王后此时对议员们也有了笑脸，群众对她也居然表示好感。王后的朋友拉马克伯爵（Comle de la Marok），十六日致书于王后说道："倘若王后撇开私感，肯敷衍牢笼这些轻浅无定的国人，则很能操纵他们。"试观此时国人之对待王后，足以证明此言之不谬矣。

（十一）庆祝宪法

十七日巴黎庆祝一天，毋论是反对革命的人，或赞成革命的人，都说十七这一天实在是热闹。路易在王宫的花园走来走去，还出了花园，一直走到澈洛特（Chail－lot）。群众见了无不喝彩欢呼，还有许多人作诗赞美他。戏院演戏，也是恭维他，唱的歌曲，也是恭维王室的。到处都张灯结彩，庆贺革命告竣。午后五点钟放轻气球，气球当作是个地球，代表宪法。气球顶上有一只张翼的鹰，这只鹰跟着气球上升，飞得很快很高，好像是要把宪法送到空中。气球挂了一个小车，有两个胆大的人坐在车里，要从高处看看酝酿些什么大雷暴雨云云。这个人的比喻比得不错，他们所定的宪法，原是空中楼阁，果然不久真有大雷暴雨，把这个宪法打得粉碎。只有那只鹰飞到高处，等有机会再下来。

（十二）议会解散

这一天是议会解散，路易第十六到会场行解散礼。议员们这一次当真是把他当作君主，很欢迎他，喝彩许久。国王走过之后，议会宣布解散。有人说："全国都喝彩的。"

我们是晓得的，议员们是疲劳极了的。林得特写道："我们居然可以自由了，我们都觉得如释重负。"他们晓得有理由可以自慰（见于当时议员的尺牍），他们都相信革命是过去了。路易也尝写道："革命的尽头是到了，国人恢复从前高兴的态度罢！"在九月初一至十月初一，这一个月里头，有三十个人各人写了一封信，说当日众人的意思，都以为革命告终，从此可以过太平日子了。有许多人有别墅在乡下的，自从一七八九年七月以来，无时无刻不畏惧，以为日踏危机的，到了这时候，才呼吸一口气，放了心。佛热勒特（Fougeret）到了此时，才敢收拾被褥，预备高枕无忧，过安乐的日子。隆巴尔王妃（Princesse de Lamballe）先已逃到外国，到了此时，才敢回来。从她打外国回来巴黎那一天起，扣足一年，她就在王后被囚的窗外，为群众所戕杀。

虽说是罗哲尔（Roger）、剌巴特（Rebaut）两君当日信上所说的话全是乐观，然而也会有怀疑的意思。信内说道："倘若继起的议员，维持我们所定的宪法，我们就有了救了；倘若他们要另立宪法，我们就算是毁了。"

（十三）风雷将作

他们所说的议员，就是新被选的议员。他们个个都是年纪太轻，都是很迟，有方到的，自然是喜欢另起炉灶的。有一位新议员说道："工匠们把他们所办的事抛弃不顾就走了，把所定的宪法交给后来人，这后来的人用暴力去摇动宪法，宪法倒下来，把他们葬在一片瓦砾场中。他们之后还有后来人，才把宪法破坏净尽。"第一届的议员们是很生气。有一位第二届的议员说得很对。他说的是："你们第一届的议会给我们一个死尸，我们走来替你们埋葬这具死尸，岂不是替你们办后事吗？"第一届的议员走来看见古代的君主制度坍塌了，他们是一番好好意，既有大度，又是爱国，又好自由，专心维持君主制度主义，费了许多事，另外创造一君主制度，可惜建筑得不坚固，从第一天成立起，已有摇动坍塌之势，自然不久，果然坍下来，把什么君主制度，什么自由，一齐压坏了。一七九一年八月三十一日就有人说道："天边已起黑云，大风雷雨不久就要发作了，来势是很可怕的。"其实一七八九年一年间君主制度的建筑，既然是很不牢固，用不着什么狂风骤雨，就可以打倒的。他们当日诚然是摆下许多重要原则，后来等到一七九九年至一八〇一年间，有拿破仑同他的内阁暂时借作建造的基础。惟是这种根基，并不是处处都是坚固的。第一届的议会所筑的墙都是很薄的，只管外面装设得好看，自然是要倒的。

第二卷　立法议会

第十五章　罗马议会

（一）新议员

有位女公民举良（Jullien），八月十四这一天写道："人人都盼望从远道而来的议员内中总有如古罗马，古希腊时代的英雄豪杰。"林得特却晓得新同事之中，好几位是极其危险过火的人。这一位宪法规定的主教，说的话很不错。

芮克带点挖苦的意思说道："他们向来未出过风头，并且是向来未办过事。"议员的总数是七百五十人，其中有十个宪法定规的主教，四位高级军官，三位中级军官，还有几位是学会里的会员。这些人都是凭着自己学识得有位置的。此外还有十五个下级教士，三十位较低的军官，二十八个医生，还有一大队最好喧闹的律师及文学家。这一大队文学家，算是初次找着路子出来办公事。他们是玩惯理想，从来未与实事接触过的，另外有一种自以为是居之不疑的态度，故此在议会中另外有他们的一种特色。莫理斯写道："这一队都是书呆子。"有一个报纸说："他们是危险的议员，原是一群狼。"议员中很少地主，或商人，或种地的人，所有的议员几乎都是穷极无赖的人。作者今引一七九一年十月间的一封信，信内说道："有人计算过将这七百五十个议员的收入，通共计算起来，总数不能过三十万利华；有一个人曾亲眼看见一位议员向坐在他旁边的一个议员借三个利华结饭食帐，是以当时宣传每位议员每天可以领到十八个利华的议员薪水，议员们是看得很重的。"可见得这句话，并不是谣言，是很有根据的。还有一层：他们很想作一两件惊世骇俗，大翻腾，大打击的事，好出出风头。但是那时候只剩了推翻君主制是件大事，除此之外，没有什么大推翻的事好做。

（二）右党

从前在立宪议会左边的斐扬党（Feuillants），到了这个时候，却在右边了。这一党又称立宪党。坐在右方的拉法夷脱及巴那甫的朋友们，个个都是很好的自由派，这时候议员称他们是"科不林士的代表"（逋臣代表也。译者注）。科唐（Cauthon）称他们作"催眠派"。有一位称他们是"此路不通派"或"死胡同派"。人人都称他们作"反对革命派"。

但是他们却没得这样资格；其中有一位杜马将军（General Mathieu Dumas）是一个如疯如狂，最崇拜拉法夷脱的。坐在他隔壁的议员，却称他作"自由的长子"。有一位名叫枣库耳（Jancourt），是一七八九年时代的君子，在一七九〇年间有一次是雅科俾党大聚会，他曾登台演说，大恭维革命。又有人说他这位有道德的好朋友，从前很同卢梭来往。右党共计是四十四位议员，都是同一鼻孔出气的人。他们虽都是最为逋臣所痛恨的，然而这个斐扬党，不久众人相信他们，变了奥大利党。（指后党也。译者注）这种称呼，就很能令他们损失多少名誉；然而宫廷既疑心他们，又欺骗他们，这一党的人又全无政党的手腕，不久就变作无声无色无臭，全被他党所掩了。怪不得其中有一个名叫则拆勒斯（Sechelles）的，不久就脱离他们，溜到波尔多（Boudeaux）地方的代表们队里去了。

（三）波尔多派

这一队波尔多代表，是左党的中心点，他们就是将来的吉伦特党（Girondins）。这波尔多派里头，有两个是特别显著的，一个就是布里索，是文学家；一个就是汾约，是一个律师。极端的左党是实行派；这一队波尔多派却不然，只配说话，只配动笔。

读者要注意，毋论何时若是听见有人说起这个吉伦特派，却要加倍小心，不要误听了五六十年前革命历史家的孩子话。从前的历史家如拉马丁（Lamartine），如米细勒（Michelet），（小说家大杜马 Alexandre Dumas 更无论矣。）很能强迫读者作崇拜偶像的人。他们把吉伦特党看作是神圣不可侵犯的，不使我们对于这一党的人说一个“不”字。俾耳（Biré）等却不然，对于吉伦特党很有极严重的贬词。但是我们却要主持公论。在一七九一年十月间，他们是坐在左边，我们要忘记一七九三年他们所遇的难堪的事。一七九一年他们是极热心的雅科俾党。我们要当布里索、汾约、格棱根涅甫（Grangeneuve）、加对（Gaudet）、戎索内（Gensonne）诸人是雅科俾党裁判，他们共总有个二十位党魁，其中有十二位都是吉伦特党的人。若从某某几方面而言：他们比罗伯斯庇尔还要急进得多，他们于罗伯斯庇尔，都是卢梭的狂门徒。但是他们与卢梭及罗伯斯庇尔不同，并不相信有什么至高无上的神圣。他们有大多数是不信上帝的，其中有一位曾于一七九二年正月间严责罗伯斯庇尔，因为罗伯斯庇尔提及“无上尊神”。

（四）波尔多的罗马人

他们是最崇拜古代英雄的，是以变作不崇拜上帝的人。他们是罗马人，偏崇拜古时罗马英雄。他们是饱读波卢塔克（Plutarch）所著的《罗马伟人传》，故此主持共和。他们又好读罗马帝马卡斯·奥理略（Marcus Aurelius）所著的书，故此又变作哲学家。他们若是攻击路易第十六的时候，总要称呼他是古时罗马是昏暴帝王。（例如中国之称桀纣。译者注）我们切勿看错了，称他们是吉伦特地方的代表。汾约是得一种好古病，时时刻刻都要说到古代，最是令人讨厌。他们所最喜欢的是说罗马，与罗伯斯庇尔欢喜谈犹太人不同。

还有一层：他们不是律师，就是文人。他们最喜欢的就是咬文嚼字，好词佳句，很喜欢听人说好句子，尤其喜欢的是自己说出好句子。例如汾约及加对一登演说坛，并非有意要攻击君主，不过是要打倒他；并非有意激动群众，不过是要说动他们。他们党中有一个人常说道：“一听见众人鼓掌喝彩，说他们演说得好，他们就好像是醉了。”又说：“他们演说往往说得过火，散会的时候总觉得难为情。”他们自命为演说大家，以激动众人为宗旨，只要众人拍掌叫好，他们就忘其所以，也不知自己所说的话说到什么地方去了，故此往往说出令人可怕的话。试观易斯那说过一句，就晓得他们说话，何以令人可怕。易斯那说道：“若是手足生了疽，一定要斩去手足，才能救身体！”他们党中没得一个人喜欢流血的，但是他们所说的话，都是流血的话，即使是流他们自己的血也不管，只要说得好听，令人喝采。

他们最喜欢用字眼，最喜欢用声调铿锵的句子，又喜欢作姿态，很像戏子登台，最喜欢异想天开，任情所之，只要能够激动人，那怕自杀，也是甘心的。他们有许多日记，大约都是濒死的时候作的；一读他们的日记，就晓得他们惟一的好出风头，以英雄豪杰自命。

这一党的人大约个个都有一种特别的状态。加对是个黑瘦人。脸色发黄，两目冒火。最喜欢说尖刻伤人的话，许多人都很怕他。戎索内有一副冷面孔，专好说俏皮话，满肚都是章程制度。杜科（Ducos）是个热心勃勃的人，满肚子都是文学，自命为少年英雄，好像是头上已经有一圈圆光的。格棱根涅甫（Grangeneuve）是一个极其凶横的人。以上几位都是波尔多地方人。易斯那是马赛（Marseilles）地方人，他的同党科唐说他的字句，个个都是冒火的。

他们都是律师，故此崇拜汾约作领袖。汾约最会吹毛求疵，他的演说都是摹仿古时罗马演说大家的派头。他的逻辑，有时也还能动听；但是他的演说居然都是似是而非的话，用的字眼又好，又能说得有声有色，善于位置字句，好像是出口成章。有一位议员评论他说道："汾约一登坛演说，就能耸听。"可惜他怠惰而溺于声色，不是在意大利的罗马人，是东迁之后的罗马人；很迷恋一个女戏子，非有这个女戏子弹琴度曲，不能驯他的梦魂。后来失败的时候，也专靠这女戏子安慰他的余年。

布里索这个人却不甚像他们，好任情，对待他的夫人很好，是个好丈夫，是个美国朋友会的面孔；自从到过美国费城以后，更像个朋友会的人。他装作这一副清洁派（教派也。译者注）的面孔，很能留得印像于脑筋单简的人心中。因为他写过许多著作，自以为是无所不知。他这个人度量最窄，怨恨人是要怨恨一辈子，终身不忘的。宫廷及罗伯斯庇尔，都很吃他的亏。有议员评论他说：“他是很会演说，不过是无远见，靠他指导，一定要害了一党的。”

（五）康多赛

大概而论，这一群演说家只好当属员；他们若当属员，都是很出色的。这一党里头并无大政治家，因为这个缘故，他们这一群人虽然都是自命不凡，骄傲到了不得了的人，然而却崇拜康多塞（Condorcet）。这个人好谈道德，第一届议会有西耶士，第二届议会就有康多塞。是以不久就被第一届议会两位大祭酒西耶士及罗伯斯庇尔所恨。康多塞是巴黎科学会的久任秘书，是很有思想的，比吉伦特党所有的人都强，可惜他这个人最易惹人讨厌。罗兰夫人批评他说：“他的知识如棉花吸透蜜酒。”有一个更挖苦他说：“他的著作是用鸦片烟作墨，用铅板作纸写的。”

党中人当他是个神人，每事无不请教他的。他好摆架子，总要等他人到齐了，他才肯露面，他一露面，众人就发生好奇的感觉。他虽然令人讨厌，但是同党都甘于忍受，并且赞美他。凡是一个议会，是必要有一个能预言的神人，可以卜吉凶从违的。

（六）极端左党

康多塞坐在左边的极端，他坐在这里觉得有点不安。因为这个地方，是科第力尔（Cordeliers）俱乐部的人坐的。这一队人之中，最显著的是察波特（Chabot）、巴稷尔（Bazire）、麦林（Merlin）三个人。一七九二年六月间，女公民举良写道：“我们很相信这一队人，是极热心爱国，惟是这一堆都是些什么人?”

杜马称他们是“铲平派”。察波特原先当过和尚（借用）的，后来还俗了、巴稷尔、麦林比察波特好些，不像察波特从前当和尚，后来还俗要当强盗。但是巴稷尔、麦林两个人，好像都是疯子。这三个人之中，最令人厌恶望而生畏的，还是那个还俗和尚。

左党之中还有林得特，知识虽然不过中中，却是一个正直人。还有一位拉撒·噶尔诺（Lazare Carnor），他自称是个军人，不该多说话。这两个人居多深藏于委员会里头，不甚出风头。还有一位弗社（Fauchet）主教，是一个热心人，他是一种情感派，社会主义的代表，是走错了路，走入政治家漩涡里的，将来却要大吃亏。

（七）中党

中党是看风势，或向左倒，或向右倒，往往能左右操纵。其中有一位帕斯讬勒（Pastoret）作过参议，又是古学会的会友。有一位比哥特（Bigot），是个头脑很清楚，办事很正直的人。这班人却是很审慎，很有分寸的人，他们的意向是很端正的，能够屹立不动，除非是害怕才动的。他们自以为不偏不倚。弥拉波说：“帕斯汜勒是个笨牛的头，内里却深藏了狡狐的脑筋。”这些有才能的人，竟能安安稳稳的渡过革命的风潮。帕斯讬勒后来是封侯，比哥特后来是封伯，有几个当了拿破仑时代上议院议员，也有当路易第十八的贵族，还有在路易·腓力（Louis - Philippe）时代做大官的。然而他们还自称是“独立党”，一起首的时候他们是帮助右党，后来分裂，附入左党。塞拆勒斯（Hérault de

Séchelles）却并不久候，从右党投入左党。

议会既有这样的组织，自然是终归受左党支派，只有左党较为一致，无甚复杂。其中有一百三十名议员都是挂名雅科俾俱乐部的，是听这个俱乐部的指挥。随后又拉拢四百名议员，入了雅科俾俱乐部。右党同中党的议员们居多不常到会场，左党却是满座，向来是无虚席的。一七九一年十二月，察波特有家书告诉他的母亲，说他常到会场，从早坐到天黑，有时还坐到夜深。左党是不离会场的，其余两党是很畏惧他们的横暴，又佩服他们的辞令，不能不跟他们走。左党还有旁听的人帮助，这些旁听的人常常用恐吓手段，很有势力，常常要议会宣布议员姓名。有一位高山党（左党随分裂，最极端的自别为高山党。译者注）的议员写道："你若问我，我们为什么能够打胜的？我就告诉你，我们的胜算，全在公开，你是很能明白的；假使我们是用不记名表决，不知有多少逋臣，有多少国王政府的走狗，就能为所欲为了。"从此以后，右党是完全失败，权力都在左党掌握中。

（八）第一次冲突

第一次的冲突，是从一个形式的问题发生的，是发生于开会的时候。议员们到会场是穿的很平常的衣服，穿的是雨鞋，还带了雨伞。因为这个缘故，随后就有人提议要把议员的薪水从每天十八个利华，减到每天十四个利华，于是激起大风潮。议员们的意思，是要把君主的养尊处优拖下来，要同他们雨鞋雨伞的程度一样。芮克曾写道："这些议员先生们居然能够吩咐他们的录事长，即法国的国王，叫他作这个，叫他作那个，是高兴极了。"但是国王既不过是一个录事长，录事有录事的地位，有他的称呼。于是格棱根涅甫首先提议，废除从前‘王上’、‘陛下’等称呼，字典里不许载这种字。科唐却更进一步提议，废殿，废御座，国王只应坐在议长旁边的一把交椅上。这两个议案，都表决通过。

惟是路易第十六以为他的尊严已经受了多少损失，决计不再受了。有议会派议员去见他的时候，他对来人很说了几句严重的话。现在他打发人去告诉议会，倘若他们要实行这议决的案，他只好不到会场来。议会商量了许久，后来只好退步，把议决通过的案取消。

取消之后，路易果然亲临会场，因为打了一个小胜仗，把他向来严肃的态度消去了许多，嘴里空说应如何彼此和谐的话。说道："盼望彼此因爱国而日见亲密，盼望彼此同为利国利民起见，能永远相结合而不乖离。"议员们听了大喝彩。

路易说到赞成整顿陆军，巩固国防，及同时重与欧洲各国联络等话，议会又大喝彩。

（九）科不林士宣告书

提到欧洲的话，这时候因为欧洲人心很骚动，路易第十六是很有理由，要同欧洲联络。布里索是两半球都走过的人，很发表些骇人的话。匹尔尼次的宣言书，科不林士的宣告书，很令法国人听了发怒。国王的两个兄弟胆敢在两通告中签字，以恫吓新造的法国，国人都当作他们是疯了。那位自称摄政的王弟，还有宣言反对宪法，逋臣们有了行在的朝廷，要起事了。

（十）逋臣

逋臣们的举动，很能危害法国，国内把贵族们都看作是败类。贵族们这时候纷纷的出奔。一七八九年贵族们出奔，是太无道理。一七九一年贵族们出奔，是情有可原，因为不逃就有危险。我们批评他们，也要看看他们当时的尺牍，一读他们的函牍，就晓得他们不独是害怕，且见得他们是很迟疑的。当时又的确有强逼他们出奔的事实。左党有几位议员不是说过的吗？贵族逃走的愈多愈好，可以大洗刷一番，有一位议员很说贵族出奔，是自由国的自然发汗。

可怜这些出亡的逋臣，都聚集在边界外等候事变。有好些看得出不是件好事，有好些很想回国。当时议会及各道的政府，原该禁止群众放火烧毁贵族房屋，禁止他们横行霸道。假使他们有这种举动，有许多逋臣是愿意回国的。

可惜另外有一班逋臣，惟恐本国不乱，他们的举动，是绝不能令人怜悯的，只能令人发怒。其中有许多是无知无识极其狂妄的，他们包围出亡的王族左右，在那里作梦，架空中楼阁，时时刻刻在那里阴谋闹事。举动又过于奢靡，行为又极其不端正，毋论在比利时，在日耳曼，或在瑞士，无不令主人讨厌。他们都主张提倡翻动全欧，破坏法国。人人都先欲得拉法夷脱、巴那甫、巴宜等而甘心。对于马拉及罗伯斯庇尔等，犹在其次。

他们较为重要的举动是编成军队，称为“康狄王爵军队”(The Anny of Condé)。初编的时候，很闹些笑话。人人都要当军官，虽是曾经答应过他们，凡是愿意入伍当兵的，发给极优厚的兵饷，他们还是不肯当兵，变了有军官无兵丁。随后卡伦（Calonne）（这是摄政行在的宰相）想出一个妙计，把军官按着等级拍卖，居然编成了军队。无事可作，专在边界外等候日耳曼军队入犯，当下发出许多恐吓的话。其中也原有明白事理的人，但是一出奔之后，都忘其所以，变糊涂了。布洛格力上将（Maréchal de Broglie）（他的儿这时候还在国民军当差）大放厥词，说道："我晓得从此到巴黎的路径，我愿意带路，带外国军队入巴黎，到了巴黎之后，是毫不徇情的，要把巴黎弄到玉石俱焚。"这种话语自然传到巴黎，不独向来主持和平的人听了生气。宫廷听了，简直是绝望。激烈党听了，是异常高兴，因为他们得了把柄，有了带毒的利器。

这第二届议会与第一届的不同，第二届议会是不甚顾良心的，议会当逋臣们是叛党。路易却想到占议会的先着，首先降谕，劝逋臣回国；但是议会并不满意。二十日处置逋臣的议案开始讨论。一提到宗教问题，辩驳得异常激烈；因为议员们对于宗教问题，比逋臣问题重视得多。左党是向来反对宗教的，很想把不遵宪法的教士，一并加入惩办逋臣办法之内。

（十一）奉行新制的教士之可怜

作者前已说过，教王是反对宗教官制的，已经有了宣言。教士们一见有此项宣言，自然有许多翻悔，不承认官制的。有一位主教说道："我当众被人侮辱。"又有一位主教求助于上届的议会，说是我简直的是一事不能办。

这是新制的宗教求助于议会的话，议会正要用路易处置逋臣的法律，却不用他保护国教的办法。

议会的措辞，是教士们的仇视新制。当时是的确有仇视的事实，这是不能不承认的。小乡村的牧师们，被逐出于教堂之外，他们本来是很欢迎一七八九年的革命，谁知革命反把教产充公，打破他们的饭碗，自然是啧有烦言。自西至东，自南至北，与及中部，全法国的教士们，都是怨声载道。人民们都很以为他们为然，逐渐就有反动，反对新制。宗教办法却并不反对，民法有几处反对得很利害。戎索内奉派查考，他的报告说是教士们密谋有大举动（其实都是各处本地不相为谋的反对）。那十位发过誓的主教，在议会有他席位的，为多数不发誓的教士所窘，是怨恨极了。他们三个月前，已经求援于议会，这时候更要收拾他们，要当他们是逋臣同谋惩办，即如要把出奔的王族，当作私通外国的一样惩办。

（十二）惩办逋臣律

议会先要对付逋臣，开了十一次会，辩驳这个问题。因为这个问题，颇显出吉伦特党的意思。布里索、易斯那、戎索内、加对、汾约、康多塞都发过议论。布里索提议极端的尽法惩办逋臣，对于作过官的，尤其要严办；一定要他们回国，不回国者处死。易斯那赞成这种办法，他向来是说激烈话的，辩驳这个问题的时候，他说道："你们的仇敌，不是被我们打倒，就是把我们打倒，这就是实在的结果；若是看不透这一层，这就是瞎眼的政客。"过了几天，他又论教士的问题，说道："倘若有人控诉不肯发誓的教士，就该立刻驱逐他出境，不必有什么证据。"最要紧的还是汾约的议论，他是古代罗马大演说家的派头，他演说中就有几句说："一定要合法律的证据吗？一定要合法律的证据吗？……"说到底是同易斯那的办法一样的横暴。于是有许多人大声狂喊的，称他说得好。

（十三）贵胄们被召回国

至于处置王族贵胄的办法，是全会都一致的。右党同左党一样，一定要他们回国。路易第十六因为他的兄弟妄自尊大，僭称摄政，自然是很不高兴，也要他回国。斐扬党时时刻刻的对君主献策，几乎把路易第十六的两耳吵聋了。说道：“若是有君主的贵介弟当了逋臣们的领袖，君主的说话，是万不能取信于人的。”于是议会全体一致通过，勒令王弟限两个月内回国，若逾限不到者，剥夺一切权利，以后既不能摄政，亦不能继位。

处置逋臣的大概办法，是十一月九日规定的。汾约的提议经易斯那修改之后，议决通过。右党的理据，说是不如让逋臣们在科不林士地方不必理他们，他们不久就丧失名誉，自然不为人所信。（试观当日逋臣们的尺牍，可以证明这个理据不错。）这样办法，就可以使逋臣中有不过暂时为人蒙蔽，误入歧途，很想回国的，就可以回来。但是左党得了胜利。他们主张的，是限至一七九二年一月，凡是逋臣都要回国，否则以私通外国，谋害本国的嫌疑犯论。过期之后，仍然逃亡外国者，处以死刑，财产充公。作者要说一句公道话，当时康多塞很反对这个办法。十月二十六日汾约曾在议会演说道：“法国伸张两手，很要欢迎逋臣回国。”这句话不过说得好听，其实这两年来法国两只手忙到了不得，那里有闲工夫来欢迎什么逋臣？

（十四）反对教士之苛例

十一月二十九日，轮到处置教士问题了。足足开了十次会，辩驳都是非常之激烈。易斯那就是在这个时候说不必要证据的话。后来丁维尔（Fouquier - Tinville）用请君入瓮的手段，就用他不必要证据的话，罗织易斯那的同党朋友，送他们上斩首台的。

于是把议案通过。这个议案，说的是勒令教士们宣誓；其不宣誓者，当作反叛嫌疑犯论。第三次再不遵令宣誓者，交地方官严加管束。若有在自治区内滋事者，则拘拿监禁。比较起来，立法议会（即第一届议会）还算是有良心，很有分寸的。这个问题闹到这个程度，是关系太大了。

（十五）路易不肯批准苛待教士例

议会把通过的议案请路易批准，这是一极重大关键的起点。路易已批准处置他兄弟的办法，这该很能使左党满意的了。但是不肯批其他两条苛例。

三个月以前同这个时候，路易很打定主意：要引用宪法，很欢迎立宪党的党人，王宫里很听巴那甫的话。当时的执政，都是斐扬党的人。但是十一月的两个议案，据路易看来，似乎是于民权宣言书及宪法不符。

最不幸的事是路易要宽待逋臣，好像是听了宫廷的话。因为宫廷有许多人，仍在秘密进行他们的政策。这种政策，是完全反对革命的。

惟是这完全是误会，因为各道的政府（所有各道的政府却是遵守宪法的），很强逼路易不要批准这两件议案，也同宫廷之强逼路易不予批准的一样用力。虽然是受两方的强逼，十二月二一这一天，路易关于处置逋臣及教士的议案告诉议会，不要斟酌考虑。这句话就是说要施行君主否决之权。

（十六）以宣战恫喝法国

危机就是从此时发起：立宪当是预备帮路易的忙，他们也许慢慢的能够把这激烈的潮流阻遏挽回；不料不幸此时欧洲忽然变了态度，这都是逋臣们激动出来的；于是君主、大臣、右党及所有主张和平宽缓的人都有了为难，因为激烈派忽然得了久求渴想不得的借口。因为欧洲以宣战恫喝法国，于是议会进行得更猛，所有一切反对二次革命的计划，都完全无效了。

第十六章　那旁与战争

（一）波匹力乌斯圈（见卷末译者附注）

到了这个当口，吉伦特党很要揽政权。因为丕梯恩被选作巴黎市政厅长，他的朋友们个个都垂涎要揽大权。他们决计要驱逐斐扬党阁臣。欧洲各国恐吓法国的态度，自然要发生许多激烈的辩驳，他们就有机会可以先推倒外交大臣及陆军大臣、海军大臣，又要说他们过于懦弱，及受逋臣欺骗；不然，就说他们与逋臣同谋。

据当时的事实而言，外交情形已经是很吃紧的了；吉伦特党却不顾，还要火上加油，弄得更吃紧。一过十月二十，布里索以为作出威重的态度，就可以逼欧洲退缩，对着欧洲演说一篇很霸道的议论。他们总忘记不了古代罗马的事。这一个秋季里头，他们的演说，总离不了“波匹力乌斯圈”（The Circle Popilius）；他们说来因河的选侯们调兵遣将，聚集要地，我们一定要把他们圈禁起来。于是派人入宫去求路易，演“波匹力乌斯圈”的故事。

但是议会一面要日耳曼诸侯退步，又请他们驱逐逋臣。一面巴黎各俱乐部有意的欢迎无论在何国何等的别国逋臣，强逼他们激动各国反对横行霸道的君主。于是愈逼愈紧，自然免不了以兵戎相见的了。

（二）左党与宣战

左党是欢喜有战事的，则拆勒斯这时候投入左党，很欢迎宣战，以为如此就可以乘机创造保安委员会，举出一位“狄克退陀”来。他大声疾呼道：“时候到了，只好用罩面帛罩住自由神了！”十二月十二日，科唐写道：“大约革命必要有战事，然后能得巩固。”波尔多地方的代表们却无这样勇猛的进步，但是也愿意同欧洲决战，以为战事一起，则君主在议员掌握中，战事变为国事，非君主一人的事，他们就可以指挥国事，可以任意拖长或缩短，随内政以作伸缩，可以限制君权，或可以推倒君主，揭露各国阴谋，或打破之。毋论如何，总可以得结束。

（三）法国人热心决战

当时舆论却是极其激昂，议会之主战，确是服从民意。此时国中有一种不期然而然的潜移默运之力，能化各党各派之芥蒂，使其同归一致，以与欧洲决战。法国人的本性原是好战，蛰伏日久，此时振作起来，原是本性发现。一月九日，有一位主教是向来都竭力主张和平的，到了这个时候，也大声疾呼说：“战！战！战！”通国都是如此，人人都主战。布里索的朋友们主战极烈，喊声最高，为全国所喝彩。

（四）罗伯斯庇尔的态度

罗伯斯庇尔听了却极不喜欢。自从九月以来，他就很仇视这个新党派，说他们是惹事的人。他们现在居然很得意，罗伯斯庇尔心里很难过，以为他们主战政策极其不妥。罗伯斯庇尔不是波尔多代表，是阿拉斯（Arras）地方的代表，他的血是绝不会躁动的。作者不能不承认罗伯斯庇尔两个蓝眼镜底下的两只绿眼睛很有远见。战事是会破坏革命的，因为卖国的人很多，一定会失败。假使天幸，大获胜仗，那结果不是复辟，就是军阀专制，举出一个“狄克退陀”倘若结果只是波尔多代表们入阁主政，这就令罗伯斯庇尔反对主战。

他演说的时候，将什么责备讥讽的话，什么词令的铺张话都不要，只单单简简的说几句话，说是有许多人卖国。布里索答道：“有人卖国更妙，我们原要有几件卖国叛逆的事……”布里索心里是想到要废君主，或完全灭绝君主，于是建立布里索的“狄克退陀”。惟是他嘴里说的是要解放各国受制的民族。康多塞的梦想，是要把全个欧洲变成一个大规模的合众国。

（五）那旁当陆军大臣

宫廷这时候却还未到决战的程度，只是先任那旁伯爵（Comte de Narbonne）作陆军大臣，以顺主战的舆情。

那旁是一个霭然可亲的人，与现在内阁的斐扬执政们不同。据说他是王族之后，自前王显理第四的血统而来。这位伯爵有点放荡，却颇有名贵的性质，人是的确爱国的，也能吸纳维新意思，自信能够与革命一致，平日又最留心于军事。后来他当了拿破仑的副官，很能尽职。

他最喜欢的是政策，他以为君主虽乏能力自卫，未尝不可用巧妙政策自保。他虽然也是一个斐扬党，却敢毅然决然的帮助布里索。

因为那旁是个主战的，原是一位慷慨激昂的军人。

（六）那旁主战的理由

很晓得陆军瓦解的情形，很相信一临前敌，与仇敌面面相对，军士们自然而然会醒悟，各尽其天职。布里索主战的意思，是要揭开卖国的军官的假面具，那旁的意思是要免得军人们逃亡。

那旁所以主战，还有一层意思，是要趁此恢复君主威望；以为这一位毫无振作的君主，一旦当了统领六军的大元帅，自然就会振刷精神。若同日耳曼诸侯在缩小战域决战，急于决定胜负，而不拖延，就能使路易第十六恢复威望，得来虽易，而有极大价值。

那旁亲赴洛林（Lorraine）地方巡阅一遍，归来宣布所有边界上军队炮台都部署好了，诸都有整备，都有秩序。议员们听了，是大声喝彩。在此短时期内，那旁是法国最为舆论所归的惟一的一个人。极端左党见了害怕起来。有一位雅科俾党尝对人说道：“若是那旁是一个无诚实善欺人的人，宪法恐有极大的危险。”

这时候舆情都是主战的，只有罗伯斯庇尔一个人不相信那旁，以为他是一个卖国贼，赛过拉法夷脱。十一这一天，罗伯斯庇尔在雅科俾俱乐部宣言反对主战，有布里索与同党们把他喊下来。从此以后，罗伯斯庇尔怀恨于心，一定要打倒这班人。

在议会里头，有康多塞赞成那旁，这是很有价值的。最可异的，就是康多塞是向来主张和平的，这时候却竭力主战，他以为主战可以预为建立共和的地步。他的见解，虽与那旁不同，此时却竭力赞成他，力劝议会采用种种极端计画。

惟是他的同盟的潮流来得太猛，他所主持缩小战事范围的计画不能行。从此以后，那旁不能不与他的同盟分手。

宫廷里晓得都很高兴，王后（是很不喜欢那旁）此时困苦到极点；毋论如何发狂的解决方法，她都赞成。王后有一天曾对俄国驻使说道："与其过这种屈辱无聊的日子，宁可冒险，毋论什么危险，都敢冒犯。"

王后此时在那里作梦，盼望欧洲军队骤然入犯，苦劝奥普两国担任。奥帝听她的苦劝哀求，不能不前进一步，故于二月七日同普鲁士王立了一个同盟条约。二十八日普鲁士驻使通告法国执政，说是法军若侵犯日耳曼土地，柏林就当作有宣战充足理由。奥帝原应与普王同时有同等的宣告的，但是他三月一日忽然死了。

（七）奥普两国决定攻打法国

继承奥国帝位的是法兰西斯第二（Francis Ⅱ），是最反对革命的，他的办法是绝不会和平的。普鲁士此时还是要实利的，先要求有结实可靠的好处，才肯发兵。奥帝毅然答应，普国立刻动兵前进。柏林原有一班主张同法国亲善的，这时候好像是消灭净尽了。亲法派有一位不伦瑞克（Brunswick）居然当了前敌总司令。日耳曼此时所以仍不敢十分撒手做去者，只因有波兰问题。喀德邻第二曾经商明愿与普王瓜分波兰；自此时起，普国侵犯法国，是免不了的。

（八）布里索派之激烈

法国这时候的情形是利于激烈派，此时是激烈派最合时宜。布里索派鼓吹得最利害。到了这个时候，革命是寂然无声。（有人于十一月二十六日说："此时革命精神是完全消灭了！"）于是又发动起来左党的报纸攻击君主，满街贴了大字告条，请自由国民禁止录事长（指国王也。译者注）滥用职权。又诬赖路易要请来因河对岸的逋臣执政回来，残杀国民及其妻子。适值秋收又极不好，冬天又酷寒，故此群众更加发怒。这时有许多人，毋论是赞成，或反对革命的，他们往来的尺牍，都是众口一辞的，说是当时群众捱饥受寒的情形，实在是可怜。到了正月底，纸币跌落四成，城里的饥民有时候只是瞪眼相看，有时候却暴动起来。巴黎的选举权共总有八万票，丕梯恩得了六千六百票，被选为市长。此时是怨声载道。右党于是振刷精神，起首攻击，在议会攻击群众的俱乐部，提议不许议员入俱乐部。这是舆论改变的起点，必要宣战，然后才能把国人折回革命。惟是斐扬党是卖国贼，不肯主战，非有爱国的执政主持一切不可。波尔多派是决计推翻这立宪政府。

（九）那旁辞职

宫廷的举动又把政府弄到毫无力量；有许多人攻击那旁，说他要把这个独裁君主制交与群众民党的魁首。天主教徒又攻击他，说他同斯塔厄尔夫人（Mme. Îde Staël）有利于耶稣教阴谋，要害天主教。有一位阁员名勒萨（Lessart）又遇事掣那旁的肘。三月九日那旁只好辞职去位，另有一位年少格拉甫（Chevalier de Grave）当陆军大臣。

于是举国骚然，初十那一天，左党议决一个议案，宣布议会因那旁去位极其惋惜。布里索提议切责逋臣又阴谋害国，经他一番演说，听者都无不毛骨耸然，于是弹劾勒萨，证明他答复奥国政府的公文过于示弱，形同卖国，议员们听了大声喝彩。同时议会中之军事委员团，请议会宣布声明海军大臣不为国民所信用，只要把勒萨推倒，其余的阁臣不能不全体辞职。左党到了此时，又为孤注一掷，请汾约登台。他这一次的演说，是极其著名的，在他的多数演说之中，诚以此次为最好。他的宗旨是要恐吓宫廷，强迫他们承认组织波尔多派内阁。汾约说道："我们从这演说坛就可以看见宫墙里头有许多卖国的政策，引诱国王走入邪路；那两扇宫门，常常有极令人可怕的事体出来，请这种事体尊重国法，立刻赶快回转到宫里去罢！现在要请通国人都要晓得，只有君主个人的身体，是神圣不可侵犯的，其余宫墙里犯罪的人，是要受国法裁判的。国法是无眼睛，不能分别谁是谁，只要证明有罪；国法是无情的，是要斩首的。"左党及高山党狂叫喝彩，这一阵潮流来势凶猛，中党也无法，只好服从了。于是议决弹劾一位阁臣，右党此时好像是被他们完全打倒。有一位议员说道："我向来未见过这一次开会，那样的令人可怕。我散会的时候，觉得是害了大病，内阁是寿终了。"

在一个星期内，经过这一次警告，只好全体辞职，只剩了格拉甫一个人不辞。巴巴鲁说他是一个雅科俾党。

（十）内阁之倒

内阁是倒了，波尔多党果然大获胜仗，大权在手，自然是要宣战了。

第十七章　罗兰内阁及宣战

（一）布里索党内阁

组阁的时机到了，党人觉得非在汾约家里解决这个问题不可；于是在他吃早饭的厅子里，与同党们如发狂热的讨论三天。阁员单一会子议好了，一会子又撕了，重新再定，如是者好几次。在同党辩论中，布里索的说话最有力量，他因为要讨好于他的朋友戎索内，把度穆累将军（General Dumouriez）放在阁员单子里。这个新内阁未成立之先，度穆累已自心灵手敏的插手于外交事件了。

（二）度穆累

他的年纪比布里索党人稍微大些，他已往的历史，也微露他的敢作敢为性质。他原是一个大著名编剧家的家人的孙子，冒险的事也曾作过多少，是一个二等军官，也可以勉强当一个外交家。一七八九年之前，他曾与闻许多阴谋的事，都不得法；到了革命时代，他就在这里头活动。政党信条也是完全没有，只晓得革命是件大事，其中尽有许多机会可以出风头。他的态度是可亲的，好吃，好大言。大约他很有些迷人的本领，戎索内原是个寂然寡俦的人，度穆累居然能够拉拢上了他。

度穆累知识是有的，他眼见旧制坍了，穆内的君主政策，巴那甫的斐扬党也倒了，却并不以为奇怪，他以为他们都是一班傻子，为自己的信条所害。据他眼光看过去，革命是一件事实；伶俐的人见了，是逆来顺受，只好于无可想法之中，求得最大的好处。若是他们一群狼在那里拼命的乱嗥，聪明人只好也去嗥，比他们要嗥得更响。他们戴上红帽子（自由帽也。译者注），聪明人也只好戴上红帽子，还要把帽子盖过两耳，只好用这种方法骗过这一阵大风潮。十一日他奉命当了阁臣，立刻力劝路易在宫里接待雅科俾党人，他自己却晓得宫里的人是很讨厌他，当他是个染疫病的人，不敢近他。

他设法暂时保全格拉甫陆军大臣的地位，把拉科齐（Lacoste）（是个好雅科俾党人）拔升到海军大臣。这三位都是假雅科俾党，不久就结合为一党，其余的阁臣，只好由汾约及布里索去分配。

在汾约家里讨论阁臣名单的时候，凡有被他们疑心有罗伯斯庇尔党派气味的，科罗得霸（Collot d' Herbois）、丹敦等等（他们是很想入阁的），都除外不开在阁臣单子内。布里索力争要他的亲戚克拉微勒斯（Claviéres）入阁。这个人有一半是日内瓦种。自从一七八九年以后，自以为是奉了天命办理法国财政的，现在果然当了财政大臣。三月初间，科唐曾逢人便说克拉微勒斯是通欧洲第一把财政好手。汾约的朋友们决计要一个波尔多本地人当掌印大臣，就把这一个位置给了杜蓝吞（Duraton）。他是吉伦特地方的检察长，是一位好好先生。这个人是最易与的，在党人们眼中当他不算什么，随便可以任他们操纵，谁知后来他的举动，很令他们诧异。格拉甫暂时仍长陆军部。[要等候罗兰夫妇的最亲密朋友塞尔凡（Colonel Servan）来接手。] 阁员单算是齐全了，罗兰自己当的是内务部大臣。

（三）罗兰等

罗兰入阁，是人人都赞成的；他曾当过制造视察官，也曾帮过编辑百科全书。这个时候却并不年轻了，已有六十岁了，体气却是强健的，的确是个正派人；可惜度量太浅窄，又过于拘迂，过于有崖岸，故此他的端正行为，反令人讨厌。他既是个理想家，又有骄态，他的面貌同他思想，完全是一个朋友派（宗教派）中人。他的清洁教派是横溢暴露于外的，拒人于千里之外，故此人家都称他作“伽图”（Csto）（见古人《罗马史》）。他自己的夫人，特别喜欢称他作“伽图”。这位夫人描摹他的丈夫是活画出他这个人来；他夫人说：“他严肃高峻，却有一件短处，过于好说自己，过于自诩其道德之高古。”又说：“他是惹人讨厌的人。”他有一个小女儿，常常对人说道：“我的这位爸爸时常骂我，实在是讨厌。”罗兰待路易第十六如同对待他自己的小女儿一样，不去管教他，终日只是骂他。总而言之：罗兰这个人，很像寓言里说过的一位拘迂老学究，看见一个人溺在水里，且不去援救，只管在那里对被溺的人说道理。

（四）罗兰夫人于内阁

这一位“伽图”只有一样事是他占便宜的，就是他的夫人。

亲密朋友们替夫人起了一个绰号，叫作“曼嫩”（Manon）。在一七九一年至一七九三年间，这一位少年夫人，很有大潜力转移法国的国运，有许多男人都赶不上她。她与她的丈夫是绝对不同，另是一格。这样的一个女人，拿定主义要潜移一班少年当国的人，把他们打成一片，成为一个党派，操纵内阁，时机一到，又把他们推翻，重新再造一个内阁。又能把自己的热心同爱憎，灌输入步左（Buzot）、巴巴鲁、布里索、丕梯恩这一班人的脑海里，诚然是一个绝无仅有的奇女子，历史家不能不特别注意。罗兰夫人最恨的是王后，其后又最恨丹敦及罗伯斯庇尔，很造出几次危机。在这一本革命戏剧中，罗兰夫人很是一个要角，发起意思是她，指导又是她，激动这个潮流，使其改了方向又是她；到后来她自己也卷入风潮之中，送了性命。

罗兰夫人有许多绝对不同的性质，混合为一，热心而放任，律己甚严而任情，慷慨激昂而工于心计，人人变了糊涂的时候，惟有她的眼光看得清楚，有些时候却自己变了瞎子。自从她嫁了罗兰，初时那几个月之内，一面主中馈入厨房作饭，一面读莎士比亚（Shakespeare），读波卢塔克（Plutareh）所著的《希腊罗马伟人传》。读者可以想见她的烹调是绝不能适口的。自从初嫁时起，一直到后来，罗兰夫人还是依然故我，性情并无改变。

那时候她是三十八岁年纪，脸皮仍然是很细嫩的，还是楚楚可人的，好把头发剪短了，自己以为是古希腊古罗马的女英雄。她自视如男子，还要删去那个“女”字，自称为“古时的英雄”。然而她通身都是女性，好造想，易动情，好事夸张。她的惟一特色，是不会判断男子，过于爱憎用事，往往为爱憎所蔽。

一起首的时候，她就是内阁的灵魂。这一个藐小中等人家的女子，居然看得到内阁是要纯粹一党组织，有议院或议会的卡宾内（Cabinet）党维持，这一党要与内阁休戚相关。这六位内阁大臣约好，轮流同在一阁臣家中早膳，以便商妥一致，然后同到御前会议。左党的领袖们也同桌用早饭。不久罗兰夫人也与内阁大臣同桌而食；但是自始至终，就是她当内务大臣；会客是她，发通告又是她。有一次巴剌斯（Barras）看见夫人同她的丈夫在一桌办公事，大为诧异。罗兰说道："我的夫人关于内务部的公事，并不外行。"其实夫人明白公事，要比她的丈夫来得还熟悉得多。但是最宜注意的，是阁臣们、议员们，常常在夫人客厅里聚会，夫人就是这和中聚会的生命及灵魂。布里索到得最多，戎索内、易斯那、格棱根涅甫等，还有其他十多个人，常常在夫人的客厅里讨论事体。巴黎市长丕梯恩也常来探听什么话语意想，是最时髦。巴巴鲁也常来。但是夫人最好的朋友，最相信的朋友，就是步左。这个有血性，有无欲的爱情，是个有道德的人，是夫人的左右手，有坚如金石，始终不变的爱情，恋爱夫人。凡是夫人与人有什么辩驳竞争，都是他帮助夫人，总算是在这一本大革命惨剧中，有许多绮靡风光的点缀。

内阁及政党里有这样一个富于情感而又极其热心的人，自然很能振刷他们的精神。罗兰夫人是一个共和派，是波卢塔克的共和派。她在三月二十三之前，很有大志，要在推翻君主制之后，成立一个有道德的共和国。惟是一旦路易请罗兰入阁，又觉得这位专制暴君，也还可以共事。假使马利·安推涅特不去搅扰运动君主，所有他们的远大计划，是可不必举行。左党的人，也存了这种意思。自从三月二十三之后，波尔多党的领袖们，颇有阻止共和举动的倾向。他们既已入阁，这就是很大的进步。

（五）内阁的政见

在这个宪法问题之外，这个三月二十三的内阁，不独是一个左党的内阁，且是一个大内阁。已经决计要废贵族，把所有依赖宫廷作宫廷走狗的人一概扫除净尽，涤荡积年的汗秽。度穆累首先粪除外交部，克拉微勒斯是荡邮部，因为邮部是贵族把持盘踞的地方。当时把所有的军官们都当作是国民的仇敌，罗兰夫妇赶快设法，请派塞尔凡作陆军大臣。（他们很晓得塞尔凡是力持洗刷的，因为他曾经当革命未起之先，著过一本书名叫《国民兵》，里头就有这种主义。）塞尔凡一到任就动手荡涤瑕秽，不到六个月，旧人都哄清了。这时候罗兰夫人反怪他拉科第力尔党人入部办事，拉得未免太多。罗兰夫妇两人，有他们特要办的事，是时时刻刻未尝或忘的，就是要反对教王。法国现在逡循不敢前进的，罗兰夫妇胆敢在革命路上再进一步，就是要拿宣战借口。

三月二十七之后，度穆累送了一通措语极骄傲的哀的美敦书给维也纳，预料到奥国必定拒绝的，同时又派人去比利时，激动比国人反抗奥国。三月二十九日，外交大臣是好出风头的，穿了军服亲临议会会场。

（六）要求对奥国宣战

奥国很知道有普国的助力，答复法国的哀的美敦书的公文，措词是很严重的。这件文书到巴黎，是在四月十八，阁臣们决定请议会向维也纳的暴君宣战。议会是欢迎这个办法，是无疑的了；然而尚有几个斐扬党指明宣战的大危险，因为那时候的上级军官逐渐散了。左党有一个议员说：“这是澄清军队。”但是九千军官中散了六千，未免扫除得过了。军官们是渐渐的散的，一直散到开战之前一日。那时候身临前敌的大将，真是十二分的为难，拉法夷脱的意思很不错，他劝所有宗社党的军官为名誉上起见，立刻出境，以便容易办事。此时队伍中的军纪，不问可知，是完全都扫地无遗的。有一位著作家曾经研究这军纪的问题，一读他的著作，都令人糊涂了。兵丁们简直的把军官们当作是卖国贼，要杀军官。新添入的义勇队，是不听号令的，实在是令人害怕。在好几处要塞地方是都哗变了。就算加入义勇队，那时候军队的人数很不敷调遣的；共总不过有十五万人；十一万兵队，三万马队，一万炮队。从丹刻克（Dunkirk）至菲力拍维勒（Philippeville）的军队，是归洛宋波（Rochambeau）统领；从菲力拍维勒至尉森堡（Wissembourg）的军队，是拉法夷脱统领；第三军团即是来因河军，是卢克涅尔（L. ückner）统领。二月二十八日科唐因为喜欢卢克涅尔的仪表，深以为此人可以信用；其实卢克涅尔不过是一个年纪较长的投机军人。罗兰夫人说："这位军官是半个野兽。"有种种的不相称，不过是二等角色，不能独当一面。拉法夷脱虽然并非如布里索及罗伯斯庇尔常常说他是个卖国贼，原是个政客，不是个军人，他又要常分心虑及巴黎的事。洛宋波年纪虽老，却是一个好将官，能独当一面，但是与度穆累积不相能。度穆累又要独断独行，不关白塞尔凡。洛宋波有两个部将，狄伦（Dillon）及俾龙（Biron），又是过于独立自由，军队中又毫无联络；长官不相信兵丁，兵丁又不相信长官，既无预备，又无军食，无军用品，各处的炮台，又是久而失修。总而言之：是无预备。

（七）爱国热潮

无预备是不要紧：好在全国里头，自都会市镇以至穷乡僻壤，爱国的热潮是汹涌而起，民气是实在可用。法国原本是好战的国，承平日久，忘记了本来好战的真性了。因为国事扰攘，发生许多极不良的情感，国人的心意很受扰动，但是同时亦能激动高贵的情感。法国人爱国的热心，一旦受了激动，自然而然立刻要拔刀赴敌的。自从有了匹尔尼次宣言之后，国人都发现激昂意气。法国是革命了。自然国人要自问：究竟革命是邪非邪？革命是否已经过火邪？抑或尚未透彻耶？这不算是什么重要问题，只知革命是一件事实。现在忽然来了外国人，要来干预阻挠，要强逼法国作这个，作那个，国人一想到外国横相干预，民气大愤，为什么要外国来干预？难道是不许法国人自己安排自己的家事么？全国的人都跳起来，外国人恐吓我们么！于是全国一致叫喊道："不如我们先动手进攻！欧洲的暴君调兵遣将么？我们法国派兵先攻他们，捣他们的巢穴。"议员们太过胆怯了；这时候那群政客什么左党右党，还打什么算盘。他们都弄错了，他们只管在那里迟疑审慎，其实是畏葸。罗伯斯庇尔几乎丧失了他的名誉。全国的人那时众口同声的喊道："我们到了前敌打仗，在枪林弹雨中，自然而然就能恢复军纪，卖国贼的假面具，从此可以揭穿了！我们进行呀！"于是这六个月之内，奋勇入伍的人如潮涌而来，乡下种田的人也有，律师的录事，工匠、贵族都纷纷告奋勇。这就是一七九一年的义勇队。莫理斯说他们都是匪类。这大多数人之中，匪类原是在所不免，但是这些匪类都是热血的，他们冲出国门，践踏欧洲，把一个古老陈腐的世界推翻了！

（八）一七九二年四月二十日大会议

虽然国人心里原免不了十分焦急，这样的大举作孤注一掷，是非同小可的。四月二十日开大会议，那时候政府会议决定主战国，国人都已经晓得会议盼望阁臣到会，路易也许是要到会的。康多塞当开会的时候，在那里宣读他的学校报告，说话的声音很低，议员们并没得几个人听他读的。那时候法国的孩子们并不想读书，终日连群结队，在街上敲鼓学兵操。

当天的中午，路易第十六果然到会，他两眼毫无精神，一切举动都好像如在梦中。这时候他并无一点激昂意气，据他看来宣战不过是两党的阴谋构成的；一党就是逋臣，一党就是雅科俾俱乐部。他是恨极这两党的了，他宣读阁臣所制的节略，说是必要对奥帝宣战。斯塔厄尔的记载说道：“路易第十六读节略的时候，毫无精神，如同读极不要紧的公文一样。”读完之后，议场寂然无声，路易就走了。

议场门外聚了许多人是非常之鼓噪，议员们因此颇有戒心。于是有一位吉伦特党议员，首先提议说：“不必派委员团研究报告，什么形式上的手续，俱可以不必逐一经过了，不要耽误军机，我们不如立刻提议。”杜马原是一位好军人，起立要反对这个议案，被众人喝住，立刻又坐下。中党有一位议员，向来是反对主战的，到了这个时候，都要主战。说道：“我们是自由国，一定能得胜的！”右党有两位议员要提倡审慎考虑，又被大众喝住。波尔多党此时好像着了迷，忘其所以的。有一个附和罗伯斯庇尔的议员要求开首讨论，于是最初发言的吉伦特党议员反对他说道：“国人一致的主战，我们立刻要顺舆情宣战，勿令国人不耐烦久等，我晓得你也许是快要颁行条例，解放天下人，使同享自由；我却要请议会通过，不解决宣战，不许散会！”这时候会议场中另是一种空气，众人恍恍忽忽，如醉如痴。和平派说话，简直的是没得人听，后来提出宣战议案，就算是讨论过。正在要投票取决的时候，忽然有一个议员要走上演说台；这一位就是麦林（Merlin），但是已经算得讨论终止，众人不容他登台演说。麦林于是大喊道："我要宣战书内只说是对帝王们宣战，同百姓们是保守和平。"

这是反对帝王之战，所有度穆累的一切军略，攻打奥大利都还是完全旧派的思想。左党之中有许多政客另有他们的战略，以为战事极有把握，能任意指挥，任意收束。还有一班人主张缩了范围，缩短战期的，到了这个时候，因为有对帝王宣战这一句话，所有一切计画都扫地了。凡是帝王都听见这一句话的；新派的政治家，原要设计打散帝王们团结，却反令他们团结起来。法国变了孤立，要抵御天下之兵。

（九）宣战

宣战就是拿这一句话作底，于是全会通过（只有七票反对），议员们欢呼欲狂。王后听了说道："如此办法更好！"王后日夜都在梦中要欧洲各国用武力干预，就可以吓倒法国，国人就可以俯首听令，跪在国王之前求饶。路易第十六此时仍存这种妄想。王后所想望的（这种想望是万不能宽贷的，读者要知此种想望，存有千百种极其残酷的恶感。）是法国军队全军覆没。度穆累曾有函牍通知奥国政府。此时英国是仇视法国，而持观变的态度。普鲁士王是四月二十六离开柏林，带军队向巴黎前进。

（十）法国之危急情形

普奥等国联合进攻法国，是已成之事实了。法国的边界是防守薄弱，又无预备，军队既无将官，统兵大员又不可靠，内阁又都是生手，并无更事的人，宫廷是个卖国的，军队是向无纪律的，议会是被街上的群众所操纵的，街上的群众是乱作乱为无人禁止的，欧洲是要倾覆法国的。倘若是法国能幸而免，真是个怪事了。最奇怪的是巴黎有两大党，都盼望法国大败的。一党自然是反对革命的，他们以为法国大败，就可以压倒革命。一党是革命党，盼望大败，可以激动二次革命。向来所有的战事，从未有如法国这一次之毫无预备的，亦从未有主战的人的意思，包藏有这样盼望的。

但是吉伦特党第一部分的政策，是已经实行了。

第十八章　六月二十日倒阁

（一）四月二十八之退缩

四月三十有打败之谣言传到巴黎。实在的情形是不止打败；其实不是打败是退缩。大约晓事的人，或谨慎的人，都晓得这种军队是必所缩退不前的；不过还想不到当时各种不堪的情形。四月二十八，洛宋波的两个部将狄伦及俾龙分两处进攻比利时的边界。狄伦的队伍是从力伦（Lillon）向都尔内（Tournai）前进，一见奥国的轻骑，就望风而靡，法国的马队先退，大喊："各人自顾性命！"狄伦驰到退后军队之前，被自己的军队先把他杀死，全军并未流一滴血。只流了队官的血，就退回防地了。同这一天，俾龙的队伍是从揆甫伦（Quievrain）向蒙斯（Mons）前进，看见高处有许多白色的奥国军服，就号令退回，他的慌张失措的马队，立刻回头，喊道："我们中计！"有一个人的记载，描写当时情景，说俾龙是拼命的跑，路上都是抛弃的军械，兵丁们因害怕跌倒在地动不得；他们跑回原防地方，那种不堪情形，比狄伦的军队还不如。

奥国兵见这种情形，也未免诧异，于是走入法国边地大笑，耻笑法国一句俗语，“不是胜，就是跑！”此时他们很明白了，若要法国人逃跑，不必用刀子，只要用鞭子！巴黎的大使有一位告诉莫理斯说：“不过几个礼拜，战事就完了。”但是这一停顿，却救了法国。奥军原料不到这样容易取胜，就按兵不动，深信无论何时，要进就进，不必亟亟。于是拉法夷脱同卢克涅尔（洛宋波已退职）有机会振兴多少军气。

（二）巴黎之骚动

巴黎的人都大喊，说是有卖国贼。议会归过于教士们，这却是许多人想不到的。在最后这个星期之内，群众反对教士到了很高的热度。五月二十七日议会曾表决议案，谴责教士们滋事，要驱逐他们出境。议员们引一条极令人可怕的报告中详细情形，说是在敌军死尸中（其实法国军队并未杀死一个奥兵），找出几个都是不肯发誓的法国教士，改装作奥国兵的。就是向来很拘谨的人，也相信这样无理而又毫无根据的谣言。

议会此时是手足无措，忘其所以，发起许多激烈无谓的讨论。当时有沙多维奥（Chateauvieox）堡的叛兵回到巴黎，议员们非常之高兴，欢迎他们，简直的是鼓励哗变。同时却在那里故思乱想，要想出什么妙计，可以恢复军纪。议员们在会场里乱说话，闹到一个议场成为战场，好像是炮声隆隆的。有几位议员还打别的议员的耳光。右边被人侮辱得很利害，提议关闭各俱乐部，但是议员们谁也不敢关闭。巴黎处处都是打架，俱乐部里头也打起架来了。罗伯斯庇尔是预料败退的，此时因为不幸而言中，非常之得意；他叫附和他的人说：“布里索党因为大权独揽，被事权醉倒了！”这些党人很疑心布里索党，因为同党入了阁，过于宽待君主。

（三）宪制军队之遣散

当时有谣言就是宫廷有阴谋，要残杀所有爱国的人。斐扬党人就诘问：如何残杀？且说道国王已经遣散卫队，又无调遣陆军的权柄，如何能够残杀呢！但是此时君主有了新卫队，所谓宪制军队。高山党在议会高喊："一定要解散宪制军队！"五月二十九，戎索内不肯落人之后，居然通过遣散宪制军队议案。此例一颁行之后，路易第十六是毫无护卫，无论何时，一有暴动，就要受损害也。

路易却批准这条新例。当时人人无不以为国王是已陷于绝地，无法可救的了。当时有许多人的函牍，都说王室无日不在群众侮辱之中。国民军是最怕群众闹事的，本来就不够保护王室，当时是有阴谋起事招集无赖。

（四）塞尔凡招集同盟兵

六月初四日，塞尔凡已经当了陆军大臣，奉行罗兰的政策，走去议会提议一个最危险的议案。当时商定七月十四日庆祝第二次大同盟。这个陆军大臣提议，每县派五个大同盟代表，全身披挂，在大校场行过庆祝大典之后，就要编为一军，共总是二万人，驻扎在森河（Seine）的下游，或附近都城的地方。这个提议很令人诧异，当日政府会议，曾经度穆累指明，此项聚集很有危险，塞尔凡这个提议，明明是独断独行，明明是违抗阁议。议员们讨论辩驳这个议案，却并不费多少时刻。这是出乎右党意料之外的。塞尔凡提这个议案，当作是一个纯粹军事的问题。六月初六日议会通过。

当日巴黎骚动的情形，已够令人可怕，不独是君主的朋友及爱护君主的人颇有戒心，凡是喜欢维持治安及笃守宪法的，都是无不有戒心的。现在又有这种大聚集，简直的是火上加油了。当时好滋事的人，已经不遗余力激动民众，一旦聚集了这许多的大同盟代表，自然是要帮助群众的。试观当时巴巴鲁于马赛（Marseilles）市政厅来往的函牍，就晓得有许多人之有戒心，不是毫无根据的。斐扬党人以为君主的种种让步，已是过于退让的了。巴黎地方的行政厅，（事权是在斐扬党人手中）曾经呈请君主不要批准反对不发誓教士的新例；但是此时阁议已自分裂，关于大同盟代表问题，度穆累很反对塞尔凡（两人几乎挥拳。）路易第十六晓得阁员不能一致，有几位阁员决定，假使君主不批准这条议案，就拿辞职来恐吓，路易却以为这是一个极好的机会，驱逐这一群令人讨厌的阁员。

（五）阁员免职

六月初十日罗兰以为他可以恫喝君主，从衣袋里掏出一封写给君主的信。这一封信从头至尾完全是他的夫人写的，是不必说的了。作者不必说明这封信里头并无什么恭维君主的话，都是警告他不要忘了他的录事长的职守的话。路易第十六不动声色的把这封信接过来折好了，放在衣袋里。谁知十三这一天，罗兰正要赴内阁会议的时候，接到君主一封信，信里只有很简单的一句话，请他辞了内务大臣之职；同时克拉微勒斯也被免职，其后就是塞尔凡免职，度穆累当了陆军大臣。

（六）度穆累之退位

这免职的事一发表，巴黎都喧吵起来。举良女公民十六日写道："我听了未免一惊。"议会晓得了，也大为震动。有位议员说是一得了这个消息很难受。十四早上十点钟，议会很欢迎免职的阁员，当他们是殉难的人。这样欢迎原是不合法律的，于是发令把罗兰致君主的信刊布，又通过一条宣言，说是全国都惋惜阁员退位。正在这个时候，那一个大卖国贼度穆累跑到会场来，议员们大肆其攻击，加对喊他作狄克头陀！有一位议员说他是个污蔑者！度穆累说他们都是疯子。路易第十六虽然觉得拿度穆累来比较罗兰，自然是度穆累较为可近；君主仍以度穆累为过于轻佻，无一定主意，非君子所宜交的人，也并不相信度穆累，以为其无异于他人。不然的话，度穆累还可以有法对付议员。他一看自己夹杂在中间，万不能讨好的；他原是有知识的人，不等到同某方面发生冲突之前，就辞职走开了。路易只好选择斐扬党的二等人才入阁。有一个人说道："议员因受了大惊，是以对于新内阁也并无不欢迎的意思。"

然而左党却大发怒。举良写道："议会腐败无能抛弃革命了！君主是挣脱了束缚了！将来总该有一天！"这一天是六月二十日。

（七）在罗兰夫人的客厅内谋报复

有一个起事的人说道："报复的发起同一切计画，皆是在罗兰夫人的客厅里所发生的。当时最生气的是罗兰夫人，罗兰自己觉得有性命交关的愤怒，克拉维勒斯是舍不得他的财政部。有一个人六月二十日看见克拉维勒斯激动群众，要他们要求将所有的好阁员们全体复职。所有常到罗兰夫人家里的，都主张要定期报复，预定八月初十日起事。有专门闹事几个为首的人，如杀猪的勒戎德尔（Legendre）、酿酒的松退尔（Santerre）、沙波特（Chabot）、佛尔内（Foumier）之流，带领匪徒指挥一切。

“六月二十日，他们的意思，不过是要把驱逐的阁员复职，强迫路易批准议案。倘若因此事而推倒君主，诚然是不再建立君主了。

“他们的借口就是举行第四场纪念的庆祝，在王宫园里植自由树。那天朝晨就有八千无赖出发。早一天就有好几个人的尺牍说道：“群众要聚集议会场，要求通过议案。”

（八）一七九二年六月二十日

检察长已警告议会防备，当开会讨论的时候，请愿的人到了，要求进场。于是发生极激烈的辩驳。左党欢迎人民起事。右党有人喊道：“什么人民？他们已带了刀棍枪炮来请愿的！”当天晚上，有一个人写道：“群众堆里什么军械都有，各种服式都有，好在大多数都是平常人民。”加对极力主张请人民入议场，汾约主持得更力，（举良写道：“人人都归心于汾约。”）群众原来是替罗兰及克拉微勒斯报仇的，会议厅的走廊，已经人满了，只好先让人民的代表进来。代表团的领袖是一个很能演说的，发表许多极高的思想，说话是很激烈的。他说：“人民已起来了，是要流血的！否则我们快要种的自由树，是要好好的开花！我们祖国的仇人，难道以为七月十四的英雄都睡着了么？他们睡醒起来，是能令人害怕的！”议会听了真是害怕，只好让他们在议场走一周。当时人民诚然是起来，然而是很难以站得住的（似是指吃醉酒，译者注）有一位历史家颇为当时的情形所动，颇替他们出脱，说群众因为要提提精神，不得不吃些酒，故此走到议会的时候，不很像样。云云。多数的议员们，看见这种情景，是极其嫌恶。有些议员们，看见了只是大笑。有一位议员说道：“我只看见刀枪长矛如林。”有一位历史家写道：“不伦不类。”然而这次巴黎的革命，都能使见者流泪。当日有许多卖炭的，还有市场上的挑夫，还有二百多个才退伍的兵见了都下泪的。说这句话的报馆记者又加一笔记道：“群众中发现一种坦白无私的欢乐。”很能使当时的情形带些活泼生机。据作者看来，这群人吃酒吃得太多了，无论当时如何活泼，再也发生不出什么诗意来。当时议会也无法，只好忍受他们骚扰了三点钟。

议长把手放在心前对群众说道：“请你们这班好国民放心，议会很晓得怎样对付阴谋卖国的罪案。”群众显然是不相信议长的话，忽然离了议会向王宫走。

（九）匪徒们入王宫

王宫此时是毫无保卫，匪徒们只要推开宫门，就可以走进去。不到几分钟，匪徒已经布满禁地了。匪徒们要用大斧砍门，路易叫人开了门，自己走出来，神色冷淡的。路易愈发怒的时候是愈冷淡，这是他的特色。群众把他推来推去，一面又诅骂他。有一位议员当天晚上写道：“匪类仍对君主说了好些丑恶的话，其中有一个国民军，对君主毋论什么令人可怕的话都说到了。”

当下他们一面乱喊，一面叫道："批准议案！召回爱国阁员！驱逐教士！请你自择，还是愿意在巴黎，或是愿意在科不林士?"路易却很镇静的说："既不是在这个地方，又不是在这个时候，可以讨论议案的。"还声明他是个爱国的，看见身边有一个戴了红色的自由帽，他拿过来自己戴上。路易这种演戏的举动，未免过火。群众见了也糊涂了。一会子这班爱国人见了，也觉得不晓得怎么样才是的。其中有好些要试试君主，看他能够作到什么地步。当时天气很热，许多人在那里吃酒，他们也取了一种酒来请路易喝酒。路易接过来就要喝。

当下国民军到了，把君主身边的人逐开。

（十）君主吃酒

路易一个人站在那里斜戴红帽，热到遍体流汗，酒钟在手，匪类们喊道："君主吃酒!"路易微笑答复。汾约从议会赶来，以为他善于辞令，只要一演说，就可以遣散群众，不料也只管说他的，匪类们竟是不理。后来有人把汾约高举起来，放在一个有力的挑夫肩上，他就在这个新奇演说坛上说起来，匪类们只是耻笑他。

随后市长丕梯恩也到了。有一个人描写他说道："这一位市长身长而白，面目无味，神色冷淡，骨子里是个坏种，是个懦夫，是当时一个最坏的人。"这时候已经是午后六点钟，匪徒是早上四点种出发的。市长到了，先声明他才晓得王宫有事。路易第十六接待这个奸贼是很冷淡的，然而却亏得丕梯恩把他们解散的。匪徒既不能强迫答应他们什么，此时也疲乏了。丕梯恩告诉他们说："你们万不能用暴力强迫君主，若是君主答应你们的话，带些被强迫的口气，岂不是变成笑话了吗?”群众听了，慢慢散了。丕梯恩于是对议会说了些解说自己的话，其实自诩有解散之功，议会让他人坐，算是一件特别荣耀的事。

这次滋事，原是犯法的举动；左党是很明白的，设法要撇开这次滋事的不良效果。于是播散谣言，说是群众不过是去探望君主。左党议员的尺牍同雅科俾党的报章都有这种话。举良写道：“人民对君主说了好些冠冕堂皇很中听的话。”又有一个人写道：“看当日人民们之善用其自由，可见得人民是很配享受自由的。”康多塞是异常高兴，说道：“当日并无什么损害，不过打破几块玻璃罢了。”

（十一）反动的感觉

明白人晓得了。是非常之愤怒，于是发生许多反动，都替君主不平。观于这星期的来往尺牍，可知当时拉法夷脱闻信赶到滋事的地方，他盼望凡是愤恨六月二十日闹事的人，都要与他表同情，同他合力，要趁这个机会关闭雅科俾俱乐部，因为这个俱乐部无一天不辱骂他。

（十二）拉法夷脱谴责雅科俾俱乐部

二十八日当议会最扰动的时候，拉法夷脱跑进会场，以军队为名，大责维持雅科俾党的人（就是雅科俾党的会员）。有一会子，左党觉得很难堪，右党很热心的恭维拉法夷脱，中党也欢迎他，以为军队就跟踪而来。假是他真是带了军队来，或者也可以有点作用。加对不敢直接的攻击他，不过说的是冷峭讥讽的话。但是议会仍然是很厌恶二十日的事，大多数的市侩们仍然当拉法夷脱是自由之长子。议会却很帮他，当时提议，要把拉法夷脱送回去。他的军队里投票的时候，有三百三十九票反对这个议案，有二百三十四票赞成。这时候雅科俾党很不得劲，处处骂雅科俾党的话。

左党因受了这种挫折，大发其怒，当天晚上罗伯斯庇尔就在雅科俾俱乐部很谴责拉法夷脱，说他是祖国的仇敌。库唐说他是最坏的坏人。对穆郎说他是个光棍，是个呆子。假使宫廷及宫廷党都维持拉法夷脱的办法，左党们的发怒，也得不着什么效果。但是王宫里头的人，还当拉法夷脱是个君主最大的仇敌。此时全国都发现许多反感，宫廷误会了，以为是反对革命。他们的意思是无所用于拉法夷脱，用不着借重他。六月二十九日有一个贵族写道："拉法夷脱是个阴谋家，是个光棍，他现在看见风头转了，他不过要借这个机会投到对方党里。"雅科俾党人，一面反对拉法夷脱，说他是和尚派。一面宫里也耻笑他，笑他是个大傻子。王后说道："与其求救于拉法夷脱及立宪党，不如死了为佳。"

（十三）宫廷抛弃拉法夷脱

宫里不独拒绝拉法夷脱，还要揭露他的阴谋。拉法夷脱听见路易要于二十九日校阅国民军，很想趁这个机会，出露于他的旧部眼前，引诱他们跟他去收拾雅科俾党。宫廷却把这个消息透给丕梯恩，丕梯恩于是停止校阅。拉法夷脱知道诡计不能行，离了巴黎。当天晚上，就有人用纸扎一个拉法夷脱在御苑当众枭首焚烧，宫廷又错过这个机会。

（十四）左党又振作

议会此时很失望，中党尤其不得意，要同左党讲和。七月初三汾约不敢直接攻击拉法夷脱，说了一篇很诡谲的话，提议查考报告拉法夷脱的行为。右党原是很有戒心的，此时也赞成这个提议，这就是立宪党自己打倒自己。这一举，把反应的举动停顿住了。左党壮了胆，加以雅科俾俱乐部的愤怒，决计要报仇。

八月初十的事，就是左党回报拉法夷脱的举动。

第十九章　废君问题

（一）左党恐吓君主

这一次左党吃惊不小：读者试参观当时高山党议员，及库通、罗兰夫人、举良六月二十至七月初三之间来往尺牍可知。到了七月初三，他们乃觉得如释重负，宫廷把拉法夷脱一挫折，他们才放心。

左党的领袖如布里索如罗伯斯庇尔因为同受惊恐，不能不共患难，此时好像言归于好了，同在那里等候大同盟的代表到齐，再演六月二十日的戏。他们特别看重的是布勒斯特（Brest）及马赛（Marseiles）两处地方的代表，他们是十九日及二十二日起程入都的。七月初二日议会通过，请代表等入巴黎，亦经路易批准。这两处的代表，是来不及预闻七月十四日在大校场庆祝的了。他们来巴黎惟一目的是推倒君主，那时候有一张爱国报，已经说过巴黎要多添爱国力。

当代表们未到之前，党人竭力鼓励民气。大街小巷，都有唱歌，说的都是推倒君主的话。七月初三这一天，议会却唱的是惨调，汾约用极凄惨的话，在议会说是法国有大危险。这样惊人的话，自然是最容易激动群众的。他将古时各国君主首领残杀人民的故事，说了一番；又说国内有许多仇敌，如何等候欧洲联军入城乱杀等事。汾约所说国内有奸细有仇敌的话，不为无因；因为此时宫廷的人是欢喜到了不得，假使汾约并无意废君，然而这种话语从议会透露到民间，就是预备废君的先声。莫理斯七月初十写道："我们是大踏步向大祸走。"

（二）丕梯恩之停职

那时候巴黎的当道停止市长丕梯恩及检察长麦纽尔（Manuel）行使职权，这还算是他们惩罚得太迟了。因为自从六月二十日起，丕梯恩的朋友们人人都替他担心，以为立刻就要受惩罚。过了两星期才有停职的举动，朋友们以为这是大政变的第一步。

这时候丕梯恩是最为舆论所归的人，左党无不死心塌地的帮助他的。十一月十九日，库通曾称呼丕梯恩是一个贞洁室女。到了七月初七丕梯恩不独是个贞洁室女，并且是一个殉难的英雄。举良说他私德是最好。波尔多的代表引他为同志。巴黎的群众，甘心听丕梯恩调动。孩子初生的，都命名作丕梯恩。这一位丕梯恩是当时一个最浅的人，众人却崇拜他如神明。有人称他为古代圣贤豪杰。有许多人犹以为未足，居然有一位著作家替丕梯恩制传，比他作耶稣，并在传中指明耶稣应该当耶路撒冷地方的市长，如同今日丕梯恩之当巴黎市长。其实骨子里这个丕梯恩不过是个大傻子，是一个最胆怯的人。丕梯恩的一七九二年的朋友们，称他是个胆小懦夫，有人描写他的性情举动的，读之令人可怕。

虽是这样说，此时的人，却非常之崇拜他。七月十二日，路易批准停止丕梯恩职权，群众大怒。吉伦特党向来同丕梯恩往来深密的，一定要他在位，预备倡乱的。那一党也要丕梯恩在职，因为丕梯恩是个糊涂虫，两目无睹的，非他在位，他们倡乱就不能成功。群众是无知无识的崇拜这位上帝，到了极点，四处狂呼：“无丕梯恩，就不如死！”六月二十日，市长那种举动是应该停职的，也并无不合法律之处。杜马却写道：“这是一件违背宪法的事，议会妄用其权。”居然反对丕梯恩停职。路易原可以借这个机会打击议会，但是路易动不得，又错过了好机会。

（三）提议废君问题

那时候常常有人提议废君；七月初三汾约所说的却不过是侵犯他人的话，康盘（Gambon）是直接的说国王通敌，应该废的。七月初间会议，吉伦特党看见左党占了他们的地步，不胜诧异。其实此时吉伦特党还无一定主意，不知应该作些什么；他们听见废君的提议，惟一政策，不过是要求阁员复职，此外是毫无进步。大多数的吉伦特党，此时不过说些空泛无边际的话。然而其中有几位如宋波（Ghabot）、麦林（Merlin）、康盘所说的话，却都是很实在的。康多塞所主张的，不过是要使君主无权。议会中有许多议员心里有许多矛盾相反的意想，有些时心里扰动毫无果断，都忘其所以，手足无措，因此发生最奇异的举动，所谓“拉摩勒特接吻”（Lamourette Kiss）是也。

（四）拉摩勒特接吻

拉摩勒特是里昂地方的一位主教，他说法国既蹈危机，国人要全体联合，以抵御国危；议员们昨天晚上还是你打我，我打你的，听了拉摩勒特主教这句全体联合的话，忽然不约而同互相搂抱起来，痛哭流涕。有一个目睹当时情形的写道：“议员们好像是受了电气的……议员们猛然同时起立，高举两手，脱了帽举手摇帽，旁观的人如狂如疯的踱脚，欢呼之声，震动瓦屋，人人都像是吃醉了。”那主教又说句平常话，说是：“有人仇恨共和!”众人听了欢呼欲狂。路易闻信立刻临会，他一到会，就是微笑流涕，赐他们福。议会散席的时候，人人都是满面流涕的，过了几点钟之后，又是从新你打我，我撕你的闹起来。当时这样的情景，很能显露他们的神经作用，可以解说他们很多怪举动，显出他们有英雄气概，有许多错误之点，有许多弱点，亦有许多冒险性质，有大恶的举动，亦有最名贵的举动。当时自宫廷以至于陋巷，人人都丢了头脑，忘其所以了。

其实各俱乐部此时正在竭力进行废君的布置，是极力反对毋论调和调停的举动。议会却有最后的出力抵抗群众：七月初十日，议会表决宽贷拉法夷脱，赞成者四百四十六票，反对者二百二十四票，宫廷却错会了意；后来八月初十日，路易之所以跑到议会场去躲避，因为他还相信议会还有力量可以抵抗群众也。

惟是法国日蹈危机，这一句话透露出来，众人听了都变作发狂。十一日议会宣言“祖国危险”。这一个宣言，到了七月十四晚上，替大同盟添上许多惨剧性质。

（五）一七九二年七月十四日

十三日是丕梯恩复职。十四这一天的庆祝，就是丕梯恩作英雄大出风头，两年前是拉法夷脱出风头，今天是轮到丕梯恩了，却是占了路易的便宜。丹敦先已当众宣言；十四这一天，要废国王及王后，国王及王后此时有极大危险。第斯塔厄尔夫人（Mme. de Stëel）有一篇记载，描写他们的情形说："王后满面是泪，路易先上神座前宣誓的时候，群众不愿，只是推他挤他，幸而不为群众所践踏而死，他们到了神座前，好像是祭祀的牺牲。"

（六）大同盟代表到巴黎

在这一个星期内，大同盟的代表陆续到了巴黎，一到就被他们拉到俱乐部；罗伯斯庇尔请他们救国。代表们担任救国，只愿驻在巴黎，不肯赴前敌。他们说道："倘若不停止君主职权，我们没得一个人肯赴前敌的。"这时候巴黎城人人的意中口中，都是停止君主职权的话，议会里三五成群谈的都是这句话，毫无顾忌的。

但是大同盟的代表们，不止要停止君主职权，一定要废君主。

陆续到了许多代表，十八日是到了二千六百九十人，三十这一天，到的是五千三百余人，组织一个中央委员团，另外有一个五位总理的行政团。有巴黎匪类首领哥萨（Gorsas）、佛尔内（Fournier）、松退尔、宋波等帮同办事。十七日代表们为中央委员团所激动，递了一个呈子给议会，说君主卖国。议长只好作一个侘傺的答复：说是救国的方法，全在宪法中。

（七）祖国危险

这个时候忽然发生一件事，煽动群众，给阴谋家一个绝好的机会。读者要晓得舍瑟尔亚洛（即厄罗尔德）曾经通过提议颁布宣言，说是祖国危险。举良说他是摹仿弥拉波。这是在七月二十二及二十三两天。这个可怕的宣言，由市政所派员在大街上宣布的。一面在新桥地方放警炮，一面有军械厂放炮相应，市政所人员披了三色大绶，左右有马队护卫，在十字路口高声唱道："祖国危险!"一面又搭了棚，挂满三色旗，摆了许多大鼓，架了一长块木板，预备告奋勇的国人，前来报名入伍。此时爱国的热潮愈闹愈高，但是勇跃赴义之中，免不了带着好些愤怒，也不怪他们愤怒，莫理斯二十五日写道："奥国军队彼此相告，深信在巴黎过冬。"群众们很晓得奥军所说的夸张话，免不了有几分相信，夸口的话或者会变成事实。群众们是不相信法国的统兵大员，并不相信议员，更不相信王室。若是指王后而言，其不为国人所相信，不为无因。在王后左右的人，是很盼望奥军入城，还盼望奥军早日入城。初十日有一个贵族写道："我们的病，日有起色。"

群众很猜得着他们的意思，义勇队曾宣言："若是去前敌打仗，不能令国民军队在前敌打仗，以免王宫有人在后头，把我们杀了。"

（八）十二个委员团

议会是实在忙不过来，左党也觉得来不及，波尔多党很迟疑他们，只要国王恢复罗兰、克拉微勒斯（Clavieres）、塞尔凡（Servan）的阁员职权，他们就可以帮忙，保固君位。汾约、戎索内、加对送了一个秘密哀的美敦书给路易，同时又组织当众示威举动，恐吓君主，是由一个十二个人组织的委员团送给路易一件公文。这一个委员会团，原是立法性质，逐渐变成保安团。这十二个委员会作了一件公文，交与议会，这件公文是康多塞的大笔。其中说国民自己原能护卫及保全自由，不必向何方求助；然而仍请陛下最后一次同国民合力保护宪法，保护君主云云。

（九）吉伦特党之策略

布里索偷偷的同路易秘密商议条件，只要国王附于吉伦特党，吉伦特党就保护君位。左党此时已疑心布里索阴谋卖友，他们喊布里索是巴那甫，汾约是倾向保护国王的（惟一条件是要国王服从吉朗丁党），也为左党所疑，称汾约作巴那甫第二。骨子里吉伦特党政客希望首先发难，他们晓得在议会里有宋波预备，在俱乐部里有丹敦预备要二次革命。吉伦特党要占先着，但是太迟来不及了。在宫廷一方面，既不要拉法夷脱打救，也不要布里索打救，在阴谋派一方面，是打定主意，不许这一班风袋（指吉伦特党好空言也，译者著）从中得手。阴谋派是要把王室一网打尽，以免漏网。

巴那甫第二同早一年的巴那甫第一相同，到得太迟了。

第二十章　君主之倾覆

（一）马赛人及《马赛曲》

七月二十九罗伯斯庇尔在议会正式提议，停止君主行使职权，召集国会。这一个号令，同时是发于巴黎各分区的。

近来各分区任从匪类侵犯，已经有好几个星期，其实各区都是有阴谋派指挥的。其中有一区是戏院区，是阴谋发源之地。丹敦、对穆郎、马拉佛尔内等等议废君主的大多数人，都很欢迎这个提议；不过他们是一个平常众人会议的地方，并不是法定团体，况且聚会的人，虽然吵得热闹，不见得肯去冒险拼命。是以为首的人，要等候马赛发来的援兵。

马赛人是七月二十九日到巴黎的。巴巴鲁原请马赛市长派六百名敢死队来。后来果然有一百名，死在王宫的。但是他们从马赛地方动身来巴黎，在路上很证明他们很能唱。他们有几个星期在路上冒犯署热，高唱一个《来因河健儿曲》。这一个曲子，不过是数星期前有驻扎在斯特拉斯堡要塞的一个少年军官，名鲁热·德·利尔（Rouget de Lisle）所制的，这群马赛健儿把这一支曲子唱得熟了，算是他们的军歌，就改了名，叫作《马赛健儿曲》。

南方人是善于据北方人的东西为已有的。

二十九这天，他们是到了砂兰通（Charenton）地方（此地有监狱，译者注）当时有些人很想把他们监禁在这里。巴巴鲁赶去欢迎他们。三十日马赛健儿入巴黎城，当天晚上他们就打死一个国民军，打伤几个兵，到处闹事。

如此可怕的事，都发生反动。三十一日，巴黎有一区宣言：君主是已经废了，八月初四却有了变卦，因为初三日巴黎就晓得不伦瑞克（Brunswick）的狂妄宣言书。

（二）逋臣与欧洲

自从春间法国前敌的军队不战而退，欧洲看法国不过是刀俎上物。外国军人跑去巴黎游览，是极容易的事。此时还未入法国，联军就预先分赃。奥国一位大臣写道："我们用兵的目的，现在不是恢复秩序了；他们扰乱秩序，内乱频生，更易令我们达目的，将来我们替法国恢复秩序，替他们随便建立一种宪法，是大有利于法国，但是法国要牺牲几省地方酬我们的劳。"他们现在借口延缓迟迟不进兵，就是要法国自己先扰乱几时再说。其实普鲁士同奥大利都不肯让俄国一国独断独行，两国又彼此都不相信。他们的军队前进往洛林地方的时候，彼此都互相察看，各怀贰心。这个情形，就可以解说在瓦尔美（Valmy）地方发现的怪事。这次要侵犯法国的联军，是个不完全的结合，是靠不住的，彼此都被怀疑所摇动，又过于轻视法军，过于得意，是会发生危险的。

（三）不伦瑞克之宣言书

逋臣们之狂妄夸张，更是不安。他们心里存了许多一时三变的计画，说是法国常被匪类骚扰，常在恐慌时代，是要拿恐慌对付恐慌的。若是一个宣言书能够在法国发恐慌，全国不难都要跪在国王面前摇尾乞怜的求命；只要国人都服从了君主，康狄（Conde）的军队就可以长驱直入，展开白色的旗，什么事都完了，从此永享太平。他们对于这种侵犯法国的计画，也还带有一点爱国思想。倘若国人悔祸，外国兵就无所借口，也不能要求兵费，因为用不着他们干预，人就服从了。逋臣们满肚子里都是这种计画，故此终日包围那位总司令不伦瑞克。这位总司令是一个无决断极胆小的人，实在被逋臣骚扰不过，只好耸耸肩，叫人作一个宣言书，在底下签个字。这一个宣言书里头有许多条件，许多读者当已晓得了。这一件著名公文的口气，当法国是个反叛，若是要免于受惩罚，就得跪在国王面前求饶。又恐吓巴黎，若是损及王室毫发，义军一到，是要玉石俱焚的，诸事惟议会及政府是问。居民人等若胆敢抵抗义军者必从重惩办。一件公文对于所谓反叛并无分别，凡是一七八九年五月起事的反叛，都是一类的治罪。莫理斯详论这件公文，很有几句讥讽话。他说道：“这件公文就是说我反对你们众人，请你们众人反对我，你们要尽力抵抗我们，因为你们除了抵抗之外，并无其他希望。”这一篇大吹而特吹的文章，杜马批评得最得当。说道：“简直的是国王的两位贵介弟，对于王室作骨肉相残的举动。”

（四）要求废君主

主持共和的康多塞喊道："我们有救了！"这句话是指推翻君主制而言。初三日丕梯恩就到议会，说是带了各区的请愿书，要求废君主。汾约听了害怕，立刻散会，停止讨论（这样解决是最大害事）。初四日，摩康塞尔（Manconseil）分区宣言不承认路易第十六作君主，议会不承认这句话，说是君主问题，是全体国民的问题，不能归一分区独断独行。议员们对分区不知说了多少好话，才敢把这个问题压下来不讨论，可见得议员们是怕极了群众的了。当时有一个英国人，目睹当时议会之纷乱无主情形，说道："初六日同时有两分区来请愿的，一个是请惩办要求废君主的人，一个是来要求废君主的；议会对于第一个分区是绝口称赞，对于第二个分区是表示欢迎，特别赐坐。"这个英国人还亲眼看见旁听的人驱逐议员出会场的成数多，议员们驱逐旁听人的成数少。"当下议会一面敷衍人民，一面抛弃君主，议决驻扎巴黎城外的瑞士营（君主只剩了这个护卫），调遣出外，编入北边军队。

初八日举良写道："议会好像是太过力薄，不能作舆论的后盾；舆论好像是太强，不肯听议会压制，总要流血。"因为要流血，马赛健儿于初四日，强迫市政人员发给五千子弹。此时国民军的司令是一个忠于王室的人，名叫曼达（Galliot de Mandat），担任去蛊惑他的部下。

议员们晓得起事是免不了的；他们虽然向来喜欢开长会，却不喜欢遇险。初九晚上七点钟，他们就散会。

（五）八月初九晚

布里索因为路易第十六始终不肯召回阁臣，复他们的职，只好不顾法律的了。

初九晚上是很热闹。巴黎全城的人都在街上谣言四起，都说是今天晚上举事！到了晚上十一点三刻，科第力尔的大钟忽然打起来，声音是很凄惨的，每过几分钟，就有别的六处教堂鸣钟相应。原来这是报警的钟。巴黎全城的人，都觉得毛骨耸然，只听见许多人说道："来了！我们现在要进行！"

（六）丹敦在市政厅的惊人举动

原来是丹敦代表总检察官，亲自带暗号到科第力尔叫他们鸣钟。自八点至九点，巴黎各分区开会，开得很热闹；他们的目的，是选特派员恐吓市政所董事团，倘若在所必要，就把他们驱逐了，另委董事团。这个董事团的董事都是宗社党；必先要在市政所大翻腾，然后好去攻击王宫。只要市政所到了阴谋派的手上，他们就可压制曼达，把国民军夺过来，随即打发巴黎的无赖，同马赛健儿去攻打毫无保护的王宫。到了十一点钟，所以新被选的特派员都向市政所来。

（七）起事的自治会

市政所的董事团正在开会，已经打发人去请丕梯恩。丕梯恩不来，于是叫曼达发令拔队。曼达立刻布置，带队向王宫而来。丕梯恩脸上怪难看的，也跟着曼达走。当下丹敦进了市政所；看见巴黎八十二分区的领袖，在那里发怒。这八十二个领袖，自称是新自治会的首领。董事团还在那里议事，请这八十二个新领袖暂时占据议事所附近的一间房子。这是董事们自戕的办法，不到一点钟，起事的自治会，把他们扫除干净了。

（八）曼达部署一切保卫王宫

曼达到了王宫，就部署一切。他原不甚相信他的国民军，但是他发出极刚决的号令，国民军好像还不至于不可靠。曼达又发号令把驻扎鲁意尔（Rueil）及库尔柏筏（Courbevoie）的瑞士营调来，又把警兵队都调来，一切算起来，共总有一千八百人。国民军都是当时称为一七八九年的好人，作者要说句公道话，他们此时并不甚欢迎巴黎的匪类。

（九）洛德洛

这一道的检察长洛德洛（Roederer）也是一七八九年的好人，到了晚上十一点钟，他也出现了。他原是第一届的议员，他的一切举动，实在令人可疑。昨天他是个雅科俾党，今日却变了一个和平派，再过一天，他可变了帝制时代的上议院议员。最后到了路易·腓力时代，他却当了贵族。但是洛林地方人，待人是礼貌很周到的，才干是有的，很能令人喜欢，向不作极端解决的事。他是最能挫折过火举动的。随后丕梯恩也来了，仍然是满面笑容。路易接待他是很客气的，因为有几个兵丁对他说了几句粗话，他就借作题目跑到议会来。议会此时有几个议员在那里，丕梯恩从议会出来，原该去市政厅的，他却不去，走回去自己市长办事地方。巴巴鲁早已料及因为起事，他借故规避。

太阳快上来的时候，王妹依利萨伯卷起窗帘对王后说道：“妹妹，你走来看，天将亮了！”马利·安推涅特这次看日出，就是看法国君主制的太阳最后一次升天了，路易第十六说要去就寝。这个时候正是丹敦占据市政厅。他一到了，就发生大扰乱，丕梯恩既不在那里，他更可以自由举动，董事团起首害怕。

（十）曼达被害

董事们以为曼达是个反叛，卖了他们。曼达原派有军队驻扎新桥，以免河两岸的乱党通气相联。匪类们见了大怒，于是高声大喊：说是曼达整备残杀民众！又说是王宫与他同谋。董事团这时候手足失措，不知怎样是好，只好发一个号令，请曼达离开王宫，回来市政厅。曼达迟疑，不想奉命。阁臣们劝他不要动；洛德洛劝他应该奉命，且说董事团都是好人，都是效忠于君主的，怕什么回去呢？曼达还不晓得当下已经有革命的自治会成立，于是并不带护卫就回去，一到就被人包围住，被人侮辱，已经被他们革了职，当走出的时候，被群众杀了。

（十一）群众专权

新自治会既将曼达革职，就成为谋反事实，计无复之，告诉董事团，新自治会就是人民惟一代表，颁布命令，停止董事团职权。董事团反抗，谓自治会员无法律规定地位。他们答道："国人在起事时期，将所有一切事权，都据为己有了。"这两句话读者要记得，应该写在本历史的卷首第一页。当时就是不过有限的几个人大权独揽，为三千万人立法，董事团却也真是懦弱无能，一面嘴里反抗，一面就散了。自治会取而代之，占据了巴黎。

他们的计画，就按部就班的实行起来，有条有理，一丝不乱。已经杀了曼达，所有一切防护都乱了，反叛们就去攻王宫，先把新桥的大炮挪向王宫及斐扬园。

（十二）护卫不能相应

于是有人把路易第十六从酣睡中唤醒。此时国民军的举动，令人害怕。路易还下去检阅这些军队。有人目睹的说道："路易两眼是红的，头发上的白粉都聚在半边，走路很迟钝，说不出一句有意思的话，见了军队只会说一句话，'我爱国民军'。"又有一个国民军中的人写道："当时的情景，如在目前；路易走到我们面前是满脸愁容，一言不发，好像是要说，什么都完了！"有许多炮兵跟在路易后头走，一面走，一面喊道："打倒国王！打倒这个胖……！"路易一言不发，到七点半钟，他走回宫里，气都喘不出来。

军队里头，此时自己争论起来。炮兵说不愿对人民开枪。此时群众到了，攻打宫门，爬墙进来劝国民军叛乱。

（十三）路易第十六入议会避乱

洛德洛此时也走到军队里，后来又回去王宫，看见有几个左党议员，他劝路易同他们议条件。议员们说道："君主何妨到议会暂避呢?"路易答道："你们以为可行么?"议员答道："我们以为可行，舍此别无良法了!"王后却不以为然，说道："我们还有军队!"随即又说道："什么！我们变了孤立了么？没得一个人替我们出力么?"洛德洛故意张大其词说道："是的，完全孤立无援，举动也无用，反抗是绝不可能，巴黎全城的人都反了!"又对路易说道："陛下宜速断，时机不可错过!"路易对王后说道："我们走罢!"国王王后这一走，就是走上斩首台了。洛德洛先行，随后是阁臣，阁臣之后是国民军，国民军之后就是路易第十六一家。太子一路走，一路踢落叶。（因为天气异常酷热，树叶落得较早。）路易说道："今年树叶落得比往年早。"他从此以后，不能再见王宫的新树叶了。

此时议会不过有少数的若干位议员在那里大为震动，等候路易驾临。路易到了议会，坐在议长汾约的左首。后来判决国王受死刑的时候，天意极残酷，使波尔都党员当议长，宣布路易第十六的死刑。现在也是波尔都人当议长，接待路易第十六，不久都抛弃君主，听天由命，任从君主去受罪。议长此时对君主说的几句话，却想不到后来的事。此时汾约对君主说道："陛下可以依赖议会的果决，所有议员都曾发过誓，以死维持民权，以死维持宪法所建立的执掌事权的人。"这是演说家的话！这个好宣言的人所说的话，不过是预告刽子手去开刀。

议会没得宽大地方容纳王室许多人：这时候到了议会的是国

王，王后，他们的子女，王妹，还有内侍，只好暂时安置他们在速写员办事的地方。有一个英国人说：“王后是仍然镇静整暇的。”有个德国人说：“路易简直是大受了打击，振作不起来的了。”

当路易未走之前几分钟，有一位短小精悍的小军官是个科西嘉岛人（Corsican），在那里很留心察看一切。看见路易第十六毫不抗拒，就垂头丧气离开王宫。这一位军官嘴里喃喃的说道：“Che Coglione”这位小军官就是拿破仑。他看王位倾覆，群众闯入王宫，很发生许多思想。

（十四）瑞士军队与匪徒之冲突

当日八点钟，暴徒围住王宫，国王已吩咐过叫瑞士兵退入宫里，外院都是国民军防守。马赛健儿叫国民军投降。他们要等候松退耳所统带的无赖们到齐了，才开始攻打。但是松退耳走到半路，奉命当了国民军的总司令，立刻折回去市政厅，在那里发号施令。

他所发的号令是多余的了，很可以不必发的。炮手们早已大开宫门，警察队也归附了群众，不久就把大炮转向王宫。瑞士队见了很扰动，他们在那里想，是不是毫不抵抗就让暴徒闯进来，若一抗拒，是要牺牲性命的。有一个人用德国话对瑞士兵说，劝他们投降，这不多几个的勇敢瑞士兵答道：“投降则体面何在！”

有两个瑞士兵离开队伍，走去同暴徒说话。暴徒开枪打他们，瑞士队立刻开枪回答。暴徒正在登阶，瑞士兵这一排枪先把马赛健儿的首领打死，同时倒在地下的死伤者还有一百人。暴徒大惊，分头逃走。（可见得洛德洛的话，是引诱路易第十六走了错路。）瑞士兵从死尸上走出来，抢了一尊炮，占据禁门，又走前去抢了几尊炮。

暴徒逃出去，正遇见巴黎的无赖大队来了，壮了胆，又折回进攻。瑞士队本来就无多少子弹，极难抵抗，被群众逐入禁门，有好几个受伤倒地。

议会在那里从容讨论，听见枪声，送信的走来报告，说是群众被杀，说是群众要攻入王宫。议会忽然振作起来，通过条例，将所有生命财产，都交与巴黎人民保护，又派议员二十名入王宫，十二名议员入市政厅，派他们去同有事权在手的商量，不问是法律规定的事权，抑或是无法律规定的事权。还说在这个当口，还许有人民所相信的人，敢将事权给人的。正当此时，演出最残酷的惨剧的时候，议员说话，当不免带点诙谐。

（十五）八月初十之乱杀

议员们强迫路易签押一封书，谕令瑞士队停止放枪，叫他们都到议会来。他们见了君主的手谕，立刻奉命，他们一走出来，就被暴徒追赶包围杀死。什么地方都有瑞士兵的死尸，也有在宫里被杀的，也有在花园被杀的。有些走到市政厅的，被几位自治会员定了杀罪，立刻杀死，将尸体斩成碎块，还在禁门外院，点一把火，焚烧瑞士兵死尸。他们为什么要这样残惨，实在是不能令人明白。在暴徒方面，共总是死了四百人（有人说是三百七十六人），但是被害的不止是瑞士兵，还有许多无辜的人，也被他们杀死。有许多旁观的人看不过，劝他们不要胡乱捣毁，只让他们把王后梳装镜子之类打碎。同时在王宫别处所演的，却不是这种无知识的胡乱捣毁。有一个女暴徒，乘势就把从前挖苦过他的一位报馆记者杀了。所有宫里的御膳房的人都杀了。内侍们，侍卫们，太子的小师傅，也被杀了。还有克勒芒通内尔（Clermont Tonnerre）原是一位极大度的贵族，最先在省议会大会的时候，主张民主制的，也被乱民杀死了。

这一群嗜杀的乱民，不过在最初看见流血稍微有点害怕，随后也就见惯了，兽性大发，当天晚上，杜马说他亲眼看见孩子们在街上拿人头玩耍。又有一个人亲耳听见一个工匠说道："我的运气很好，我一个人亲手杀了三个瑞士兵。"八月初十日是恐慌时代的第一日，有一位查考过的说："当日共总杀了八百多人。"

暴徒乱杀的时候，路易第十六却在议会捱他的难过时光。

作者已经说过，当时赴会的议员无多，右党中党的议员害怕，不敢露面；有些议员们，简直的不晓得外间闹什么事。康多塞到了奥忒厄（Auteuil），晚上才赶回来赴会的，共总是七百五十名议员，到会的不过二百九十名。

（十六）国人的官吏

大约都是左党的议员，翌日有人写道："这到会的议员，是全来旁听的。"群众指挥的，个个都是恐慌的。议会原已派了十二个议员去市政厅，在路上就遇见市政厅派遣赴议会的代表。这些代表们自称是国人的官吏，走入议会宣布议员们的死刑，要求召集特别国会。

到十点钟的时候加对代汾约当了议长，很欢迎这一群国人的官吏，恭维他们一番，所为就可以把他们支吾走了。加对说道："议会很佩服诸位热心，请各位回去各尽其职。"但是这一群民间演说家，走上演说坛，有一个说道："王宫是着火了，我们要替国人报仇，使他们满意才能罢手！”

（十七）议会停君主行使职权

替国人复仇，就是废王。议会此时所能办到者，不过是不肯废君，只能提议停止君主行使职权，以待特别国会裁夺。于是因为停止职权的问题，讨论辩驳了一天。王室当时就坐在旁边，眼看着法国君主制之倾覆。到了晚上十点钟，议员们把王族一干人送到斐扬庙，过了极其不安适的一夜。翌日早上，又把他们送回议会来，从议会又把他们送到了大庙。

（十八）把君主交与自治会

议会最先决定的是将君主禁锢在卢森堡（Luxemburg），随后又议定禁锢在司法部（因为有一个自治区反对，说君主可以从堡中陵寝逃走）。但是自治会有正式的反对宣言，说保管王躬是自治会的专职。旁听的暴徒大骂议员，议会无法，只好让步。君主走来议会，原为的是要议会保护，议会却反把他们交与市政厅的乱民。八月十二，果然把路易第十六及他的亲属，交与自治会，自治会把他们幽禁在大庙里。交代王躬的是议会，接收王躬的人是勺麦特；交代大权也是议会，独揽大权的人就是丹敦。当时失败的不止是路易第十六一个人；吉伦特党人被人所愚，占了先着，被人打倒。他们一面牺牲王室，一面又牺牲自己。

第二十一章　丹敦　外兵入犯乱杀

（一）行政团

八月初七，实在得胜利的就是丹敦。波尔多党虽然恨他，却又不能不承认他。议会既议决颁行选举行政团，其中有一条声明行政团的领袖，是由第一位被选的人充当，议会只好首先选举丹敦。又以二百八十五票中得了二百二十二票表决，升他作司法总长。他的同事是蒙日长海军，及勒布朗（Le Brun）长外交，其余仍是罗兰、塞尔凡、克拉微勒斯，各复旧职。

所选的既是这一班人，即是丹敦大权独揽。塞尔凡原是波尔多党，以为最尽忠于本党的人，却心甘服从丹敦。蒙日是一位大算学家，是科学学会的会员，与康多塞同事，也是更甘受指挥的。勒布朗对于丹敦是奉命唯谨的。克拉微勒斯原是个庸材。罗兰虽然复了职，但是他经过这末后的三个月事变，就老了许多，又有家务烦心；他向来不过是一个遍览百科的学者，并非是一个政治家。他又向来倚靠他的夫人作他的左右手，现在很疑心他的夫人，因为这件事，心里是非常之难受。

单简言之：这一个内阁，这一个行政团，不过是一群慌张失措的录事们，只要他们大首领一瞪眼，一变脸，他们就唯唯听命，一声也不敢响。这位大首领丹敦自己尝说是一个炮弹，把他打入内阁的。

（二）丹敦

从前的人，不过当丹敦是个粗俗的俱乐部中及大街上的一个好生事的人，是个凶横危险的人，比较好为大言的汾约及罗伯斯庇尔似乎还欠严重。但是据作者看来，丹敦是在他们之上，比他们高得很多。

丹敦原是香宾（Champagne）地方检察官之子。有人说："他是个暴发户。"这是不确的，他是一个极漂亮的学者，很研究过许多大著作，如意大利丹弟（Dante），英国莎士比亚，法国柯奈耶（Carneille）、拉柏雷（Rabelais）的大著作，他都是很熟习的。他又是一个有特色的法律家，在一七八九年之前，掌印大臣很有意要请他帮忙。他预知不久法国有翻腾的事变，不肯应召，还把律师的事业抛弃了，以便可以自由办事。

一七八九年大翻腾将发起，他就投身卷入大翻腾之内。他也许替多尔良公爵办过事，他却确实人过自由石匠秘密会后，见得俱乐部较为合意，就入了进步最猛的俱乐部。在俱乐部三年，专心制造各种极端的革命意想，所有一切新举动，骨子里都有他。现在为潮流所涌，涌到了俱乐部的最高的地位。

他到了这极高的地位，并未久坐，忽然平地一声雷，他就跳到"狄克退陀"地位。他未到这个地位之前，他的房里有一个钟，钟针是作三瓣花式（此是王室的徽章，译者注），忽然有一天，他把针用手折断了。由此可以见得丹敦是一个意气用事的人，把钟针打断，假使罗伯斯庇尔的话，是绝不肯打断的，他要慢慢拆下来，收藏起来。

丹敦是好意气用事，凶横，过于为情感所使，胆子是极大，却无耐性，好酒及色，害及身体；好夸张他自己所作的失检的事，不好说自己有什么道德，趾高气扬，而无远虑。他的演说是很有大力量，声音极大，却不是个大演说家。他往往对他演说所发生的祸害，禁不住流涕。

他说话是极其激烈。他说话时候的面貌神色，尤其激烈；他的面貌是尤其可怕，又像极狞恶的狗，又像一只狮子。

大历史家索勒尔（Sorel）说："丹敦是个男子汉。"从前一位历史家米细勒（Michelet）说："他不过是一个演说家。"此却是大错。丹敦的确是一个一腔热诚的男子，无一语，无一事，不是从血诚中来。他的怜悯，愤怒，凶横，都是出自真诚。他这个人，毫无狠毒，容易动情，易于忘仇；自己晓得作错了事，是非常之后悔的。向不怀恨，向不用机心打算盘。他喜欢钱，却无证据能证明他得过暧昧的钱。但是任从左右的人要钱，向来无人说他贪赃受贿。

这个人既有大头脑，有热肠，他崇拜革命，尤其崇拜祖国，他被完完全全是一个法国男儿。法国有危险的时候，喊他出来，他就挺身出来，一片血诚救国。这个人有许多举动，不能不令吾人望而生畏，敬而远之。然而在吾人眼中看来：丹敦确是个大伟人，他好像是一座喷火的火山，然而喷出来的火，是最清洁的火。

作者还要指明他有一样短处：他是很懒的。他什么大胆冒险的事都敢作，却是非常之懒惰。他的举动都是激烈的，忽作忽止。他不晓得什么是宽缓的事功，他又不晓得什么是耐烦的怨恨他人。他的仇人未死，他就宽贷了他。假使是罗伯斯庇尔，是绝不肯这样作的。路瓦耶·珂拉尔（Royer-Collard）说："丹敦有大度。"他的大度，也许是从懒惰生出来的。极不耐烦，一会子就讨厌，连他自己发怒，有时候他也讨厌。

（三）丹敦进行之规画

丹敦向来不言理想：他原愿意行宽大政策，兼涵并容。当恐怖时代，他续弦，还是天主教教士同他们行结婚礼的。他却容纵凶徒杀死卡麦力大寺庙（CarmelileConvent）的一百个教士，又把凶手窝藏起来。他的大梦，是要法国全国联合起来，抵抗日耳曼。他意想中的法国共和国，是一个同心合力，共御外侮的国，不愿意看见国人分离。一七九三年，他觉得吉伦特党怨恨他，他极其难过。一七九四年，罗伯斯庇尔深恨他，他亦觉得难以相信。一七九二年八月，他起首作梦，要有一个大举动，振兴全国的人，抵抗仇敌。他虽然是懒惰，却因为爱国至诚，他一连有几个星期，全副精力，用在极辛苦的事体上。他要把这个瓦解的法国，整顿一番。

若是通盘计算：丹敦是一个极有大能力的人。

左党是很明白时局的实在情形：波尔多党原可以安置罗兰作内阁的首领。他们却晓得国事艰难，并非罗兰所能了的，却并未把这个意思告知他的夫人。他们举了丹敦作首领，是把自己毁了，却救了法国。那时候，通国没得一个人，当敌军未出国境之前，肯把丹敦踢开的。

丹敦第一步就是先把自己的意思告诉内阁（即行政团）。吉伦特党都是理想家，惟有丹敦是个实行家。他不相信这时候法国人是好共和，必定要用些强逼手段，然后法国才能变成共和国。

他就要用这个好革命的巴黎作利器。

（四）丹敦与罗兰等

吉伦特党是很想借外省的力，抵抗巴黎的自治会。丹敦却把他们种种反对理由撇开，只剩了罗兰夫人一个人，还是独力抵抗，不赞成丹敦的办法。罗兰夫人一起首就恨丹敦，恨丹敦把她的朋友都遮掩住了。夫人恨丹敦的才能，恨他的放荡行为，恨他的体貌，说他咄咄逼人，说他残忍。新近刊行罗兰夫人的一种著作内，有夫人描写评论丹敦的文章，描写得甚好，描写得很令人害怕；不过不是丹敦的真相，一读这个著作，就晓得夫人对于丹敦，是恨之刺骨的了。丹敦原是很愿意敷衍夫人，同她作好朋友，可惜他们夫妇两人阴谋阻挠他，他只好用他习惯手段，举起粗大膀子，把他们夫妇两人推开。罗兰的事功，从此告终，其余的阁员，却被他压伏下来，他此时是一个大权独揽了。

自此次事变之后，反对的人都望风披靡。拉法夷脱设法收拾余烬，谋举大事，是毫无成功，只好出奔了。各省原是反对六月二十日的事，到了八月初十日的事变发生，并不反抗。所有各道除了八道之外，都是附和中央的。这都是不伦瑞克宣言书之功。

当下巴黎人很高兴，好像是一场恶梦都打散了。看当时的尺牍及报章上的议论，就像是人类开了一个新纪元，处处都是很热闹的，处处都有跳舞，人人都是乐不可支，彼此见面，都互相庆贺，空气好像是变清爽了些。男子们个个都是抬起头的，女人们好像比往常贞洁些，事事都发现一团和气的气象。举良的信不是信，简直是歌曲。王族是禁锢在大庙里，有许多人傍晚无事，就跑进大庙里笑骂王后几句。到了八月二十，就有许多人要暴君的首级。

（五）外国入犯

因为此时外国兵起首入犯；八月十九日，普鲁士军队同法国的逋臣队，在列当基（Bedange）犯边。逋臣虽然糊涂，两目无睹，却也还有心里很难过的（有他们的尺牍可证）。这原是一个极危迫的时机，其中有一个犯边的人名谢多勃良（Chateaubriand）叙述当日的情景，今日读之，亦不能不动情。但是入犯的人，是深信不疑，一定得胜。普鲁士军官们，预约八月底某日在巴黎御苑聚会，预言到巴黎如何的快乐，他们极看不起法国。

康狄的好吵乱闹的军队提议当先锋，他们的目的要享受国人求和悔过，但联军却不管悔过不悔过，只要夺要塞。

（六）联军的兵力

不伦瑞克所统的，共总是八万人，这就是当日称为洛林军。这一军有四万二千普鲁士兵，只有二万九千奥国兵。萨克思·特申（Saxe Tecchen）、沙士特公爵所统的北军有二万五千奥国兵，四千逋臣，后备军还有一万七千奥国兵，及康狄所统的五千人，预备入犯亚尔萨斯。联军总数共合十三万一千人。

当时以普鲁士兵特别有威望，这都是从腓特烈（Frederick）大王的威望得来的。有一位熟悉军事的，很发露普国军队无人疑到的弱点。他说：“普军的炮队，不及法国远甚。那位前敌总司令，不是统带重兵入犯之材。”总司令是满肚疑团，他的部下，却是满嘴里夸张，这一位不伦瑞克公爵是一位哲学家，他见法国革命使人民享自由，是件好事，不应该奥兵反对的。况且他又是一个普鲁士的好男儿，最恨的是奥国人。还有一层：他向来有迟疑寡断的性质，遇事多存悲观；他是若逢大将临阵的时候，首先要预计如何退兵的。

普军的弱点，巴黎人是不晓得的。他们把外国人犯的事，看得是很可怕的，但是巴黎的人民并不因害怕而垂头丧气，反因此而发狂。有一个人说道："不伦瑞克这一件宣言书，简直是替法国加增了许多军队。"

（七）法国的兵力

但是新增的军队，并不是最好的军队；同最好的军队，是差得很远。有许多年来，有许多人，都相信留传下来的谣言；说是法国军队最初之所以得胜，都是一七九二年义勇队之力。若是说出实在情形，义勇队几乎害了法国的军队。

当日香宾之战，洛林之战，及比利时之战，法国兵屡立奇功，皆是一七九一年旧军队及义勇队之功，以其能守纪律也。当时有一位身历行伍间之将军，尝谓此种军人，确是法国好汉子，其后入伍者，大概皆不知纪律为何物，要经过一七九二年五月间之败北挫折，甘受较为严整军纪，然后可以有为也。但是虽有入伍之众，仍然不能及联军之多。（法国军只共有八万二千人，联军总数是十三万一千人。）议会只好作第二次招募，新入伍的性质，亦远不及一七九一年所招的。所有当时统兵将官的尺牍，是说得很是清楚的；但是并不绝望，人人都希望这种乱吵乱闹，如疯如狂新入伍的人，慢慢还能作健卒。克勒曼此时力持新旧混合的办法。

（八）度穆累之事功

度穆累此时继拉法夷脱统带北军，卢克纳虚拥总司令名号，不久就改派在后军，麦次军队改归克勒曼统带。当时的实在情形，是度穆累已蒙塞尔凡及丹敦宽贷，指挥一切。

他的宗旨是要利用士卒之热心，而不加以压制。此时军队中之共和主义极其发达，不是普通国人所能赶得上的。他们有一种勃然而兴的好气象，若能利用，是可以变成劲旅的。读者要参考新近二十年来所刊布的军官们的日记及函牍，然后才能晓得当时军队的一切实在情形。其中有许多军官名姓，都未经本书说及的。军官们是很相信那时的士卒可以有为，因为有此种相信，故能立功。他们利用那个新编的军队，即是利用《马赛健儿曲》的激昂意气，鼓励士气。

度穆累很晓得一七九一年的发酵面种是好的，就当作种子遍播在军队里。他居然有本事把临阵溃逃的弱兵，变作在瓦尔美（Valmy）及宅马普（Jemmapes）两地，血战获胜的劲卒，到开战的时候，他们很站得住。法国军队是穿的蓝色军衣，逋臣们耻笑他们说："他们是蓝色陶器，一碰就碎。"殊不知军官们是第一次把陶器放在窑里再烧，起初很像是有了裂纹，好在原料都是很好的。一七九一年入伍的人，是最好打仗的材料；其中有位名微克忒（Victor）的，在军队中原当鼓手的，后来作到上将，尝追忆当年的事说道："一七九一年的军气发扬，是令人不能忘的，可惜我无文才，不能绘声绘色，描写当时那一番好气象。"又有一位军官名马尔蒙（Marmont）的说道："我追想当时，是日在光明世界中，我今年五十五岁了，犹觉得当时的蓬蓬勃勃气象的能力，如在目前！”

（九）义勇队自选将官

高级军官，叫义勇队自行选举大队长（这是一件冒险的事）。大概而论，他们选得还不错；例如如耳洞、微克忒、马索（Marceau）、摩罗（Moreau）、达武（Davout）等等是也。其中的将官，占了共和时代分统的四分之一的数目，有七位是后来帝制时代的上将。不到两年工夫，这群少年小军官，都超升了。有几位原在下级军佐之列的，奋勇争先，不到一年，就升官了。例如拿破仑时代的大将勒非甫耳（Lefebver）、伯纳佗特（Bernadotte）（后来作瑞典国王，译者注）、内（Ney）、缪拉（Murat）、奥日洛（Augereau）、苏尔特（Soult）、皮士格律（Bichegru）、蒙舍（Moncey）、奥士等都是的。这两起的人，都是当时能带队冲锋陷阵的好手，后来都能独当一面，统率指挥大军。此外还有一七九二年的少年军官，亦在其列，如摩耳提（Mortier）、谷维（Gouvion）、布轮（Brune）、拉萨尔（Lasalle）、朱伯尔（Joubert）等是也。这都是法国走着好运。还有从前的许多炮队、工程队的军官，不愿意当逋臣的，都在军队里。这两种军官，是极其严肃而有决断的，当开战时，他们守在大炮之后，屹立不动，等候有名的普鲁士步卒冲到面前，他们才不慌不忙的放炮轰击。不过六个星期，就令普国的步卒，望而生畏。到了这个时候，却用得着一七九一年义勇队的钢刀同勇气，大收成功。

（十）龙威之退让

（八月二十日）在六个星期内，要把毫无纪律的军队改变作新军，期限是很迫促的。龙威（Longwy）地方见绝不能坚守的了，只好于八月二十日与敌军议款，退出让与。守兵整队而退，但是那种严整镇静，果于自信的气象，逋臣们及普军看见了，心里很有点不安，守塞的兵却无一人降敌的。日耳曼军官们，看见法国兵这种情形，心中很留颇深的印象。

八月二十七日刻勒曼到了麦次，看见诸事都很无秩序，但是军气很好，军队们总喊前进。驻扎靡尔德的军队，也是一样的喊要前进。度穆累到了这里面之后，很用了一番心，很耐烦，很忍气的恩威并济，才能够把军队办到听他的指挥操纵。

不伦瑞克原想在法国两军之间溜进来，普鲁士王时刻为逋臣们所激动，力逼不伦瑞克直捣巴黎。不伦瑞克公爵的意思，是先要攻下几处炮台。自八月二十四至二十九，公爵在布拉库耳（Praucourt）按兵不进，天降大雨，普军从此得了痢疾的病根。

（十一）维丹之退让

他们的军威很著，居然于九月初三日驻守维丹（Verdun）的法军，同他们议款退出，法也是整队而退。那种情形，也令敌人注意。那位驻要塞的台官，宁以手枪自戕，不肯降敌。法军队退出的时候，在公爵面前走过，喊道："我们在香宾地方再见吧！"

当下驻扎麦次的克勒曼及驻扎师丹（Sedan）的度穆累，都在那里很匆忙制造复仇的利器。

（十二）巴黎之危机

虽然龙威及维丹相继退出让与敌人，原是发生恐怖的事实。敌军已经占了居高临下的要地，俯瞰巴黎所在的平原，巴黎的人民日受激刺，政府亦极其惊惧。罗兰夫人写道：“我们虽然是晚上也不睡，日夜的忙碌，也不能在几点钟里头，弥缝缮葺四年来卖国党造成的效果。”他们当时所处的环境，实在是可怕。议会是停止国王行使职权，大权独揽，却不肯帮政府的忙。议会是受俱乐部及自治会所操纵，有时候议会很听他们的话，例如答应他们选举国会议员的时候，授全国人人以选举权。有时却不肯听他们的吩咐。议会此时真是变了屁股议院了（英国一六四八年或一六五九年后，议院有此怪名称，译者注）。因为此时议会并没得多少议员到会，七百五十人中只有二百五六十人到会。右党是害怕逃了，中党可以算作无存在了，左党又被极端左党所压制。

议会答应了组织恐怖政策的初级手续。这时候把贵族同教士都视同阴谋害国，都在嫌疑犯之列。八月十七日议会相信应作一种残杀的先声，组织一种革命法庭，审讯八月初十日的罪状。换而言之，即是审讯贵族的罪状。此时的监狱，已经有人满之患了。议会于十五日，通过议案：凡是逋臣的父母妻子，都要当作抵质，于是把他们都监禁了。二十六日，又通过所有未经驱逐出境的不肯宣誓的教士，都监禁起来。八月二十八日，丹敦叫议会通过一个议案：授权官吏，挨家查验，结果是把许多犯嫌疑的人，都收入监狱里。

（十三）议会为自治会所吓倒

自治会自称有管理巴黎之权：议会里头的汾约，政府（即是行政委员团）里头的罗兰，见了自治会是很害怕的，有大魄力如丹敦，也在害怕之列。自治会里头的人员，是愈加愈多；却是雅科俾俱乐部的人，只留一个丕梯恩在市长署，但是先同他说好条件，要他听自治会的号令。罗兰夫人对于这个如疯如狂的自治会，常出怨言，也毫不相干。举良女国民说："自治会太过骄蹇。"议会屡次要打倒自治会，又不能成功。因为丹敦虽不甚喜欢自治会，却很救护他们。丹敦原希望自治会能够与政府携手一致进行，常对自治会说和气合作的话。他说："这两个团体必要结合起来同御外侮。"那时候定规于九月初二日招集群众于大校场，募集新义勇队。当日丹敦说道："这一次鸣警钟，却不是报警，是攻打祖国仇敌的号令，要打倒仇敌，我们法国人要放胆冒险，我们要放胆冒险，再放胆冒险，自始至终都要放胆冒险，然后能救法国。"

（十四）丹敦默许暴徒之乱杀

替丹敦回护的人，说丹敦晓得群众预备入狱杀人，故此设法把他们引诱到大校场，要把这群要惨杀同胞的人，都变作共和国的杀敌的健儿。丹敦诚然是向不作惨杀的恶梦，但是他不是两目无睹的，他很晓得他们阴谋乱杀，只要一得了前敌洛林地方的打败消息，就要起首乱杀。当消息未到巴黎之先，丹敦已经得了维丹退让的信。当时丹敦、罗兰、塞尔凡、丕梯恩等都未能先事预防，严守监狱，不令暴徒入狱肆行杀人，是一件极可惜的事。对于罗兰及塞尔凡两个人，不可以勉强原谅；吾人只能说当日之毫无防备，是由于丹敦之有意与暴徒同谋。但是此时快要选举国会议员，巴黎的选举权，都在自治会手中。丹敦原是一位要当议员的人，自治会是决计要残杀，作为使人恐怖的方法，丹敦是决计要装作瞎子。丹敦本性残暴，并不反对杀人的；倘若他以为有流血之必要，是愿意下令杀人的。他相信杀人在所必不能免，只好随他们杀去。毋论何短何长，丹敦这个人原非完全是个嗜杀的怪物；但是此次之乱杀，总是丹敦终身之玷。丹敦不独不阻止乱杀，反令他们易于举行，他把真心爱国的人引诱到了大校场，把这几处监狱委弃于暴徒之手，若以为丹敦两目无睹，岂不是把丹敦看作一个大呆子了吗？丹敦确不是个呆子。

九月初一晚，群众的激动达到沸点。我们那女国民写道："好吗！随他们去罢！进行罢！"果然丹敦放任他们，他们果然进行。

（十五）自治会之残杀计画

九月初二早晨，法国军队让出维丹要塞，交与敌人的消息，到了巴黎，自治会曾经被议会全体反对过一次（不过反对了一点钟），要决定一日，在最后一次的伸张其权力。那时候恰好巴黎快要办选举了，自治会的人们自问道："我们该举什么人当国会议员呢？选举布里索党吗？也还可以选举罗兰党吗！那是不能的，我们要令全国恐怖。"科罗得霸自己承认道："假使无九月初二，是绝不能有国会的。"他说的是国会里头的高山派。

当时得了抛弃要塞的消息，巴黎全城都发了狂，这原是怪他们不得。当时有许多事，是无不令人受激动到发狂的。有一个英国人名穆尔（John Moore）在巴黎是耳闻目睹各种情形的，说道："在大街上演说的人，说卖国贼的举动，说得是怪怪奇奇的。"有许多人说巴黎城里，每块石板底下都藏了一个卖国贼。王后与罗兰夫人，都是阴谋卖国的。串通科不林士的卖国逋臣，作内应的奸细们，是那里都有。九月初一日，有人在巴黎遍散小书，书名叫作《路易之大卖国》。又有一本小书，名字很长，叫作《九月初二夜阴谋暗杀好国民之大揭露》。所有真正爱国的人，听见人人都说卖国贼，要杀他们，他们害怕，只好随他们杀。

其实暴徒们的意思，是要专打击罗兰，并非是一定要打击宗社党。他们曾经向罗兰要求发给秘密费，罗兰不肯给，故此马拉是恨极了罗兰夫妇，到处造他们极恶的谣言，他是决计要把他们夫妇两人打倒。

这一个名声丑恶的记者马拉，在这三年里头在报章上发表多少激烈议论，使巴黎人天天都好像得了热病的，到了这个时候，自己出马了，自治会派他一件事，他就自称为监察团的一个委员，居高临下的颁行他自造的法律。他说政府宽纵罪人，这种罪人一定是要处死的。同时如罗兰布、里索这等人，是要压制住的。马拉向来是果于自信的，就贸贸然自己填了一张拘票，签了字（他是绝无这样事权的），拘拿内务总长罗兰。

（十六）九月之大残杀

当下自治会的各分区就发动。拉怕松内尔（La poissonniéie）区首先发难，发一道号令。凡在巴黎奥尔良及各等处的监牢里的嫌疑犯，一切处死，无得遗漏。有几处分区附和他们，那个监察团发令动手残杀。

却是说明凡是罪犯都要过堂受审，审判官是现成的，这些审判官，大约都是诸事无成的极无聊无业流氓。例如杜给遵（Dugazon）原是个戏子，因为嗓子实在是难听，故此当不成戏子，到了今天，当有势力的审判官。还有一个叫美拉德（Maillard），他是预闻十月间的事的一个很有名的人，此时当了审判长。这个人面貌并不凶恶，他居然穿上黑袍子，满头洒了白粉来当审判官。审判官总算是有了，什么人当刽子手呢？刽子手也是现成的，就是马赛派来的大同盟代表们，他们却不愿意去前敌打仗；其中有一个刽子手曾对人说道："我从远处走来，走了一百八十站（每站约十里）的路，至少也要斩一百八十个首级。"这个人说的首级，是说同胞法国人的首级。刽子手里头，还有许多都是当过强盗的，他们都自己承认犯过多少抢劫的案。有一位著名的医学家说："九月残杀的事，是证明当时他们有一种犯了革命神经病的现象，是混合恐怖、激愤、残忍、贪淫而成的，看他们当时在监狱里及在街上如何虐待隆巴尔（Lamballe）王妃，说晓得他们是犯了一种虐杀妇女的病。"

历史家路易·勃郎，有许多人以为他是回护残杀的，不承认他尝试铺沙掩盖血迹。作者亦不欲撒沙灭迹，但是要说一句公道话，替巴黎人解脱。据悲观的计算：当时杀人的凶徒，不过是一百五十人，殊不算多；最可惨的，是这一百五十个人居然横行暴杀了三天，无人过问，都是由于胆怯害怕，不敢过问。最先的政府糊涂了，随后是议会，最后是民众，都糊涂了。

审判官们先走入亚培（Abbaye）大监传讯囚犯，放了几个，其余都逐出去了，谁知杀人凶手，等在外间，看见出来一个杀一个，杀完了之后，美拉德走了说道："这里没得事办了，我们到列斯卡麦（Les Carmes）罢！”列斯卡麦监里塞满了教士，其中还有一位大主教。那一群杀人凶手立刻要动手，美拉德拦阻他们说道：“不要杀得太快，我们总得先审问。”他果然审问他们。如是者各监狱都到过，都审问过。凡是他所审问过的，都被杀了，共总是杀了一千一百七十六人，此外还有四百三十八人失踪的，大约都可以加在美拉德所谓审问过的数之内。当日无保护而被杀的，共总是一千六百十四人。在列斯卡麦监狱杀死的一百十六人，昆谢耳日里（Conciergerie）监杀死的是一百人，在拉副司（La Force）监所杀的是六十五人，在圣怕尔拿（St Bernard）处所杀的是七十三人，圣非尔民（Saint Firmin）处所杀的是七十六人，沙特雷（Chatelet）处二百二十三人，在亚培大监狱杀的是三百十八人。这班杀人凶手，此时简直是疯了，还跑到收养疯人院里杀他们，那里所演的惨剧，更令人可怕。在街上杀人的情形，读者是晓得的了，杀了人之后，还要分裂尸体，蹂躏淫辱尸体。凶徒看见有些被杀而未立刻死去在地下挣扎的，还要狂笑。作者也不欲再写之，读者要晓得详细情形，只好去读当时目睹惨剧的人记载。但是其中也偶然有人道慈祥的天良发现，可见强盗暴徒之中，也还有天良未尽泯灭的人。

（十七）回护乱杀者

自治会是纵容猎犬四出乱噬，即使不是他们直接纵容的，也是他们让别人纵容他们的。俾约发棱自己跑到各监狱，在积血上走过去，鼓励凶徒杀人说道：“国民呀！你们杀的是仇敌！你们是恪尽天职。”很吩咐清楚美拉德手下的凶徒，每人一天给二十四个利华。到了明天，市政厅咨告各省郑重声明：国人如何惩治深藏阴谋害国之多数人等，叫他们恐怖，当此正在出兵御侮的时候，尤为要紧，并请各省亟应照办，以保治安云云。

丕梯恩向来是不担责成的，当乱杀初起的时候，有一个医生走来请他搭救隆巴尔王妃。他答道："巴黎的人民，自己当了执法官，我是他们的囚犯。"第三天那群杀人凶手走入市长署；丕梯恩正在请戎索内等吃早饭，接待这班凶手。凶手们对他说道："我们已经把卖国贼杀了，现在还留有八十个，我们应该怎样办他们？"丕梯恩几乎说不出话来，答道："你们不该同我商量。"一面倒酒请他们吃。

（十八）议会之态度

议会自己也是恐怖万分，也打定主意，装作无权力。当初二晚上，他们明晓得暴徒要打入监狱，却装作不知，只决定派员去劝谕群众保存秩序。过了两点钟，他们回来报告无法劝谕。有一位回来报告说道："曾经对一位群众的审判官说过（这位审判官原是一个当小丑的戏子），审判官说：'你要来拦阻我们秉公执法么？我老实对你说罢，你可以不必了，你还是回去的好！'"又有一位回来报告得更好笑，他说道："我走到那些地方，那些地方太黑暗，我看不见他们在那里干什么。"

议会打定主意，虽不自居于黑暗地位，却自居于昏晓之间，又好像看得见，又好像看不见。但是凶手们却不然，反要议员晓得，常常走来报告议会，他们干些什么。有一位议员还添上一句话道："被禁被杀的，都是坏人。"议员们一想，还是不如闭会。初三那一天议会毫无举动，议会中的高山党只好与这一位议员表同意，说是被禁的没得好人。高山党的意思与女公民举良的意思相同。举良说道："这班可怜的群众，受他们（指被杀者）的害，受了两年，群众到了这个时候，不能不报复，我只好把他们所作的事，遮掩住了。"又说道："凡一个人要作一件事体，一定要用能够达到目的之法，必不可用野蛮人道。"波尔多党是大为激动，初三晚上，戎索内曾登演说坛说过应该劝谕群众，叫他们保存人格。于是议决请行政官维持个人安宁，于是派员分投各分区传谕委员们，是时天已太晚了（正是十点钟），并不分赴各区，暴徒们当晚乱杀了一夜。罗兰向来是自命有道德的，也很竭力劝，要抚慰人心，不要把事体看得太重大。他有一封信，首先自己表明他如何有道德，随后说道："昨天一天的事，我们只好遮盖过不提，但是我很晓得群众们报仇，虽是报得很可怕，然而也还有一种的公道存在。"但是他们装出这种态度来，其中也还带了惨然不乐的意思。罗兰说道："若是一定要拦阻群众乱杀，只有一个理由可说，就是恐怕他们妄用其权。"据事实而言，议会同政府容纵乱民，一连流了五天的血。初六日库通很淡然漠然的写道："群众正在各监狱执行他们的执法主权。"大概而论：当时的人把暴徒乱杀的惨剧，看得很淡漠，毫不关心。莫理斯初六日写道："他们还是乱杀；今天的天气极好。"初五日有一位贵族写道："人民的神色如故，并不发现有何感动。"一连这数天的乱杀，却有佛耳内的惨杀作结束。有一大批囚犯是从奥尔良监狱解到巴黎来的，佛耳内就在维尔塞地方截住，杀了五十三个。这五十三个之中，有两个是重要人物，从前当过路易第十六的内阁大臣的。

（十九）丹敦担当乱杀之责

初五日罗兰夫人写道："我们都在丹敦及罗伯斯庇尔的刀下，

丹敦是暴徒全体的秘密首领。”这句话说得不对。罗兰夫人最恨丹敦，故此说这句不实的话。其实丹敦并非是乱民的首领，丹敦是他们的同谋则有之。丹敦说过，无论何种能力，都不能拦阻他们，这不过是句借口的话，是一句便宜话，作者曾经说过，这场乱杀于丹敦有利，倘若有能拦阻乱杀的人，就是他一个人，还能够拦阻。惟是他此时无意同自治会相争，最不好的就是他左右对他不住，法勃尔对格隆廷（Fabre d’Egntine）分送各处承认乱杀的那一张通谕就是丹敦签的字。卢昂地方有一个人民的俱乐部，十二日写道：“接到丹敦的正式通告，也许是丹敦的签字是诈骗得来的。”（罗兰夫人曾承认她晓得丹敦往往把他签字的图章交与他人。）随后也许丹敦虽然明晓得自己是受人蒙蔽欺骗，却不甘认受骗，宁愿担任作个起事的领袖，是以自夸容纵乱民惨杀。他曾同第莎脱尔公爵（Duc de Chartres）说过道：“是我办的。”其后在国会亦曾对众说过，若是众人都称我作好饮血的人，我也不必去理会他们，于是他的同党决计不独不引惨杀为罪，且引以为功。有一位居然夸张其功，说是他拦阻普鲁士王前进。初六日举良说道：“连日所作的事，不过是免得一班卖国贼遍地流国民的血。”这一句话说，有许多人承认是实在理由。初三日有布勒斯特（Brest）的大同盟代表写信回去报告说：是有不得不如此之势，国人不得不说在监狱里执行法律云云。高山党之中，有一位最和平的林得特写道：“这不过是推用自然律的原理。”

后来林得特将当时情形查考得较为清楚，以共和九年写道：“这件事并无所谓民众起事的问题，一切都是事前布置好了的。我今承认当时议会、政府及巴黎市政厅三处，皆是事权所属的；其中只要有一处，不准群众所提议要办的事，法国绝不能为这种惨剧恶名所污。”我们事后熟思，这一位一七九二年说话很靠得住的雅科俾党议员所承认的话，实在是令人可怕。

第二十二章　瓦尔美之捷

（一）议会之坍塌

有一个议员说道："议会推翻了宪法，自己就被压倒。其实是因为议会不出力去禁止乱杀，故被乱杀所压倒。"九月初八，库通写道："议会并不出力作什么事，从此以后就无人把议会看在眼内。"有人曾对布勒斯特（Brest）的市政厅长说道："向来议会是颇能炫耀人的眼目的，现在看来，算不了什么。"

议会是把全国都毁坏了。议会之所以尤其令人看不起，尤在乎是议会并不是有意毁坏。这第二届议会，算是承继立宪议会的长子；第一届议会是主张和平的，第二届议会，外面看来，也主张和平，却不知其所以然，反催促法国开战，却又毫无预备。在议会快要解体之先，于九月十九日，就得了消息，敌军已经冲过阿尔艮（Argonne）险要地方。这一个宪法团体，把宪法撕得很碎，虽然不愿建立共和，却先把君主制打倒了。议会的议员，有大多数虽是和平派，因为懦弱无能，把他们谕令收禁的人交与暴徒乱杀；巴黎不久还要选举乱杀党作国会议员。

吉伦特党曾经宣过誓，卫护保全和平、君制、自由、法律、宪法的，因为好咬文嚼字，或因胆怯，反来一一的破坏了；犹以为未足，还想再加一层破坏。九月二十日是末一次开会，吉伦特党议决通过离婚律。这一条离婚律，就把法国立国基础的家庭制度，搅扰动摇到不堪。自从一七九五年之后，国人才晓得实受其害。

这个吉伦特党既把法国毁坏了，变成一片瓦砾场，他们就在这一片瓦砾中等候新议会成立。不料成立不久，就请吉伦特党首领们去同检察官相见，他们也就同归于尽了。

（二）法国之要塞

但是法国八面受恐吓，却是毁灭不了，正在议会宣言解散的时候，连日大雨，有许多少年兵丁，脚穿木鞋，身穿蓝衣，虽为大雨所湿透，还是壮气不减。一面登阿尔艮高山，一面高喊："法国万岁！"九月二十日十一点钟的时候，普军的枪弹已打到瓦尔美地方，刻勒曼把军帽放在军刀上，摇摆喊道："法国万岁！法国是不会死的了！"

度穆累已经重新组织军队，军气很扬，带着新组织的军队发誓守住阿尔艮，这是法国的惟一要塞，是法国的咽喉。不伦瑞克得了维丹的后一日，原可以夺路过来，但是他一向是要审慎一番，分别他的意思同他的职责，一面又分别他自己的规画同国王的计画，因此坐失时机。随后他的军队患痢（久已传为笑柄），军心涣散，患痢是一个原因，洛林地方的举动，又是一个原因。普鲁士的军官们很相信逋臣的话，说是普军一到洛林地方就要投降的。谁知不然：洛林的人民，是决定保守革命。有一位普国军官写道："打什么仗！我们为什么干预他人的事？他们的革命与我们有什么相干?”日耳曼人既发生这种的意想，于是颇恨逋臣。当下普鲁士人看见奥国军队正在围攻法兰德斯（Flanders）炮台，于是渐渐明白过来：奥国的政策，不过是《伊索寓言》说过的，猴子请猫从火炉里替他掏栗子。这时候普国军队连日为大雨所淋，又湿透了，又汗秽如猪，走路都几乎走不上来，军官也啧有烦言，不伦瑞克只好从缓进兵。

刻勒曼却不然，就借这个时机迅速进兵，离开麦次向维丹前进，从旁掩击。十八日到了那咽喉之后，他到得正是好时候；此时日耳曼军已越过两处要点。度穆累原计算好，麦次军可以重得立脚的地方，原是他力劝刻勒曼先据瓦尔美高原的，以截住普军向巴黎而来的路。

（三）瓦尔美之捷

九月二十日，刻勒曼即在这个小高原，当大雨滂沱之际，展布其小数军队，正对着普军所据的月儿岭。那时候浓雾漫天；随后雾散了，普军才看见法国的三色旗。

不伦瑞克此时心里很有点不放心，决计不立刻进攻，先放大炮恐吓。法军不为所动，普军步队至此乃向前进，法军唱进行曲及《马赛健儿曲》，一面免冠摇摆，高唱：“法国万岁!”法国军队开始攻击，普军大乱，因为法军之突如其来，好像是从天而降的。他们见了很惊慌，才晓得这一群穿蓝色短衫的法国裁缝及补鞋匠，居然会放枪炮，且能命中。此时法兵的同仇敌忾的盛气，很发生好效果。不伦瑞克忽然对普王提议，停止攻击。这时候大雨如注，只好借雨作题目。普王答应停战。这是普军认输，在事实上虽并未输，心里却是认输了。

（四）普军之醒悟

这一次是法兵得胜，普军看见法军如此之气盛果决，才醒悟过来，从前是误会了。这一群法国无赖，居然能把腓特烈大王百战百胜的劲旅拦阻住了，不令其再进一步。在普国军队中，不伦瑞克一向是不主张进攻为然的，部下的军官们是极不喜欢与奥国联盟，又最恨法国逋臣的，行间兵卒们是患痢病到无力的了，普王原先是一定要直捣巴黎的，这个时候才明白过来，走错了棋子了。于是在全军中，从上至下，皆觉得此次很受挫折。此时的普军又觉得深入重地，是日蹈危机，法军又是极其严整，逋臣是有意说谎。当普军冒昧深入的时候，奥军在北方攻击炮台，很像要在法兰德斯开边。于是向来疑忌奥国，痛恨奥国的恶感，立刻又发生，不久普军就退兵回去了。普军本来以战事败兴而返了。

（五）瓦尔美之捷有振作士气的效果

法国的军队，自从得了此次小胜仗，就发生新纪元了。这时候用不着度穆累鼓励他们，要他们自信了。他们这时候觉得很有把握。这个大法国有可以征服天下的能力，不过是从瓦尔美高原发生的。

此时特别国会将要开会了，将来就是这个国会当风雨漂摇之际，得有热诚爱国之兵丁（不久变成劲卒）之助。创造共和国的有名十四个师团。

第三卷　特别国会

第二十三章　大议会

（一）一七九二年之选举

此次国会，是在九月初五至二十产生的。只有在巴黎有激烈的选举竞争，因为惟在巴黎有两党对敌。罗伯斯庇尔党已经发誓，非打倒布里索党不可。

反对布里索党的争很烈，科罗得霸预先把口号传与民党选员说道：“凡是自以为等类比众人较高的人，一定不能入选的。”这一句话，是直接打击布里索同康多塞。

（二）雅科俾党之极端派大获胜利

九月初五日的选举，已经决定胜负了；选举票的总数是五百二十五，罗伯斯庇尔得了三百三十八票，丕梯恩（因为多人疑他是布里索派）原来是黄金，现在变了黑铅，只得一百三十六票。第二天是七百选举票，丹敦被选是得了六百三十八票。以后一连几天，都是雅科俾党的极端派得胜利：先是马拉被选，后来是自治会的大人物被选，如科罗得霸、俾约、帕尼斯、他连（这两个是亲手杀人的）都被选了；最后被选的就是绰号叫作平等公民的（圣路易的后裔即奥尔良公爵），他还是王室的近支，是自治会选他的。有一个吉伦特党人说道："这一班都是最卑劣的议员。"罗兰夫人貌为乐观，惟是她所写的话，真是皮里阳秋，满肚子的忿恨。她写道："他们所选的人，还能使我们放心。"她的丈夫同她的朋友部左是被外省选举的，康多塞虽在巴黎失败，也有外省选举他。

外省的选举却无甚竞争，外省是向无关于政见的，选举是不能有什么竞争的。惟有在巴黎，有政见问题，即共和制是也。在外只有一省对议员说明，是要求废君主。这时候宗社党也许是害怕，或因被贬，都匿迹销声了。当时实在的情形，却是各省仍然心向君主制，故此不提共和问题，然而却是议论纷纷，要求保护财产。九月二十日有一个人很注意当时情形的说道："各省都决意选举享有田产的业主，因为他们异常恐怕财产充公的宗旨。"

（三）议会之特色及其趋势

是以新选的议员，却多少带守旧的意味。惟是其中有许多是得过革命好处，或预闻革命的，现在要靠革命作生活的，毕生夹在两种恐怖之间。一种恐怖是怕反对革命成功，他们就要受反动报复；一种是社会革命，恐将尽丧所得。

从前的议会是恐怖多而意想少，特别国会却皆无之。这个国会的议员都是看风头的，都是实行家；他们的一举一动，是专看环境而转移的，他们的举动，却引他们走入自相残害的一条路上。自驱逐吉伦特党之日起，至罗伯斯庇尔失败之日止，在议员全数七百五十人中，出会讨论辩驳的，不过二百二十人至二百五十人。一七九二年并无一定的宗旨，不过以订实废君，作为废除君主制，无人胆敢公然提倡共和。据作者看来，当时好像连十个共和派都没得！这班法律家，实在都是专制家。共和八年的宪法，就算是他们的彼岸。其后在拿破仑驾下为臣（有好几位可称为良臣），他们也并无何等根本上的改变。

他们对于政教相关的问题，也并无清楚明晰的见解。大多数的议员是反对天主教的：麦纽尔（Manuel）尝说道："替耶稣拔钉的时候到了!"这种说话，同从前福耳特耳所主张的相同，都是句空泛话。一七九二年间，他们绝不会有政教分离的梦想，后来却想到了，也不过是为的贪得几百万的钱财。他们当初的意思，也大约不过如弗社写信给康多塞说的话：待小乡村的牧师要表示体恤，同时却要留心察看他们的举动云云。

当时也无所谓外交政策的思想：一七九二年的国会，并无主张或反对所谓自然边界的感觉。他们是无一定的；有时主张这种宗旨，有时反对这种宗旨，反对之后，复采用这种宗旨，他们都是看环境而定的。

一七九二年只有一个意想，就是反对所谓一切铲平的学说。这就可以解说罗伯斯庇尔等举动：他原是一个不冷不热的共和派，极力主张和平待遇教士，尤其尽力主张保存产业，但是无一次不是看风转舵的，是个趋时派，故此在议会中久揽大权。

他们虽寡于意想，却是蓄于怀恨。有大多数的议员，是恨极了巴黎自治会；大概而论之，是反对巴黎专制。新选的议员们的尺牍，是说得很明白的。因为他们有这种感觉，故此初时颇有附和吉伦特党的人。这党的领袖们，是得外省选举的，并不是被巴黎选举的，故此中选回到巴黎的时候，是很反对巴黎，因为巴黎不选他们。

（四）吉伦特党

从外观看过去，吉伦特党似乎是加增了势力，但时势气运使然，把他们驱遣到右边的坐席上。但是他们并不见得不及罗伯斯庇尔那样主张共和，亦并非不及他和平待遇教士。他们与罗伯斯庇尔不同之点，就在他们是恨极了巴黎自治会，是以凡有好维持秩序的人，都很倚望他们。假使他们只限于攻击巴黎自治会，或者还可以彼此相安。但是罗兰夫人的朋友们附和夫人，众口一词的谩骂巴黎好流血，好说谎，同他们反对的人答道："巴黎原是创造革命的，凡是反对巴黎的，都是不爱国，不爱共和。况且高山党深信只有专制的巴黎，能够担任全国的统一；况且此时既有外侮，不久而内乱随之，不有公安政府不能支持危局，亦惟有巴黎能够成立公安政府。这个专制的公安政府，是要批准公安政策的。"吉伦特党退避不敢预闻，这就是党争的根本。到后来为环境所逼，非有专制之"狄克退陀"办法不可。凡是向来主持专制者，自然获胜利，其公然反对，或唯唯否否者，自然被他们撇开一边，不然，就简直的把他们打倒。这就是两党肉搏流血死争的事由。

我们从前见过在议会场上的吉伦特党的议员，此时的全场有多少个呢；这个数目连他们自己也不晓得清楚，也不能说出一定数目，他们并不能照议会的办法，结合为群。他们居多都是在社会上应酬场中聚会。有若干位是好在罗兰夫人家里聚会，也有若干是喜欢在康多塞夫人家里聚集的。有一位是他们的仇人，说道："有一位吉伦特党议员，若不是刚从这两位夫人家里来赴会的，是绝不会与各党同意投票的。"这一班人也是奇怪，总喜欢在这两位夫人身边盘旋。历史家奥拉德计算过，有一百六十五个议员，可以称为真吉伦特党。

在他们同党中，并不见得能事事都是一致的。汾约是倾向于联合所有共和派。惟是其中有一小群，当时称为罗兰派的，是痛恨高山党；如部左、巴巴鲁、卢未等是直接受罗兰夫人所运动的，是最恨自治区所选的议员。康多塞是崇信福耳特耳的，隆举伊内是笃信天主教的。所有这一班议员，有从马赛及波尔多而来的，善于唱曲的，也有哲学家，也有著作家，多少有点专长，如是凑合起来，办实事是绝不可能的。

（五）高山派

坐在吉伦特党对面的，就是可怕的高山派。他们的政策，正与吉伦特党相反。他们是专讲实行，他们的政策，是要凑合若干人行专制，终日办防堵，打倒一切反对党，强逼全国维新，一面强逼全国服从公安会的法律。这种政策，全不讲人道主义，但是为环境所逼，不得不如此。他们这党派，尤其混杂，良莠不分，比吉伦特党尤甚。

初开会的时候，丹敦是最为显露的。这个人我们是晓得的了，坐在他身边的，就是他两个左右手，一个是对穆郎，一个是得格兰泰因（Fabre d’Eglantine），这两个都是巴黎选的。对穆郎是满脸诙谐，两道浓眉，压住两只冒火的眼，嘴里最会说冷峭的话，笔下是向来不留情的，说话总带些迟钝。得格兰泰因是个著作家，颇有文名，贪财，著作卖不出钱，不能获利，却取偿于包办军需，因此很拖累同党。丹敦同这两个人，就是当时这一派的三首领，同他们常在一起的，还有舍瑟尔亚洛（Herault de

Séchelles)，仪表态度却是很好的，又善于词令。

罗伯斯庇尔也有几个好朋友，在一七八九年及一七九一年之间，罗伯斯庇尔在议会常常被窘。现在又回到议会，当巴黎的代表首领。他最考究穿衣服，穿得很整齐的，他回到议会来，有好几个星期不开口，不晓得他是不是因为从前受过许多窘，故此现在持重呢？坐在他身边的有一个议员叫作圣鞠斯特（St. Just），他的举动是如疯如狂的，其冷如刽子手的钢刀。这个少年是极其可憎的，从来没得笑脸，才干是有的，又极其果决，极自信自己的能力。对穆郎看不起他，常挖苦他。对穆郎却把他看错了，将来因此把性命断送在圣鞠斯特手里。罗伯斯庇尔还有一个左右手，就是库通，这个人多病，动不得，终日呻吟，但是将来就是他帮忙杀害舍瑟尔亚洛、巴巴鲁两个美少年。

坐在高山顶上一个人（坐在他左右的议员，都离开他，敬而远之），生长于地中海附近，他有意把自己弄得不整不洁，周身都是气味，令人难近。他终年患头痛病，头上裹一条醋浸头巾，这一个就是马拉。罗伯斯庇尔是衣裳楚楚的，马拉正同他相反。马拉有时激烈起来，简直的是变了一个疯子，一向是好争吵，好骂人而甚诡谲。一连有十个月，议员们是并未喝过采，只有旁听的喝采。他办一张报，叫作《国人之友》。

以上这几个都是最显著的人物，此外什么人都有。其中有一个是君主的干儿子，有一位是侯爵，起首是当恐怖党，后来却变了反对党。有一个就是不为人所齿的他连，他是一个仆人的儿子；还有科罗得霸、俾约这些人都是激烈派。但是其中有一位是来自南方的，是一个很有本事的商人，善于会计的，名叫康盘（Cambon）。有一个名叫噶尔诺（Carnot），是一个极严肃的军人。有一位是很有名的达威德（Darid），是个大美术家，却是一个肤浅政客。有一个名叫雷佩勒特耳（Lepelletier），从前当过会长，是一个大富翁，决计要保全他的财产。有一个名叫克罗次（Clootz），是个日耳曼子爵。有一个就是宋波，从前当过和尚，后来还俗，常常的满嘴都是仁义道德，却从来未实行过；同马拉坐得较近的就是那位一文不值的王室近支，奥尔良公爵，绰号叫做“红色腓烈”（Philip the Red），又叫做“平等国民”（Citizen Egalité）。这一位王室近支，将来是预闻弑君的。

（六）中间或平原

在两大党派之间的，就是中间，又叫平原，又称泽国。这是一个不成形的无决断不开口，却是占了大多数，是骑墙派，或左或右，任推移，终日是害怕，不晓得附那一党是好。其中有一个议员称赞他的同类说道：“我们都是正直无私的议员，他们同我都是一样的，当那两党讨论不良的问题时，我们是不动的。”其中将来著名的，就是西耶士、康木拜栖尔（Cambacérèr）、霸栖洞格拉（Boissy d’ Anglas），此外还有许多人。他们什么都不作，只在议会里过活，罗伯斯庇尔见他们无决断，无秩序，很仇视他们的。殊不知这中党里，有许多人见他们这种行为，心里怀着许多隐痛，说不出来，只好把褒贬深藏在心里，何舍何从，都在心里表决，故此说当两党争辩不良的问题中，中党的人只好不动。

他们坐在中间，冷眼旁观左右两党互相决斗，等到他们两败俱伤的时候，才把这个共和国拿过来。在新七月初九之后，替这个共和国建立良好近情近理的宪法，议定一种选举法，以合理的有财产资格作基础。

（七）政客的决斗场

当下中党的人，坐在中间，看左右两党的政客决斗。

当日有一位议员称这个国会的会议厅是个决斗场，是一个很合宜的称呼，因为入这个决斗场的，都是有生死的关系，他们彼此相待，不是当作政见不合分党的看待，简直的是当作仇人相待。

他们之所以这样拼命决斗，都是因发生于一个共同的原因，他们都很晓得作了许多事，是日蹈危机的，好像是站在一个火山顶上，不知何时何刻都会炸裂的。人人都自危，个个都好像是犯了大热病，在那里发狂。到了后来居然是当真发狂了，于是只好有进无退的向前乱闯，却并无一定的计画，作个指导。这一群肚量狭窄的市侩们，九月二十一日入会场的时候，却梦想不到他们使出许多狂力，却能扭转这个反叛国的民意，服从他们，居然征服全欧。

第二十四章　吉伦特党之进攻

（一）宣布共和

莫理斯九月二十一日写道："今天并无新闻，只有国会开会宣布，从此以后，无君主了。"这句话若不是一句挖苦话，就是一句很轻佻的话。

早一天晚上，已经有三百七十一个议员到了巴黎，他们一计数目，是可以开会的了。这时候似乎是吉伦特党占多数：选举议长的时候，丕梯恩得二百三十五票，罗伯斯庇尔不过得了六票。被选的议会秘书，都是有名的吉伦特党，如庇理沙、汾约等是也。十月初十日，女国民举良写道："我们巴黎所举的代表们，不敢开口。"

二十一日议会一体首先通过宣布保护财产。对于宣布共和，却很有点迟疑，经过一番疑虑之后，才通过宣布共和的议案。罗伯期庇尔曾承认这个议案，原是偷偷摸摸的一种议案，并无积极的宣布。但是二十五日议会曾宣言惟一不能分的共和国，我们只好当作是有的。

试看当时各省之待遇这件事体，就说明国里是并无多少共和的思想。历史家奥拉德带着诙谐的意思写道："那时议会的意思，好像是说既无他事可办，只好先宣布共和的了。"

（二）吉伦特党反对巴黎

当下丹敦似乎是在政府发号施令，指挥一切。丹敦此时虽已被选当了议员，却还把持他的阁员地位，不肯放手（这是不合法律的）。罗兰更表示反对丹敦这种不合法律的举动，不预闻阁议的了。但是这样举动，更令丹敦为所欲为了。罗兰夫妇暗令他们的半公半私的记者，在某报章上攻击丹敦及其同党。丹敦有答复：二十九日登台演说，指斥女国民罗兰夫人不该干预国政，所说的话是很粗的。

罗兰夫人是恨极丹敦，夫人的家庭生活是很不安乐的，因为她的丈夫此时起首疑心她同部左有恋爱之事。罗兰的相貌，原来是不能动人的，又是终日愁眉不展，乖戾易怒，令人不能忍受。罗兰此时的情景，诚然是有个原因的，只有他的夫人一个人，说她丈夫是因为九月开乱杀的惨剧，变作现在这种情形。罗兰夫人这时候也起首有点逡巡畏缩了，因为马拉及阿贝尔攻击糟蹋夫人。夫人怒极，要报复，从丹敦以至马拉，一个都不饶。

但是巴黎极力帮助马拉这一班凶徒，夫人只好激动罗兰党议员，反对巴黎及巴黎自治会，有一个党人喊道："巴黎不过是全国八十三道之一，只应该享受全国八十三分之一的权利势力。"有几道要上来保护他们的代表，攻打巴黎这个怪物。高山党听了大怒。

吉伦特党诚然是热心为国，可惜是毫无战略，于巴黎是满腹疑忌，恨极自治会；见了马拉就是恶心作呕；见了丹敦是恐怖；

见了罗伯斯庇尔当作假道学，尤其痛恨。但是巴黎是巴黎，自治会是自治会。丹敦与罗伯斯庇尔，此时并未发生恶感，他们两个人，都是同一厌恶马拉的。

（三）吉伦特党之无效攻击

当时吉伦特党原该打定主意，究竟是要攻击那一党派，不应该忽然攻打这一党，忽然又攻打那一党。他们这样的举动，自然是强逼这两党联合他们的兵力。吉伦特党的人各自为战，心里想攻打谁就攻打谁，兵力是分散的。那两党自然是合力攻打吉伦特党。

（四）马拉之自卫

因为马拉这个人，是议会中无人不讨厌的，于是就要先从他下手。马拉是一个人独坐在那里，左右前后都无人坐的，当他是得了传染病的人。他却觉得很自然的，谁也不管他，称呼其他议会员作傻子，称他们是猪，最后统称他们作市侩。他满脸都是挖苦人的神气，面貌装扮又是极其粗恶。他就走上演说台，反对他的人齐声大喊，要他走下来。马拉说道：“这个议会场中，我的仇人颇多。”右党齐声喊道：“我们都是的！”马拉答道：“我请你们遵守规则，不要乱来罢！我请你们不要狂呼乱喊，说出许多很不像样的话来恐吓一个人；你们仍要晓得，这一个人替自由立过许多功，替你们也立过许多功，非你们所能晓得的！”这一个激动群众的演说专家，居然说出很现成，很公道的话来反驳他们，在场的人听了都很诧异，他居然能使在场的人听他演说。他这副老厚面皮不顾天高地厚的，居然把议会打倒，打退他们的攻击。

从此以后，右党好像是撇开马拉不顾，另外攻打一个比马拉更有势力的仇敌。十月十八日罗兰故作公事认真的表示，把帐目送给议会查核。罗兰的同党就问丹敦要他报告细帐，显然表示他们不相信丹敦的操守。过了十二天，他们因为九月间乱杀惨剧，弹劾丹敦。丹敦胆量是有的，毫不借词推诿，简直的毅然决然担负惨剧的责任。他的演说内中有一句说道：“我老实告诉你们罢，凡是要打破君主制，总免不了有几块碎砖破瓦伤及无辜民众的！”他的演说，实在是有力；他的蛮横，实在是可怕，弹劾他的人，闭口无言。

（五）卢未控告罗伯斯庇尔

随后就是卢未攻打罗伯斯庇尔。十月二十九这一天卢未之攻打罗伯斯庇尔所说的话，就是卢未的朋友们，也觉得诧异：这是发起于先前的辩驳的。罗兰在他报告乱杀的情形内说道：“有几个人，胆敢要求重新再演流血惨剧。”说到这一句的时候，在党的议员们一齐瞪眼，都看罗伯斯庇尔。罗伯斯庇尔的面色陡变，说道：“有人敢当面控告我么？”卢未此时深恨罗伯斯庇尔，恨到浑身发抖，立刻跳上演说台喊道：“罗伯斯庇尔！我敢告你！我敢告你污蔑一位最清洁的爱国人，为时已久了！……我敢告你接连相继的要出风头，要拜众人崇拜的偶像！……我敢告你显然以独揽大权为目的！……”

这种控告的话语，是过于浮泛，在汾约他们看来，以为罗伯斯庇尔是很易与的，不足畏的，故此并不帮助卢未，以为不必助他。后来汾约的日记说道："这是大错，我们不该饶罗伯斯庇尔，饶了他即是我们自取灭亡。"罗伯斯庇尔（此时脸色似乎有点难受）要求给他几天工夫，预备答复。过了一星期后，答复得很得法，说了许多谦抑的话。他却在雅科俾党俱乐部报复，在那里设法首先运动驱逐了布里索，随后驱逐卢未，最后驱逐罗兰，都驱出俱乐部。

（六）高山党厚积兵力

高山党经过此番攻击之后，同心合力，预备进攻。这种办法，好像是过于大胆了，因为吉伦特党虽然是战略错了，然而表面上还是很有势力的。末后丹敦不能不出了政府。阁员内的司法总长加刺（Carat）是很附和丹敦的，惟是有许久的时候，罗兰以为加刺是附和自己的。丕梯恩也离开了市长署，继任的两位都是和平人。此时吉伦特党的报纸，有布里索、卢未等指挥，似乎是舆论的指导。议会虽曾经攻击过罗兰夫人的，后来却是毫无道理请她入座。吉伦特党是操纵宪法委员团的，派康多塞起草，重新制造一种极其偏重民主主义的宪法。这个宪法一经议决颁行，一定为国人所感谢的。

当时统兵在外的总司令就是度穆累，是一个吉伦特党人；他打了胜仗，似乎替本党增加许多势力。

（七）边界上之胜仗

此时度穆累是国中的大英雄。他此时正在要把征服比利时的战略，计画好了。瓦尔美之战的后一日，有一位普国军官写道："你试看那些法国人不晓得怎样一摇三摆的自鸣得意了，我们是不止输了一仗！"

果然普军似是不只受一次败仗的损失，不伦瑞克是奉准了普王之命告辞了。这时候忽然间柏林才明白俄奥两国第二次瓜分波兰，不要普国染指。普王一惊，立刻匆匆忙忙的退兵。

度穆累任普军退却，并不追杀，不愿意在洛林地方打仗。他向来深恨奥国，对于普国几乎表示友谊，也不愿意使普国难堪；并且同他们商量同盟，愿给普国以尚在奥国手中之西利西亚（Silesia）地方。度穆累最想作的，是要到比国都城玩个热闹。

普军此时是惊慌得利害。一枪不放，就抛弃了维丹，又抛弃了龙威。二十九日，普军都出了法国边境。

这时候法国军队不独据了比利时，且据了马因斯、波棱图（Porrentury）、日内瓦、萨伏衣（Savoy）、尼斯（Nice），在欧洲四出蹂躏。

俾龙的部下屈斯廷（Custine）勇往直前，往攻来因河。从古以来，法国的健儿最想的，就是饮马于来因可。屈斯斯廷粗蛮好冒险，傲然自大，果于自信，不独自以为是个大韬略家，还以为自己是个大外交家。他的军队是很相信他的，他的须发极盛，面貌又凶恶，军中都称他胡子将军。他要令日耳曼帝国的王公诸侯恐怖，且要普鲁士恐怖，故此拔队前进，到了来因河滨。他说是来因河一带的爱国人民，请他来的，他携带了自由同来。于是据了斯拜尔（Spires）、窝牧（Worms）等处地方；十月二十四日据了马因斯，速向法兰克福（Frankfor）而来，到了那里，是重重的抽收军饷。

（八）法国取萨伏衣及尼斯

正在此时，孟德斯鸠袭攻萨伏衣，进至宋贝里（Chambéry），地方官欢迎他，当他是个解放他们的英雄，不久他们就召集议会，议决归附法国。尼斯地方也有相同的举动，此地是安瑟伦（Anselme）所征服的，他们就是请内附。这时候巴黎政府见法国军队处处得手，高兴到如醉如狂，就起首梦想征意大利，又借口他事要恐吓热那亚（Genoa），还想恐吓罗马的教王。日内瓦情愿当法国的保护国。此时波棱图已被法国军队所据，这是往巴塞尔（Basle）大路第一关。

因为不协军队此时连战皆捷，国会里自然发生许多问题，简直是无法对付。时候又太匆促，来不及想出什么宗旨，什么原理。一七九〇年的议会，是郑重声明布告天下，说明抛弃一切征夺土地政策的；此时是否既照此次布告办理，抑或另说出一番道理呢？丹敦本人有时要保守这个少侵犯他国土地的宗旨，有时又要放胆开疆辟土，也是摇摆无定，是不是要冒险直前，力勤远略，为法国多争许多荣耀呢？但是荣耀也是要用钱买的：不过共和初立，曾几何时，立足尚未稳，若是穷兵黩武，不难生出军阀专制来，如英国之满克（Monck），古时罗马之恺撒（Cæsar），又该怎样呢？

（九）度穆累及吉伦特党

度穆累是很想作满克，或作恺撒的，但是此时还有阻碍作不到。他此时是急于另获一种胜仗，与阿尔艮的胜仗不同的，敌人一面围攻里尔，他却想用奇兵袭比利时，遥遥相对。一七九二年十月国会所派的委员说道："里尔地方日在枪林弹雨之中，却是死守不降。"到了十月十二日，库通写道："围攻里尔的食人野蛮，已经退了。"是人听了，都非常欢喜。

正在他们欢喜的时候，度穆累到了巴黎，满肚子都是计画。他自命爱国，是以想征服比国都城。他自命是个厌乱的国民，故此提议借得胜机会，恢复全国秩序。

吉伦特党却不晓得度穆累的秘密用意，就帮助他。他又去敷衍罗兰夫人，特为抛掷一把红玫瑰花，在夫人脚下，同时微微一笑，恳求夫人饶恕他既往之罪。夫人居然感动，同他言归于好，尝写道："度穆累是打败普鲁士军队的英雄。"有时候他在罗兰夫人宅里，有时在朱里（Julie Talma）宅里，同吉伦特党人会面，很承受他们的恭维。最多在朱里宅里，因为这里出风头的女客最多，许多吉伦特党都来聚会。一面很热闹的讨论国事，商议如何征服全欧；一面听女客们弹琴度曲，讨论够了就跳舞。各俱乐部晓得了，很恐慌，马拉特为闯入朱里宅里，毫不客气的找度穆累问话。作者今要借这个机会，说一个将来的事，大约在三年之后，这所住宅易主，变作波哈内（Beauharnais）夫人约瑟芬（Joséphine）（后来再醮嫁与拿破仑，译者注）的住宅。新十月十八日的政变，就是在这个宅子里定计的。一七九二年十月间，度穆累也在这里计画如何征服各国，以备将来夺取法国政权。其后共和八年新九月间，有许多弑君的议员，及得胜凯旋的大将，也是在这个宅子里欢迎恺撒（指拿破仑，译者注）光临的。但是一七九二年秋间，这种时机还未成熟。

（十）征服比利时

度穆累居然得了全权，去征比利时，随既动身赴前敌，不过一个月工夫，居然征服了比利时。度穆累是十月二十八日带了七万八千人前进的。十一月初六日，在蒙斯（Mons）地方遇见奥国的白衣军，打了一个胜仗，占据了宅马普（Temmapes）高地。这是共和国第一次大胜仗。十四日度穆累的军队到了比国都城，奥国政府及法国逋臣大恐慌，乱作一团。十五日，度穆累带兵入城。二十八日，他就到了列日（Liége）。当下他的部将米兰大（Miranda），兵临安特卫普（Antwerp），安特卫普开门投降。有许多比国的代表，在比国都城宣布奥国朝代颠覆了，特派专员赴巴黎请求准比利时独立。

法国国会对于此点很怀疑，因为萨伏衣人、尼斯人、马因斯人，都是请求内附与法国联合为一的，只有比利时一国，单独要求享自由，究竟是否要实行开疆辟土的政策呢?

宅马普的大胜仗，激动全国的傲性。汾约说是人道主义战胜。当议会情感最奋发的时候，通过一个议案。这个议案的宗旨说道："凡是民族愿意恢复自由者，法国皆许以助力。"这个议案的影响是很大的；当时议会以自由为名，引法国高跃这样大的一步，独揽大权，管辖他人。他们的意思是诚实无他的。

雅科俾党人原是好揽大权的，与他们的性情相近，又可以借此达他们的目的。议会的两党，忽然变换了地位。一七九二年春间，吉伦特党是主战的，现在的潮流不容分说，把他们卷走了，直往前进。他们此时已经觉得不久就要借机会设立公安会，一想到这里，他们就大起恐慌。其在对方罗伯斯庇尔的同党，从前有过一次反对主战，现在看见战事愈拖愈长，范围又愈推愈广，反觉得得意，并大反对。今将比利时、马因斯、萨伏衣收入法国版图，战事总要拖长几年，既是拖长战事，就如同被围一样，既有被围的情形，诚然是激烈派占胜利。度穆累虽然主持单简的承认比利时自由，雅科俾党却派人四出，足迹走遍全国，奉命预备当征服国办法，将比利时收入版图。

（十一）提议收比利时、荷兰入版图

只收比利时一国入法国版图，犹以为未足。他们说："荷兰也要享自由，法国也应该派兵入荷兰，仍以自由为名，收入版图。"据事实而论：高山党此时已欲实行自然边界的理想，当日萨伏衣代表来请归附的时候，议会普派格里瓜报告。格里瓜的报告结论说道："我已经详考自然档案，法国的边界，应该以庇里尼斯（Pyrenees）大山、阿尔俾斯（Alps）大山、来因河为边界。"这是十一月二十七说的话。从当时这种说话看来，法国将来是有许多大举动的。

因为自然边界的理想，不独要将萨伏衣收入版图，连比利时、荷兰两国，都要划入法国幅员之内。这两件事，英国是不漠视的。英国政府不久就要非常之关切路易第十六，但是要等到法国军队占据了安特卫普，才有表示倘若阿姆斯特丹（Amsterdam）地方濒于危险，又将生出什么事来罢？

高山党一定要比利时同荷兰，康盘指明法国国库空虚的情形，荷兰是很富的，要照常的纳税。这一位雅科俾党的理财家，自然是有许多的借口遮掩他的政策。然而收入版图，不过为的是要钱的问题，这是一件事实，无从遮掩的。十二月十五议会通过，将所有征服地的人民收归法国保护之下，不过这个担任保护的人，实在是穷极无聊，不能不挑选有钱的收在保护之列。于是决定收比利时入版图，荷兰也是一样办法。

（十二）吉伦特党似居优势

于是不能不举兵，这件事就交与度穆累去办。吉伦特党恭维度穆累，当他是个天上人，实行他的条陈。正月十三日，议会议决，设立一个保卫团体，吉伦特党就据为己有，与据宪法团体为己有一样。

当一七九三年春间，吉伦特党势力似是最得优势，其实是高山党催进战事，吉伦特党指挥战事。但是高山党时刻在那里等机会，审判君主的问题一发起，吉伦特党就破裂为二，他们的仇敌，因是得利。十二月十五的议案就是导火线，由是而引起极暴烈的党事。

法国大革命史

（下）

［法］马德林◎著　伍光建◎译

吉林出版集团股份有限公司

第二十五章　杀君主

（一）因审判君主而发生党争

试问吉伦特党是否要保全君主？加对说是要保全的。俾勒（Biré）说是不要保全的。这两个人的话，都是对的，都是不对的；因为这两个人都以为吉伦特党是全体一致，意思相同的。惟是从审判君主的事实看来，总晓得吉伦特党其实是分裂的。一七九三年六月，罪魁单里共总是三十六名，都是这一党的要人。其中不过有六个人，很简单，很清楚的，表决定君主死罪的；其中有十个人是主张定死罪的，不过附有一条件，是定死罪而不执行；有十二个是表决留待的。这就是一月十六、十七两日的表决数目。十一月至一月之间的事变相逼而来，那时候拿不定主意的人，很受点影响。

详细研究当时情形的，才令吾人相信在一七九二年十一月间，吉伦特党的要人，是实在想救护路易第十六的，但是他们因为这个问题作战，与他们从前作战一样，是毫无纪律的，并无一定主意，又被几个党人从前所主张的所牵掣，又恐怕国人说他们不热心共和，比不上他们的反对党。

高山党则不然，是决定必要致君主于死。他们这样决计，并非是因为他们凶暴，实在是他们以为这样办法较为合算。罗伯斯庇尔很晓得这种事体，一定能使吉伦特党分裂的；因为这个理由，更能够催逼同党们催行极端办法，既处了罪无可逭的地位，暴烈党必定死战，以揽大权。一月二十日通过定君主以死罪的时候，勒巴写信告诉他的父亲说道："我们退后的路是断了！这个时候，毋论我们愿意不愿意，只好前进；到了这个当口，我们真是可以自定或生或死。"自从十一月以来，就有不多的几个大胆冒险的人，截断归路。吉伦特党因为回头要走绝路，就送了命。

（二）弹劾君主

高山党最为刚决，一下手就反对审判：罗伯斯庇尔、圣鞠斯特一下手就求处死。他们的理由是国会原不是法庭，又不能作法庭。圣鞠斯特所说的话更为激烈，他说道："恺撒之死，是死在贵族院的，何尝有什么正式审判，不过是二十二处刀伤而已。"他们的条陈，是一种国事杀人。这种杀人的办法，此时国人还未习惯，再过几个月，却是变成习惯了。（因为杀吉伦特党人，杀丹敦，杀罗伯斯庇尔等等，都不过是国事杀人而已。）随后国会通过审判君主，吉伦特党额手称庆，以为大获胜利。因为他们妄想以为是自己是维持人道主义，把无故杀人的凶徒们打倒了。他们因为很怕担国事弑君的恶名，故此要用大多数民意弑君。其实国事弑君与大多数民意弑君，都是无以自解的；议会的一部分，无合于法律定人罪的权力，比反对部分人数不过多一名，就要快把授刃于刽子手的事权强夺过来。

说到审判官的问题，他们委派审判官，就是不合法律。一七九一年的宪法，已经规定君主不负责之条；是以按法律而言，这种审判官，不独不能在不合法律的法庭审判，即使在法律规定的法庭，亦无审判君主之权。路易第十六所倚赖的，就是这一条的规定。又因路易不忍群众暴动，闯入大庙乱杀无辜，故此不肯不到堂受审。他之所以肯到这种儿戏法庭者，以为他们断不至于敢为已甚要杀他。

（三）审判君主

十二月十一日，巴巴鲁宣读林德特主稿的罪案，就传谕君主到议会答复那三十三条的诘问，派冈巴塞（Cambacérès）去领君主到议会。这位冈巴塞将来是位至太宰的，封王的。（他阔了封了王时候，有一天曾对至戚密友说道："当稠人广众中，你们应该称呼我王爷；若是在我们几个亲密朋友之中，你们称呼我大人，也就勉强可以使得了。"冈巴塞一见君主，就说道："卡佩（Capet）（君主之姓也，译者注）路易我来……"路易很不喜欢他这样称呼，答道："我并不姓卡佩。"于是随冈巴塞到了议会。

这时候是巴累主席。有人说巴累是个可亲的人，路易却为这个人的面貌所愚。巴累还劝议员们要现出正当的举动，说道："诸位今日是要行使新权力，诸君的态度，务必使与新权力相称。"

当时在议会问讯的情形，是笔墨所难述。路易第十六的态度，是单简而严肃，他坐在一把交椅上，每答上一问，都是极其从容的。有时援引强逼他承认一七九一年宪法的规定以自护；有时不承认他们所说的事实。

议会颇为路易所感动，隆举伊内居然提议打消法堂审判。于是高山党大怒，责斥全体右党要救暴君，因是而发生大恐慌。右党简直的是不敢多说话，只说请议会准君主用律师辩护。议会准其用律师，路易所选的是塔格（Target）及德伦拆（Tronchet）两位律师。塔格辞了，当时忽然发生一种反动的感情。十九日某人的尺牍说道："市上的粗俗女人，执了棍棒，去打塔格，却携了许多鲜花送与德伦拆。"有一位律师名马尔最布（Malesherbes），于时老矣，在前朝的时候，维持意识自由者多年，挺身而出，代君主辩护，还带了一位少年律师名特塞司（Deséze）的帮忙。

（四）君主的律师马尔最布及特塞司

其实替君主说话的，还是这一位少年律师特塞司。他极其聪敏，说话又能动听。他说了许多好处，说他最爱公道私德，又极好援引宪法规定，君主身体不能侵犯的专条。毋论什么人，一读这位少年演说的话，都要承认他的结论。国会除了开脱君主之外，绝不能有什么别的话可说的。但是罗伯斯庇尔已经说道："你们不是审判官，你们是政治家，你们只是政治家，不能变作别的。"然而特塞司极郑重说的几句话，留传于百年之后。特塞司说道："我不多说了！我在历史面前停住了！诸位却要记得历史是要裁判你们的！历史的裁判，却是后代千百年的裁判！"读者至此，且读一百年后历史家索勒尔（Albert Sorel）的裁判。这一位历史家，是没得人说他是反对革命的；这一位有信实的历史家答复特塞司的话，是严责国会之不是。

（五）议会之受吓

议会中的见解，是极不能一致，其有迟疑不决的，都被他人逼压恐吓。居然激动了罗兰夫人发怒，她前几天还是极力反对君主的，夫人于十二月二十五日写道："所有我们的议员，出入都满身带着利器的，以防暗杀；有数千人都劝他们，只好在客寓里睡，千万不要在别处睡，这就是巴黎的自由！"此时自治会，是什么恐吓方法都用到了。

（六）提议交通国人民议决

二十七日，吉伦特党萨勒（Salle）很表示畏怯的，在议会诉说受人逼压的话，借这件事作口实，提议改归通国人民议决。罗伯斯庇尔听见了有点畏惧，极力反对；他是显然觉得各省未必批准处死的判决。他说道："地球面上，道德是一件很罕见的东西。"圣鞠斯特所说的话，比他更表示畏惧，说道："归国人解决么？……这不是要恢复君主制度吗？"虽是这样说，归国人解决的提议，却很有人赞成的。汾约的说话，是很赞成的。女国民举良，因为此时她的丈夫也当了国会议员，说的是同她丈夫一鼻孔出气的话，说道："这是抛钱估正面反面的办法！"

快要投票表决的时候，在初八与十五日之间，压力更来得利害。有一个弑君党名累微勒尔（La Rèvellière）说道："我一定要承认当这个特别时代，主张解脱君主的胆子，比主张定罪的胆子大得多。"那时候各俱乐部，各分区，及自治会都喊成一片。巴累提议决定将投票的人名，一一报明，以便旁听人可以辨别谁是洁净的，谁是不洁净的。部左、戎索内等诉于议会，说自治会用种种方法恐吓。九月间的乱杀党，是塞满王宫。有位罗亚尔（Loire – Inférieure）区的代表初八日写道："议会将用利刃逼人表决。"他晓得所有本道的众代表们，都是要反对处死的，但是也都是很恐慌的。其中有三个议员（弗社是其中之一），早一天晚上是决定要救君主的性命的，临表决的时候，都翻悔了，都投了处死的票。

（七）宣布君主有罪

当时不独有形质上的恐吓，还要加上许多无形的恐吓。一月十五日提出君主有罪无罪的问题，全场的议员无一个不是说有罪的。有一个议员很惨然不乐的写道："以个人而论，我心里极其难过，但是全会一致，却发生极大的效果。"在右党看来，以为既已投有罪的票，就可有权提议归会国人民解决。这一个问题曾经当众讨论过，巴累说道："若是提交全国解决，即是倡内乱。"然而吉伦特党的计算，以为一定可操胜算的，若是果然得胜，岂不甚妙。从此以后，就有例可援，遇着有不可开交的事，就可以援例提交各省反对巴黎。但是此时的大压力，已经把游疑无定的议员们吓倒了。弗社早一天还是坐在右边的，却投票反对同党。还有多数和平派，都被人吓倒了。于是提出议案，既定君主罪名，应否提交全国人民议过批定。吉伦特党虽是全体投票，主张提交国人，也挽救不来了。反对提交的是四百二十四票，赞成提交的只得二百八十三票。

（八）表决处死议案

上案表决的，不过是指有罪无罪的话，如何定罪，另是一个问题。一月十六晚上八点钟，起首投票。于是在二十四钟之内，议员们逐一陆续登台，高声宣布他的处决。到了分道喊名的时候，是从“吉”字起首，这却使有些议员们多加了些希望，因为“吉”字之下，就有十二个吉伦特地方的代表议员。那时候有许多人都深信这十二个议员，是决定从宽贷君主一死的，就要登台投票了。有一个议员说道：“汾约曾当面说过：‘假使只是我一个人存这种意思的，我是绝不肯投处死的票的。’”他当时坐在议长席上投票的，有八个波尔多议员跟他榜样投票的，于是迟疑不决的也把持不住了。十七早上十点钟，有一个高山党议员在会场席上写道：“投死刑票的，似乎可以得胜。”

到了晚上八点钟，票都投完了，是该汾约宣布投票的结果；因为他自己过于懦弱，也预投死票的分子的。他却不晓得这个死刑，不独是君主的死刑，也是他们的死刑。他宣布道：“总票数七百二十一，大多数三百六十一票，主张死刑的是三百八十七票，反对死刑或主张有条件的死刑，是三百三十四票。”

（九）反对暂缓执行

到了十八日，吉伦特党为最后的决斗，提出暂缓执行的问题。不过是提得太迟了，大多数的奴隶们是被得胜的高山党拴牢了。罗伯斯庇尔、库通、他连、巴累等，很露出恐吓的态度，叫他们不要乱动。有一个议员早一天刊布一个小册子，主张从缓执刑的，此时也反对从缓了。有些人希望丹敦表现他的大度，随后他也高唱“反对从缓”。右党听了大失所望，应了一声。他们对待多尔良公爵，却是另外一种欢迎的腔调。早一天晚上，他是投死刑票的，到讨论从缓问题的时候，他满头是汗，走上前来喊道：“不能从缓。”右党毫不留情的呼喝他说道：“他们听不见你说什么！”这位王室近支，绰号平等国民的多尔良公爵，只好再喊道：“不能从缓。”这一本惨剧，总算是什么角色都齐备了，连杀同气的都有了。

（十）路易第十六之受死刑

路易第十六请缓三天，预备受刑。这三天之内，路易很显露勇气同镇静态度，很加增后世详论他的价值。

一月二十一日，路易第十六是当着寂然无声全城巴黎人的面前，受的死刑。当道的人，当时是很恐怕有意外，是防备得极其严密的。他们是用一辆绿色大马车，四围都是卫兵防护，就把君主送到从前的路易第十五大街。这路易第十五恶君主的石像，仍然矗立无恙。一七八九年曾经民人喊过的好君主，却要在此地受死刑。路易第十六脚步很稳的，一步一步走上杀头架。他一向在金殿上，却不是个什么人物，他此时登了杀头架上，却是个大人物。刽子手名参孙（Samson）。翌日早上，这个刽子手写了一篇记载，他说道：“君主还帮着我们，替他脱衣服，我们要捆绑他的两只手，他却有点为难。送终祈祷的牧师告诉君主：这是最后的牺牲了！他自己就伸出两手，他登了杀人架，要向前走几步，好像是要谈说几句话。这是不能让他的，他只好让我们领他到一个地点，把他捆下来。君主于是大声说道：‘人民们！我死得无辜！’随即掉转脸来，对我说道：‘诸位！我并无犯过他们控告我的罪，我希望我所流的血，能巩固法国全国人民的欢乐。’”这个时候好像有点挣扎，刽子手迟疑了一会子；松退尔发令打鼓催刽子手行刑。此后只听见一声可怕的声音，却被刽子手的刀塞住了。刽子手似乎很动了情，又说道：“我要说句真实话，君主忍受这些情形，是异常之镇静，异常之刚决，很令我们诧异；我相信君主之所以能够濒死尚能这样镇静，大约是笃信宗教之力。”有一位很爱国的人写道：“他勇于就死。”当行刑时，群众喊了几声“国家万岁！”大概而论：看行刑的人，都是寂然无声的。

（十一）一月二十一日惨剧之后效

当下众人实在都是心里非常之不安的，凡是表决死刑的人心里尤为不安，人人都是很震动的。有一个高山党议员写道：“这一个星期内，我们都觉得很疲顿。”这一个疲顿的星期，是有莫大的效果的，伏了好几个人的死机。不到两年之后，如汾约及罗伯斯庇尔等，也是要送死的。其余的人，也就发生许多神思颠倒，居多数走入歧途。他们此后毋论看什么都改了观念，他们此后看人世的事，总离不开杀路易第十六的斩头架。

不独是人心变了，连革命的性质也变了。有一个国会议员写道：“大路都捣毁了。”愿意也罢，不愿意也罢，只好向前走。前进却是真前进，不过都是疯狂前进；这样的疯狂前进，发生恐怖时代；同时却能令他们对于欧洲暴君们大获胜仗。因为既已打倒君主，此后凡在地球上的君主，都要打倒的。他们也很明白是个生死关头，倘若打不倒别国的君主，他们是要送死的，只好合力共作造成一个弑君党。他们从此以后，都无立足之地，无安生之地，一直等到另外一个专制的出来。这个专制的，就是拿破仑(Bonaparte Napoleon)。这位专制大家，设立一个强有力的政府，能够答应他们，保全他们不至于受报复，他们才算是放了心。

但是一七八九年初发现的革命目的，难道就有无穷期的战征么？是不能不有恐怖时代么？是造成几个少数专制家么？随后再造成一人专制的狄克退陀么？这些都不是原来的目的，不过是一月十七日的投票，逼这个为自由而革命，发生以上所说的种种反对自由的效果。

第二十六章　度穆累之叛

（一）一月二十一日政党及欧洲

一月二十一日高山党大获胜仗，汾约及巴巴鲁虽是投死刑票的，也补救不过来。因为他们曾经提议过归国人解决，就足以使俱乐部不相信他们，说他们是伪君子，想方设法开脱暴君。况且他们的朋友，有许多是投免死票。凡是这种的议员，他们都指为国人的仇敌。罗伯斯庇尔及其同党就用这样有毒的利器，攻打他们。

还有一层：欧洲同盟反对法国，是快成为事实了。还有一个总兵大将，预备卖国了。因此旧时的边界，就立刻有警。这还不够，还要添上法国西边发生内乱。因为有这样种种危险情形，不能不设法维持公安。吉伦特党是帮忙的，但是过于迟疑，后来都用不着了。不过一个月之内，罗伯斯庇尔就要驱逐他们，把他们逐出委员团：从国防团至宪法团，都无吉伦特党人的足迹。吉伦特党之失败，自然是咎由自取，但是亦因有别种情形，作者要研究出来。

路易第十六被弑的那天晚上，有两个马赛人很受了激刺的写道："凡是君主都死了！"但是他国的君主，并不愿死。

（二）英国之干预

第二天英国就宣言说："法国犯了自有历史以来未有过穷凶极恶的大罪！"（英国人却忘了他们查理第一的头，是怎么样在白宫割下来的。）英国人就借口这种话，要求干预。英国是决计毋论什么都可以看得过，惟有法军占据安特卫普，是绝对不能相容的。丹敦是从前有好几时很迟疑不肯承认自然边界的主义，到了此时他却要高声大喊的要实行了。他说道："法国的边界是自然划定的，我们要向四个方向发展，北至海，西至来因河，东南至阿尔俾斯山，西南至庇里尼斯山。"这两句话的意思，就是要尼斯、萨伏衣、日内瓦，瑞士的朱辣（Jura），来因河畔各省，比利时及荷兰一部分，都要收入法国版图。

英国全国都大怒反对。国会且不管他们喊，一月二十九日，谕令度穆累进攻荷兰。英国此时要加入决战了，西班牙因为法国弑君，激动一种宗教的愤怒，也跟往加入决斗场。

（三）日耳曼诸侯大会对法国宣战

日耳曼诸侯的同盟，原已暂时摇动了，些时立刻联合起来。一月二十三日，俄罗斯与普鲁士又瓜分波兰余地，奥大利似乎是暂时且不过问。他们答应奥国由他取法兰德斯、亚尔萨斯、洛林等，作为赔补；又任从英国希望可以取安特卫普大陆。各国出战的兵饷，皆仰给于英国，于是英国辇金入柏林、维也纳、马得里（Madrid）、吐林（Turin）、那不勒斯（Naples）。随后日耳曼诸侯大合宣战，以弑君为借口，骨子里是因为法国的自然边界主义，其最深藏于心中的，自然还是因为看见法国快到土崩瓦解的时候了，他们要瓜分法国。

（四）法军在荷兰、比利时之败

欧洲联军的奢望，初用兵的时候，似乎可以达到。二月十七度穆累才入荷兰，就被敌军打退。奥军大队入比利时。三月初三，度穆累部将米兰大围攻马斯特立喜（Maestricht），不得不解围，迅速退守列日，军容不整，不到两日，又被奥军打退。三月初八，度穆累奉命退守比国都城，度穆累却迳回巴黎，对于弑君的国会忿怒之极，比他忿怒联军还要利害得多。凡是要翻腾政局的人，必先要有多少威望，才能办得到。此时度穆累并无这种威望，却要推翻政局。十二日他对于国会是怒不可遏，再也忍受不住，只好发露出来，于是写了一封信给国会；这一封信，简直的是一件宣战书。

他的同党吉伦特党人，大受这一封信的打击。同时又被罗伯斯庇尔善用时机，占了先着，吉伦特党又受打击。

高山党是要拼命的奋斗到底；况且此时那群不逞之徒，都帮助吉伦特党，更不能不作孤注的一掷。正在这个当口，右党失其依据。

政府中人加拉首先投入高山党，随后罗兰的部下，亦相继投入。加拉原赖罗兰当了陆军总长的，此时忽然倒戈，既投入高山党，还不是附和丹敦，却去作了马拉的信徒。这种举动，罗兰夫妇觉得极其难堪，罗兰夫人此时好像也气馁了。十一月二十五，夫人写道：“马拉无时无刻不攻击我，比作安推涅特（Antoinette），在报上说了无限若干坏话，他攻击王后的话，也不过如此，把骂王后的话，拿来骂我。”有人说道：“夫人此时故示坦白，居然承认同部左发生恋爱，还说爱情虽是极浓，而并非肌肤之爱。”她的丈夫把他夫人所说过于自信的话，却并不放心，觉得极其难堪。他已经穷于国事，精神委顿，又满肚子闷气，无从发泄，愤极辞职。于是政府的大多数阁员，都投入高山党。现在只剩下两个极懦弱无用的两个阁员。一个是克拉微勒斯，一个是勒布朗，是吉伦特党的代表。

罗伯斯庇尔及马拉两个人，进步太猛了；他愿意要同吉伦特党讲和，他的梦想，原是要联络各党同心一致，以御外侮。

（五）丹敦出力联络

于是首先让步，提议彼此先开谈判。但是罗兰夫人度量褊窄，不能忘仇。他的朋友，也是同她一样。加对很激烈的喊道：“讲和是可以的！什么都可以！惟是杀人的凶手们及与凶手们同谋的，是一定要办的！”这两句话分明是指丹敦。丹敦瞪眼看住加对说道：“加对，你不晓得宽贷人，你是自取灭亡的！”

当时的国势，是危殆到万分，丹敦是见得到的，不能不同各党派讲和调停。他自己尝走到比利时查看军情，他很想国会忘记了彼此的竞争，聚精会神的整军筹款制械。

（六）维持公安政策

当下丹敦惟一的计画，是要加练军队。同时罗伯斯庇尔却要严办外侮的奸细。巴黎各分区已经提议设立革命法庭之必要。吉伦特党有许多人都反对这种办法。汾约说：“这种法庭，不过是罗织锻炼专行酷刑的机关，比从前威尼斯（Venice）的惨酷法庭还要残酷千倍!”又有人提议设立公安会，又被他们反对，不能成立。那时候原已有一个国防会，是在他们党人手里的。他们以为有这个国防会诸事都可办，不必再设什么公安会了。

反对党不肯干休，决计要强迫他们通过，定于三月十日决斗，却不能成功。但是此时奥军已克复列日，舆论大哗，把国会吓倒。罗伯斯庇尔趁这个机会攻击议会，说他们有意宽纵，贻害法国。丹敦是向来主张激烈的，演说了好几次，帮助罗伯斯庇尔。于是议决通过，设立革命法庭。我们都晓得的，将来要演请君入瓮的故事。自设立革命法庭之日起，刚好一年，丹敦本人反被这个法庭处以死刑。

第一部分的恐怖机器，算是铸成了。第二步，就是设立公安会。国防会自然而然要反对，但是因为这个国防会的事权，都在大多数的吉伦特党人手中，高山党更要攻倒这个国防会。国防会的会长就是加对，最为罗伯斯庇尔所痛恨。加对及他的同党，能保守这个巢穴么？不料十四日，度穆累给他们一个大打击，他的信已经到了巴黎，国防会压住不宣布，决定派丹敦及德猎克洛亚（Delacroix）去劝度穆累恪守其职。假使果然实行他所说的恐吓话，吉伦特党此时已经动摇，更要倾覆了。

（七）度穆累之举动

度穆累的意思，原要等到打一个胜仗，乃实行他所说的恐吓话，他正在等机会。三月二十日在尼尔温登（Neerwinden）地方，以为机会到了。他原以为这一天可以打胜仗的，不料他的未受过纪律的义勇队，对他不起，左翼败退，度穆累只好退兵。

他于是决计不等打胜仗了，先回巴黎。丹敦费了许多唇舌，劝他对议会说几句认错的话。

（八）公安会

但是来不及了。三月二十五日，因为尼尔温登这一败，不得不用极端政策，设立历史上最有名的公安会。在过渡时间，不能不位置几个吉伦特党人作委员，却不占大多数。不久就要澄清，把吉伦特党人都驱逐出会。

吉伦特党就是这样失去一切立足之地。最奇异的，就是吉伦特党是已经完全失败，居然还能苟延残喘六个星期之久。

（九）法国的西边举事

因为环境所迫，才设立公安会的，对于反对党就慢慢很不利了。刚好这个时候，发生两件大事：一件是西边举事，一件是度穆累反叛，完全证明设立公安会之必要。

国会并不等到列日失守，然后派兵巩固北边的防务，惟是不能再盼望有多少义勇队。二月二十五日通过征兵制，要征调三十万人，是用抽签法选征。

这是第一次强逼入伍，举国犹是骚然。凡在主张革命的地方，征兵制尚可以易于通行，并无十分骚扰。但是在向来不满意于革命的地方，这个征兵制就好比星星之火，就闹成一大片，难以收拾的燎原大火来了。

法国西边的地方，如拉芬底、蒙士、诺曼底等处，有好几年来并不为时事所感动，他们都是粗野的种地人，并无一个市侩。小康的乡绅，住在农民群众中，所过的日子，与农民相似。小教区里有小牧师，向来是为区民所拥戴的。革命并不十分扰乱这些地方，惟是宗教官制却不然，很发生骚扰，比革命利害得多，这是不足为奇的事。拉芬底地方不过是要等机会举事，反对这种魔鬼新制。那里有一个侯爵起事，才发现出来这一处地方早已乱机四伏的了，处处都可以起事。

二月二十五日通过的征兵制，就是导火线，一触便炸。在当地人的意思，以为这个革命怪物，不独要驱逐他们向来所爱戴的好牧师，到了这个时候，还要把他们的好孩子壮丁们拉走了去，当魔鬼的兵丁。既然是要我们壮丁打仗，不如叫壮丁们打魔鬼罢！

（十）拉芬底的领袖

警兵们要拉当地的壮丁去当兵，自然是殴打起来。那些种地人，才算是实行真民主主义：他们第一个领袖名叫卡特利诺（Cathelineau），是个挑夫，是个好人，为人慈祥粗野而诚笃。他首先激动本地的人，不到一个星期，拉芬底全境，都闹起来了。

最初起事的时候，并无什么维持王室的思想，并不是宗社党，他们是为维持宗教起事的，因为宗教被巴黎的无赖打倒了。除了几个出身微贱的人当领袖，还有几个小康之家的乡绅，如拉洛士扎克郎（Larochejaquelein）等，也挺身而出。政府见这件事很是出其不意的，事前并无防备，驻扎当地的军队，为数极少，一起事都被乡民打退了。不久，安如（Anjou）全境都反了。不到两个星期，当地的壮丁，把重要都会市镇都占据了。当下有一个退伍的军官篷宋（Bonchamps）同他的几个朋友，把这群起事的乡民，用兵法部勒起来，于是乃有秩序，乃能成军。他们组成了三大军，篷宋总领的一军驻在罗亚尔；沙勒特（Charette）所统带的驻马累（Marais）。在此两军之间，有一支当时所称为天主教大军的，是一个易北（Elbée）统领的。

三月初间，有几处重要地方很危险，快要失守了。诺曼底及布勒塔尼（Brittany）两处，全境骚然。西边既已起事，他处听了，不难效尤，相继起事，遥相响应的。南边这时候是已经民怨沸腾，不难因一处起事而蔓延南边全境，又不难自南而北，蔓延到腹地的，此时全国很有内乱之势。

此时不独内乱，还加以度穆累谋反势成。他已经同统带奥国军队将官通情款，只要奥军承认不入边界，度穆累愿意把比利时双手奉送与奥军。度穆累居然实行将所有军队都撤回，离开比国。三月二十六日，度穆累在都尔内（Tourmay）遇见三个著名的雅科俾党，以为他所谋必遂的，过于得意，好像是醉了的，又过于忿怒，忘其所以，居然明目张胆的，把他的计谋都告诉了这三个有名的雅科俾党，说是他要带兵入巴黎，关闭所有的俱乐部，救出议会，不使受俱乐部恐吓。随即又写一封恐吓信，给陆军总长。

（十一）组织恐怖机关

因此国会得了警告。这时候国会要同时对付两件极其可怕的事：一件是西边内乱，一件是东边的反叛。议场的情形是极其扰乱，吉伦特党原是一片真诚，维持革命的，既不愿令人疑心他们是与拉芬底地方的天主教人同谋，又不愿人疑心他们同度穆累同谋，不得不勉强迁就，表决高山党所要求通过的各种办法。心里虽然是极不愿意，却又不得不跟随他们走。那些时所通过的议案，就是三月十九日惩办贵族及教士；二十一日责成各自治区设立革命委员会；三月二十八及四月初五日颁行法律永远贬逐逋臣；四月初五创设革命军。如是者不到三个星期时间，将所有一切实行恐怖的各种机关，都办成功了。此后是选举权力最大的公安委员会，初次以行政大权交付于此会的九个委员。马拉说道：“非激烈暴动，不能建立自由；若要破坏君主专制，不能不暂时忍受自由的专制，这是绝不能少的事。”四月初六日，这一个有狄克退陀大权的公安委员会成立。委员之中，并无一个吉伦特党人，无一个被选的。此时的公安会是丹敦独揽大权，不久却被罗伯斯庇尔逐出了。这个公安会，就是执行吉伦特党死刑的。

（十二）度穆累之投敌

当下度穆累只管造成自己的罪状，就把他所附的党毁了。当时派了四个专员，其中有议员，也有陆军的人去找他。他们是奉命，是要逮解度穆累回来，归国会审办，毋论他愿来与否，一定要把他解回巴黎。四月初四，度穆累把这四个专员交与奥人，激动部下反叛，又激不成功，只好投入敌军。

（十三）度穆累之投敌是为吉伦特党宣布死刑

吉伦特党很真诚的不承认度穆累作同党。但是从前原是吉伦特党保举他的，又曾经屡次扶助过他。他这种无地可以自容的谋叛，简直是要把吉伦特党破坏了。这时候所设各种的委员会，内里并无一个吉伦特党的人，自然更令人犯疑。俱乐部宣布吉伦特党的罪状，说他们潜谋通敌，与英奥两国通谋。自从这一天起，吉伦特党是绝不能不破坏了。罗伯斯庇尔的绿色小眼睛，是注视吉伦特党。马拉说了许多辱骂他们的话，激动群众吞噬这个吉伦特党。

第二十七章　吉伦特党之倒

（一）攻吉伦特党

布里索及戎索内一定要尝尝斩首台的滋味：他们一定要在台上跳舞跳舞！这两句话，是一七九二年五月间，卡累当着加拉的面说的。

这个时候，吉伦特党虽毫无事权，但是仍然还是阻手阻脚的。作者却要承认高山党对于时局，却是很能明白的。当时的法国不是不肯前进。有一位特派员于三月二十六日，写信给巴累说道：“毋论什么地方，人人都厌倦革命。”于是当道的人，就推得一种结论，以为一定要用力强逼，然后能振兴厌倦。振兴的方法，只有实行公安的大例。吉伦特党虽然是维持扶助某某种办法的，但是对于公安的办法，还是反对的。是以若要实行公安政策，必先要打倒吉伦特党。

他们攻击吉伦特党，是日见其激烈。右党是贸然的攻击丹敦，丹敦于是决计也合力攻击吉伦特党。加拉说道：“他因为要自救，要损朋友，故此逾越一切范围。”他放纵他的左右手对穆郎刊布他所著的声明恶劣的布里索党历史，其中有要求驱逐布里索党出国会的话，不到数天工夫，印了四千册。

马拉的攻击，更是日见其激烈；现在是在很高远的地位，宣布他的激烈议论。因为此时马拉当了雅科俾俱乐部的首座，专对各分道说话，控告吉伦特党。说他们是卖国贼，要救君主，要他们受审判。

（二）吉伦特党之辩护

吉伦特党反攻，四月十三日，指斥马拉对各道的宣言，为有意激动流血，居然令国会通过，要这个国人之友马拉到革命法庭受审判。

自治会的人想不到吉伦特党会得了胜利的，于是更加忿怒，决计要议会领略他们的手段，叫他们恐惧。他们以为这一班市侩，非受些恐怖不可。当时的饥民，有一半饿到半死，他们求国会设法，议员中进步最猛的人也无实力援救，只有好言安慰。例如罗伯斯庇尔也不过说得好听，说的是："你们住在穷檐茅屋的人，不必妒忌住在高楼大厦的人。"自治会又要激动饥民闹事，恐吓议会的市侩议员。十八日帕奇（Pache）因为逼于庸劣无能，被逐出陆军部，却有许多人欢迎他当巴黎的市长。当日走入国会，递了一个呈子，主张限定物价不超过一定最高的价值。这是拿共产党的主义作理据，是一种社会的政策。其中有两句要紧话，就是说国人不必反对财产权利，地面上产生的东西，同空中的空气一样，都是人类共同所有的产业。

（三）表决规定最高物价的议案

议会听见这种条陈，非常之惊动，向来未有这一次那样惊动过。于是把这个问题，先交与该管的审查会去审查。自治会于是宣布："只要一天无源源接济民食的担保，群众是不解散，不撤消革命情形。"国会受此恐吓，果然于五月初四日通过。定最高价的议案从这一天起，自治会完全晓得他们的大能力了。

（四）马拉之被劾而开脱

自治会又逼压革命法庭，开脱马拉，因为各俱乐部，以为审判马拉是不能忍受的大辱。但是开脱马拉，即是谴责吉伦特党。四月二十四日，法庭果然开脱马拉。那时候的离奇情景，非笔墨所能形容的。群众就在法庭把国民之友马拉抬在肩膀上，一直送到议会，放在他的坐席上；又把他抬起来，一直送到雅科俾俱乐部，请他坐在他的椅子上；又有民众把他抬在肩上，从司法院抬到王宫。群众们的举动，简直的同疯子一样；把会议厅的大门打开，把马拉抬得高高的。马拉头戴桂冠，是一个衣衫褴褛的恺撒，他微卷嘴唇，露出险恶的微笑，因为他报仇时候到了。他说了一番话，群众喝采不歇，等到以为把弹劾他的人羞辱够了，才让群众们抬他同去雅科俾俱乐部。群众是崇拜他如神明，这时候在俱乐部受他们崇祀，到了极点了。

吉伦特党人气并不馁，不过是怒不可遏。因为盛怒之下，他们就忘其所以，变糊涂了，又开始攻击巴黎，却毫无实效。

吉伦特党一面只管说空话，自治会却一面的实行。他们现在又想大举，因为要大举，就要军队，国民军原有总司令一席，却被法律撤消了。他们选了一个当散工的裁缝，名布郎热（Boulanger），当了国民军的统领。

自治会如此举动，是显然不留余地的，太过僭越权限了。他们的用意，不问可知。议会很显露不安的态度。吉伦特党提议两个办法：一个是解散自治会，二同时在部耳日（Bourges）招集补遗的代表。这种双层办法，即使不能解散他们谋反，至少也能使他们的举动无效。但是议会此时都是敷衍自治会的，好像是着了迷，如同鸟之见了蛇，被蛇迷住了，动不得。五月十八日，有一个高山党议员写道："议会同自治会斗法，是斗得很凶的。"巴累希望有缓兵之计，就可以暂时阻止他们。

（五）选派十二个委员

提议派十二个委员查考，以便考虑此时的局势。

这个计画，或许可以从此掩埋这件事不提，但是吉伦特党不以掩埋为然。五月二十四日，派十二个委员，是右党得了操纵这个委员会的权，于是立刻决定要加添议会的卫兵；同时又拘捕阿贝耳。这个人以代理检察官名义，是自治会的灵魂。二十七日，自治会的代表们，就到议会要求释阿贝耳。当时是易斯那当议长，辱骂他们一顿。这位议长所说的话，未免太过火，看他所说的话，就晓得这一党因为议会过于懦弱，无从泄忿，故借这个机会尽情吐露出来。易斯那说道："你们听我说：自从三月初十日以来，时时都有作乱的事，地方官又从来不警告议会，假使作乱的人攻击国会的代表，我以法国全国的名义，告诉你们；假使果有这种事，是要把巴黎全城都毁了的，法国全国，是要替代表报仇的，那时候就无从再找巴黎。不知从前的巴黎，是在森河的那一边了。”

这群国会议员满肚子里的妄想，以为空言可以令人恐惧！议会此时也就忘其所以，许多议员们欢声如雷的恭维议长说得好。阿贝耳仍然是拘禁不放，吉伦特党人以为大获胜利，就出了会场。

但是舍瑟尔亚洛代理议长，却决意令自治会代表满意。说道：“道理的能力同国人的能力，原是同为一件事，你们来请我们还你们的司法官，要我们还你们持平办法，我们既是国人的代表，是要还给你们的。”此时公安会忽然干预，劝议会（此时会场只有一百个议员）投票表决，释放阿贝耳。同时又表决一件更为重要的事，就是禁遏十二委员会。当时吉伦特党散得太早，到了晚上才听见谣传，说是他们末后的利器，被人夺了。

翌日（五月二十八日）他们又把利器夺回来。他们招集兵力，取消二十七日的议案，十二委员会又重新设立。

市政厅是不管议会干些什么事，自治会是决定办法，预备起事。

（六）五月三十一日之乱

起事是在五月三十晚上，巴黎的各分区派定专员聚集大主教府（离市政厅相近），关闭城门，大敲警钟。自治会的理事会恭候指挥起事会成立，办交代。专员们大为嘉奖，以国人信用名义，复理事的职。却有一个条件，要他们担任维持神圣的自由，及神圣的同胞主义，要鸣警钟，要打警鼓，要群众执械。凡是帮起事的兵丁，每一名每日领四十苏（Sou）。投效的人是很多，还派了一个统带投效的兵。这个统领名罕里奥（Hanriot），无人晓得他是个什么人。

响警钟是在三十晚上，吉伦特党以为立刻被乱民所杀，都躲藏了。天亮，他们就出来，走入王宫，（此时会场改了地方，改在宫里的戏院开会。）只见有三个高山党在会场里。丹敦已经到了，他说他并不着急，说道："并没得什么！"但是丹敦是不善戴假面具的人，他心里有什么事，都要现出面上的。吉伦特党看见他的神色，晓得不好。当时卢未（Louvet）对加对说道："你看他脸上很难看，很露出有极可怕的希望，今天他要把我们贬逐，是无疑的了。"

随后有许多议员，陆续到会，加对是议会的秘书，他走向他办事的地方。

议会请市长及内务总长到会，加对说几句担保无事的话。帕奇发誓，说诸事平安，只要他活在世上一天，是没得人敢打火放大炮的。他的话还未说完，就听见大炮响。罕立奥居然大胆，敢放大炮。

（七）通过禁遏十二委员会

当下递呈的人都来了，加对虽然说过担保的话，但是一看来递呈的人，就晓得他们的来意不妙，所有来递呈的人都是有军械的。加对却并不恐慌，斥责巴黎不应放纵滋事的人及谋反的人闹事。于是有人叫喊，要禁制十二委员会。其实此时理应增加他们的权力，以便查问题究竟是何人鸣警钟放警炮的。库通替巴黎辩护，攻击十二委员会。要求弹劾二十二名议员。此时议场极其纷扰，格里瓜当议长，居然特别恭维群众，请他们入席。（请入席算是特别恭维，原是法国办法，不独议政院有此办法，即在学会亦有此种办法，不过是形式上的事，主席对入席人先说几句恭维话而已，在革命时代，常有此事，不足为奇。原注。）

巴累正在这个紧要当口，走进会场（他自从审判路易第十六那一天起，至新七月初九日止，都是在最危急的时候露面的），打最后致命伤的一拳；很从容的以公安会名义，要求禁遏十二委员。这就是把二十二名议员交出。

于是议会讨论这个问题，吵架作一团，历久不决。最后是罗伯斯庇尔登演说台，要求拘捕二十二议员。但是他所发的议论，是说得很含糊很支离的，这是他向来的办法。

（八）罗伯斯庇尔要拘捕议员

汾约急了，喊道："你赶快说出你的结论的意思罢！"罗伯斯庇尔答道："我要说我的结论了，我的结论就是反对你！"罗伯斯庇尔于是才坦白的说出来，要杀他们二十二个人。

议会却无意允许这个办法。当时有一个在场的人说："到了晚上十点钟，所有议场的过道，都有执械的群众拦阻住了。"议会只好答应禁制十二委员。

群众以为大获胜利，巴黎悬灯庆贺。但是滋事的群众说："不过作了一半，不能叫众人的热心从此冷淡下来。"

六月一日早上，各处张贴告条，说道："国民们呀！你们要出力奋斗，祖国有危险，最高的法律，都在你们手上了！"这一天原是星期日，不能办什么事。罕立奥还是照常的组织他的军队，并无执政们来干预他。马拉以为昨天的事大失所望，决意独断独行。到了晚上，他一个人溜到市政厅的钟楼鸣钟告警。自起初决斗，至这六月初二，都是一位国人之友马拉指挥这一天的革命举动。

（九）六月初二日

六月初一日，自治会得了生力军：有一支告奋勇的义勇队，个个心里都是发炎的，原已起程向拉芬底地方去。自治会却把他们追回来，改派他们先惩戒巴黎城里的卖国贼，随后再进剿西边的反叛。晚上九点钟，有许多执械的暴徒，围攻议会。格里瓜又读一张新呈子，是四十八分区公递的。要求弹劾十二委员，说他们是与度穆累通情款的，要激动外省反对巴黎。议会把这个呈子，交委员会审查办理。但是到了半夜，听见有军械冲击的声音，原来是罕立奥的军队，已在王宫周围布置好，预备作战。到了天亮，看见有六十尊大炮，向住王宫，调回的义勇队占据了最要害的地点。其余的出路，共总有各区派来的八万人把守得很严密。有许多议员到会的，就如老鼠走入捕鼠笼。

单子上有名的二十二罪魁之中，有两名，一名是巴巴鲁，一名是隆举伊内，毅然不顾，很大胆的深入重围。继起的，有易斯那等四个人。这几个人一面被人呵喝，一面攻击他们，说了些动听的话，指斥用压力逼勒之不该，要求禁遏行同反叛的巴黎官吏。又攻击自治会。此时有许多人辱骂这几位议员，他们丝毫不为所动，把要说的话都说完了，才走下演说台来。

这时候轮到递呈子的人说话了。说道："国会里的反叛议员们的罪恶，你们是晓得的了；我们这是最末后的一次，在国会面前控告他们。"议会看见群众实在是无礼，也怒极了，只好不管，于是起首讨论例行公事。群众大呼，充塞会场及充塞旁听席的乱民们，忽然都退了，跑出门口，大喊道："我们救祖国罢！我们执械预备罢！"

议会初时是大受激刺，随后是吓倒了，四围的看看，要找出路。那个不声不响极其险鸷的巴累，一想以为有了好出路，提议请被劾的议员们自行辞职。隆举伊内不肯。宋波于是对他说了几句侮辱的话，隆举伊内用几句反射的话，对这个还俗和尚宋波说道："古时要牺牲人的时候，是要替牺牲束发戴花，然后领到神座前；宋波，你晓得罢！牧师只是杀牺牲，却并不侮辱牺牲。"有一个人说道："隆举伊内说这句话的时候，好像头上有光圈。"巴巴鲁也不肯辞职，他原是个美少年，此时满脸现出殉道的神色，说道："我曾经发过誓，是要尽职而死的，我不能食言。"场中的议员们，呆坐着如同木雕，一言不发。议长舍瑟尔亚洛，也一言不发。

（十）议员们被禁

忽然有一群很生气的议员们走进来，他们原是想要走出王宫的，被暴徒们作践了一番（有一位议员的衣服被他们撕破了），被他们用枪炮打回的。

巴累喊道："让我们作给他们看看，我们是自由的；我提议，我们被围于军队中，还是一样的可以议事，他们不过是来保护我们，这是无疑的了。"

舍瑟尔亚洛站起来，这个人的仪表是极好的，只以外貌而论，他当议长是最合宜的，他戴上帽子就向外走，议员们都免冠跟随在后，好像是议会要觐见君主的。

于是三百位议员，都聚集在比武场。读者应该还记得八月初十，路易第十六将要倒的时候，也是向这条路走的。

（十一）比武场的情景

议长到了这里，看见面前一排大炮，大炮面前是革命军的将官，为首的一位戴了乌羽军帽，就是他们的总司令，却不认得他是谁。这位总司令就是罕立奥。警察报告写过他的面貌说道："罕立奥有一副凶狠的面孔，粗俗易怒，一开口就是乱喊。"这个人原是个光棍，曾当过教堂的小录事，当过底下人，卖过白兰地酒的。当议员们拿了帽子向前来的时候，这位身材矮小的总司令，坐在马背上，动也不动。

舍瑟尔亚洛很客气的问他道："国人要什么国会，不过愿国人欢乐。"这一位当过底下人的总司令答道："舍瑟尔亚洛，国人起事，不是要走来徒听空言的，国人要求交出二十四个罪魁。"站在议长左右的议员们听了，喊道："把我们都交出罢！"

（十二）炮手们预备开炮

总司令一言不答，掉过马头大声喊道："炮手们预备开炮！"

国会退后，这一群议员们走来走去，有些穿院子的，有些向花园走的，各处找出路。军队们很看他们不起，对着议员们喊道："高山党万岁！吉伦特党上斩首台。"议员们走到吊桥，看见马拉带了些兵，对议员们喊道："我要你们回去议场，你们为什么这样怯懦无胆，弃职潜逃。"马拉在后赶，议员们在前走，走回去议场，军队耻笑他们。这时候这一个大而无当的议会，变作笑话，同从前罗马时代略同。当时的侍卫，先辱骂罗马帝一番，然后行弑。后来所有的大政变的种子，都是这第一次政变播种的。六月初二日，是罕立奥当着议员的面，关闭大门的。后来新十月十九日，是马拉从窗间把议员往外摔的。

这一天举事的目的，实在是要先把议员们关禁起来，令众人看他们不起，随后再强逼他们自相残害。议员既回到议场，才坐下，就有库通起立胡说了一番，说道："国民们听着新有国会的议员。现在一定都觉得他们的自由，是有了担保了。……你们也实在晓得你们可以自由议事，我此时要求，不是弹劾二十二位被告议员，我此时所要求的，是议会通过宣布把这二十二位议员幽禁在各人自己家里。"有一个吉伦特党议员听了库通这一派胡说，就拦阻他，喊道："请那一位走去，送一杯血，请库通饮罢！他很渴的了！"

（十三）议会交出吉伦特党员

这二十二位议员是谁呢！马拉说出他们的姓名来。有一会，他把这个名字取消了；有一会，又把那一个名字添上。一面说，一面耻笑他们。他逐个名字喊出来，凡是他所喊出名字的人，无一个不是很出过力促进革命的。例如隆举伊内，他是在一七八九年首创立革命俱乐部的；拉保（Rabaud）原是球场会议的领袖中之一，汾约、戎索内、加对、易斯那，都是对于八月初十预为之地的；巴巴鲁，是攻打王宫的，丕梯恩是赞成攻打王宫的，布里索是很有名的，是一七九一年的大布里索；哥萨（Gosas）及卢未（Louvet），是一七九二年雅科俾党报的最出力的主笔。

这件议案是高山党通过的，其余的议员们不过是旁观者。等到暴徒们都听见说议会把他们最好的议员牺牲了，就大声欢呼罕立奥，把大炮撤退比武场，大门也开了，让议员走。

议员们走过的时候，不晓得听了多少挖苦的话，其中有几位议员，全不晓得兔死狐悲物伤其类的话，今日牺牲了同类，昔日也把自己牺牲了。罕立奥撤退大炮，不过是暂时的事。

第二十八章　外省之反对

（一七九三年六月至七月）

（一）自治会之得意

此时有几位吉伦特党的领袖逃走了。库通报告说，他猜他们是跑去加入他们的拉芬底军队。这一句是含沙射影的话，话里是有毒的，可见其中是有了计画的。高山党是决计诬赖吉伦特党是宗社党，到了这个时候揭开了假面具。这种话或者可以拦阻议会说话（议会已经有七十五位议员说话指斥这种举动），并且还可以露出一种假理由，解说将来各省的反应。

在巴黎本处自治会，是得意洋洋。汾约、布里索、戎索内及其余几个吉伦特党，已经被捕了。部左、加对、易斯那、巴巴鲁、丕梯恩是逃走了。罗兰夫妇及两位阁员克拉微勒斯、勒布朗（Le Brun）是罪魁单上有名的。丹敦以为这种办法太趋极端，外交总长原是他的左右手，也在要捕之列，他很不高兴，时时刻刻都有两个警兵看守住勒布朗。勒布朗还是照常的办公事，同委员会面商公事，一面发出对付欧洲各国的外交公文。可见得丹敦是一日不能无勒布朗帮忙的。但是丹敦为罗伯斯庇尔所愚，勉强的宣布五月三十一及六月初二两日，为有荣耀的日，因此自治会又得了第二次的胜利。

巴黎此时忙于指斥失败的党员，加他们种种的罪名。他们又使了许多手段，叫人民于初一日挨饿，到了初二日就来了许多粮食牲畜。初二这一天市上的牛羊都很充足，价钱又不贵，这不是要感谢打倒布里索党的好效果么？然则议员们还要说话反对这种举动的，岂不是有意要人民挨饿吗？然则是要总司令罕立奥带了军队，再去议会走一次，叫那七十五位说话反对的议员也尝尝滋味，然后可以安然无事的了。这种话一传播出来，议会再也不敢说话反对了，只好随自治会干去。丹敦也不敢设法拦阻他们，叫他们不为已甚。

（二）外省之反动

外省却不然，各道都举兵起事。卢未说有六十九省都说话，反对巴黎的举动。有一位说是有七十二道反对，正式举旗起事的有二十道。

里昂地方并不等到六月初二，就先起事。自治会在五月间，屡次压制国民代表，就有充足理由逼各道起事。于是反者四起，如平地起一个霹雳。有一个雅科俾党的市长，是一个著名的专横家，被人民捉去审讯过之后就杀了。六月初二，国会派的林德特到里昂地方，就有人告诉他说："里昂市长不承认国会，因为国会欠完全，要等到国会完全了，把六月初二拘捕议员的议案取消了之后，乃能奉行国会的命令。"这个大市镇，于是也组织一个公安会，管辖罗尼（Rhone）、罗亚尔（Loire）两道地方。马赛（Marseilles）也起事了，最易同里昂声气相通，伸手援助。波尔多是决定要作各处起事的中心点。六月初八日，各机关请各分区设立公安会。初九日，就设立起来，请各道相与联络。有两道是预备用他们联络的，吉伦特道也有同声相应的，部左从巴黎逃出来，劝诺曼底（Normandy）加入，于是成为一个极有势的半圆式，渐渐的包围六月初二起事的人，把他们打倒。

原应将波尔多作起事的中心点的，但是部左是诺曼底人，加对是波尔多人，巴巴鲁是马赛人。部左劝他们两个同到诺曼底，故此就在诺曼底亚甫勒（Éveux）起事。这都不是从中心点发难，是从左边极端发难，是很失策的，却是在喀延（Caen）地方。于是六月十三日，各道的代表会议。当时的舆论之激烈，是至于极点的了。那位有名的女使科对（Charlotte Corday）小姐（大诗人柯奈耶 Corneille 之侄孙女），就是此地人，因为愤恨填膺，故此就从此地只身远往到巴黎，于七月十三日把马拉刺死在浴缸中。只是这一件事，就可以证明当时的激烈情形了。

（三）吉伦特党为宗社党所牵掣

部左费了许多力，只得了这一点效果。他同他的朋友们一动手办事，才晓得为难。他们诚然是招募许多人马，但是入伍的人，都是宗社党，这一件事却太过便宜了高山党。有两处城市，原是吉伦特党，但是同时也是主张共和的，不屑与拉芬底的宗社党往来。在诺曼底地方，却有一个宗社党，在一个共和党部下办事。在里昂地方有两个很坦白承认是宗社党的，却统带军队在土伦（Toulon）地方起事的。把英国的海军请来，立路易第十七作君主。共和党起事，却同这种人联络起来，自然是要失败的。芬底党是白党，攻下两处城邑，正在向西进发。西边的蓝党，只好自相联络起来，抵制白党。凡是共和派的各分道，起首与宗社党分离，要借故同国会讲和。

国会善用机会，用灵敏手段，于六月二十四日提前表决通过宪法。

（四）不伦不类的一七九三年宪法

自有历史以来，未曾见过有这种莫名其妙的宪法。起草员是舍瑟尔亚洛，他这个人最会开玩笑，他骗宪法委员会的同事，请他们去国立藏书楼，找寻《迈诺斯律》（Laws of Minos）（古希腊神话说纪元前一四零六年颁定极公平法律）。当下又使手段，在议会逼迫通过他起草的宪法（他自己明晓得是绝对行不通的），附了几条不相干的民主制保障；其中就有立法议会，每年一选，人人都有选举权。国民会议一起首就规定民众投票议决，未经民众投票议决宪法草案，就不能成立。

所有的议员，无不称赞这个宪法的，（二十五日有人写道："这个宪法，一定可以使国人享欢乐的了。"）又把这个宪法的许多好处，告诉各地的选员，同时还加了两句话，说道："这个宪法，一经国人承认，国会的大功就算告成了，此后是新选的立法议会来办事了。"各道本来快要发难，得了这种担保及保障，也就冷淡下来，于是有许多人高声欢迎这个新宪法。主张通过的，共投了一百八十万多票，其敢于牺牲性命，反对这种怪宪法的大英雄，不过一万一千六百人。除了十道之外，其余七十三道，对于这个宪法，是很表示满意的。

虽然他们久已引领而望的宪法，总算是办成了。有人说这个宪法的性质太过带斯巴达（Spartan）彩色，不能行于法国。（斯巴达是古希腊诸邦之一，译者注。）这个宪法定得太好了，好像一件极精巧的东西，只好当摆设，不便拿出来用的，一用就恐怕要打碎。但是要使法国全国的人，都晓得有个宪法存在，故此打一个神龛，把这个宝贝宪法，锁在龛里，放在国会的大会场正中间。巴累说道："宪法的摇篮，就是宪法葬身之地。"

（五）诺曼底举事之失败

他们的目的是达到了。七月十三日，诺曼底的军队大败，有个吉伦特党议员借口宪法成立，就抛弃同党而去。部左、加对、巴巴鲁几乎被捕，幸而逃脱，从海道到了吉伦特海滨。谁知波尔多反开门欢迎他连及依利萨伯，随他们在当地忙的推行恐怖政策。

在南方的雅科俾俱乐部，一手拿住宪法，一面截断波尔多和马赛，不使他们通消息。又截断马赛同里昂通消息。雅科俾党的军队，把马赛的小军队打败了，八月二十五入据马赛。巴黎派去的两位专员夫里龙、巴剌斯教训他们，尊重宪法。他们用什么方法教训马赛人的？后来自有分晓。

只有土伦及里昂两处，有意抵抗国会到底。二十八日，土伦很恐怖，就开了城门欢迎英国兵，后来是法国兵围了多时（此时围攻土伦是历史上有名的事），一直到了十二月十九日才克复的。里昂是一直坚拒，等到有国民代表拿一道命令来，要把全城毁灭，于十月初八日才归附的。

（六）因为同盟主义害了南方

一七九三年的事变，后来都用同盟主义称呼。其实这种同盟主义，在秋天之前，早已打倒了。但是这个同盟主义，到了巴黎手上，是一个绝好的借口，因为后来有许久都是利用这种借口，规定建设保安政府的，因此，便替罗伯斯庇尔把丹敦逐出委员会的。他们此时，已经把丹敦看得过于容忍了。

他们驱逐丹敦是毫不费力的。丹敦好比是个猛狮子，正在他最辛苦办事的时候，糊糊涂涂的，就让罗伯斯庇尔这个狡狐，轻而易举的捉了去。

巴累说道："我们这个大共和国，不还是一个被围的大都会。"故此宣布国家被围，是一件很正当的事。这种被围情形，是最利于高山党，罗伯斯庇尔并不反对长久的被围，这就可以解说他为什么附和短兵相接血战到底的政策。丹敦却不然，很想缩小战事范围，愿意先同外国开始谈判讲和，希望国里可以享和平。

丹敦的性质是很希奇的，故此有许多历史家当他是一个谜，猜不着他是什么用意。至于丹敦的死对头罗伯斯庇尔却不难猜着，因为罗斯伯庇尔是按部就班，慢慢的进行的人，心计是极工的。丹敦是勇猛孤行的，历史家往往猜不着他。丹敦作的是和平及统一的梦，但是历史家索勒尔（Sorel）解说得很清楚，说是丹敦新近的行为，是易于授人以柄，易受攻击的；况且他又有一个弱点，因为群众最激烈的时候，他必要维持他的向来名誉，博舆论的欢喜（舆论欢喜，往往不是件好事）。他因要附好于群众，故此不得不大声疾呼要报仇，同时却又微露不为已甚之意。他与弥拉波同犯一个毛病，往往因他自己是个本来议会的大演说家的特性，引错了路。但是演说家同政治家的意思，是往往不能相容的。索勒尔很有充足的证据在手，证明丹敦一面要与欧洲某某部分讲和，使其不畏忌法国，忽然又在演说台大声疾呼说道："我们要用炮弹对我们的仇敌，宣布我们的宪法；时机到了！我们要作最后的大宣誓，我们若不能破坏所有的暴君，就惟有一死！"

（七）丹敦与罗伯斯庇尔之斗

罗伯斯庇尔却在一边冷眼旁观丹敦的性情同政策的互相角力。此时公安会虽被圣鞠斯特（St. Just）及库通闯进来，仍然还是丹敦能指挥大多数。罗伯斯庇尔设法，暗中攻击丹敦，惟是公安会的权力薄弱。此时马因斯（Mayence 或 Mainz）地方，已经被围，将于七月二十三日投降。筏仑西恩（Valeciennes）是二十八日降的。这两件却都是意中事。佩蒙（Piedmontese）将军似复用进攻之策，西班牙兵要逼进拍品永（Perpignan）及贝云（Bayonne），拉芬底又打了胜仗。丹敦的朋友味斯忒曼（Westermann），在西方打了败仗。这正是攻击丹敦的机会，议会很严斥味斯忒曼。丹敦晓得这是对他发作，不为辩护。丹敦在议会是善攻而产善守，罗伯斯庇尔部署围攻丹敦的军略，极其灵敏。丹敦此时是很厌倦政党的生涯（往往表示厌倦之意），他向来好色，此时正在结婚，未免溺色过度。

（八）丹敦被逐出公安会

他的仇敌罗伯斯庇尔是无时无刻不是全副精神注在政党生活

的，是以只要一举手之劳，就把丹敦驱逐了，真是易如反掌。七月初十，罗伯斯庇尔提议，要把公安委员会的数目，从十二人减至九人，丹敦却不在九人之列。罗伯斯庇尔探准有大多数作自己的后盾，二十四日他就入了公安会。这就是共和二年操无上大权的公安会，一直等到新七月九日，这个公安会才解散的。

丹敦以为在公安会之外，用武之地更宽大些，聊以自慰。公安会原是他的最坚固的巢穴，他却为人所愚，被人驱逐出来。

第二十九章　公安会政府

（一）奥国政策之迂缓

罗伯斯庇尔入了公安会，这公安会的权力，就变作非常之大。假使一七九三年的夏天，敌军若是直捣巴黎，公安会就无暇部署一切了。有一位军人说道："幸而奥国实在是有意的异常的迂缓，不然的话，革命是早已受一百次的失败了。敌人来得迂缓，故此法国才能有时候练兵选将制成劲旅。"

这位军人说奥国是有意迟缓，这一句话说得很对。因为别国在那里瓜分波兰，奥国向隅是极不满意。奥国早已垂涎克拉科（Cracow）地方，别人瓜分了波兰，就对奥国说："若是奥国兵力能够取斯特拉斯堡（Strasburg）及里尔（Lille）两处地方，则取为己有可也。"奥国由是深恨普鲁士。普鲁士要把新分得的波兰地方收入版图的，都遇着种种为难，疑心是奥国从中作祟，这两个同盟，因是变为仇敌，生出极大恶感，为向来所未有过的。彼此互相疑忌，故此他们的联军向西前进的时候，彼此都无谅解，毫无精神。普鲁士既克复马因斯地方，就在亚尔萨斯（Alsace）边界上按兵不进。奥大利却攻克康狄及筏仑西恩两处，进至里尔，却并不包围。英国虽然是费了许多金钱，却无法振刷普奥两国的精神，又因为英国极其贪得无厌，故使普奥两国离散。

（二）欧洲各国要瓜分法国

逋臣们自然是竭力催联军前进，以为法国到了瓦解的时候了，复辟是一件最容易的事。殊不知欧洲听见逋臣们的话，当他们是说梦话。欧洲的外交家实在是厌听逋臣的话，极不耐烦，就对他们说道："你们以为我们作战，为的是要你们欢喜么？"这句话是麦舍（Mercy）说的，因为奥军得了筏仑西恩就扯上奥国旗，逋臣们见了大哗，说道："这是我们君主的炮台！"麦舍还答道："类如这样的事，你们还要看许多次呢！"

麦舍所说的还要看见许多次，是指攻克法国各省之地而言。因为联军已经定了规画，要瓜分法国了，只因如何瓜分的条约尚未完全议定，故此按兵不进。联军看见法国内乱，不久就要献与仇敌，为什么着急，直捣巴黎不过是两星期的事。他们是要把瓜分的办法都议妥了，再进兵。一个活泼泼的大熊，他们还未捕着，就先商议如何卖熊皮，这是联军的大错特错。

（三）组织国防

当下这条大熊就趁个这机会，操练筋骨，磨砺爪牙，法国国会一步一步零零碎碎的就建立起革命政府，由革命政府而组织国防，后来就无往不利。

此时操最大事权的就是委员会，这就是有实力的行政机关，阁员都被压制倒下来了（所谓内阁即行政会，是共和二年新三月十二日取消的），事权都在大委员会手上。

不久无论大小事都归了委员会办，凡有行政机关，都听他们指挥。这个委员会之外，只有一个委员会是独立的，这个独立的，就是保安委员会。

（四）公安会

公安会实在就是警察部，开会议的时候，有权可以请保安会来与议，以收一致进行之效。除了财政不计外，这个公安会是什么事都管到了。这个会有极充足的秘密费，有选派或免黜军官的大权，是以能指挥他们。有派代表分赴各道之权，又可以黜免文官，另派他人。又指挥外交政策，不受何等节制。教育、典礼、宗教、美术等事，都归这个委员会管辖。又有拆阅私信的权。此会又设一个秘密机关，秘密费又归委员会任意支用，这就是再造政府的明证。这个委员会是几时才取消呢？一七九三年十月十日，圣鞠斯特说道："要到复睹太平的时候取消。"

（五）委员会的十大首领

这个委员会就在被弑的君主所住的最有名的绿殿办公，就可以见得他们权力之大了，有一个人曾微对巴累说道："再进一步，就是金殿了！"

委员会的十个首领，把政府应办的事都分任了。罗伯斯庇尔是无一事不注意的，是在国会代表委员会。他的右手，就是圣鞠斯特，管辖警察机关。他这一只右手伸得很长，一直伸到边界上，因为他派有监军，有时很有惊人的举动发现，不止一次了。这一个少年最喜欢干预军事，自以为无所不能。库通是管内政。俾约及科罗得霸，不久却专管派赴各处人员的函牍。舍瑟尔亚洛管外交，但是巴累要同他争权，随后果然把舍瑟尔亚洛撇开，独据外交一席。这个巴累在委员会里头，最好包揽把持，他把教育同美术也揽在手上。普累尔（甲）在会里头算是最无声无息的，常被派遣出外办事。普累尔（乙）管理粮食，他同林德特合作。林德特是一个最勤苦耐劳的人，以出力办事得名。圣安德烈（Saint Andre）管海军。噶尔诺（Carnot）重新组织陆军。

他们虽是各有专责，却往往轮流办理他部职务。噶尔诺尝说："委员会里头，分作两班，一班是政客，一班是办事人。"这句话未免言过其实，政客也常常办事，办事的也常常是政客的。试观委员的档案，就晓得分部的界限，并不十分清楚。然而这一个残酷无人道的委员会，却真能齐心一致。

（六）委员会之勤劳

这十个委员，真是勤劳到了极点，往往一连有几个月，他们就关闭在委员会里，日夜办事。一面研究公文，一面吃人肉，或送嫌疑犯上斩头台，或派兵赴前敌，或送千万人入监狱，或送千万人赴前敌送死。其中也有战胜的，但是送死的居大多数。法国原是筋疲力尽的了，却被这班人操练一番，居然筋骨也有了大力了，血液也充足了，脑部、心部都强健复原了。他们有个时候是实在疲劳了，倒在榻上，只睡三点钟，又起来办事。

这班勤劳委员所办的事，是非同小可的。这一间绿色的屋子，起初不过当作一个试验室，要制造一个国家，随后是变作一个炼钢铁厂，把这个国家，锤炼一番。最后从他们手里造出一个改良形状的东西来，却是曾炼的纯钢打成的。拿破仑心里是非常感激这个大铁厂的，因为打造出这样坚韧的利器，供给他用。

（七）通过条例的机器

在公牍上，这个大会的委员，不过是国会里的阁员。但是君主往往是阁员保管的人，君主往往听阁员的调度。有人说："国会的灵魂，就是委员会的灵魂；国会承认他们维持他们的权力，不到出了险之后不抛弃。"委员会条例，都是委员会提议的，通过却是国会三年之内，共总通过一万一千二百条例。有时开会一次，可以通过十个或十五个条例，都是十大委员要求的，以便他们管理事务，及杀人及获胜仗。丹敦曾说过："当革命时代，办事要迅速。"他们果然抱定这个宗旨，办事是极其迅速，因是而大得胜利。第一届、第二届两议会，都惟恐办事过于卤莽，定了许多持重的办法，这时候都一概取消，无所谓二读三读等等办法了。是以有许多重要条例，不过开一次会议，就通过了。国会是常在委员会亲密监视之下，不久委员会就专横起来了。国会却常常造反，却不敢公然造反，是偷偷的造反。大概而论：国会是很听话的，委员会叫他们通过什么，他们就通过什么。总而言之：这个国会，就是通过议案的机器，是很听委员会使唤的。

（八）政府的特派员布满全国

在中央办事，既是如此，对于外省，又是个什么办法呢？政府操纵外省的利器，就是特派员、特派代表、群众俱乐部，及革命委员会。一七九三年三月初六日，国会派议员每道两人监视，照二月二十四日通过的征兵条规征集新兵。又恐外省阻挠进行，于是授监视员以大权，推倒无论何项政党上、行政上、财政上、经济上、宗教上各种阻挠，监视员有了这种大权，简直变了各处的节度使了。及征兵制已实力奉行，军队人数足用，监视员仍留驻各道，防制反对自由的阴谋。

监视员却受委员会节制，故此都变了十大委员的私人。共和二年新十二月初九日，又委授监视员以新职责，要他们澄清各道吏治。因为他们颇染了同盟宗旨的习气，又要他们侦察那嫌疑者的举动。但是他们都是人地生疏的，如何能够辨别谁犯嫌疑，谁不犯嫌疑呢？是以第一步，是要同群众俱乐部通消息。

（九）群众的俱乐部

十大委员都是革命家出身，都晓得很清楚，革命之所以能成功，大约是全靠俱乐部的力量。现在是要组织许多俱乐部，市镇都会，是不必说的了；穷乡僻壤，也要组织俱乐部，以便血脉流通。委员会很晓得俱乐部的势力，既已把监视员收归自己权力之下，这时候再把大小俱乐部也收过来。这时候各处的大小雅科俾俱乐部，毋论本部支部，都变成政府的正式利器。这个办法与监视员同途并进，携手进行。到了后来，监视员不听使唤，委员团就派国事员办监视的事。这班国事员，都是少年无赖，都是十大委员的走狗。罗伯斯庇尔派去波尔多及土鲁斯（Toulouse）两处地方的举良，就是国事员的一个标本。共和二年新十一月十四日，议会通过一个条例，给俱乐部以选举官吏之权（监视员却不要求此项事权）。其后慢慢的傲然自大起来，委员会就把他们压制下来，叫他们“办朴硝”。（办朴硝是当时一句俗语，是不许多管闲事的意思。）委员会另外组织革命委员会，替他们办事，也是处处都设立的。可怜这个法国，受他们多少的压制。

（十）革命委员会

一七九三年三月二十一日，通过一条议案，责成每个自治会，设立一个革命委员会。其始的职责，不过是侦察面生可疑的人；他们的侦察权，慢慢推广到侦察所有犯嫌疑的人。一七九三年九月十七日，又责令他们开列所有犯罪嫌疑人的名单。共和二年，新十一月十四日，谕令他们施行所有革命法律。这是一个极密的网罗，拉网的线索，都在公安委员会手中。这些当地的委员会，不久就为全国所痛恨，自是公安政府的利器。这个政府在内在外的组织，算是完全了。读者若不先明白这种种机关，是不能明白此后的历史的。

（十一）国防条例之规定

这一个奇奇怪怪重新组织的新政府，第一步就是办国防，条例是非常之严酷，效果是非常之良好。

八月二十三日，巴累在国会说明他的国防条例的节略，全会拍掌之声如雷。他的节略说道：“从今日起，以至于把共和国界内的仇敌都驱逐出境一个都不容之日为止，凡是法国人，永远都要受国家调遣，预备为国家出力。丁壮是要出去打仗；已经娶过亲的是要制造军械，连输军实；女人是要作军帐、军衣，在病院当看护，孩子是要刮旧布，以便制造裹伤绒布，老人们是要在大街上振刷兵丁们的精神，鼓励他们的勇气，还要劝众人仇视君主，劝众人同仇敌忾，一致为国宣力。这个国防条例，是个普通征调制，凡是没有娶过亲的国民及无儿女的鳏夫，年在十八岁到二十五岁者，首先出发。……每区所有征集的队伍，是要积集在国旗之下。国旗上要写明法国全国奋起，反对暴君！”噶尔诺说道：“群众横暴的愤怒，改为饱受兵法的部勒。”

（十二）混合

这时候强逼征兵，是在所不能免的：因为一七九一及一七九二年的民气，是已经冷淡下来了。一七八九年的宗旨，虽然还是牢抱着不放，革命所征服的，也是不肯放手。但是国人已经晓得，这几年来不过为政党所利用。国人虽然暂时为屡战皆捷所醉倒，但是许多明白人都要追问这种武功，是否如捕鸟者的网罗，要把国人骗了收入樊笼，从此以后，飞不出来。故此二月二十四日颁行的条例，国人看得是很冷淡；假使不是特派员用强逼手段，是绝不能征集二十万人的。等到九月间要实行八月二十三日的第一次征调新制，国中的少年，都不肯入伍，特派员拔刀强逼，他们才肯应征的。然而这种少年，一经受了强逼，要他们作英雄好汉，都变了世界上最能战的劲旅。有一位军事家写道：“这千万的少年，一批一批的被逼，强赴前敌，他们到了边界的时候，是害怕到浑身发抖的，随后却令欧洲全洲发抖。”

虽然这些新征的兵，以纪律而论，也是很不能令人满意的，同一七九二年的军队一样。但是巴黎政府有了一七九二年的榜样作警告，就要重定办法，绝不能纵任本年新征的士卒，随意动作。他们用一个混合的新法子，慢慢把新兵吸收入曾经百战的军队里。有两位熟悉当时情形的，说过当时如何混合吸收；每两队的新兵，混合入于一队劲卒，以后这种军队以勇敢善战，闻于天下。当混合的时候，经过几样隆重的礼节，一面高唱《拉马塞雷兹（La Marseillaise）健儿歌》，国会的特派员，对他们演说一番，彼此行同胞的互相搂抱礼，当时很有许多滴泪的。在我们今日看来，这种礼节，好像是儿戏；但是搂抱滴泪中，发生全欧见而发抖的军队。这种礼节，就是送少年农民、少年工匠上光荣大路的起点。

（十三）法国的十四军

国会是向来最喜欢说张大其词的话语，要求立刻发生十四军，每军的总数是十万人。这原是小孩子见解，其实只能调遣七十五万二千人，一到了噶尔诺的手，他就有实在办法。（噶尔诺是个实行家，不比巴累徒讬空言。）噶尔诺把这七十五万余人，分开每军的数目，并不相等，在国内的与守边的数目不同。此边及谬司（Meuse）军，是十一万三千人，内地的不过是四千人。

（十四）噶尔诺是组织胜仗者

这一位噶尔诺手拿兵册，眼看地图，是全国的参谋总长，是勃艮第人（Burgundian），体气极其强健，他原是陆军科学部中一个好榜样的军官，也很能够奋不顾身的闯入枪林弹雨中。又是天生一个妙算家，见事见得透亮，办事极有规则。政客的生涯，原非所好，他常觉得政客碍手碍脚。却是为人极其宏毅，很难打断他的兴头的。他办事毋论如何辛苦，是从来不觉得疲倦的。这是一个应运而兴的伟人，此时特为生出这个人，来救法国的。当国内沸腾闹到昏天黑地的时候，噶尔诺不独是个组织胜仗的能手，并且是个善于组织纪律的好手。从外面看他，好像是冷若冰雪的一位极镇静的人，故此能办成这两宗大事，建立奇功。巴黎用恐怖的政策，还有人替他们回护，说是好为大言，遍地流血的恐怖政策，就能够得战胜的大功。假使不是这一位头脑清楚的工程队军官噶尔诺把这个炸裂喷火的火山，挪到用得着他喷火的地方去立功，恐怕这班杀人的凶徒，不独化全国为坟墓，且化边界为坟墓。对于噶尔诺从前有许多人说过，作者也要重述一次，说这位噶尔诺在他的办事室里埋头于许多报告案牍中，是惟一挽救法国，不令外国侵犯的伟人。又因为他有他的部署计画，使法国屡战皆捷，挽救革命，不使尽为恶名所污。

（十五）革命时代的军人

但是这十四军是要军械的，要军食的，要穿军服，又要军饷的。这一笔大军费，都是从逋臣财产充公筹来，发行许多纸币，又起制造火药。革命时代的科学家都想法子，蒙日（Monge），柏托勒（Berthollet），证明法国要许多化学家。有一位科学家，管理改良军用气球。有一位专管军用电报。军衣军食，是用强征的法子。巴剌斯在马塞地方，忽然向那里二万户小康之家，征敛军衣，每家要出两件。在里昂地方则有弗社（Fouche）向居民征收军靴，把他们的靴子都收来，解到军前借用。十一月初十日，又颁行条例，无论大小地方，凡有猪八只要抽一只，以供军食。

等到军队征集齐了，也混合了，既有了军械，又有了军服，都要军官指挥他们，这是个最难的问题，又是一个最重要的问题。假使都听了他们的话，把新征集的军队，都交给雅科俾俱乐部所保荐的所谓爱国者去指挥统带，那就什么事都要毁完了。幸而有许多热心少年；既爱国，又善战，如奥士（Hoche）、如耳洞（Jourdan）、摩罗（Moreau）等出而担任军事。又有产塞尔将军（General Chancel）等之善于治军。有一次他的部下因久饿啧有烦言，产塞尔将军对他们说道："你们要晓得你们要博得为国宣劳，为国牺牲的美名，不是可以白白得来的，是要受许多辛苦，捱多少饥寒，受多少疲倦，才能博得来的。"

这些统兵的将军们，是有监军严密侦察的这种办法，原不足为训。然而虽有几位军官被监军们牺牲了，却是有许多是在恐怖中立了奇功的，丹敦是向来主张敢作敢为，又常常以此劝人，大约军官们也得了这敢作敢为四个字的好处，故此都变作最好的军略家，把欧洲各国的守旧持重，麻木不仁的军略家打倒了。

一七九三年秋间，欧洲各国政府定计进行的时候，才晓得，才觉得法国有政府，有军队。但是到了晓得，觉得的时候，已经受了许多损失了。

法国也不幸，等到晓得已在乱党把持中，要动也动不得的时候，也受了多少损失了。因为后来才有公安政府证明法国有战胜攻取的能力，从前不过表示有恐怖的能力而已。

第三十章　第一次恐怖

（一七九三年七月至十二月）

（一）边界之被逼

毋论如何锤炼，是绝不能平地骤然制出军队的。秋间是有过几次暂时的胜仗，随后跟着有几次败仗。这几次败仗，就有人借口制造恐怖。

欧洲因为那永远存在的波兰问题，毋论如何，是解决不通的，受了许多影响，军事总是无甚进步。法国的军队，却要进攻他们。噶尔诺催促乌沙（Houchard）进兵，一七九三年九月初六，击奥军于浑德斯库特（Hondschoote），大胜奥军。但是他年老而胆怯，不能乘胜获利，不知如何，任从自己的军队忽然发生恐慌，于是军心大变。可堡（Coburg）乘机取攻势，攻克摩伯基（Maubeuge）。政府逼令乌沙解兵柄，令其回巴黎听候审办。

十月十五、十六两日，如耳洞却打了胜仗，可以雪乌沙败仗之耻。这一次噶尔诺却是帮他的忙，带队身临前敌的。然而同时法国军队在亚尔萨斯附近失败，由是斯特拉斯堡（Strasburg）及里尔两处，日濒于危。幸而此时波兰问题发生危急，联军互相猜忌，有几星期无甚举动。于是法国军官奥士等，得以乘机整理，能预备进攻。然而十一、十二两月，在凯撒斯劳腾（Kaiserslautern）及兰道（Landau）两处的胜仗，初时的事情，仍是实在可怕。一七九三年至一七九四年间之冬天，末后亦是获胜，军声大振。初时的情形，亦不见佳。一七九三年八月初七，曾经国会宣布天下，称英国内阁总理庇得（Pitt），为人类的仇敌。假使这个人类仇敌，设法振刷联军的精神，假使可堡决计攻打斯特拉斯堡，不知法国要变成什么样了？

（二）恐怖初起

当时国势极其阽危，于是操大权的政党就借口作非常的举动。因为前敌屡败，就得了借口，实行他们的凶恶政策。又要乱杀，使人恐怖。欧洲屡屡示威恐吓，法国就用杀人作答复。这得权的政党，要杀什么人呢？他们要杀的，就是爱国的将官屈斯廷（Custine）及乌沙等，要杀的是爱国议员汾约、布里索等，要杀爱国女人罗兰夫人。一说到这几位的名字，就晓得当权的人，不过借公愤，借救国为名，以报私仇罢了。

路易·勃郎（Louis Blanc）曾说道：“若是说乱杀人，使人恐怖，救了法国，是一句欺人之语，不过是阻碍革命而已。”他们制造恐怖，却是张大罗伯斯庇尔私党的权力。

作者却不欲言过其实，把恶名都归在罗伯斯庇尔身上。恐怖名词及恐怖的组织，都不是罗伯斯庇尔创造出来的。不过他收为己用，且加以改良，以便排挤他的劲敌，并用请君入瓮的方法，使创造的人自作自受。

先是九月初五日，巴黎各分区曾到国会，要求实行恐怖示威。一直到十二月二十五日，那个时候已经杀过好些人之后，罗伯斯庇尔（他是要等到水到渠成）才说出他宗旨。说道："当太平无事的时候，群众政府的根源，是有道德的；当革命的时候，群众政府的根源，既有道德，亦要有令国人恐怖的权。"

（三）借口宗社党有阴谋

巴累说当时的人，都是发狂的。巴刺斯却承认他们的用意，说道："我们一定要杀他们，不然我们就被他们所杀。"罗伯斯庇尔自己却是很镇静的，并不发狂，却归咎于他的左右发狂。

他们所用的方法，却无甚变化，都不过是说宗社党阴谋，同庇得及可堡通款，要杀马利·安推涅特（王后）及依利萨伯、对穆郎、巴那甫、阿贝耳，所加的罪名，不过是破坏自由。有许多恐怖党，自始至终，相信这句话。一七九四年一月十八日，库通为当时残酷凶恶情形所吓倒，也变疯了。写道："已经发露一个大阴谋，目的是要杀书高山党议员，立小卡佩（Capet）为王；同谋的人甚多，已经有四千人被拘捕了。我们要耐烦，不久我们就能使共和国出险，不为仇敌所害。"库通当时写这几句话的时候，大约是真相信有这种事。读者注意大历史家奥拉得所说的话；他说在八月初十至新七月初九日，实在是并无宗社党阴谋，连影子都没有，宗社党阴谋的话，不过是造出来利用的。

这是当时实在情形。那时候的政府明知人民挨饿，无可得食，只好用一种嫁祸的法子，敷衍饥民。罗兰夫人看破他们的毒计，说道："我们早已见到现在是时机到了！国人向政府要饭吃，政府无饭给他们吃的时候，就给他们几个死尸塞责。"政府因为无粮食以果国人之腹，只好请他们饮人血解渴。

（四）在外省之监视员

这种无人道的办法，却可令他们狐群狗党满意，令这班人维持政府。当弗社及科罗得霸在里昂地方大放枪炮杀人的时候，有一个好行凶暴的人，写信给他的朋友，说道："假使你看见昨日打死二百零九个坏人，你也要享受欢乐的；的确是好看，要享自由，原该如此，只管进行吧！"信后还加一句，说是同罗伯斯庇尔请安。这一群凶徒，简直的是崇拜罗伯斯庇尔，因为罗伯斯庇尔常告诉他们，发他们的雷霆之威，却是维持法律，维持自由。拉麦兹（Lameth）说这些狐群狗党，都是告密的人，说道："这一群凶徒，连上帝都不饶的。"罗兰夫人说道："狐群狗党们告密，党魁们就相信，恭维他们，表明他们有公德，说他们如何为国，如何维持自由，如何维持法律。"有一个人，反对这种残酷办法，说道："古时罗马的国民首领，是替法律说话，并不替流血的人说话。"于是反对他的说道："这都是斐扬党的遁词。"那位最阴险的罗伯斯庇尔，却较为狡狯，只说他们流血，是维持法律。

（五）红色马萨祭

这时候创造一架斩头机器，杀人杀得很快，殊不费事。一七九一年，对穆郎说笑话，说刽子手是行政机关的代表。（刽子手及行政两字，在西文同源，译者注。）刽子手名参孙（Samson），再过几时，他真可自居为政府的代表了。（意谓政府即刽子手，译者注。）这个刽子手，还可以自称为教士，在神座前行宗教典礼。因为这个时候，起首有许多人崇拜这一座杀头机器，称为神职杀头机器，有一个议员名阿马尔（Amar），有一天在国会说道："请大众到大神座（指杀头机器也，译者注）脚下，恭行红色（指杀人也，译者注）马萨祭大典！"

（六）革命法庭

供给致祭的牺牲，是佛揆·坦微尔（Fouquier - Tinville）。他是检察长，是革命法庭的发动机。

作者不必重新再述这个革命法庭的可怕历史，因为新七月之后，这个法庭的检察长、裁判官、陪审员，又被他人审讯。另有记载，请读者细读此项记载可也。

这个法庭是三月初十日成立的，立刻就作了所谓共和的保障，设在王宫，美其名曰"自由堂"。在这个自由堂所演的，何止一百幕的惨剧，一共是连演了十四个月。

这一个戏班的台柱，就是佛揆·坦微尔。他原是个理财家，因为失败变穷了，怨恨不过，要杀人报怨。他是满头的黑发，两道浓眉，两只闪光小而圆的眼睛，颊胀额低，黄色皮肤，短小鼻子，浅薄嘴唇。毋论何时，穿的都是黑衣裳。看他的相貌，看不出什么残酷。他能在人血河里涉足，一面还说笑话，当杀人是一件乐事。惟有遇着有人拦阻他杀人，或叫他杀不成，他却真发怒。有两位著作家，写这个法庭的惨状，写得很详细的，读者参观可也。总而言之：这个法堂，上自裁判长，下至陪审员，都不是要考求情实，听断持平的，他们的目的，专在以人头供给刽子手。

一七九三年六月，佛揆·坦微尔简直的是忙不过来，一连颁布了许多新条例，把全国都交给他，除统兵官及议员之外，他喜欢拘捕什么人，就拘捕什么人。当时很郑重的称呼他作“救国的人。”

（七）杀人数目

这个法庭起初开办的时候，判死罪的较少：在四月及十一月之间，每两天只判一个死罪；自一七九三年十一月至一七九四年三月，每个月杀六十五人。共和二年新二月杀的是一百十六人，新三月杀一百五十五人；新四月杀三百五十四人，新五月之起首二十二日，杀三百八十一人；自从颁行新例四十七日之内，就杀了一千三百六十六人。只计巴黎一处，参孙刽子手所杀的，共总是二千六百二十五人。（读者要记得自从九月间乱杀之后，囹圄已经是空虚的了，已经都杀完了。）

七月十二日是暗杀一位国会的议员的暗杀党处死刑，所谓暗杀，是并无其事，这位议员还是活得好好的；所谓暗杀党，有大多数是向来未见过这个议员的面。

过了五天，就是刺死马拉的女侠科对小姐过堂；这位小姐，却直认不讳，刺杀是实。这位女侠美丽而端庄，视死如归，把人类是看得不值一文。她刺杀了马拉这个怪物，是很镇静的，表示满意。陪审官对于这件案很有点迟疑，几乎从佛揆·坦微尔手中，夺了一个牺牲。

（八）杀王后

随后是王后受审。自从八月一日，就把王后囚在刑部大监；这个地方实在令人可怕，他们派人看守王后，看守得极其紧密，王后是内衣都不敢换，此时虽是满头白发，仍然不改她向来端凝名贵态度，实在是能令人称赞。有一位画师，绘画她穿丧服的像，比她穿大礼服的时候更端凝，更像个王后模样。但是她脸上虽不露伤痛，她的心是早已伤痛到破裂的了。

王后到革命法庭，是十月十四日，但是她的罪名，先已判定的了。读者都晓得，当日是阿贝耳作证人，说了王后多少污秽的话。阿贝耳及佛揆·坦微尔两个人，说得形容尽致，丑态毕露的污蔑王后，说王后引诱坏她自己的儿子。他们既用丑恶的话污蔑王后，一定要逼王后答复。王后答道："我之所以不答复你们污蔑我的话，只因为天也不容这种污蔑为人母的话，我请在场为人母的人公断。"这句话很令在场的人表同情，法庭害怕，要驱逐旁听。佛揆·坦微尔叫赶快辩护，却只限王后的律师说十五分钟辩护的话。王后此时已经是疲乏不堪的了，只望快快完事。王后叹一口气，说道："你们还不快讨厌我的疲倦么？"

王后那种庄严而不骄傲的态度，一直到临刑的时候，不见稍衰。又一个反对王后的，当日在场眼见的说道："这个女人真有胆气，登杀头台都不现丝毫畏怯。"阿贝耳也在场亲眼看见王后受死刑的，等不到六个月，这一位小著作家阿贝耳，也要登杀头台，却现出种种畏怯丑态。

（九）吉伦特党之倒

随后就到吉伦特党了。十月初三日，阿马尔曾正式在议会宣读控告他们的罪状书（大约都是诬陷之言，）于是传吉伦特党受审。初七日，佛揆·坦微尔定了哥萨（Corsas）的罪。十四日，是其余的人上堂，他们晓得保存性命的希望是很少的了，但是还决议尽力辩护。他们原都是律师，辩护得极好，陪审员都很迟疑，不能决定。阿贝耳写道："这些罪人都已经由人民定了罪的了，为什么还要经过这许多礼节，才弄短他们的身躯呢？"这是对国会发表的意见，国会于是议决，说是讨论过三天之后，陪审员就可以宣布一切情形都晓得了。当天陪审员就说已经听够了，不许再讨论，也不许再辩护，就定实吉伦特党二十一位议员，都犯了罪。这二十一个人听了气极了，立起来斥驳这种的待遇，只有汾约一个人以为不必再证明再辩护的了。当宣读判词的时候，汾约觉得身边有一个同党名瓦拉斯（Valaze）听了发抖，就问他道："你觉得怎么样啦？你害怕么？"瓦拉斯答道："我快死了！"原来瓦拉斯已用利刃自戕。有人走来把瓦拉斯拖出去，他的同党们喊道："朋友们，打救呀！共和万岁！"

不必读拉马丁（Lamartine）所写的有声有色的吉伦特党就戮的情形，然后能动我们的感情！读者只要看看这二十一个无辜受戮的议员，个个都是正在壮年有为的时候（其中有四位是不到三十岁，有八位是不到四十岁），个个都有才调，有特长，都是因为党见的怨仇而受刑戮，却无一刻不深信自由，无一刻不当人类都是同胞。弗社原是一个很热心的教士，临刑的时候，是对一个不肯宣誓的牧师忏悔的，算是归入天主教。他们有好几位临死的时候，还是哲学家，却不显露不信教的情状。汾约是特别的有深思。他们临死的时候，大约心思都是很简单的。瓦拉斯虽然是自杀先死，法庭还不能饶他，还要戮尸，杀他的头。只看这一件事，就晓得这群凶徒的用意，晓得这恐怖时代之可怕了。他们的宗旨，是一个人头也不饶。

（十）杀罗兰夫人

一七九二年十二月间，罗兰夫人写道："要先有清洁牺牲，然后有平允当道之日。"然而夫人的灵魂，是很反对牺牲清洁的。一七九三年七月初一日，夫人也是个罪犯了（六月间起已经被囚）。公安会曾宣布过，说是很满意相信这个假装有道德的女人，同她那个伪君子的丈夫，都犯了罪；这个罪，就是阴谋引坏人心云云。夫人在监里写了一部日记，每纸都是极其愤恨不平的话。夫人在朋友的面前，很显露镇静神色，但是她一人独坐的时候，必是伤心痛哭，哭那罪魁单上有名的她的年老丈夫，哭他所欢的部左。仇人们此时正在跟踪捕缉这两个人。

夫人听见汾约及其他朋友们死了，很称赞他们能视死如归，自己也觉得同现在这个世界无缘了。十一月初八日，罗兰夫人穿了一身白衣服，高高兴兴的到了革命法庭，见裁判官，她并不注意辩护自己，却很注意称赞从前附和过她的朋友们。法庭说她称赞罪恶，不许她开口。临刑的早一天晚上，才把她的日记写完了。她绝笔的几句话说道："老天呀，伸手欢迎我呀！公道神呀，欢迎我呀；我今年是三十九岁。"罗兰夫人真是卢梭的入室女弟子。

有一位夫人的女朋友看见她赴法场的时候，是很端庄冷静，很微带笑容。原来有一个自由神的石像，临视杀头台。夫人见了，喊道：“自由呀！自由呀！世人不知借你的美名，犯了多少罪恶！”夫人尝自恨既不生于斯巴达时代，又不生于罗马时代，夫人之死，就是同古时斯巴达人，及罗马人之死。罗兰夫人虽然不是个圣贤，却是个大人物。

（十一）吉伦特党人逃后之惨死情形

过了几天，罗兰躲在卢昂（Rouen）地方的一条小街，听见卖报纸的人大声喊：“女国民罗兰夫人被戮。”他听了这个消息，一声不响，走去自杀。随后在他尸身上找出一个小纸条，上头写道：“但愿通国厌弃这种残杀无辜的罪恶，回过头来，发现真正人道罢！”罗兰向来是好教训人的，临死还是脱不了他向来的习气。

当下在法国那一方，有好几人往来躲藏，有时躲在山洞里，有时藏在乡下的谷仓里，个个都是不梳洗，不薙发，穿得很褴褛的，面无人色。这几个就是吉伦特党的萨勒、加对、丕梯恩、卢未、巴巴鲁、部左。最先是加对及萨勒被获，解到波尔多地方斩首。有一天晚上，巴巴鲁、部左、丕梯恩以为陷入网罗了，就自戕。巴巴鲁用手枪自杀，打去半边脸，滚在血堆里，却还未全死，还要把他解到波尔多斩首。过了几天，才找着部左及丕梯恩的尸首，已经被狗吃了一半了。部左就是罗兰夫人的所欢，又是个有名的群众演说家。丕梯恩有好几时，巴黎人崇拜他如天帝的。

康多塞是自杀的，佛揆·坦微尔捉不着他。当时有一位大著作家写道：“可惜如许人才，都被一群愚顽的懦夫害了！”

（十二）杀平等腓烈

当下巴黎是天天杀人，王后死了不久，就轮到多尔良公爵。他也是先关禁在刑部大监的，随后登斩头台的。这个人在这三年间，最不为人所耻，临刑的时候，却是异常之骄蹇。他却也能轻生，吃了顿大饱，再受刑的。他不顾同气，很出力帮忙送路易第十六上斩头台的，不到一年，也就轮到他上斩头台了。这时候固然是滥杀无辜。但是也有一两次是杀得很应该的。

这时候杀人是杀得忙极了，刀下头落，那个装人头的篮子，忙到来不及装。佛揆·坦微尔是忙得很，要快快的把要杀的人都杀完了。这时候所杀的，也很有些是有名的人。拉法夷脱幸而不在巴黎（他被囚在日耳曼的一个炮台里），却把他的好朋友巴宜杀了。巴宜是个有学问的人，毕生的精力，都在研究科学及天文，又竭力维持自由，就戮的时候，年纪老了。群众看他满头白发的头滚在人头篮里，还大声喝采。随后杀的就是曼纽尔（Manuel），昨天他还是群众所崇拜的人，今天却保不住首领了。其后就输到巴那甫受刑。马巴那甫之后是杜波（Duport），杜波是当过雅科俾党的阁员的。他之后就有克尔森（Kersaint），六个月之前，国会是最欢迎他演说的。克拉微勒斯是在狱里自杀的。其后受刑的是勒布朗，他曾对欧洲各国说过极骄傲的话的。在他之后受刑的，就是三位爱国的军官。一位是卢克纳（Luckner）老将军，一位是以勇敢闻名的屈斯廷（Custine），一位就是好修饰的俾龙。在这三位军官之后，又是几位军官相继受刑。一位是有勇的第夫雷尔（de Flers）将军，一位是英爽的产塞尔（Chancel）将军，一位是乌沙将军。乌沙是曾经百战的老将军，法庭说他怯懦，乌沙将军脱下衣服，把他受过五十五处伤痕，给他们看。

（十三）杀杜拔理夫人

随后杀人杀得很快，却也不分贤愚贵贱，拖来就杀，也有当底下人的，也有大贵族，也有尼姑，也有娼妓，有军人，有前后三届议会的议员。杜拔理夫人（Madame du Barry）是已过时的美妇人，也被他们拖去行刑。杜拔理夫人在法庭说了些话，登斩头台的时候，是惨然流涕，苦求饶她再活一刻。杀过杜拔理夫人之后，又杀了八个尼姑。不晓得这八个尼姑犯的是什么罪名，只听见佛揆·坦微尔说她们是糊涂闺女。

裁判官的眼睛是愈久愈凶，控告罪人的送来的罪犯，也日见其多。游手好闲的人，无事可做，每天都走去法场看杀人。九月十七日，通过嫌疑犯条例，十二月十六日施行。这时候所有的监狱，都有人满之患。索勒尔说这个嫌疑犯条例，就是一种空头拘票，交与群众临时填名捕人。有一位著作家描写当时监狱的情形，说是监里的过活，是很奇怪的，监里的人，不甚以生死注意，杀人的及将被杀的，好像都是习惯了的，殊不以为意。加拉（Garat）才当过阁员，不久也因在监狱里。康盘办事向来是倚靠加拉如左右手的，常常请警兵把加拉送来帮他办事，办完了又请警兵把他送回监里。众人看见这种奇奇怪怪的情形，也殊不以为意。这个恐怖世界，改变了许多人的心肠，把人心都变坏了许多，却也能使有些人的心变了铁石。无知的工人们，一味的还是恭维参孙刽子手。有一位著名文章家卞雅明·空斯通（Bemjamin Constant）写道："外国人看见法国人这样从容就刑，不禁大为惊异。"

然而在这个一七九三年及一七九四年间的冬天（作者还未说完这个时期的事），巴黎人所看见的，还不算是大恐怖。大恐怖，是在新三月之后才出现呢！

惟是在各省却是已经起首了。有好些监视员或特派员，奉命出去的（在一七九三年三月至七月），已经发动了。从南特（Nantes）至里昂，都有这班事体发生。

（十四）监视员之性质

作者说到这里，不便下笔了。有许多著作家的足迹都走遍法国，已经作了许多书，描写情形。作者若是只说大略，是难免只说个粗枝大叶，且失却许多本来面目。作者只好说有许多监视员，是只管征兵及预备军食的；有许多是以革命人心自命的，很横行霸道，却还不至于杀人。也有几位，居然打倒当地的土豪恶霸，此后另有一章，说他们如何办他们节度使的职责。内中却有若干是屠伯，作者在这里略说他们几句。

大委员会的舍瑟尔亚洛写信给卡累说道："我们若是有了得胜的把握，我们就可以行人道主义。"卡累这种人，原用不着这种激烈的话，才施行共和式的残酷手段。芬底地方的战事，很激动监视员们的忿怒，把卡累等激动到发狂。

（十五）外省之恐怖

在作者看来，卡累像是个真疯子。后来他还要说他有救国之功，这就可以证明他是个疯子，因为他自己当真相信他救国。他在季干德（Gigandet）矿里，及在摩甫（Mouves）田上，放枪杀了一千八百人，难道是必要枪杀这许多人，才能救国么？必要在南特地方把斩首机器架起来，终日不停的杀，然后能救国么？他因为抛弃死尸来不及，把尸首装在漏洞的船上，驶出河口，然后拔出塞漏洞的塞子，把一千八百具的死尸填了河。他从十月十九日起至第二年二月十四日止，杀了四千人，以为法国得救了，然后才走的。随后他果然疯了，至死不悟，还相信自己是古时的大英雄。

这时候杀人救国，成了普通的风气。列歧尼奥（Lequinio）同卡累一样，也是犯了疯病的，一定要尝尝人血是什么滋味。同刽子手住在一起，同刽子手共桌吃饭，一定要在他面前杀人，有时还要自己动手杀人。他嫌裁判官判得太慢，另外派一班当裁判，犯人的供词还没说完，就要开刀。有几处地方，都是同遭这种大劫。

在法国的西南，他连最为出色。九月十九日，波尔多投降之后，他连及他的同事，不问是宗社党或是同盟党，捉来就杀。他们简直的是要杀什么人，就杀什么人。他们设立一个军事委员会，委员们对于罪名的轻重，是不管的。贵族同吉伦特党们都一律称为害自由的人，一律的斩首。从十月二十九日起，至新七月初九为止，他们不过杀了三百零一个人，这却不是因为他连大发慈悲，只因为他恋爱一个美貌女子，这个女子很救了许多性命。这个女子贪财，其中有许多是花了钱买命的。军事委员会也是贪贿的，后来查出委员长受贿，委员长也要登斩首台。

此外有好几处地方，如土鲁斯（Toulouse）等处，也杀过人。不过这些地方向来是雅科俾党最多的，杀人较为少些。

（十六）夫里龙在布罗温斯地方所办的事

在罗尼（Rhone）河左右地方，却大不然：自从一七九三年三月间起，是夫里龙管辖布罗温斯（Provence）一带地方。科第力尔党人，原是他的朋友，比他端正得多，见了他却个个皱眉。有一位作夫里龙传的人说道："他这个人并无脑筋，最易受激刺，他的面貌令人望而却步，原是个报馆记者，淫乱好杀，一面杀人，一面说笑话，有巴剌斯帮忙，他就独揽科第力尔俱乐部的大权。"马赛地方的科第力尔俱乐部，开了十次堂，就杀了一百二十人。那个时候，已经把土鲁斯地方从英国手中克复了。（这是拿破仑第一次立功。）科第力尔俱乐部，就忙着杀人。夫里龙自己笑着对人说他自己枪毙了八百个男丁。其实他向来好吹，不过枪毙了二百八十二人。读者要参考奥拉德刊行的尺牍，才晓得实在详情。土鲁斯的户口，从前是二万九千人，后来只有七千人。然而夫里龙及巴剌斯高扯得胜旗，入马赛的时候，还有人欢迎他们，称他们是搭救南方的英雄。南方诚然是得救了，却被他们杀了三百三十二人。这是开堂四十二次所杀的数目。这真是光彩夺目的红色马萨大典礼。

（十七）科罗得霸及弗社在里昂地方所办的事

在南方所演的红色祭礼，还赶不上里昂地方所演的颜色那样深。作者已经说过，此次里昂的恐怖，比巴黎利害得多。两相比较下去，佛揆·坦微尔的残酷，还要让好几筹。弗社后来竭力的不承认，要把惨杀的责任，全推在科罗得霸身上（科罗得霸原是个小丑出身，后来变了一个专演惨剧的，又变了好酒的，日在醉乡），但是有他们亲笔的信。在信里都是说的怎样满意，怎样得意的话，他们究竟是为什么得意的？新十一月十四日，他们用排枪枪毙六十四个少年，枪毙之后，还要用刀剁碎。二十五日，又照样结果了二百零九个国民的性命。差不多每天都有这种杀人的事，好叫这两位所谓爱国者，过他们杀人的瘾了。除了枪毙之外，还有杀头机器，杀了许多人。这两位大节度使，曾宣布过，说是他们的心，并不为杀人所动。还说他们的目的，是杀人以巩固后人的欢乐。因为要巩固后人欢乐，故此弗社在里昂地方流连不忍去，一直要等到杀了二千人才罢手的。弗社还写道："我把这二千具血水淋漓的尸首，都抛在罗尼河里，令罗尼河两岸的人，发生恐怖；画出一幅图画，令人晓得人民权力之大。"

有一个名叫哲服格（Javogue）的，也是一个极残忍的人。他在里昂附近的一个市镇，竖起杀头机器，杀人也不少。不过他的说话说得单简些，只说道："我的屠杀有很好的效果。"

（十八）勒篷在阿拉斯地方所办的事

各处乱杀人，都说是有好效果。作者不欲细说在各省乱杀人的事了，只说在阿拉斯（Arras）地方所演的惨剧。在这里是勒篷（Le Bon）指挥一切，他原是一个教士，起初委员会有点疑心他过于懦弱，尝警告他不要误会了人道主义。他于是要表明并无人道主义，把两省地方用人血泡起来。在一个市镇的地方，六个星期之内，杀了一百五十个国民。但是他的全力要留在阿拉斯地方，才使出来。他还是个少年，脸无血色，两只蓝眼睛。他的秘书写道，勒篷杀人，好像是个疯子，他是狂杀，乱杀，一到杀人，他都要临场谛视的；看过杀人之后，回到自己家里，还要演出被杀的人种种可怖情状，媚他的老婆。后来轮到他被拖到法堂受审，把他从前杀人的详细的惨状都发露出来，他自己听了也糊涂了，喊道："你们早该用枪，把我的脑子打碎了！"

六个月之后，这些屠伯之中，有好几个想起他们从前乱杀人的事情来，却大为惊怖。这些屠伯，因为实行无涯岸的专制，故此都变了野兽。其中也有好几个人，因为恐怕人家说他的懦弱，故此变本加厉的，忘记了自己是个人，也变作野兽了。

巴黎的当道，是无所不用其极，逼压他们乱杀。委员会写给卡累、他连、夫里龙、弗社、勒篷等，鼓励他们杀人的信，至今还有一封存在那里，是罗伯斯庇尔亲笔写的信，力劝里昂的监视员从严惩办，不许动摇。巴累及科罗得霸同写给勒篷的信说道："你只管杀！"后来天道循环，勒篷被法堂定了死刑，当临刑时，把杀人罪犯的红衣披在他身上的时候，他喊道："你们该把这件红衣，披在国会身上！"

第三十一章　罗伯斯庇尔及私党

（一）私党

国会虽是似乎指挥一切恐怖的办法，然而最畏惧波及的，还是国会。此时吉伦特党是已经被驱逐了。右党七十五个议员，因为反对，都已经监禁了。罗伯斯庇尔是常常的指斥会场中的私党，他说会场中有主张宽大的私党，有浪费的私党，有贪赃的私党。议会常常的畏惧有不测之雷霆。

马拉此时已经为崇拜他的人崇封为神，既不阻碍罗伯斯庇尔，也不阻碍丹敦。这两个人此时是面对面的对垒了。这是罗伯斯庇尔在当权的时候；但是九月初六，几乎恢复他的劲敌跻升最高的地位。国会曾经请丹敦仍回委员会里办事，丹敦明晓得在委员会里，是附和罗伯斯庇尔的占了大多数，说是不如从旁鼓励各委员会努力，不必自己加入其内，不肯再入公安委员会。但是二十五日，有人攻击公安委员会，要换委员。罗伯斯庇尔痛恨，竭力斥责反对党之改变腔调，说他们受了英国宰相的运动，丹敦却让他的劲敌得胜，不过耸耸肩，不多说话。只说罗伯斯庇尔的议论，是蠢驴的议论。

（二）丹敦心里的焦急

丹敦此时心里经过许多焦急，他看见恐怖政策乱杀人，心里极其难过。吉伦特党虽是他的仇敌，但是他心里是向来很称赞他们的。此时他们都已经同归于尽了，心里是极其不安。他虽然常时设法自慰，也自慰不来，常常当嘲笑的说道："布里索是很想杀我的，也像罗伯斯庇尔此时想杀我一样，他们都是好杀同气的人。"（这两句话也是随后丹敦临刑所说的。）当吉伦特党受审的时候，丹敦挥泪对加拉（Garat）说道："我无力救他们的性命。"吉伦特党定了死刑的那天晚上，对穆郎流泪呜咽说道："咳！我是个可怜虫，都是我一个人害了他们的！"丹敦听了，同对穆郎相向而哭。丹敦对于他们这样乱杀无辜，是坐卧不宁的，对对穆郎说道："你看看！已经流得满条森河都是人血了！流血流得太多了！对穆郎！来，来，来！你去动笔替许多无辜的人们说句话，求他们大发慈悲，不要再乱杀罢！我出力帮助你！"但是到了国会，他却并无举动，好像是当一七九二及一七九三这两年，过于劳苦，此时是精疲力尽，动不得了。有好几位他的朋友是过于怯懦，不敢帮助他。丹敦说道："我看人类，简直不是东西。"他此时毫不关心的态度，实在是令人诧异，但是偶然也有振刷精神的时候，不过是忽然而起，又忽然而止了。有一天晚上，丹敦在色佛尔（Sèvres）有一个人当他的面说道："呀！假使我是丹敦的话！"丹敦忽然答道："丹敦睡着了，但是他总有一天要睡醒的！"殊不知当革命时代，能激动群众的时候是很短的，若是睡着了的话，醒过来就来不及了。

（三）罗伯斯庇尔却向来不酣睡

罗伯斯庇尔向来是不酣睡的，时时刻刻都是清醒的。到了这个时候，这个人是以公安委员会操纵国会。我们要较为详细的研究这个人了。罗伯斯庇尔到底是个什么路数人呢？有一个人是他的使徒，答道："罗伯斯庇尔是一个有道德的人。"

他是一个有道德的人，他为人端正贞洁，有道德。丹敦自己也说过的，罗伯斯庇尔很怕钱，他尤其害怕的是女人，他们是最恨女人的，杀罗兰夫人原是他出力居多。对穆郎夫人以为罗伯斯庇尔是她的好朋友，殊不知就是罗伯斯庇尔送她到法场的。他还想把他连的夫人送上斩头架。罗伯斯庇尔有一个同胞姊妹，他还冷冷的把她摔开。他自己既然是恨女人，连到喜欢女人的人，他都恨上了。法国人是向来牵于情爱的，又是喜欢大笑的。这时候却来了一个无爱情最恨女人的，又是最不喜大笑的罗伯斯庇尔来管法国，这是法国历史创见的事。

罗伯斯庇尔的面貌并不丑恶，度培累（Duplay）姊妹（罗伯斯庇尔租寓于小木作店度培累家，度培累有女二人，译者注）以为罗伯斯庇尔很可爱的。部左一说到罗伯斯庇尔是恨极的了，总说罗伯斯庇尔有一副猫脸，但是并无靠得住的画片，现得出他这副猫脸来。女国民举良也以为罗伯斯庇尔的脸，能令人欢喜。有一个画师，绘他的画像，有多少可以证明举良的话。这个画像是画的一个楚楚少年，并不令人望而生畏，他的嘴同鼻子太宽大些，淡绿色的两只闪光眼睛。他却是最好修饰的，穿著打扮，是很整齐的。他一头的卷发，满铺白粉，脸上刮得很干净的。他身材瘦小，穿一件蓝色或栗色外褂。扣得紧紧的，外褂里头是一件背心，背心之下是一件绣花汗衫。他虽然自认为无裤党（当时群众暴徒都自称为无裤公，译者注），但是他不肯不齐不整，装出共和模样。他穿的是绸缎裤子，他是爱好洁净的，内衣都是一尘不染的。等到后来新七月初十那一天，他的内衣，才染了他自己的血汗。他办事的地方，尤其整齐，凡是走入他的办事室的人，都看房里挂了许多不同样的他本人的画像，这也表示他的一种特性。

这个人是无时无刻不想着自己的。他庞然自大，高自位置到了极点。他自己以为有道德，他深信用道德去治人。有一种最令人可怕的自命为使徒的人（如英国的克林威尔），有时出世，要扫荡奉教不笃及腐败的人。法国极不幸，此时的大权，落于这种样一个人的手。最专制横行最可怕的，就是这种人。这种人以为是替天行道，什么都要牺牲的。他们尤其肯牺牲朋友，凡是他的总角之交，及壮年的朋友，罗伯斯庇尔是无一个不牺牲净尽的。罗兰夫人写道："罗伯斯庇尔是个最可恨的人，他所作的事，无一件不瞒着良心。"据作者看来，夫人这句话是说错了。罗伯斯庇尔不是瞒着良心，他是完全服从他自己的良心的训令。他的良心，深信他所奉的使命，是神圣不可侵犯的，故此他就诬赖吉伦特党。不独是诬赖，遇着必要时，他还要制造假文书（有舍瑟尔亚洛的事为证，）陷害仇敌。他原以为他的仇敌就是道德的仇敌，故此无论什么无道德的事，他都作得出来。

此时有深知罗伯斯庇尔的情性的写道："罗伯斯庇尔是个教士，是个绝不会作错事的教王，是个预言人。"又有一位著作家写道："罗伯斯庇尔这个人，有几分像回教主摩罕默德（Mohammed），又有几何像克林威尔。"他颇有教王深入人心的镇静，他并非不能变动的人。有人曾指明罗伯斯庇尔是个善于趋时的人，他的态度，不是不能变动的，他的宗旨，却是不能改变的。他很相信他自己的宗旨，故此很有势力。他以为自己就是自由的化身，就是共和、革命的化身，他很相信他自己的仇敌，就是自由、革命、共和的仇敌。他又最妒忌他人，凡是忤他意思的人，就遭他妒忌，故此他的仇人日见增多。他以为自己代表真理，代表道德，凡是攻击他的人，或嘲笑他的人，他都称为不是爱国的。

他自己既然深信他是个绝不会作错事的教王，是以他的说话及作事，都是非常之武断。他所最武断的，是三件事：一、以恐怖政策维持道德；二、有最高无上的神圣存在；三、财产是神圣不可侵犯的。他是盼望人人都要承认这三件事。凡是主张宽大的，凡是用恐怖手段而行为不合道德的，都看着是不良的国民。凡是不承认至高无上的神圣的，凡是敢于攻击财产的，也是不良国民。但是国会里有几个能合格的呢？这会里不良的国民太多了。罗伯斯庇尔之所以终天愁眉不展的，都因为这种不良的份子太多了。他所深恶痛绝的，就是他们。他要奉行他的祖师卢梭的话，要把所有不良的份子驱逐净尽。在这位教王的眼中，凡是异端，都是仇敌。奥拉得讥罗伯斯庇尔，说他是真理的主人翁。

（四）圣鞠斯特

在国会及委员会里头，罗伯斯庇尔都没得几个朋友；只有库通、圣鞠斯特（Saint Just）、勒巴（Le Bas），还有他的亲兄弟奥古斯丁（Augustine），算是他的朋友；此外达微德，也许算得是一个。库通的宗教见解，颇能引动罗伯斯庇尔。他们同崇拜一种宗教著作，对于宗教是同一鼻孔出气。新四月二十七日，我们就听见他指斥所谓哲学家不信天，说是天上是空洞无物的，又不相信道德。但是罗伯斯庇尔的惟一信徒，却是圣鞠斯特。假使圣鞠斯特不是比他的尊师较为有知识，较为有本事，我们就可以称圣鞠斯特是罗伯斯庇尔的从者。巴累论圣鞠斯特，说他是面如冰霜，心如烈火。圣鞠斯特是个美少年，却是一个可怖的少年。他的朋友们说道："他的一片热心，是用算学算准了发生出来的。"他要建设他自己梦想中的共和，连自己的头，都肯牺牲的，牺牲百十万别人的头，是更不必说的了。又有一位是国会议员，也是一个罗伯斯庇尔党，他论圣鞠斯特说道："他一次只肯说一句话，但是这一句是极其能动听，能深刺人心的。"又有一位议员说道："圣鞠斯特当与他不同意的人，都是罪大恶极的人。"他这种态度，最能讨罗伯斯庇尔的喜欢。他崇拜他的先生，是崇拜到极点了。他很替先生出力，同时却催促他的先生进行。但是弟子的胆子比先生的胆子大，先生所作的事，大抵都是这位高足提议的。弟子奉了先生之命，立刻去实行。勒巴也是一个疯子，却另是一种路数。他一生只是奉事罗伯斯庇尔，居然为罗伯斯庇尔而死。世上惟有预言者能有这种奴仆；惟有庞然自大，有己无人的大人物，才能够有这种的朋友。

除了几个人之外，罗伯斯庇尔对于政治世界其余的人，都是疑忌的。醉鬼科罗得霸，糊涂的巴累，腐败的舍瑟尔亚洛，小孩子对穆郎，他是疑心他们的。他以为这班人，未奉他的命令，就胆敢说宽大话。

在一七九三年的冬天，这个宽大派，不过是令罗伯斯庇尔讨厌，并未与罗伯斯庇尔为难。

（五）对穆郎主持政尚宽大

罗伯斯庇尔所谓宽大派，是包括丹敦、舍瑟尔亚洛、对穆郎等，说话人是对穆郎。弥拉波尝说对穆郎是个可怜人，他现在还是一个可怜人，还是一个勇往直前的记者，毫无城府，毫无计算的人。幸而他娶了一位性情很好，又很有钱的夫人，故此把他的激烈，辛辣的文章，减轻了好些。这时候因为实行恐怖政策，他心里也是十分难过。他忘不了当日结婚时候在场的朋友们；例如布里索是他断送了性命的，丕梯恩是自杀了。罗伯斯庇尔却反对他。对穆郎此时又反悔，又惊恐。他原意是要在前敌报效，宁战死在沙场，不愿意看见这许多可怕的事。但是丹敦劝阻他与其执戈，不如执笔，攻打恐怖政策。

（六）科第力尔报

不晓得对穆郎是为作用起见，抑是眼光不明，以为仇敌并不在委员会而在自治会的机关报。这张报是阿贝耳（Hébert）当主笔。对穆郎发起一个《科第力尔报》，专攻阿贝耳及所谓新科第力尔党，斥责他们是好饮人血的人，专事告密，专主破坏的人。雅科俾党害怕起来，起首说恐吓的话。当时有一个当革命法庭陪审员的，写道："对穆郎要走近杀头台，尝尝杀头的滋味。"

罗伯斯庇尔不管对穆郎自投罗网。作者要说明，罗伯斯庇尔在梦中，都是想杀丹敦及阿贝耳两个人的；是以看见丹敦的朋友要动摇阿贝耳的地位，心里并无什么难过。他心里计算，一旦把雅科俾党的机关报毁了，随后就可以毁对穆郎的报。新十二月十九日，阿贝耳的同党，在雅科俾俱乐部攻对穆郎，罗伯斯庇尔反用许多背信的说话，帮助对穆郎。但是不久他却变了腔调，等到对穆郎把第七期的报发印时，印报人事前已受了恐吓，不肯刊布；罗伯斯庇尔忽然打一个霹雳，大攻主张宽大派。二十四日，对穆郎家里忽然大震动，对穆郎夫人写信给夫里龙（Fréron）说道："夫里龙你迅速回来，一刻都不可耽延，罗伯斯庇尔在雅科俾俱乐部攻击对穆郎。"夫里龙是要回来的，不过回来得很慢，这个打救南方的人，不肯急于同罗伯斯庇尔见面，其中有理由。因为他晓得罗伯斯庇尔先后轮流的打丹敦党及阿贝耳党。此时的情形很纷乱，罗伯斯庇尔以为夫里龙是一个兼跨两党的人，是一个腐败人。

罗伯斯庇尔盘算了几时，因为丹敦有许多朋友在国会，不好先打倒了阿贝耳及其徒党。

（七）阿贝耳及自治会的机关报

大概而论：阿贝耳为人，差不多样样都是同罗伯斯庇尔相反的。阿贝耳是个无神派，罗伯斯庇尔是个有神派。阿贝耳有几分是个共产党。罗伯斯庇尔很怕阿贝耳，因为阿贝耳在自治会里头，是个很有实力的，又是自治会机关报的主笔。罗兰夫人说这张报是下流报，但是所有巴黎的报，以这个报的销路为最多最广，在军队里尤其畅销。用通俗笔墨，发出许多议论，又添上许多极俗的话语，群众最喜欢看他的报，以为他是一个极大胆，身躯极粗大的一个人。殊不知他只是一个很短小两只雪白手的好吠的小狗。

他所说的，都是种种过火的话。他同他的上司勺麦特（Chaumette）两个人操纵市政厅，据为发表极端议论的坚固要塞。阿贝耳的夫人是个虔奉天主教的人，阿贝耳却是不信教的。他的家里是很舒服的，他的行为也极端正，却专激动群众，取不义之财，以饱欲壑。

（八）阿贝耳党之自治会

自从八月初十以来，自治会以为能为所欲为。当作是个政府，几乎可以同公安委员会比肩。只是这一层，就够令罗伯斯庇尔疑忌他们的了。但是自治会能操纵暴徒，势力是很有的。

他们就借饥荒来达目的，因为此时同英打仗，粮价更贵。从前所颁行规定最高价的条例的结果，是有百千家的面包铺，只好关门。于是压制的条例，接二连三颁布，其效果只是毁了许多买卖，却并不能减低物价，经济学的法律，原是不管什个恐吓，不管什么条例的。

（九）社会党之举动

自治会都不管什么物价不物价，只要博得群众欢喜，全不管国计民生的。共和二年新九月初八（即一七九三年九月三十日）要求通过规定一个普通最高价条例，完全把什么买卖都毁完了。种田的人把粮食都囤起来，否则不再植谷了。勺麦特对付这种情形，首先发表最透彻的社会主义，说道："若是制造家抛弃工厂，不制熟货，只有由政府把所有的生料及工厂，都取过来，因为既是在民主制度之下，毋论什么东西，都是用民力制造成的，不是黄金制造成的。"自从这种议论发生之后，就有许多奇奇怪怪极端议论，相继发生，互相比赛，惟恐其不走到极端之极端，其结果就是所谓面包平等，从外省运粮食入巴黎。

还是弗社（弗社后来是坐拥百万家资）于一七九三年夏间发

起共产议论的。他的宗旨，几乎要实行共产学说。这个学说，就是在平等国家之下，理应无所谓富，无所谓贫。

自治会派人去同弗社贺喜，说道："应请全体国民，把所有一切买卖制造，都拿过来，为国民生利。"决计要罗伯斯庇尔改变宗旨，请他把商人贵族扫除净尽，要做到完全的革命，其意即谓社会革命。

罗伯斯庇尔是个保产党，毫无扫除富商大贾（即所谓商人贵族）之意。他对于社会各种问题，是极其守旧的，看见阿贝耳、勺麦特、弗社及其从党们，主持共产革命，心里日见不安。后来见得时机已到，要拦阻他们。

（十）废基督教

这群人不独要行共产，还有一种举动，更令罗伯斯庇尔难堪。这群人要废基督教，建立一种道理教。

自治会此时公然宣布他们的意思，要废基督教，组织一种崇拜道理及自由。

第一最重要的发起这种怪思想的，就是勺麦特。勺麦特原是个光棍，道德是完全丧尽的了；他若是生在我们现在的时代，一定是要受刑事法庭审讯的。况且他的所作所为，都是不堪入耳的，审讯他的时候，还要用黑暗法庭，不能有旁听的。若是这样审讯他的时候，他一定要引古希腊时代几位哲学家的名字。勺麦特同这种哲学家，是同一鼻孔出气的人，是不信神的。他不独要驱逐诸神，还要驱逐基督。他的办法，第一步是要首先把所有的教堂的大钟取下来，铸大炮，铸铜钱。第二步是要拆钟楼。他说："钟楼盖得太高，比其他建筑都高得多，这是与平等主义不符，一定要拆毁的。”

这时候戏院所演的戏，起首嘲弄老宗教了；例如粪除，欺骗，及建立真理是也。第二本戏末一段，是唱侮慢弥撒大礼（High Mass）的歌。

（十一）崇拜道理

国会自然是颇不以这些举动为然。此时得格兰泰因（Fabre d’Eglantine）条陈新历法，原是一个很聪明的办法，其意要废除星期日及圣诞日，很能促进废基督教进步。国会居然通过，颁用新历。国会有几位议员，于一七九三年秋间，尝试在外省以平常通用礼节代宗教典礼。杜蒙在亚贝威勒（Abbeville）明告群众，说牧师们不过是傀儡戏的穿黑衣的花脸小丑，一切废除，改行崇拜道理。但是他们自相矛盾，既要废除牧师们的傀儡戏，却要演他们自己制造出来的一种极隆重的傀儡戏。每十日在大教堂跳舞，及制造许多节目，一定要群众奉行。继杜蒙而起的，就是弗社废除崇拜基督典礼。他在内维尔（Nevers）大教堂的讲经台发议论，废除一切神道，颁行条论，说道：“一个人死了，不过是长睡。”从此把天堂及地狱的门，都锁闭了。勺麦特自己跑到内维尔地方来，催促弗社进行。外省的节度使，也有好几处仿照弗社的办法。有一处地方，居然把一个小乡村的小教堂，改作真理庙。

这种举动渐推渐广，群众起首焚烧能发生奇迹的圣母像，把教堂的金银祭器拿走了。亚列尔（Allier）的主教，居然跪在弗社的脚下宣誓反教。还有一位主教，把锡杖（又称圭杖）摔在地下，用脚踏断了。当时种种可笑的情形，是写之不尽。有一位当着全俱乐部的人洗头，说是湔去从前受过的洗礼。

自治会愈作愈胆大，公然强迫国会。其中有一位议员格里瓜，晓得罗伯斯庇尔的意思，首先极力的反对，却并无附和他的人。阿贝耳党此时很发怒；格里瓜却曾说过这群阿贝耳党，常常带他们的夫人到他那里对他忏悔，带他们的儿女来受洗，此时却当众公然侮慢宗教。

弗社派人解了许多箱子到巴黎，交与国会。会员们当众打开一看，箱子里都是教袍同十字架。议员们看见这个情形，很深印心中。共和二年新十月十七日开会，议员们事前很小心的布置一切。哥布尔（Gobel）主教被拖至国会，当众脱去教袍。议会至此只好让步，议长还安慰恭贺这位主教一番，说道："至高无上的神圣，既然不愿意世人崇拜别的，只愿世人崇拜道理，以后就用道理作国教。"

（十二）在我后大教堂举行崇拜道理大典

于是勺麦特立刻向自治会取得一议决案，说道："议会居然能令道理打胜一仗，打败一千七百余年的成见，理应于新十月二十日举行国定大典，要在从前本城的大教堂神像前举行。"

写叙当时此次大庆典的著作很多。他们从大戏院借了一个跳舞女子，披上三色国旗，坐在道理的宝座上。国会的议员们却借口事忙，未来预礼，就有群众们（这里头是什么人都有）排队跟随这位女神入王宫，强逼议员通过，将我后大教堂（Notre Dame）改为道理庙（Temple of Reason）。他们犹以为未足，还要多添一位代表道理的女神，就请国会的一个议员名蒙摩洛（Momoro）的夫人当了女神，奉祀在另外一间教堂，是在随后旬节举行大典。

其始不过是巴黎有一位自由女神，一位道理女神，随后通国都有了。数不尽那些女神，居多数是极不相干的人装扮的，偶然有几处是良家女子改扮的，行为却还端正庄重，其余的是不必说明的了。据说："有一位女神额上，有一条带子，上头写道：'你们却不要把我变作放纵女神，若是果有其事，也是应该有的。'"因为到处恣纵不堪入目之事，是不一而足，侮蔑宗教的事，往往而有，有人说："在里昂地方，有人用圣餐杯，装水饮驴。"

（十三）反对道理教

所有这种举动，最为罗伯斯庇尔所痛恨。共和二年新十一月间，有一个议员说："这群女神，比古时寓言女神无耻得多。"罗伯斯庇尔听了拍掌喝采。科罗得霸曾受过委员会的教训，说道："这些伪道理，满街上同谋反党乱跑（谋反党是指阿贝耳党而言），举行庆贺之后，就任意宣淫。"当庆贺得胜神那一天，库通说的是信神教的话。

丹敦是一样的痛恨这种举动，国会还唱颂扬道理歌，丹敦是大反对，说道："我此后只愿意在议场听人用散文说道理，不愿意听人唱道理。"罗伯斯庇尔很鼓励这种反动，打定主意，先打倒勺麦特及阿贝耳，随后再毁这一小群的无神派。

罗伯斯庇尔又以为各省的节度使，都是极腐败的人，要同他们较量个高低。他们在外省横行霸道，反对无上神圣，反对产业，反对道德。大约是共和二年新十一月起，罗伯斯庇尔的徒党，从举良以至他的同胞兄弟，在各处反对腐败及不信神的监视员们，罗伯斯庇尔又使手段，运动公安委员会，把派遣在外各省的监视员卡累（Carrier）、他运、巴刺斯（Barras）、夫里龙、哲伏居（Javogue）、弗社等召回巴黎。这些节度使们回来，才晓得局面大变了；他们一到巴黎，才晓得阿贝尔、勺麦特、丹敦、对穆郎等，俱被打倒了。

罗伯斯庇尔是借这一党打倒那一党，然后把两党都打倒了。(共和二年新三月的事。)

第三十二章　私党之倒

（一）罗伯斯庇尔阴谋陷害私党

新十一月二十四日，圣鞠斯特奉命往亚尔萨斯（Alsace）地方的时候，对罗伯斯庇尔说道："法律虽是定了许多，却未十分实行，作个榜样示戒；你只管惩罚显著的罪恶，假道学伪君子的罪恶，却不过问。我是你的朋友，请你叫雅科俾党注意于有大力维持公益的先哲格言，请他们注意于伟大方法之能治自由国的。"

他所谓假道学伪君子，是指阿贝耳及丹敦而言。罗伯斯庇尔一定是要打倒他们，要时刻不停的动手打击，治一个自由国，是不得不如此的。

罗伯斯庇尔并不是不想攻打他们，他的政策是向来专等机会的。他见得丹敦是阻手阻脚，而极其讨厌。丹敦及阿贝耳这两个人，他一定是要打倒的。究竟是先打谁呢？先打那个助力最少的人，这就是阿贝耳。丹敦亦极反对这一班过激党的，一定是肯帮忙罗伯斯庇尔的。对穆郎的报，不是最先攻击自治会的机关报么？打倒了阿贝耳及勺麦特之后，他们的机关报自然也扯得粉碎了。阿贝耳党的自治会解散了，重新建立一个罗伯斯庇尔派的自治会，然后攻打丹敦，有了市政厅的罗伯斯庇尔的徒党相助，就可强迫国会服从。

丹敦是极高兴反对乱党的。新十一月十六日，罗伯斯庇尔提议通过奉教自由，丹敦很帮罗伯斯庇尔的忙。有了这个议案，就免得天主教受道理派压制。道理神这个时候却发起抖来了。

（二）对穆郎攻击狄克退陀制

对穆郎还是接续的大力攻击阿贝耳，同时又攻打施行恐怖政策的狄克退陀制。凡是能够有自由独立思想的人，此时都见得无狄克退陀制之必要。十一月二十八、二十九、三十等日，奥士（Hoche）连战皆捷，摇动普军地位，会合他军向前进逼兰道（Landau）。随后有一七九四年亚尔萨腾（Alsatain）之战，二十二日连战皆捷。最后又有一场血战，于二十八日解了兰道之围。刻勒曼（Kellermann）在南方打退皮德梦特（Piedmontese）的军队，退回意大利。国人对于新组织的军队，都很有大希望。到了春天，法国军队反守为攻，要二次战服比利时。丹敦很注意于军事之胜利，以为时机成熟了，在国内可以行宽大政策，在国外可以讲和平了。罗伯斯庇尔晓得了，更恨丹敦，他以为非有战事，不足以实行公安会的种种政策。

公安会的委员们，看见丹敦这种举动，以为危及本会，罗伯斯庇尔于是逼他们进行。巴累请国会宣布政见，战事要进行，要打到底，打到了无可打为止，居然通过。议员们都承认外国的暴君们，仍然是恐吓法国。罗伯斯庇尔却进一步，说是外国的暴君们所以敢恐吓法国者，实因国里的奸细太多。他说的话很长，议会很喝采。其中有一句最重要的，就是有许多私党打着各种旗号，扰乱法国，这都是国内的仇敌，请议会务必将国外国内的仇敌，都要打倒。

丹敦觉得这几句话，不独是向阿贝耳发的，且是向自己发的。丹敦为人是向来坦直的，向来并不绕弯子的，他要罗伯斯庇尔解说，要同罗伯斯庇尔面谈，以为可以连合起来，反对饮血的人。但是罗伯斯庇尔立刻变了面孔，满嘴都是怨言，丹敦听了发怒，很不以强行恐怖政策为然，说是不该再事惨杀，良莠不分的糊乱杀人。罗伯斯庇尔喊道："我请问你，是谁告诉你，枉杀过一个无辜的？"丹敦看他装作不知，恨他犯了这样乱杀的大罪，毫无知觉，对旁边的一位朋友说道："你以为怎么样？"随即说了一句讥讽的话道："没得一个枉死的么！"拂衣而去。此是一月间的事。

（三）罗伯斯庇尔设法令人不信扶持丹敦的人

罗伯斯庇尔虽是要先打阿贝耳，后打丹敦；但是看见这个时候，自治会的举动，国人渐渐不以为然，不为人所信服。于是用许多诡诈阴险手段，预备打倒丹敦。他未公然攻击之前，预先毁坏丹敦左右的名誉，用间接法子毁坏丹敦名誉。一月六日，罗伯斯庇尔在雅科俾俱乐部攻击得格兰泰因。得格兰泰因的确是个窃贼，察波特（Chabot）也是帮丹敦的，又是一个光棍。一月十四日，罗伯斯庇尔设法把这一班人拘捕了。库通于是写道："国会居然澄清了！"随后收拾的是重要人物，把舍瑟尔亚洛也拘捕了。公安会里头，只有舍瑟尔亚洛一个人是丹敦党。舍瑟尔亚洛也是向来失检的人，未被捕之先，有一天，舍瑟尔亚洛坐在办公室办事，忽然抬头见罗伯斯庇尔两眼直看他，他就晓得不会有好结果的了。

丹敦看见他的徒党被捕，觉得危及自己了。他晓得自己有危险，当众说明罗伯斯庇尔的专制，令人不能忍受。有一天是初次演某本戏，罗伯斯庇尔坐在包厢，丹敦同几个朋友坐在正座。有一个戏子说道："杀死专制的人!"台下拍掌喝采。编戏的人说："丹敦伸手向罗伯斯庇尔挥拳。"罗伯斯庇尔此时又怒又怕，脸无血色，咬牙切齿，两手乱抖，坐在厢里想报仇雪恨的方法。有了这种情形，事机自然日见紧迫了。

（四）圣鞠斯特登演说台

罗伯斯庇尔把圣鞠斯特请来。圣鞠斯特在国会演说一番，就安排定了杀反对党的办法。他说道："若要共和成立，非尽毁灭一切阻止共和成立之物不可。凡是怜悯囚犯的，就是反对共和；凡无道德心的，也是反对共和；凡是反对恐怖政策的，也是反对共和。"他说一句，就是二十个议员的头颅落地。库通写道："地狱虽是反对我们，好在天堂是帮我们的，天堂是地狱的主人!"

他们当阿贝耳是地狱的利器，被人用阴谋从背后把他打倒了。科罗得霸原附和过阿贝耳几时的，走到雅科俾俱乐部，把阿贝耳毁了，使他失了俱乐部的助力。他此时虽受了恐吓，仍然号召暴徒来帮他；但是他很不中用，太无胆，害怕起来，又打不定主意，一会子埋怨这个，一会子又埋怨那个，白白错过了许多时候。等到科第力尔俱乐部宣布起事时，又起不成功。罕里奥竟用不着拔剑对付这一群傀儡，在他们家里把他们捕了。新二月二十日，阿贝耳、克罗次（Clootz）、蒙摩洛、龙辛（Ronsin）、芬暹特（Vincent）五人，都被监禁了。随后就是勺麦特、哥布尔两人。他们的罪名，是与英国、普国私通，又要扶助将来的狄克退陀。

从新三月初一至初五，开法庭审这几个人。这几个诚然是毫无道理的人，但是他们都当了牺牲，如同吉伦特党人一样，同是无辜被人暗杀的。

（五）自治会机关报主笔之死

正式控告这十八个人的罪名，只是说他们的道德不好；此外的罪名，不过是空泛的政治罪状。他们是无从辩护。阿贝耳听读判词的时候，是呜呜的哭，拖他出去的时候，他已经晕过去了。临刑的时候，他的样子，更是出丑。巴黎的群众见他将受刑的时候，浑身发抖，很诧异。被他牺牲的法国王后及罗兰夫人，都能视死如归，比他像样得多，大方得多。克罗次原是个诚实人，临刑的时候，对群众大喊，说道："我的朋友们呀！请你们不要把我混在这群光棍堆里！"

罗伯斯庇尔的徒党，见牺牲了这十余个人，面有喜色；丹敦的朋友们也是面有喜色。察波特在监狱里，也高兴起来；他有一件遗嘱留传至今日，内中有几句话说道："因为这些人都被杀了，他却很高兴，希望不久罗伯斯庇尔等也要受死刑。"但是察波特及丹敦都先牺牲了，看不见罗伯斯庇尔等受死刑。

（六）丹敦之退化

阿贝耳的血液未干，他们就定规要杀丹敦。

国会里头，丹敦的徒党极多，亦颇有势力，他原可以反抗他的仇敌的，并且还可以作得到，把他的仇敌们先送上杀头台。但是他好像是不胜疲顿，一日不如一日，他是厌世极了，说道："我与其杀人，宁可为人所杀，我讨厌人类到了极点了！"有时候他忽然乱说一番，说得前言不对后语的，所说的都是不相干的话。有一次他对一个朋友说道："我要吃罗伯斯庇尔的五脏！"有时当着许多人大骂罗伯斯庇尔，什么话都骂到。有时候他又表明罗伯斯庇尔无他，说他是个好朋友，好国民。丹敦是推翻一个朝代的人，是抗拒过欧洲大陆各国不能越法国边界一步的大人物。到了这个时候说出这种话来，大约是神经受了极大的扰动。有时候他说几句话，真是极其旨高意远的话。一个朋友曾劝过他逃走，他答道："一个人能够把全国放在鞋子里走的么？"

（七）舍瑟尔亚洛被捕

他们第一步的办法，是先拘舍瑟尔亚洛。新二月二十四日，舍瑟尔亚洛照常到公安委员会办公，罗伯斯庇尔冷冷的请他出去，说道：他的同事们正在商议控告他。不过几点钟内，这位翩翩的公安委员会的委员，就被捕监禁起来了。圣鞠斯特走到国会，正式的控告舍瑟尔亚洛，告他是奥尔良、布里索、阿贝耳、度穆累、弥拉波的同谋。凡是听见这一串绝不拉拢在一处的名字，就好像是在梦中。更有一条最奇怪的罪名，圣鞠斯特告舍瑟尔亚洛尝反对灵魂永远不死的道理；古希腊大哲学家苏格剌底（Socrates）从容就义的时候，原靠这灵魂永久不死安慰自己的云云。他们就用这一条奇怪罪名，把舍瑟尔亚洛及勺麦特（勺麦特是新二月二十六日被囚的，他所犯的罪名也是很奇怪的，是不信神道）两个人同一个囚车，赴法场受刑的。

俾约（Billaud）已说过，一定要杀丹敦。新三月初九日（即三月三十日），两个委员会，开连席会议。圣鞠斯特说了一句最有力的话，说道："我们若是不杀他，他是要杀我们的！"但是林得特不肯在控告文内签字，说道："我是管供给民食的，不是杀爱国的国民的。"公安委员会有一个委员，警告丹敦。

（八）丹敦及其左右之被捕

就是到了这个时候，丹敦还可以走到国会登演说台，表白一番，他向来一登演说台，是极能感动议员们的。丹敦却好像想不到走这一步，他坐在火炉前搅火，叹了一口气，说了几名吞吞吐吐的话。初十日早上六点钟，在他家里把他拘去了。他的著名的徒党对穆郎、德猎克洛亚（Delacroix）、腓力匹克（Philippeaux）等，都跟着丹敦、察波特、舍瑟尔亚洛、得格兰泰因入狱的。

这个消息一传出来，巴黎全城都大震动，好像全糊涂了，不知所措。国会是非常之扰乱。对穆郎，丹敦！都是七月十四及八月初十的好汉，都入了狱么！夫里龙刚从外省回来，暗中设法激动同事们起事，勒戎德尔（Legendre）比夫里龙胆子大得多，要求解说明白，为什么拘拿丹敦下狱。罗伯斯庇尔很唱高调，答道："我们今天要看国会到底有无势力，毁灭一个早已朽腐的假偶像；抑或是假偶像一倒，就把国会及法国人民一齐压倒！"于是瞪着眼看勒戎德尔说道："凡是发抖的人，都是犯罪的人！"这个杀猪出身的勒戎德尔听了十分害怕，只好吞吞吐吐的认错赔罪。夫里龙也只能够说出五六个字，替对穆郎辩护。最后是圣鞠斯特演说，说是这些人都是最后的宗社党余烬，是应该拿的。于是国会谕令将所拿的人，交法庭审办。

（九）审丹敦

新三月十二日（即四月初二日）开审。丹敦晓得这种法庭是无公道的。提审之早一夜，丹敦在监里说道："去年就是这个时候，我要设立这个法庭的；我祈祷上帝及各人饶恕我。"他却决意为性命打一仗。舆论这时候还是说他好的，但是公安委员会派来法庭的代表达微德（从前原是丹敦的好朋友）及几个懦夫如瓦第尔（Vadier）、安马尔（Amar）、服兰德（Vaulland）等都催促法庭赶快了事。委员长是尤其着急，不歇的写手谕，催佛揆·坦微尔说道："你赶快进行！"

丹敦决意要驳倒他们。告他的人自然的捏诬种种罪名。丹敦看不起这些诬捏的话，说道："丹敦是贵族吗！法国人不能许久相信这句话的。你们说我得贿，卖了自己吗！我这样的人，是钱能够买得来的吗！不到三个月，国人就要把我的仇人撕碎了！……那一样革命的建设，没得我丹敦一份呀！办理征兵，练成革命军，所有各种革命委员会，公安会，革命法庭等等，那一样不是我丹敦一手设立的呀！现在就要在我手创的法庭，置我于死，这是从那里说起！我是个不为已甚的人！"康盘（Cambon）出头作证人，要证明丹敦的罪状。丹敦打岔，说道："你当我们是阴谋卖国的人么？你们看看！他大笑了！……你们要写下来，他大笑！"

佛揆·坦微尔一看这种情形，恐怕办不下去；写了一封信要求委员会下谕，不许辩护。他的信说道："被控的人，都是极危险的凶徒，他们所议论的话（佛揆·坦微尔用议论两个字，用得极妙），摇动法庭。”

公安委员会作孤注一掷，强逼国会发命令不许被告人开口。于是在法庭宣读这道命令，群众听了，颇有烦言。丹敦要斥驳，于是立刻退堂。第二天陪审员的领袖宣布，陪审员很明白案情了，随即判定死罪。简直的是乱杀无辜而已。

丹敦很晓得是谁要拿他到法庭，是谁不许他开口的。喊道：“罗伯斯庇尔，这个贼子！斩头台也要你的一份！我死之后，就轮到你！”

果然三个月之后，罗伯斯庇尔也要上杀头台。

（十）杀丹敦

杀丹敦那一天，有一个巴黎人写道：“今年春天颇暖，树木都开花了；有好几年没得今年这个时候那样好过。”丹敦就死的这一天，天气是非常之好，狱卒把丹敦交给刽子手参孙（Samson），说道：“这是个大人物！”

丹敦还是同平常一样，神色态度，毫无改变，对对穆郎说话，仍然是谈笑自若的。对穆郎却是也很镇静的，说舍不得他的夫人。得格兰泰因是个真著作家，只是埋怨官吏门，把他所著的一本戏的稿子拿走了；他说那个无耻的俾约（也制过一本戏被人喝倒采），一定要据为己有。丹敦对得格兰泰因说道：“你说你的剧本，有很好的词曲么？”随即说了几句嘲弄话，可见得丹敦临死的时候，还是一个好读莎士比亚剧本的人。

这一天，巴黎人看见十五个临刑的人走过！有一个目睹情形的，说丹敦两只眼，还是很骄傲的看无知无识的人堆。有一个看见舍瑟尔亚洛的，说是满脸通红，是很镇静的。替他作传的人说道："他是个尽考究饮食的人，他死的时候，不过是三十四岁，但是自以为已经到了八十岁了！"

群众的眼都是注视丹敦；女人们却是注视美貌的舍瑟尔亚洛。在法场地方，舍瑟尔亚洛看见一个女人招手同他送别，舍瑟尔亚洛色然一笑。丹敦看见能画的达微德，在高处画他及一同就刑的朋友们的像，很发怒的对他这位老朋友喊道："奴才！"有一个教士，在数月前同丹敦夫妇行结婚礼的，跟在囚车后替丹敦忏悔。

到了杀头机器的时候天已不早了，刽子手要赶快的动手；舍瑟尔亚洛要同丹敦相搂抱，刽子手干预，丹敦喊道："傻子！你有法子拦阻我们两颗头，在人头篮里相接吻么?"

最先杀的是舍瑟尔亚洛，最后杀的是丹敦。有一会子，丹敦好像有点支不住，因为他是很崇拜他的新夫人的，此时说道："我的至爱！从此以后，我永远不能同你相见了吗?"丹敦忽挺直身子，有人听见他喃喃的说道："丹敦！为什么作儿女态！"随即掉过头来，对刽子手说道："你把我的头给众人看看，我的头是很值得一看的！"再过一会子，巴黎天色已晚了；这一个令人可怕的头，装在篮子里了。

第三十三章　尚德时代

（一七九四年三月至七月）

（一）罗伯斯庇尔当狄克退陀

丹敦既死，罗伯斯庇尔大权独揽。欧洲各国相信法国出了一个克林威尔，从此革命可以告终，设立稳固政府，可以商量办国际的事。

欧洲各国就借口这种话语，按兵不动。其实是因为法国此时用反攻军略，欧洲失其所措了。自从奥士驱逐日耳曼军出境，及法军驱逐英兵，克复土伦之日起，法国是保全了。一七九三年秋间，又大败拉芬底叛军。

欧洲军队既经挫折，彼此不和，更不能相容。一七九四年三月间，波兰起兵谋恢复，其时噶尔诺调东军攻荷兰，法人联合两军之力，共得三十三万人，冒险前进。五月十八日，大败奥军。普鲁士王原要派兵救援比都的，忽然调赴瓦萨。奥帝恐怕再被人欺，不能与闻波兰的事，写了一个手谕给他的宰相说道：“他们要瓜分波兰，恐怕我们又无份了！”

（二）夫勒律斯之捷

统将如耳洞（Jourdan）乘敌人不和，乘机进攻，他所统的军队，是极有名的，至今传诵不衰；他的军队，此时已很晓得打仗，也很能守纪律了，但仍然保守他们一种狂勇之性。有一个军人写道："我们有《拉马塞雷兹（La Marseillaise）健儿歌》帮助，我们一个人，可以打十个敌人。"六月二十六日，法军驻在夫勒律斯（Fleurus），敌军来攻，大败而退，这一次是革命时代最大的一个胜仗。

这一个胜仗的效果，就是七月初六敌人弃比利时都城而退。十一日，如耳洞整队入城。二十三日，统将皮士格律（Pichegru）追逐英军，遂克安特卫普（Antwerp）。此后比利时全国为法国所有。当下阿尔卑斯（Alps）军进窥吐林（Turin）。欧洲联军，因波兰事，兵力渐弱。

欧洲的政府，因兵败颇示不安，姑作自慰的话，聊以解嘲，说道："奥国政府尝对英国政府说道：'我们的目的何在呢？我们不是要停止法国革命么？但是何必我们费心呢？这件事，有罗伯斯庇尔在，不久就可以作到了。'"

（三）罗伯斯庇尔全靠恐怖政策自固

罗伯斯庇尔却并不作这样的梦。这一个度量最褊窄的中材的惟一目的，只是保护自己，以抗他的仇人。他找出来，处处都有他的仇人，要毁尽他的仇人，只好要那一部杀头机器不停的动作。他又决意一定要恢复崇祀他所谓至高无上的神圣，及保护财产，只好永远用他的流血政策，不然，恐怕他的仇人反说他主张宽大。

现在是什么事权都在他手中了。当日国会把丹敦交给他，是并未讨论就表决的，简直是变了他的奴隶。这时候的议员们是怕极他的了，屏息听命，不敢稍露凄惨神色，更不敢露深思神色。巴剌斯说过一个故事，有一个议员以为罗伯斯庇尔瞪眼看他，很恐慌的对人说道："他以为我想什么心思！"又有一次，俾约正在说话，忽然停住不响，很焦急的低声说道："我好像是听见有人喃喃说话。"公安委员会此时是绝对的听罗伯斯庇尔指挥。

（四）火星学校

有好几时，这两个大委员会的委员们，都像是被罗伯斯庇尔一个人操纵了。各省的监视员，都奉调回来，罗伯斯庇尔派私人去接代。巴黎市政厅是在他私人手中，革命法庭也是他的私人当权。军队的参谋，都是取给于火星大学（即陆军学校）；原是巴剌斯出的主意，罗伯斯庇尔是极其欢迎的。学校的学生，全是古时罗马人打扮，常常欢迎罗伯斯庇尔前来参观。其中有一个学生，曾有一本记载，说罗伯斯庇尔的潜力极大。这时候巴黎军队，是忠于罗伯斯庇尔的，因为统将就是罕里奥，群众替他起了一个绰号，称他是罗伯斯庇尔的驴子。凡是有财产的人，都很相信罗伯斯庇尔。又有一个宪法规定的教士格里瓜，当财产的领袖。这一个教士，因为罗伯斯庇尔崇祀最高无上的神圣，很满意，况且罗伯斯庇尔又是尚德的人，故此很有人附和他。

共和二年的狄克退陀专制，其实是尚德专制。罗伯斯庇尔是从当时的时常口头话语采用美德名词的，他却把这个名词的意义扩充了许多，简直的变作凡事少他不得的名词。毋论说什么，作什么，这个名词是不能离嘴的。新四月初五日，他连夫人（Therezia Cabarus）（受贿买放的）送一篇颂词给国会，请愿教道少年女子实行美德。这个女子到了这个时候，嘴里也要说美德。还有一件离奇的事，普罗文斯（Provins）有一个群众设立的会，因为有一个教书先生，耽误了规定的交合时候，被群众捉入监里。罗伯斯庇尔此时忙于洗刷御苑的群众，要他们个个都实行美德。自己首先在杜培累（Duplay）小器作店内（罗伯斯庇尔寄寓店中，译者注），在房东家庭内，作个表率。有一天他对林得特说道："我要设立一种道德学校。"但是这种学校，是人血染红的！

（五）大恐怖

罗伯斯庇尔的惟一理想，就是有恐怖无美德是有害的；有美德无恐怖，是无力的。是以他愈要推行他的尚德政策，杀人愈多。

这却有法庭替他推行。有一次，罗伯斯庇尔很教训佛撄·坦微尔一番。佛撄·坦微尔就吩咐杜马，紧紧的不许犯人多说话。有他这一句吩咐，法庭办事自然是办得很快。佛撄·坦微尔很高兴的写道："这些时，人头落地，如瓦片坠地！"但是意还未足，又写道："下一星期，我要杀三四百人！"

到了四月间，每一个星期杀七八百人。丹敦原是一个透底的共和派，还有什么人可以当得清真共和派呢？在罗伯斯庇尔的眼中，见得通国的人，都不是的。勺麦特已被告了，捏他的罪名很多，同哥布尔是混杂在一群宗社党及尼姑们受刑的。哥布尔原是当过主教的，他的罪名，是同监犯同谋害罗伯斯庇尔。因为此时传说，监犯们在监里要谋害罗伯斯庇尔。他不独借口这种莫须有的事，杀了这位主教，连狄伦将军（General Dillon）、阿贝耳的寡妇、对穆郎的寡妇，也拖累了。对穆郎的寡妇就刑的时候，很有气概，很像个罗马人。四月十八日，诬捏十七个男女，运动饿死群众，同日就刑。四月二十日，一票杀了二十四个人，都是从前当过议员、议长、参政的。随后又杀了两位很有名望的人，其中有马尔最布（Malesherbes）。此后杀的是一个公爵夫人，一位王妃。因为有一个证人，不好好的作见证，也被杀了。随后杀的是一票二十八个人，内中有著名的化学大家拉瓦节（Lavoisier）。王妹依利萨伯，也被杀了，她是在一票二十个人之内杀的。其中有教士，有军人，有底下人，都是只凭一个见证，说几句话，就拖去法场斩首。

（六）监狱法庭及刽子手参孙的小窗子

杀了许多人，监狱空了，同时又装满了。那时候有一个公共的罪名，就是破坏群众道德；就拿这一条，杀了许多人。这句话同罗伯斯庇尔所谓尚德政策，是很合拍的。当日有一次，曾当场捉了许多好色的男子，连同一个有淫名的女人去过堂，还有几分勉强说得过去，是破坏民风。他连夫人从波尔多回来，也捉去过堂，也还勉强说得过去。至于马尔最布及王妹依利萨伯，如何能说他们破坏民风，把他们处死呢？

此时的监狱是常常有人满之患，杀了一票，又来一票。捉入监之后，就交与佛揆·坦微尔过堂；佛揆·坦微尔就交给刽子手参孙去过刀。

这时候无故杀人，简直的同瘟疫流行杀人一样的多。全国的人，此时好像是走了死运。在新七月之前，好像是人人都入了监狱。监里头是很混杂的，崇拜道理的，同天主教的大教士关在一堆；奥士将军同约瑟芬（Joséphine）关在一堆；八月初十的好汉，同维尔塞的侯爵们在一起；当过阁员的加拉，得过胜仗的刻勒曼将军，他连的姘头，罗伯（Robert）画师等，及三届议会的议员们，都混杂在一处；将来都要同归于尽，与丹敦、王后、阿贝耳、大女侠夏罗德·科对（Charlotte Corday）、勺麦特及路易第十六同埋骨于马德楞（Madeleine）教堂的大坟地内。

在外省地方，虽把监视员撤回去，杀人的事却并不停止，囚犯的数目，并不少减。新七月初七日，阿拉斯（Arras）地方的监狱里有一千人；斯特拉斯堡（Strasburg）的监狱有三千人；土鲁斯（Toulouse）有一千五百人；巴黎本城有七千人，所有这些人，都是因为尚德送命的。

（七）恢复神道

既是要崇尚美德，总要行一种奉祀的隆重典礼。这是库通的理想，对罗伯斯庇尔提议的。新七月十一日，有人听见他连很挖苦的说道：“罗伯斯庇尔敢于把永远存在的神明哄走了，自己潜居了神明的地位。”此时他只要恢复神道。

新十一月初一日，罗伯斯庇尔有个宣言说道：“假使本来无上帝，我们也不得不创造一个上帝。群众意中，都有一位尊神看护无辜受制的人，惩罚有罪而得意的人。”新三月十七日，已经把不恭祀上帝的同事们驱逐了。库通宣布委员会筹备大典，庆祝最高的无上尊神。库通写道：“灵魂清洁的人，无不觉得有承认崇奉神明之必要。”可见凡是无这种知觉的人，一定都是可怜虫的了。

新四月十八日，罗伯斯庇尔有著名的演说，题目很大，是宗教意想，道德意想，与共和宗旨之关係，归结在有宣布颁行神道设教之必要，于是通过一个神道设教议案。当时的市长勒斯科（Leseot）有一种迷信，他说：“因为通过这个议案，上帝必定以丰收赏法国的。”上帝诚然对这一位预言者罗伯斯庇尔，表示领他的感情！

（八）庆祝至高无上的尊神

此时是筹备庆祝尊神的大典，其实即是封这位新天使罗伯斯庇尔为神的庆典。只要此时若有人尝试行刺他，他一定就要作了国王的。刚好此时果然有好机会；有天在杜培累小器作的院子，捉着一个小女孩子，在她身上找出两把小刀，这不是又是一个女刺客科对吗！原来有人要行刺绰号不受贿的罗伯斯庇尔。这个小女孩，是送上斩头台去了，同时还拖累了五十三个无辜的人，说是这个小女孩子的同谋，其实这个小女孩子，一个也不认得。临刑的时候，当这个小女孩子是一个弑父的大罪犯，把黑布蒙了她的头。为什么要这个小女孩子当弑父凶犯办的呢？因为罗伯斯庇尔，这时候是国民的父母。

新五月十六日，因为罗伯斯庇尔要带领许多官员于二十日行礼，先请他当了国会的议长。有几个是反叛他的仇人投票赞成，因为盼望如此办法，更可以证明罗伯斯庇尔专制横行，易于定他的罪状。

达微德现在是奉派作共和国的大装饰铺陈家，忙于预备大典。马利·约瑟·社内（Marie－Joseph Chénier）是奉命去作颂，戈瑟克（Gossec）及美羽尔（Mehul）是预备乐谱。但是罗伯斯庇尔向来不喜欢马利·约瑟，不要他的文章，此时居然以教王自居，把作颂的人逐出教外。戈瑟克及美羽尔，天天巡查各分区，监视他们练习这个新谱。当时还发出一道命令，要各家练习唱一个祈天短歌。这一场热闹，像一场大梦。

有许多著作家，都叙写过此日的庆祝大典。罗伯斯庇尔穿的是一件当时颇著名的蓝色礼服，帽子上插了三色的鸟羽，先在王宫行礼，随后在大校场行礼。在宝座上或讲台上，说了一篇很长的堂堂大文；这篇大文章，他是请一位老教士代作的。他说完了之后，就有百千万人高唱颂主歌。罗伯斯庇尔站在高处（代表高山），执事人们就在他面前焚香，一阵阵香烟，把他笼罩住了。这个人是向来最小心谨慎的，最严肃的，这个时候忽然大意，忘记了，禁不住微微一笑，表示得意。当这一笑的时候，这一位代表上帝的天使，居然自以为是上帝。

（九）微露反对罗伯斯庇尔之见端

他的前后左右，此时已发起风潮，他却听不见风潮初起的声音。有一个人说道："站在罗伯斯庇尔背后的国会议员已有烦言发生，并且有诅咒他之言。"当天晚上，有一张报议论这个新国教，就带些挖苦的话。罗伯斯庇尔得意到轻狂了，走入雅科俾俱乐部，碰见弗社那一副惨愁的脸。

弗社原是个废基督教的人，恰好此时当了雅科俾俱乐部的议长。他装作与群众一样，表示高兴，说完几句不相干的话之后，却加了两句说道："布鲁特斯（Brutus）剸刃于暴君腹中的时候，才算是善于献诚于上帝（指言罗马时代布鲁特斯刺杀恺撒事，译者注）。这种好榜样，是该学的。”

罗伯斯庇尔很明白弗社的意思：过了几天，就证明他明白弗社的意思，因为他控告弗社，说他为首谋害他的性命。但是这个大胆的议长所说的话，俱乐部的人拍掌喝采的。罗伯斯庇尔这是第一次显然走错了路。

这个时候人人的眼睛，都是很留心看他的。假使这个专制家不倒，有许多人都晓得自己是要快倒的了，变成势不两立的了。他对待从外省调回来的监视员，都当作是阿贝耳及丹敦的余党，很有苛刻的表示。从外省回来的，就是夫里龙、巴剌斯、他连、弗社等。他们看见罗伯斯庇尔那副石头脸，实在是害怕。罗伯斯庇尔当夫里龙等三个人是腐败的，是要为尚德牺牲的，弗社是个无神无教的，是该紧办的。有人说：“新四月十八日，罗伯斯庇尔坐在那里办公事，喊弗社的名，问他道：‘弗社，你来，告诉我们是谁派你去告诉人民说是无神的？’”

弗社却不是丹敦；弗社是向来是不用重话诅骂人的，他是专讲使手段的。弗社相度此时的情形，晓得有许多人很害怕，害怕上斩头台。他把害怕罗伯斯庇尔的及痛恨罗伯斯庇尔的人，穿插起来，把阿贝尔的余党及丹敦的余党，也联合起来，终日跑来跑去，从雅科俾俱乐部跑到国会，激动他们。因为俱乐部及国会，都有一种不反对罗伯斯庇尔的习惯，此时弗社要激动他们反对。此时噶尔诺、俾约、科罗得霸、巴累都是内不自安，恐遭罗伯斯庇尔毒手的，正在要找同盟帮助。是以罗伯斯庇尔看人是看得不错的；因为他这三个月以来，判定弗社是他最大的仇人。他那一天走入雅科俾俱乐部，看见弗社居然当了议长（罗伯斯庇尔把这个俱乐部据为己有，当是他自己的俱乐部），是气极了。他自己受国人封他为神的，那一天晚上，居然又被这个弗社在议长席上发一支毒箭，射中他中心。这一箭，很在这位大教王的伤口作痛。

（十）新五月二十二日命令

罗伯斯庇尔对答弗社的话，是来得很快。三天之后（即是新五月二十二日），库通提出一个议案，目的专在把罗伯斯庇尔最后的仇人们，都放在他掌握中。

这个议案说道："执法迟滞是个罪恶，一切形式手续，就是公共的危险：只有辨认国贼，是免不了的迟滞，一经辨认过来，就无需迟滞，无需形式了。"这个议案的意思，就是说："凡是被告都不许有律师辩护，陪审员是按一票一票的罪犯定罪，以后就无所谓案了，只有一种普通的告状。例如凡是尝试破坏自由者，毋论是用暴力，或是用欺诈，都是国人的仇敌。"这种办法，是显然把狄克退陀的专制大权，交与检察长了；但是人人都晓得检察长是听罗伯斯庇尔指挥的。还有一节，更可以看出罗伯斯庇尔的用意。向例凡是国民代表，自布里索以至丹敦，未经国会允准，是不能传议员到法庭的。现在是改了，从此以后，只要委员一传就要到法庭。这是专向勒戎德尔、夫里龙、他连、巴剌斯、弗社等攻击。同时有许多人也以为危及自己了。有一个议员说道："倘若通过这个议案定为条例，我不如用手枪先把自己打死，我要求散会。"许多人都表同意。

罗伯斯庇尔站起来，决意要通过，决意要杀人，说道："国会有许多时讨论及表决议案，因为有许多时，国会被私党操纵；我提议，国会不要理会他们提议散会，还是往下讨论，倘若必要的话，讨论到晚上八点钟。"

究竟不知道罗伯斯庇尔这个人，有什么迷人的法术，议员们听了他这句话，都软下来，不提散会的话了。再过半点钟，居然把他要任意杀人的议案通过了。

（十一）议案撤消之后又通过

他所提的议案通过之后，他就走了，以为一定可以杀他的仇敌了。不料到了第二天，议员们反起来了。有两位议员部尔洞（Bourdon）及麦林（Merlin）提议通过，取消议案内对于议员的办法。这班人牺牲国家是舍得的，牺牲自己是不肯的。

罗伯斯庇尔看得最要紧的，自然是他们通过取消任意拘拿议员这一条。他于是冒险要这几个议员的头，说道："阴谋派要把高山拖走，要作一党的魁首。"于是有许多人喊道："请你把名字说出来!"罗伯斯庇尔这个时候应该说出名姓来的，因为议员已经惶恐到了不得，很许答应他杀他的仇人。但是他错走了一步，不说几句话安慰大多数的人，却任从他们恐慌自危，他只说了一句，到了必要的时候，我就说出名字来。于是议员们重新又通过取消的那一条，仍旧成立。

罗伯斯庇尔既有这个利器在手中，当天晚上，就要布置起来。他见得弗社当了雅科俾俱乐部的议长，太不妥当，又以为他盘踞得太久了。于是攻击弗社，弗社不是个大演说家，不善辩护。闭了会之后，从此再也不到俱乐部了，却在黑暗中布置网罗。

（十二）人头纷纷落地

在新五月二十三日至新七月初九日，这六个星期之间，最令人恐怖的时期。因为通过新例之后，公安委员会及革命法庭，操生杀之权，通国才晓得极端的恐怖，是什么情形。凡是不常到杜培累小器作店的人，都是庸懦人，罗伯斯庇尔都要撤消他们，另外换一班有胆的，敢作敢为的，当陪审员。佛揆·坦微尔曾说过："不用见证的了！"此时的法庭，简直的是乱杀，每天至少也要杀四十、五十、六十个人。在这四十九日之内，巴黎一处，共总是杀了一千三百六十七人，简直的杀人如杀猪。

巴黎满城都是罗伯斯庇尔的便衣侦探，巡警侦察得很紧密。人人都恐怖，处处都是危机，听见门响，听见人声，听见呼吸，都是害怕的。社会上是绝了应酬，连酒店都没得买卖，都关了门；连妓女们都不敢到御苑里招客。这个地方向来是最无道德的，现在却变了一个有道德的地方。闹到一个巴黎城里的人，都是坐卧不宁的，天气又热，众人只好不动的等着，又不知等的是什么？从教堂里最是神圣不可侵犯的地方起，一直到娼寮止，人人都是恐怖的，人人都是互相猜疑的，人人都是可以变作嫌疑犯。昨天才杀过人的，今日不难被人当作嫌疑犯。例如一个弗社这样的人，他在外省乱开枪炮，乱杀良民，此时被人疑他，反说他过于宽大，不能称职。这样看来，那个不浑身发抖人人自危呢？此时连国会都是很冷清的，许多议员们都不到会，只有公安会的委员们。当议长普里尔（Prieur）被选当议长的时候，是得了九十四票被选的，到会的人数只有一百十七（总数是七百五十人）。议员们都不敢在家里过夜。当时到会的议员们，胆小的，是一时坐在这里，回头来又坐在那里，不停的换坐位。有许多简直的是不敢坐下，等到必要投票的时候，就悄悄的溜了。连议员们，都是彼此互相猜疑的。

什么反对都打倒了，无所谓反对的了。罗伯斯庇尔左右的几个死党，简直的是变作下贱到不堪，简直是在罗伯斯庇尔面前匍匐蛇行。巴刺斯曾眼见那位布轮将军（后来是上将），在罗伯斯庇尔寓所，帮着那个小器作杜培累的女人，同他的女儿厄利奥诺尔（Eléonore）（有许多人说厄利奥诺尔当过罗伯斯尔的未婚妻）削薯皮。此外还有一个名叫库累（Curee）的，常常到小器作店伺候。他也是一个议员，后来有一天是他发起改共和为帝制的，现时在罗伯斯庇尔寓所操练伺候人主的，意思学作走狗。

这时候罗伯斯庇尔最亲信的死党，只有勒巴、库通、圣鞠斯特三个人。此外供他作走狗的，是市长夫勒力奥（Fleuriot），内部总长黑门（Herman），国事员佩颜（Payan），议长杜马，检察长佛揆·坦微尔，此外还有若干陪审员。这几位陪审员及小器作匠杜培累（罗伯斯庇尔的房东），常常跟随罗伯斯庇尔出入，当是他的卫队。统带国民军的罕立奥，自然也是听罗伯斯庇尔利用的。以上这些人，都是罗伯斯庇尔以为可靠的，其余的人，他都不信。罗伯斯庇尔此时抱着一个宗旨，就是从前说过的一句话："凡是不顺我的，就是逆我的！"

这个时候欧洲军队都败退了，无所谓外侮的了；用不着这群走狗横行霸道，更用不着什么恐怖政策了。夫勒律斯（Fleurus）之捷，很可以安全国的人心了。正在规画攻意大利，巴累曾写道："打胜仗，就是驱逐罗伯斯庇尔！"罗伯斯庇尔很明白这个道理。圣鞠斯特警告巴累，不要规画军事。巴累不肯，因为圣鞠斯特的警告，他就晓得罗伯斯庇尔的计策；于是变本加厉，鼓吹出兵，张大其词，铺张前几次的胜仗。

（十三）海军的谣言

巴累又善造谣言，一到他的嘴里，败仗都会变成胜仗的。那时候法国的海军打了一个败仗，其中有一条战船投降（已经有人证明是的确投降的），正在投降的时候，触礁沉没，海军都死了。巴累却讳败讳降，张大其词，说是这条战船如何忠勇，宁愿毁船沉没，同归于尽，不肯下旗投降。但是却有实在打胜仗的事实，故此巴累能够夸张。议员们听了，拍掌喝采。罗伯斯庇尔心里是恨极的了，因为多打一次胜仗，即多一次证明不必有狄克退陀存在之必要。

然而国会还是一样甘听公安委员会的指挥。后来罗伯斯庇尔的仇人，晓得了攻击罗伯斯庇尔的方法了。他们一定要首先设法使委员会内乱，然后能打倒这个委员会。一旦委员会内里自己不和，那时候就很容易把罗伯斯庇尔交给国会了。这个计策，是在新六月起首实行的，到了七月初九日，才成熟结果。

因为国人恐怖，是无能为力，议会是惯受束缚，爱莫能助，只好在公安委员会中布置。

第三十四章　新七月

（一）公安委员会之不和

早已有人攻击过委员会，说这个会是一块大木头，这块大木头却有抵抗的能力。新二月，这块大木头有了裂缝，及丹敦死后，他们却用油灰填补了裂缝。及到新五月，裂缝更大了。科罗得霸及俾约两个人，都是极端的恐怖派，骨子里是阿贝耳党，很反对惩办监视员。新五月二十三日，俾约同罗伯斯庇尔大闹；其后不久，有一天晚上，阿贝耳（是极粗的人）大言恐吓，要把罗伯斯庇尔摔出窗外。此时圣鞠斯特又同噶尔诺不对。新四月，圣鞠斯特设尽方法，要驱逐噶尔诺。噶尔诺却不怕他，对他说道："若是要走的话，还是你们都出了委员会之后。"噶尔诺是无时无刻不办防堵的，他有普里尔帮助。林得特因为丹敦被杀是永远不能饶恕罗伯斯庇尔的。巴累向来是看风使舵的，然而他查考欧洲情形，报告国会的书，是很造些谣言，说法国的狄克退陀的名声在欧洲是非常之大，都以为牺牲了共和。

（二）疯婆子之预言

这时候公安会是很反对罗伯斯庇尔的了。勒巴是他的死党，达微德是很靠不住的。除了这两个人之外，其余的委员受了瓦狄尔（Vadier）的指挥运动，都是怨恨罗伯斯庇尔的。罘兰（Vouland）及安马尔（Amar），公然说过应该派人窥视罗伯斯庇尔，等他坐近窗口的时候，把他捽出窗外，抛在街上。这个警察委员会，寻出罗伯斯庇尔的漏洞。当时有一个疯婆子，名提奥（Catherine Théot），自称能预言，到处宣言上帝子要降临人间。瓦狄尔把这件预言的事报告国会，又从而粉饰其词，在字里行间，微露其意。说疯婆所说下凡救世的，就是新五月二十日的大教主。瓦狄尔是个南方人，最喜欢引人笑，他的状态很像个小丑；他在国会说这一番话的时候，作出种种状态，引得议员们都大笑起来，把罗伯斯庇尔当作笑柄，罗伯斯庇尔是讨厌极了，没法堵住他们的嘴。这又是罗伯斯庇尔之错，因为他愈堵住人家的嘴，人家愈相信瓦狄尔所说的话了。

其实这个时候，罗伯斯庇尔晓得各委员会反对他日见其甚，他的神经有点支持不住了。圣鞠斯特先是奉命到军队里，新六月初十日，罗伯斯庇尔把他喊回来。有了他保驾之后，罗伯斯庇尔生气，从此就不到委员会。十三日，他却在雅科俾俱乐部痛诋公安委员会结党阴谋。

他原已出了俱乐部的，现在又要回去，在部里组织生力军，把仇人逐出。把弗社当作阴谋首领，把弗社及几个人的名字取消了，逐出俱乐部。但是弗社暗中的布置进行很猛，先把罗伯斯庇尔意中要驱逐的人，列了名单，各处分送，还要亲身去见单内列名的人，对他们说道："若你们不先下手毁他，你们先要被他毁了！"罗伯斯庇尔在那里结网要陷害他人，弗社就使出些手段，替罗伯斯庇尔的网多打几个结，好叫罗伯斯庇尔自己陷害自己。

（三）最后的囚车

新七月初间，罗伯斯庇尔的网是结好了，但是薄弱无力，只要稍为用力一拉，就要扯破了的。库通于初五日在雅科俾俱乐部尽量的控告噶尔诺。巴累却替噶尔诺辩护。科罗得霸同俾约向来不睦，弗社设了许多法，同他们两个调解，使他们言归于好。高山党预备攻打罗伯斯庇尔，却非有中党相助不可，但是中党最看不起的就是科罗得霸、他连、弗社这几个，比看不起罗伯斯庇尔还要利害得多，故此迟疑不决，不肯帮助阿贝耳党的余烬，而牺牲罗伯斯庇尔。况且罗伯斯庇尔向来也不肯敷衍中党的。罗伯斯庇尔又走去见康木拜栖里（Cambacéres），警告他提防弗社；但是他连及勒戎得尔先走一着，已经探听过这一个洼里的虾蟆（指中党的康木拜栖里），摇动了他服从罗伯斯庇尔的根基了。然而中党里有一位议员霸栖洞格拉（Boissy d' Anglais）公然表示他如何佩服罗伯斯庇尔，又有一位庆贺他恢复神道。在国会里头，中党的议员占了多数，若无中党帮助，是办不了什么事。因为他们所据的地位，是为左则左胜，为右则右胜。中党有一个要紧议员杜兰（Durand）所最不放心的，就是每天总要杀七八十人的惨剧。罗伯斯庇尔的兄弟在俱乐部只管说自己是个和平派，也没得人相信他。新七月初七日杀社内（André Chénier），同日又杀其他二十三个人。初八日又定了五十五个人的死罪，其中有十九个是妇女，都是快要登斩头台的。这班和平的证据，是不能使中党的几位要紧议员如康木拜栖里等相信的。但是这几位议员，还是退缩不前。

（四）国会中的阴谋

国会里这时候发生许多阴谋，人人都觉得到了生死存亡的危机，是立刻要动手，刻不容缓的了。两大党都要出其不意的大翻腾，大攻击，反对罗伯斯庇尔的人要动手，罗伯斯庇尔也要动手。作者曾经研究过当时的文件，颇能证明罗伯斯庇尔的徒党们，预备新七月初十日动手。其中指挥的，是罕立奥、夫里龙、佩颜及杜马等。他们的计策，是当庆祝两个少年殉国的节日，[革命军队中有一个少年名巴拉（Bara），年十三岁，是一七九三年在拉芬底阵亡的，宁死不肯喊“君主万岁”，殉难时高喊：“共和万岁！”又有一个少年名维阿拉（Viala）以勇敢闻名，有一浮桥满载宗社党，维阿拉要斩缆，不令宗社党过河，在河滨被害，原注。］调火神学校的士官学生入城，参预行礼，即借此为名，聚集群众起事，突发霹雳。罗伯斯庇尔有三个星期，自己关在杜培累的小器作铺子里不出门。圣鞠斯特力劝他初八日预备一篇大文章，在国会演说。

当下弗社尽力的运动布置，他连是决意极端手段。据一位替他连夫妇立传的话，他承认当时有一段谣言，说是他连是很崇拜他的姘头夫人的。这时候这位夫人从监狱里打发人来告诉他连说：“夫人谢谢他，这个懦夫夫人，快要死了！”这也许有其事。

新七月初八日（七月二十七日）是极热的一天。

（五）新七月初八日的国会

国会的议员们看见罗伯斯庇尔到会，慢慢的走上演说台，都大有所感。有一个议员写道："这是一个大审判的起点。"又写道："这一个大奸贼，一起首就表现极骄蹇的手段；那种专制的腔调，就令人讨厌。"

他这一篇大演说留传至今，是他不出门的时候，费了许多心血改而又改的一篇文章。

（六）罗伯斯庇尔的演说

显然发现他是改了政策，他说国会受制于各委员会，为日已久了；他现在被各委员会攻击，只因为他并无私党，他算是国会的人。新近这六个星期内，他既无力为善，更无力为恶，亦无力阻止他人为恶，不得不躲避，废弃他的职责。试问这个时候，爱国的人，得了什么较好的保障，私党是否有所畏惧，较为敛迹呢？国里的人民，是否比较从前欢乐些呢？现在公安委员会是乱到一团糟，国会还不该趁这个机会脱离他们的束缚么？诸君被选到这里来，不是受委员会压制的；国会所选派的委员，原该是要受国会节制的！罗伯斯庇尔说到这里，掉过头来看看中间，看看空席的右方，请他们追忆前事；他不避嫌怨，不怕为高山党所恨，曾经打救当日附和吉伦特党的七十五位议员，保存他们的性命。这时候中党的议员们，很留心听他说，一声不响。他以为他们一定是扶助他的了，他于是起首尽力攻击财政办法（这是特为给康盘一大打击)，攻击监视员（即是节度使)，又大肆批评指斥军事办得不好（这是攻击噶尔诺)。他此时胆子变得更大了，说出来是难以令人相信的。他居然攻击恐怖政策，他说道："譬如说真是有谋害公安的阴谋存在，这都是因为国会里头有人暗结私党，进行他们的阴谋；又因为委员会的委员们，与他们同谋，故此才能够有大力量。他们的阴谋，是专要毁坏爱国的人，毁坏国本；既然有了这许多毛病，我们应该用什么法子补救呢？第一先要惩办卖国贼，保安会要换人，澄清一切，将保安会改归公安会节制，澄清公安会，归国会节制，打成一片，用全国国民名义，打破一切私党，重新授法律及自由以大权。"

国会是寂然无声，细听他演说，一个个坐在那里，都像是变了木偶。这篇演说，诚然是空泛，但是已有极力攻击多人的话。康盘及他的财政办法；噶尔诺及他的军事办法；瓦狄尔及他的警察；还有两个委员会及从前的监视员，都受了他的痛击。议员听了是很诧异，很寒心，很恐怖，都见得又要发动大翻腾的了。不晓得是巴黎那一方，抑或是全个巴黎，都要翻过来。罗伯斯庇尔连革命的趋势，也不曾饶过；因为他说："我们虽然是办了许多事，但是试问有那一件事是因为崇尚美德而作的？"议员都更自问：他这句话是什么意思？是否是要全盘打翻，重新再来？是不是原告的律师控告被告的罪状？抑或是一种临终的遗嘱，交与后人去办的话？应否答应他，把这一篇有危险的演说刊布？库通居然设法通过，允准刊布。

但是被他攻击的人，却不能经易不去反抗他，就让他绞死。瓦狄尔要尝试再述疯婆子预言的故事，但是康盘不让他说，自己立刻飞上演说台喊道："当我名誉未受损失之先，我要对法国说几句话！"他果然淋漓尽致的说了一番，说得极其猛烈的。他所说的话，其中有一句说道："只有一个人把全国议会都束缚住了，使国会动不得；这一个人，就是罗伯斯庇尔！”

（七）反对及攻击罗伯斯庇尔的各人演说

这几句话一说过之后，立刻就有许多人争先恐后的要抢上演说台。第一个是俾约，说罗伯斯庇尔的演说，应先由委员会审查过，再定可否刊布。他说道：“他们要撕破他的假面具，我宁愿牺牲了我的身体，让他这个怀疑志人登其大宝，不愿隐忍缄默，不发一言，变作与闻他阴谋害国诸大罪恶的人！”会场此时大为震动。有一个议员说罗伯斯庇尔已经预备一张罪魁单子了，要他交给国会，罗伯斯庇尔反对他的提议，不肯洗刷这个人或那个人。罗伯斯庇尔此时也失策了，他不晓得不如说出十个罪魁来，同时却担保及安慰其余三百人。又有一位议员说道：“一个人既是自夸敢于尚德，也应该敢于崇信；请你把要控告的人名说出来！”于是议员同声大喊道：“说出名字来！”罗伯斯庇尔答道：“我还是维持我刚才所说的话。”

安马尔说道：“都是因为异志难酬心里的不高兴，故此扰乱议会。”夫里龙极力主张剥夺委员会监禁国会议员之权。巴累想用好言安慰众人。有一位议员重新攻击，于是通过取消刊布罗伯斯庇尔的演说。

这天是五点钟散会的，罗伯斯庇尔是第一次打输了。

但是他决计就要在当天晚上打一个胜仗；他的计画是要到雅科俾俱乐部，只要会员们一恭维他，就可以吓倒明天的国会。

罗伯斯庇尔此时并不急焦，晚上天气极好，他在大公园里散步，小器作杜培累的女儿，陪他散步。罗伯斯庇尔对她说道：“明天是好天气！”他随即到俱乐部。

（八）新七月初八日的雅科俾俱乐部

会友们很恭维了他一番，他看见他们这样热心欢迎他，他太过高兴了，重新把在国会演说的话，再说一遍给众人听，又攻击科罗得霸及俾约。此时这两个人也在俱乐部里，于是有人喊道：“把这两个人送上杀头台！”这两个嫌疑犯，赶快跑入王宫，那时候公安委员会还在那里办公事。夏天晚上，虽是很热，他们却一定觉得冷刀子加在颈脖子上了。

罗伯斯庇尔是高兴极了，回到寓所之后，小器作匠杜培累看见他那样欢乐，很觉得诧异，未到半夜他就寝了。

（九）新七月初八初九两日的公安委员会

公安委员会此时是又慌又乱，普里尔、巴累及林得特都有记载，写叙此时的情形。委员们围着那一张很出名的绿色桌子坐下，十一点钟时候，科罗得霸从雅科俾俱乐部跑来，满脸都是慌乱神色。从一个门口，他看见圣鞠斯特在那间屋里忙着写东西，科罗得霸走到圣鞠斯特身边说道：“你在这里写控告我们的罪文么！”科罗得霸说着了，他真是在写控告他们的状词。圣鞠斯特胆子很大，答道：“是的！你并未说错！”回头对着噶尔诺，露出很看不起噶尔诺的神色，说道：“我并不忘记你，你不久就晓得我对你说得很淋漓尽致的！”噶尔诺听了，耸耸两肩。但是此时俾约也赶到了，狂怒到冒火，大骂圣鞠斯特。圣鞠斯特此时才觉得自己说话说得太多了，请他们让他把事办完了，他还说他的演说词，并不是他们所猜的话，原拟明早先读一遍给同事听，然后在议会宣读。圣鞠斯特写了一夜，当下他的同事们，回到绿色大厅里，谈论辩驳。到了早上五点钟，圣鞠斯特站起来，很冷冷淡淡的走了。他同罗伯斯庇尔一样相信能得胜利，走入大公园乘凉。过了半点钟后，有人看见他骑马飞跑，穿过公园。

这一天很像是有大雷暴雨的，中午的寒暑表升到四十度。天是很黑，隐隐有雷声。公安会的委员们，个个都是很着急的等候圣鞠斯特回来。等到十点半钟，有人送他的一张条子来，条子上写道："你们伤了我的心；我要到国会诉说一番。"委员们见了很畏惧，立刻赶快的跑到国会来。

（十）新七月初九日的国会

看见议会是一片沸腾。原来各党各派互换意见，辩驳分合，已经闹了一夜。对待右党的余烬，有时用恐吓手段，有时用劝诱手段，右党被众人包围住了。部尔洞大声喊道："右党的同事们么！他们个个都是妥当人！"他连等看见委员会的人到了，赶快走来欢迎他们，壮他们的胆。

委员们此时很要有人壮他们的胆，因为高处的旁听席都被罗伯斯庇尔的徒党们塞满了，喧嚷得很利害，如同火山炸裂。罗伯斯庇尔到会的时候，还是穿他的蓝色褂子，头发铺满白粉，打扮得很整齐。他的徒党们，大声喝采欢迎他；他入场的时候，得意到了不得，以为自己是个天上人。圣鞠斯特走到他身边。

圣鞠斯特走上演说台。科罗得霸当议长；反对罗伯斯庇尔的人占了议长席，是一着好棋子。议场的布置是同往常一样，议长的左右各挂了一幅画，一幅画的是马拉被刺，一幅画的是雷佩勒退被刺，中间仍然供着宪法的死胎。右方的坐席是没得多少人；高山党里留出一个大空地，从前原是丹敦、阿贝耳等的坐位；中间却坐得很密，寂然无声的，相机行事。罗伯斯庇尔坐在中间之前，正对着演说台。

（十一）国会之吵闹

圣鞠斯特的控词，是费了一夜工夫作的。他开口才说了两句，就被他连不由分说的打断他。他连跑上演说台，把圣鞠斯特推开喊道："我请诸君把重重的黑幕打开！"于是有几百人齐声喊道："一定要打开！"这就是开战的暗号。俾约先打冲锋，他连走开，让他登台，他首先演说昨晚雅科俾俱乐部的情景，说是他们明白表示要杀害国会的意思。他又说昨晚提议的人，现时在旁听席上；他指出这个人，叫人把他驱逐出去。这一着是恐吓群众的手段。他又喊道："国会若是示弱，国会就要消失了！"高山党摆帽子喊道："国会不示弱！"

勒巴想说话，却不能说，因为反对罗伯斯庇尔的人，誓必阻挠罗伯斯庇尔党，不让他们开口。这时喧闹得很凶；科罗得霸不歇的摇铃；当风潮这样澎湃的时候，中党却屹立不动。俾约是不停的攻击罗伯斯庇尔，说是法庭的庭长，在雅科俾俱乐部当众提议过：凡是他们要牺牲的议员们，先要逐出国会。俾约说到这里，对着群众说道："好在国民都在这里，爱国的人很晓得应该怎样的死！"

（十二）打倒横行专制的人

罗伯斯庇尔冲上前来要登台，大众大声叫喊，把他们哄回头，仍坐在中间。大众喊道：“打倒这个横行专制的人！”此时他连又登台，原是同党指定他作最后攻击的。后来他的姘头夫人写道：“这只纤纤小手，曾出过力推翻杀头机器的。”他连见当时的情景，很晓得倘若在这十分钟内，不将罗伯斯庇尔打倒，他同他的姘头夫人是要同归于尽的了！他于是声音更大的喊道：“我看见昨天的雅科俾俱乐部开会，我看见他们的情形，我很替法国发抖；我很留心看着这个格林威尔的军队成立；我今天是怀着利刃来的，倘若国会无胆，不敢控告罗伯斯庇尔罪状，我就要亲手刺杀他。”他果然拔出利刃来在空中摇摆。于是下令先捕拿布郎热（Boulonger）及罕立奥（是统带军队的）及杜马。议会此时，还是不敢直攻罗伯斯庇尔，不过先把他的军械军队及裁判官打倒。罗伯斯庇尔又要登台，又被众人叫喊，又登不成功。阿贝耳的朋友科罗得霸已经离开议长席。丹敦的老朋友屠立奥（Thuriot）在议长席上摆出一副铁面孔，拦阻罗伯斯庇尔，不许他开口。议长的手铃，是不停的摇，很像是海船遇险，求救一样。

他们还有一种手段，是要自己的同党，轮流的据住演说台，不让罗伯斯庇尔上去，委员们是巴累先上台，跟着就是瓦狄尔。他又演说疯婆子的故事；说到差不多了，他连恐怕他把这本惨剧，演成笑话，请他下来。自己又说了一番攻击罗伯斯庇尔的话，说他八月初十日怎样的怯懦，说他怎样的装伪君子，怎样的借尚德为名欺人。

（十三）要求拘拿罗伯斯庇尔

罗伯斯庇尔第三次站起来，脸色很是难看，又要登台，一面走，一面说话，但是无人听得见他说些什么，因为屠立奥不歇的大摇其铃。这时有个不甚著名的议员，先走到演说台，要求拘拿罗伯斯庇尔，居然有人不怕，说出拘拿两个字来了！高山党一片的喝采声。罗伯斯庇尔的兄弟，却有点义气，说道："我与我的阿哥同一样的犯罪。我同他一样的尚德，我请一并拘拿。"

最后罗伯斯庇尔拼命要上演说台，要说话，他说道："我是最后的要求了！暗杀党的议长呀！你许我说话么？"

反对党又拿他这句话借口，说他侮辱议会。度发尔（Charles Duval）喊道："请问议长，罗伯斯庇尔是不是国会的主人翁？"于是许多人齐声叫唤道："我们通过，拘拿罗伯斯庇尔兄弟两人的提议罢！"

罗伯斯庇尔此时无法可想了，只有对着中党说道："诸位是清洁的，是尚德君子，我求你们说句话，那一班杀人的凶手，不让我说话，我求你们许我登台说话。"

中党的重要人雕蓝德（Durand）等是曾经计算过，高山党举手表示反对罗伯斯庇尔的是什么数目，是无疑的了；晓得反对的人数很多，罗伯斯庇尔是绝无希望的了。于是一齐起立，表示反对罗伯斯庇尔。雕蓝德并且胆敢把自己当时所说的冠冕堂皇的话，记载起来。罗伯斯庇尔既为中党所弃，于是在右党中党之间走来走去，很要说话，因为盛怒，又说不出来。有一位议员喊道："罗伯斯庇尔！丹敦的血，塞住你的喉咙了！"罗伯斯庇尔于是要走去右边坐下，夫里龙喊道："你走回去，那里是汾约及康多塞从前所坐的地方！”他此时的情景，颇对了一句俗话，说是倒在死尸堆里。后来罗伯斯庇尔疲乏了，倒在一个坐位上，当下俾约又重新数一遍他的罪恶。

（十四）罗伯斯庇尔及其股肱心腹被拘

这时候事体来得很快，大众都喊拘拿这个怪物。勒巴向来是慷慨仗义的，自请一齐同罗伯斯庇尔拘拿。俾约羞辱库通一番，要拿库通。夫里龙是急于要替对穆郎报仇，要拘拿圣鞠斯特。俾约喊道：“库通是只猛虎，是要吃国会议员的血的！（众人喊道：“是的！是的！”）他要把我们的死尸当作台阶，要一步一步的登其大宝！”库通是有脚病，不能走动的，坐在他的车子上，看看自己的两只脚，很挖苦的喊道：“是的，我要爬上去我的宝座！”末后是夫里龙说道：“我请国会通过，拘拿圣鞠斯特、勒巴及库通。”

这个议案居然通过了，警军随即进来，把这五个人拘拿。

此时正在五点半钟，天气是非常之热，议会暂时停会休息，七点钟再开会，他们以为是大获胜仗了。

（十五）市政厅反对国会

他们却想错了，到了七点钟时候，事体中变，议员们几乎打一败仗。罗伯斯庇尔的运气好，市政厅还有他的势力，恐吓议员们，反要把他们拘拿。

作者今且追述市政厅的情形，当天市长及他的朋友们在那里等候好消息，以为美德一定可以打胜仗的。随后夫勒奥（Fleuriot）听见打败了，下令闭城，大鸣警钟，召集自治会开会议，不许狱卒收受送去的罪犯。同时又通知雅科俾俱乐部，要他们派有膂力的人（妇女在内），齐集市政厅。当下暴徒们听见警钟又响，齐集市政厅左右。

但是总要一位带兵官，最合式的自然罕立奥，他晓得怎样强逼议会讲道理。不料他这时候饮食得太饱，吃得大醉，他到了自己家里，看见有人要拿他，立刻下令把捕役都杀了，喊道："今天又是一个五月三十一日，坐在国会的三百个人，都要处死的!"立刻出门骑马，帽子也来不及戴，就在烈日之下乱跑，跑到御苑前面的大空地，对着过路的人大喊。国会派来的警兵，把他拖下马来，捆绑好了，关在委员会办公室里。这一件偶然之事，就把罗伯斯庇尔徒党的计策都弄乱了。佩颜也被捕了，杜马是在法庭裁判官座上被拿的。

当下狱卒是绝对不肯把国会交来的犯人收禁，市长请把他们送到市政厅来。

（十六）罕立奥之误事

起初罗伯斯庇尔不肯到市政厅。这一位大专制家，仍不失胆怯律师本色，只肯躲在市长官署，宁可把市政厅将来发生事变的责任，交给夫勒奥去担。夫勒奥却不以为然，仍吩咐把罗伯斯庇尔从市长官署送回来，强逼他作一件逾越范围的事。过了一会子，罗伯斯庇尔果然来了，众人欢迎他入市政厅；随后圣鞠斯特，勒巴及罗伯斯庇尔兄弟都来了。又其后，库通也来了。他们就立起一个临时政府来，要用大炮逼压国会承认。

副庭长柯芬哈（Coffinhal）带了二百名炮队来到王宫，找着罕立奥，把他放了，逼他向王宫开炮。不料罕立奥被人拘拿过，很不高兴，提不起精神来，不肯开炮，回到市政厅。国会算是暂时遇救了。这个时候的恐怖情形，是笔墨写不出来的。保安会及公安会在那里极惶恐的议事，几乎议了半夜，幸尔没有被人捕去，个个都是脸无人色的跑去议会躲避。后来议员们人人都说当时以为万无幸免的道理。然而他们还是斥革罕立奥，当他是个罪犯。

这种举动，是不能发生多少效果的。但罕立奥还是沉醉，尚未十分醒过来，却是已经走了。议员们见他走了，胆子壮些，宣布反判议员及其徒党的罪状，下令惩办，决议从市政厅里捕拿他们。

号令虽然是下了，却要有胆的人去拿他们，议会左右并无军官可以当领袖的。幸而有巴剌斯是在军营里混过的，夫里龙力保他可以胜任。是于巴剌斯就当了统领，带了几位代表夫里龙、勒戎得尔等六七人，去市政厅宣示国会通过的命令。他们挺着胆，毅然的去了。当下议会又宣布凡在西城的反判及其徒党都是罪人。

市政厅是在西城，国会是在东城。西城的市政厅，同时宣布国会十四名议员的罪状，说他们都是罪犯。

到了晚上十点钟，罕立奥又出现了，他仍然是个疯子，骑了马在人丛中跑来跑去，大喊道："杀人呀！杀人呀！把警兵们都杀了！破开他们的肚子！"群众看见这一个统领，显然是疯了，没得什么人相信他。

还有一层：罗伯斯庇尔这个时候，只管要辩护自己，又不敢决定用何办法，到了危急的时候，他的弱点都露出来了。他原不是个实行家，不能当机立断，他远不如丹敦，也不如巴剌斯。巴剌斯曾论过罗伯斯庇尔，说道："他演说完了，无可再说明的时候，只会咬文嚼字，吹毛求疵，专在文字上考究。"当时原有人向他提议，激动群众创乱。库通则称为用武力解决，请军队帮助。罗伯斯庇尔还是拘泥形式，不肯照办。答道："用什么人的名义号召呢?"

市长却决计独行其是，自己负责，执笔签字，宣布国会十四个议员的罪状；科罗得霸、夫里龙、他连、噶尔诺、弗社都在内，当他们都是罪犯，是国人的仇敌，说他们的胆子比路易第十六还大得多，他们胆敢拘拿最爱国的国民。

（十七）巴剌斯带兵围市政厅

当下国会所派出的议员们，从此分区往彼分区，号召他们帮助各分区把队伍派往王宫。其时有许多暴徒在市政厅左右喧嚷。国会此时算是有了一支小军队了，巴剌斯就当了这军队的统领，带了军队从河边向市政厅来。

此时市政厅内是乱作一团，市政厅外是忙乱无措，不晓得该作些什么。到了半夜，暴徒们听见是各分区都帮助国会，心里都变作毫无把握了。忽然天下大雨，暴徒们借口大雨，纷纷的散了。市政厅的左右，没得人了，连罕立奥的炮队，也回家了。

（十八）罗伯斯庇尔之倒

到了这个时候，罗伯斯庇尔只好签字，用武力解决，可惜太迟了。他签字的这件文牍，至今还保存在；文牍下方，只有他所签自己名姓起首的两个字母。一连有许多年，有许多人说他因为害怕，或者因为良心忽然发现，不敢或不肯签字，故此写了两个字母，就把笔摔了。但是这张公文上的血污（这几块血污令人可怕），却能露出当时的情形。因为他正在签字的时候，国会派来的警兵，闯入市政厅的房里，其中有一个警兵（此人名美达 Méda 自认放枪的），放了一枪，打在罗伯斯庇尔脸上，枪子穿颊而过，打碎他的颚骨。罗伯斯庇尔一定是垂头，脸靠在纸上。

市政厅里的人看见警兵们来了，后头跟的是议员代表，就乱起来了。勒巴用手枪自杀；罗伯斯庇尔的兄弟爬檐板逃走，跌下来，手足都跌断了；柯芬哈怒极了，把罕立奥摔在院子里，翌日午后才有人寻着他，见他倒在一团血污上。库通躲在桌子底下，警兵们把这个残废人摔在楼梯上，他滚下楼梯，滚到房角里诈死，翌日才把他找出来的。这时候他满身又是泥，又是血，把他装在囚车上的时候，他已经是死了一大半的了。

晚上天气变凉些，巴黎城里的人，头脑也变清楚些。城里有许多地方，还不晓得当时演出这一本惨剧，有好几处戏馆还是演他们的戏，只有无袴公戏馆晓得消息，挂起停演的牌子。

这停演两个字，却有个预兆，观下文便知。

（十九）杀罗伯斯庇尔及其爪牙心腹

警兵们把罗伯斯庇尔送到议会，议会不让他进来。当时的议会报告说道："国会一致的不许他再入这个立法森严之地，因为他从前在这里把什么法律都推翻了，污辱了这个森严之地了。"他这时候满身都是血，警兵们把他摔在预备公安委员会办事的一间房子里的桌子上，拿一箱的子弹，给他作枕头。这一间绿厅，是他向日常来办公事的地方；他来的时候，都是打扮得很整齐的，装出他那副严肃的面孔。此时却太不成样了，满面的血污，脚下的鞋子，不晓得到那里去了，一件血染的内衣，披在身上，外褂是扯破了，白袜子也污了，挂在脚上。脸上常常流血，一句话也不说（好像是在梦境），顺手在桌上抓点纸，来塞伤口上的血。有几个太同他过不去的人，还要挖苦他说道："陛下！好像是很难过！陛下不能言语了么！为什么不催逼通过你的提议案？"他满嘴都是碎骨，不能说话。后来把他的伤裹好了，再过几点钟，把一干罪犯都送到监狱里。

他们是国法所不容的罪犯，只要过堂认明就是了。但是一到堂，他就看见当时丹敦大喊的地方。当时丹敦在法庭曾喊道："罗伯斯庇尔！我死之后，就是你死！"这句话今日果然应了。佛揆坦微尔也在那里，此时也是脸无人色。这一位执法官，也晓得是大劫难逃的了。昨天晚上，他还不肯停开法庭，不肯止杀，吩咐刽子手叫他照常的杀人，又杀了四十二人，大约都是穷人作小买卖的，内中有一个是穷寡妇。这是最后的一批了，群众看惯了，也不愿意再看了。

但是明天群众却又大注意起来。这一天监狱的犯人，听见无人来喊名字，很诧异，殊不知这一天佛揆坦微尔送他的朋友们赴法场。

这一天午后四点钟，是二十二个同谋的罪犯分装四辆囚车，从监狱出来之后，慢慢的经过一条人众的街上走，还经过罗伯斯庇尔租寓的杜培累的小器作店。罗伯斯庇尔一生的事业，都聚在这间小店里。囚车在门前停住了，有一个小孩子，跑到附近的肉店，取了些牲血，来洒在关闭的店门上。罗伯斯庇尔躺在囚车上，绑在车栏，睁眼一看，浑身发抖。群众们是兴高采烈的拍掌。雷雨过了之后，天晴了，变了一种令人沉醉的天气。群众很觉得乱杀无辜的时代是过去了，发现另外一种高兴气象。但是群众中有许多妇女，或是母丧其子，妻丧其夫，姐妹们丧其兄弟的，大骂这个专权横行暴虐好杀的罗伯斯庇尔。

七点钟才走到斩头架。库通脸无血色，好像是已经死了的。刽子手的伙计们先把他放在架上；库通是个残疾人，却很费点事，伙计们粗手粗脚的很叫他先受些痛苦，然后杀头的。第二个是罗伯斯庇尔的兄弟，他因为要逃走，从高处跌下来，已成了残废。只有圣鞠斯特是站得直直的，神气是很镇静，衣服还是楚楚的。罕立奥额上受了重伤，右眼丢下来，挂在脸上，实在是难看，此时好像还是半醉未醒，仍然是个糊涂虫。第二十个登断头台的，就是罗伯斯庇尔（市长夫勒奥最后一名）。有一个当时目睹其事的说道："刽子手把罗伯斯庇尔捆在板上，未把他掉转过去之前，用大力把他裹的布扯下来，罗伯斯庇尔大喊一声，如同临死的老虎叫喊，通过法场，都听得见他这一喊。作者何尝不想怜悯罗伯斯庇尔这一死，但是想起他把强逼通过的杀人惨律，一抓到手上，被他枉杀的人共总是一千三百七十六人。其中有老人，有老妇，有幼稚。我们想到这里，怜他一死之心，只好按下去了。"

刽子手高举三个人头，请大众看的，一个是罗伯斯庇尔的头，这是个乱行专制杀人的狄克退陀；一个是杜马的头，他是裁判官；一个是罕立奥的头，他是个军人。他高举这三个头，好像是说道："乱杀的时代是告终了！"

立刻就有千万人高呼叫好，彼此互相搂抱起来，庆贺重见天日。有一张报说道："专制已死了！我们能自由了！"又有一张报说道："凡是真爱国的人，从此以后可以呼吸自由了！"

（二十）新七月的事为群众所误会

自俾约、科罗得霸、巴累诸人看来，罗伯斯庇尔及其徒党之死，不过是政治上自然发生的一件事，同阿贝耳或丹敦之死，无甚分别。原是他们定计要杀他们的，现在是杀了，不过是宫廷之变。但是群众的眼光却不同；有人以为罗伯斯庇尔是个恐怖化身，有人以为他是革命化身。是以既把杀了，不是恐怖告终，就是革命告终了。是以他们看这一件事当一件极大的事，当日是罗伯斯庇尔强逼颁行新五月的条例的，杀了他自然就是恐怖闭幕。他又是公安会的首领，是以公安政府就该收场了。他又是主张用兵的，现在可以停上军务了。

谁知不然，革命在一隅地方暂受停顿，却另走一条路。谁知新七月的大翻腾，却生出反动来，这是当时起事的人所料不到的。这种反动的发生，因为当时全国的人，都盼望自由，盼望和平。

革命历史的一方面，算是办成了。

第三十五章　雅科俾之倒

（一七九四年七月至九月）

（一）中党及反动

新七月初十早上，国会的议员们从王宫走出来，看见群众是异常欢迎他们，倒觉得诧异。但是众人见了他连、巴剌斯及夫里龙，更是欢呼若狂，纷纷的向他们散花，散得他们前后左右都是花。少年人还跑过来，同他们的衣裾接吻。这几个人前些日子还是屠伯，杀过多少同胞的，若是还要他们明天再杀人，他们很预备明天就动刀的。此时才晓得就是他们打斗杀机的，他们自己也莫名其妙。

他们把他们的仇人打倒的时候，他们并无打斗杀机的意思，此时看见群众这样的欢迎他们，只好顺着舆论走，随他们拖到那里是那里。新七月初九这一天，他们是倒在中党身上，投入中党了。中党的人数十倍高山党。这个中党，他们都称呼作国会的肚子。从前不过是敷衍时局，苟延残喘罢了；到了这个时候，忽然活动起来，要伸手办事。有一个人写道："中党的人很欢迎夫里龙及从前的同党，当他们是解放中党束缚的人。"但是不久，这班解放的人得其位置。有一位中党的议员写道："高山党当权日久了，此后变作受指挥的了。"新七月初九日的事，到了危急的时候，都是中党定策的，打倒大专制家罗伯斯庇尔，原是中党之功。早一日浑身发抖的人，现在很自鸣得意了，各人都自命为战时的霹雳子。

舆论这时候都是扶助这个反动的中党。

（二）释放的囚犯的欢乐

自从新七月初十之后，从前束手待毙的死囚，现在是有了生出狱门的希望了。每天喊名的事停止了，再也听不见了。法庭是经过一番洗刷，都换了新人物，现在是忙的审判恐怖党。有十六辆囚车，装了七十二个自治会的人，有从前法庭的裁判官、陪审员及佛揆坦微尔等，随后又添上勒巴及卡累都送上斩头台正法。每天都释放囚犯，起首是一个一个的释放，随后就是整批的释放。

当下至少也有数十万人犯嫌疑躲藏起来的，都走出来了。他们是很可以释放囚犯的了；革命委员会自己各保首领，来不及收拾他们了。有人叙写这班受嫌疑的人的情景，说他们都觉得是从坟墓碑里还魂走出来的，又好像是再生人世的。

他们从前不过只求保存一条生命，此时既然得了生命，更觉得人生之乐，自然是非常之感激救命的恩人；故此对于他连，夫里龙这种人，也是非常之感激。他连们原是很恐怕有人报仇，此时看见众人这样的大度，不记前事，实在是出乎意料之外，觉得很欢乐。有一个很晓得他连们的心思的写道："当国会危急的时候，幸而他们是附和裁判官方面的；当时很说不定，他们很许附和了被告的那一方面，那就要同归于尽了。他们此时很明白这一点分别，自相庆幸，未走错路；他们此时只有主张一句话，就是忘记前事。”当杀猪出身的勒戎得尔说道：“凡是出力办过革命的人，都不应该回看从前的事。”他们受国人的欢迎，自然是喜出望外，以为是非常之奇异，于是议论居然能强逼他们欢迎人道主义之大胜仗。他们立刻晓得怎样可以保全自己；自外面看来，他们是变了主张宽大的人，他们就要贯行要作到一个名称其实，庶几可逃法网。

（三）他连反对高山党

高山党有几位党员，或者是因为不甚肯通融，或者是因为较为笃实，不能像他连那样不可测度的容易变过来，跟着舆论走。这几位自从八月以来，被逐出委员会，还是坚守向来的宗旨，以抗拒潮流，恐怕这时候的反动力过大，把他们毁了。

他连于是反戈攻击这些来不及改变宗旨的旧同党，变本加厉，要牺牲他们，希望自己可以幸免。群众此时要拿几个好流血的人甘心。据当时的警察报告而论，舆论很能一致反动，催逼国会进行。

（四）新七月以后的反动

很有许多著作家叙写过新七月以后的情形，全个巴黎的人，都是欢喜到如醉如痴的。报复的心是很切的，所有得庆更生的人，欢喜过之后，就想到亲友之中死了多少人，来不及哀伤，先要替他们报仇。

每天外省都有报告到来，证明惨杀情形；就是勒篷这种人，见了也糊涂。这种报告中第一件公文，总是公安委员会催促当地的节度使杀人。这种公文不独有罗伯斯庇尔、库通、圣鞠斯特等签字，还有科罗得霸、俾约、巴累等签字。巴黎本城，各处也纷纷的作报告，要算帐。初时有最多人都相信以为一七九三年一七九四年，佛撰坦微尔交给刽子手参孙杀头的都是贵族；谁知不然，这两年所杀的有三分之二，是作小买卖，当工匠或是当底下人的。是以新七月之后反动力最大的，却是作小买卖当工匠的人。有许多人未免诧异，被杀的人的父母兄弟子女很喧嚷的要报仇，是以有这番大反动，把雅科俾俱乐部扫荡了。巴黎一城的人，这时候大反对雅科俾党附在最反对革命的团体内。

（五）戏院之反动

这种反动若不波及巴黎的戏院，就不成其为巴黎了。一过了新七月之后，戏院所演的戏剧，都是反对雅科俾党的。第一本新戏就是演新七月初九的故事，只要装扮罗伯斯庇尔的出台，台下的人就辱骂他。随后演的就是革命委员会黑幕，毋谕大小委员之阴谋杀人的出台，也被台下辱骂。即使演旧戏也要借题发挥，辱骂杀人贼一番。有一本旧戏是演的清真教摩罕谟德的故事，戏文中有两句说道："上帝呀！铲除世上好饮人血的人！"每逢唱到这两句，戏院里是欢声如雷。巴黎的人，个个都要听这本戏，常常的要求戏班演这本戏。

（六）镀金少年及国人复活

这时候血气方刚的少年们，起初是三五成群的，要同好饮人血的人作对，随后少年们是简直自己编成军队，是另外一种打扮，穿一种特别的军服，当时称为少年军。他们很横行专制，却无人反对他们；因为人人都要反对好饮人血的人。少年们既编成军队，就应有军歌，于是有一个人替他们制了军歌，称为《国人复活》。又有一个制乐谱。于是处处都唱这个军歌，从所有的戏院起（开戏先唱军歌，收场也唱军歌），一直到国会，都唱这个歌。有许多议员听了，心里很不安。

报馆又从中鼓励这些少年，提倡“报章不能自由毋宁死”的话。这是新八月初二他连说的。在罗伯斯庇尔当权的时候，报章自然是不能自由的，到了这个时候，是要报仇。新发起的报馆，有许多家，大概都是赞成新七月的举动时，刊布的小本书尤其多，都是咬牙切齿，要惩办罗伯斯庇尔余党的。这种著作的目录，留传至今，国立藏书室也还有这种著作，实在是读不胜读，也令人不耐烦读，因为千篇一律，所说的同是一种话。

说空话是不算数的，总要实行，少年军不久果然就实行起来。革命时代强逼人戴红色的自由帽，少年军在街上一看见红色帽子，就用手杖一挥，把自由帽撇下来，不久就没得人戴了。新八月间有一个自由人民报是仍然存在的，雅科俾党报发过议论说道：“当权的人是很失策的，无端解放贵族；读者试听听贵族所宣布不满意于爱国者的话！”

这是雅科俾党极不幸的事，完全误会了。以为这班少年是贵族，这是他们的大错。少年军同贵族却无相干，他们原来都是少年市侩，他们有两个领袖（其实是一个领袖，一个是他们所崇拜的偶像）。若是把这两个人的姓名说出来，恐怕有许多人不相信的，一个就是夫里龙，一个就是他连。

（七）夫里龙

夫里龙为人修洁漂亮，是个尊疑派，又是个极贪的人。此时他反戈投入反动党里头，“罗伯斯庇尔余党”（原文作“罗伯斯庇尔尾巴”）这个名词原是他创造的。他攻击罗伯斯庇尔余党最为出力，谁都比不上他那样激烈，况且他又是个头等记者，他的手段很巧妙，攻击人是不遗余力的。他办的报名《民议报》，消数最多，是群众最喜欢看的报；每天早上一定听见群众相问：“你读过夫里龙今日的报么?”他的宗旨，是每天早上总要咬一块肉；今天是咬科罗得霸一口，明天咬俾约一口。有时候放下笔管，执起粗手杖，带领读他报纸的人，把他们部勒成军，去找寻雅科俾党人。这个夫里龙从前是科第立尔俱乐部的总指挥，操纵士伦至马赛，法国全国的分部；这时候却变了，手执粗杖，指挥巴黎少年军，当他们的领袖。

（八）卡巴洛

他连的手段，好像高得多。也因为他连无才调不能执笔写报，又无胆气，不敢执杖指挥。然而有几件事机及一个女人，把这个无赖光棍他连抬举起来。因为这一个声名扫地的政客，是惯于食言反党的，却在卡巴洛（Cabarms）掌握中。卡巴洛容貌态度最能动人，她暗中很能指挥一切，此时是有一位从前的侯爵享受她（她后来居然名正言顺，当了比利时的一个小王妃）。卡巴洛是曾经被囚的，就有了声价，况且她性情是极其婉顺的，几乎无一事不可以牺牲的。有许多人说卡巴洛面貌果然是十分的美，说不出他那种媚态，是最引动人的。从前是憎恶女人的罗伯斯庇尔当权，从前是尚德，是实行恐怖，现在是到了新世界了，应该有另一番的新景象，要与从前绝对不相同，故此就有一个美貌善媚又不尚德的女人出来当权。他连有了这位美貌的姘头夫人，是得意到了不得，有许多人都相信他这位夫人是个公用品，他却不理会。新十二月间有一个恐怖党的人，用很粗的话语问他的卡巴洛。他连居然登演说台大称赞而特称赞他的夫人说道："我当着诸同事们的面前，我宣布这个女人是我之妻。"卡巴洛此时坐在旁听席，就有许多人拖长声音的欢迎她，称她是新七月的贵人、救民的贵人。

这一个奇女人，就是这样在巴黎指挥一切。他连反对科罗得霸及俾约及他们的徒党，就是卡巴洛激动他的。有人说过："这一位救民的贵人，是慈悲的赫洛狄亚斯（Herodias）（是赫洛德Herod之女见《新约》，译者注）。"卡巴洛也激动夫里龙及勒戎得尔，科罗得霸是很晓得的，说道："有几个坏种，是应许了他们的姘妻，要杀我们；……因为有新的安托奈（Antonies）恋爱新的法尔维亚（Fulvias）（事见《古罗马史》，译者注）。这些妇女，预备拿针刺我们的舌，因为这个缘故，我们要死在他们的手里。"据说是卡巴洛指挥报馆攻击雅科俾党，那一位主笔作的社论，作得最好的，卡巴洛就赏这一位主笔一次的接吻。打倒高山党也是她，把科罗得霸送入监狱作苦工也是她，把九月杀人的凶手她连送入右党也是她。

（九）关闭雅科俾俱乐部

随后进攻得很猛。新八月初七日，所有的革命委员会都取消了。反对俱乐部的人，虽然还不敢公然攻击，却是剪除他的手足，使动不得。共和七年新九月二十六日，禁止一切社会联结同盟。

雅科俾党人觉得这是一个致命伤。俱乐部的演说，日见其激烈。新七月十三日，俾约演说极激烈，攻击反动政策，说道："睡狮并不是死，有一旦睡醒，是要灭绝仇人的！"可怜这狮子，是时候已经过去的了。不久就有好事的少年们，先把这个狮子玩弄揶揄，把狮子变作笑柄，然后把狮子杀了。有一天，巴黎的少年军攻击雅科俾俱乐部，只用木棍作抵御之具，强逼他们把俱乐部交出，把里头的男男女女都驱逐出去，唾男人的面，拿木棍打女人，党人们都走了。不过三个月以前，这个雅科俾俱乐部是何等威风！法国人那个不怕这个俱乐部！此时却被一群少年拿木棍把他们都打跑了。此时国会的委员会的事权，一切都在中党手中，晓得狮子没有爪牙了，索性把狮子打倒。于是通过一个议案，关闭雅科俾俱乐部。夫里龙决意要自己动手，于是带同麦林（Merlin）、统微尔（Thionville）同去封锁俱乐部，把钥匙带回来交给国会。后来他连夫人的函牍曾经说过，她是同去封锁的。威风凛凛的一个雅科俾俱乐部，却被这样一个浮荡不知检束的女人前来封锁，可见得当时这个俱乐部，是一个极不中用的东西，只好恐吓懦夫。

（十）召回未死的吉伦特党人

从此以后，事权都在新七月得胜利的人手中。从前雅科俾党议员，此时只有五十人左右，在国会是居少数，只好受屈不开口。旧时的右党有七十三人，加上召回吉伦特党十六人。卢未及易斯那回到国会后，是痛诋革命。现在有使国会向后退之可能了，却要从缓的一步一步的办。新十二月初五日，国会不愿穷民们的责言，毅然取消规定最高物价条例，又很用些手段，居然同拉芬底地方讲和，不追究前事。逋臣及不肯发誓的教士渐渐回国了，慢慢居然敢到国会旁听。最后就是政教分离：从外面看来，似乎是毋论何项宗教，都是一体待遇的，殊不知反发生国人崇奉天主教之心日见其笃，这是出人意料之外的。国会的新七月党议员看见这许多反动，要顾面子，要在正月二十一日作个庆祝，因为俾约及他的徒党大声疾呼的攻击反革命派，国会的庆祝，原是要堵他们的嘴，谁知群众反对。据警察报告，说是群众盼望国会给他们的面包吃，不要什么庆祝。

一七九五年的年底（即是共和三年），法国的政党危机是已经过去了；现在的最重要问题是社会问题，经济问题及道德问题，我们此时很要研究。共和二年的人为组织，算是全坍塌了，只剩了几道围墙，围墙后面，全是一片瓦砾。国无政令，社会瓦解，这就是当时的情形。

第三十六章　共和三年之法国

（一）法国是个病夫

法国此时变了一个病人：一七八九年是害热病，一七九二年是勉强挣扎起床，一七九三及一七九四两年是放血，加以在这几年里头是挨饿了许久，结果就是一个贫血，再加神经过弱的病。有一位宗社党马勒特·杜磐（Mallet du Pan），又有一位共和党勒微利·雷斐克（La Revelliére - Lepeaux），详说当时法国的情形，都是同把法国当作一个病夫。有一位写道："法国是委顿极了，很像是一个疯子，经过几番放血洗浴及挨饿，疯病是好了，体气却是弱极的了。"有一位写道："犯过大热病之后，热是退了，身体却是动不得了。"法国经过几次震动之后，只想修养精神，再革命诚然不是个办法，反对革命也不是个办法，故此这个时候病人对于这两个方法都是摇手的，都存一种利益上的思想，耗了多少精力，征服的种种利益是舍不得放手的。法国虽然是病，虽然贫血，还要睡在箱子上，保守装在箱子里的利益。

（二）共和保障

我们现在要研究的，就是流了多少血得来的各种利益。所有从共和三年新三月以至共和八年新十月的一切举动，就可以明白了。在工匠一方面，是要再事工作的利益；在穷民方面，是要减轻粮价的利益；在浑水里摸鱼，新发财的暴发户方面，是要保存他们得来的不义财产；种田的要保存他的田地；在得意的政客们，是要保全禄位；在军人们，是要保守征服的地方。作者要逐条的说明，以证明当时的情形，是的确如此。

（三）民穷财尽

国里是很穷，现金都流到外国，国内只有纸币。纸币的缘起，前文已经说过，可惜本书无余地可以详叙纸币的历史。发行许多纸币，总不免发生许多流弊；当时原是拿充公的产业作基本金的，但是虽然将人家的产业充了公，业主却未完全承认。况且办理纸币的人又太过胡闹，不知印了多少。最早是投机家操纵，随后就是造假币的大肆猖獗，纸币价值日跌。以一七九五年正月（即共和三年十二月）而论，一个金路易值一百三十利华的纸币，到了三月，就值二百二十七；到了六月，就跌到七百五十；九月是一千二百；等到国会不存在的时候，是到二千五百！这种数目还算是好的了，等到行指挥制时代，跌得还要利害得多。所有薪俸同所得，都是用纸币计算的。读者就晓得政府的办事人员及用小资本营生的人吃多大的亏，作小买卖的都是收用纸币的，吃亏更大。

（四）饥荒

纸币跌落还不算，再加上百物腾贵。自从一七八九年以来，已经是闹饥荒，随后又同英国打仗，封锁海口，食物更贵。新十二月初五，虽是取消不得过最高价的条例，亦不能解救，毫无效果。乡下人简直的是不运粮食出本境。一七九五年一月里昂地方，有五足天没有一块面包。

巴黎冬天是很冷的，面包店门口常常站了很多很多的人，等买面包。读者可以参考新十一十二及正月的警察报告，巴黎城里人人都要挨饿。一口袋面，值二百二十五利华；一袋豆子，值一百二十利华；一车木柴，值五百利华；一袋木炭，值十个利华；一磅黄糖，值四十一个利华；二十五个利华，买二十五个鸡卵；过了不久，一磅面包卖到四十五个利华，一磅咸肉卖五百六十利华，一条羊腿要卖一千二百四十八个利华！

（五）挨饿肚子及腐败肚子

读者若是知道当时中下人家要花十个利华才能饮一杯咖啡，就晓得穷民挨饿的情形了。把门的兵见人民走过，喊道："是谁走来！"民人们就答道："是挨饥肚子走过！"不久这些空肚子没得法，只好走进国会求设法；他们实在是饿到没得法子好想了，店铺都关了门，要找事做也无事可找。革命的苦处，是工匠们受得最多。读者不久就可以晓得中等人家及乡下种田的得了革命什么好处。工匠们既是无事可做，又不许他们结合，不许他们罢工，不许他们选举，是以工匠们也要顾及他们的利益，虽然是消极的利益，他们却很盼望有一定的政府；因为有了一定的政府，就可以希望店铺开门，物价跌落。不然，只有一个民主政府，也是好的；因为他们也可以预闻立法。在国会时代，既无工作，又无政权，工匠常出怨言，说道："假使富人也是吃我们所吃的东西，这个国会久已不能存在了！"他们称呼议员作腐败肚子，说他们欺骗工匠们，若是有人出来打倒这一班腐败人，替他们报仇，他们是极其欢迎的。若是有一个人出来，能够给他们工作，把物价减低了，一定能得他们的欢迎，能得他们的爱戴的。

当时富人是很有，但是他是新发财的，都是坏人。

（六）新发财的人

有许多人久以革命为争权力问题，以为是这一班人把那一班人的权力抢过来。其实是钱财的问题，将这一班人把那一班人的钱财抢过来，便宜了买者，得了许多产业；便宜了投机家，得了资本。

不过五年之间，从前的旧制度都破产了，要变卖了，就有一班办理破产的人出来。这班人一经手，自然是要染指的，得了许多好处。那时候政府是穷极了，就有几时穷得很利害，国库里只有十万利华，百姓们是挨了许久的饿；可见得国库应该收入的钱，及应该到了民间的钱，从中有人中饱了干没了，这是绝无可疑的事。这时候法国好像是一块肥肉，以投机为生的人，自然要把这大块肥肉抢到嘴里。这一群黑衣贼（从教堂到宫廷上都有），趁着机会在国里把革命变作财源，又跟着军队走，到了国外，也用同样的手段。

一七九五年，他们的事业都办完了。贵族都被逐出国了，却新添了一群新发财的人，实行金钱政治。这是自然发生的事。但是在古时希腊，古时罗马，却并无如法国这样大翻腾的事，即或有之，亦无翻腾得这样快，翻腾到这个地步。新近有一位罗马历史家斐勒洛（Guglielmo Ferrero）很详细的叙述当时罗马贵族倒败情形。也要经过一百年之久，才有另外一班人，当时称为镀金肚子的出来替代贵族执政。

法国原有点不同，法国是个战场，这一群黑衣贼，就抢劫战场上的死伤人的钱财，剥他们的衣服。

（七）一七九五年的奢侈及轻浮举动

凡是暴得的钱财，或是不义之财，总是浪费得很快的。一七九五年法国的奢侈，简直是毫无意识的。作者到了讨论指挥时代，就要详细考究那时候的社会情形，看他们如何花钱，如何享福。他们自共和三年起，就起首寻乐。

当时是非常之奢侈，又是普通的奢侈！当时的戏馆，都有许多密室，那里是戏馆，简直的是最下等的宣淫之地。公开的跳舞室，有六百四十四所。这种所产生的社会，是乐到发狂，乐到浑身打战，原是生对死的反动。最要寻乐的，自然是那些新发财的人，已破产的贵族，跟着他们混；那里有钱就往那里投身，破落户同暴发户混在一起。翁谷夫人（Mme. Angot）这个时候居然请从前的公爵夫人吃饭，同她往来。他连夫人有一所别墅，常时在那里开跳舞大会。有一位曾在那所别墅跳舞过的写道："她们是在坟堆上跳舞。"

（八）牺牲跳舞场

他连夫人所统治的小国，曾经多数著作家叙述过。大历史家奥拉德搜辑有千万件文牍，更证实前人所描写的情形（奥拉德虽以为前人言过其实）。她们在寻乐之中，仍带着许多残忍酷烈的性质；有一种新跳舞，叫作死囚跳舞，请一位最善跳舞的人，装演杀头机器如何斩头的情形。即此一端，可例其余了。那时毋论那里都是跳舞，从作过监狱的大庙起（这所庙里的墙还染有一百一十六个教士的血），以至圣萨尔匹斯教堂（Cemetery of Saint - Sulpice）的坟地上，都变作跳舞场。坟地跳舞专门外，挂了一面招牌，写的是“和风跳舞场”。

既有跳舞场，自然就有赌场。不晓得什么缘故，那时候人人都好赌，御苑里头就有上百个赌窟，赌桌上堆满都是金钱。人人都好吃，吃得非常之精美。御苑有一个馆子，这馆子的跑堂说向来没有过如现在的人那样好吃，那样考究吃的，客人很肯花钱吃东西。这都是共和三年正月十四日的报告。这时候离指挥制时代还有五个月，到了那个时代，穷奢极欲，是到了极点了，赌博、饮食及种种寻乐都到了如疯如狂的程度了。

（九）他连夫人之浪费

穷民是挨饿，富人是胡乱的浪费。一七九五年正月十五日有人写道：“巴黎人简直的是不顾廉耻的，卖弄有钱，衣服首饰，尤其是奢侈到了极点；当君主制极其骄奢淫佚的时代，也比不上现在这样胡为。有一位名他连的议员，他的夫人制了一件古装长衣，值一万二千个利华。”这一位神女最能动人的美好肌肤，向来是不肯多加遮掩，以免辜负的。这一件古装衣服用的材料，不见得甚多，就要花到这些钱，可见得是未免过于浪费了！夫里龙向来穿衣服，也是极其考究的。新七月之后，他要求释放了一个人，这个人是谁呢？就是一个衣店的掌柜的维刻尔（Vilkers）。他很郑重说要求释放的理由，说是这个掌柜的供给他最好看最漂亮的裤带子。奢侈的风气，是从巴黎发起的；然而里昂地方虽然街上染过七千居民的血污，这个时候也跟着奢侈起来，居然也有两间戏馆，有许多跳舞场，常时都是人满的。

此时的人，日夜都是吃喝玩乐，以为天下从此太平了。共和二年八月，他连夫人已经写道：“巴黎的人很欢乐！”但是他们却听见民间还是有许多怨言，见着腐败肚子们就要骂。群众仍然是很不满意，但是人多悔祸厌乱。更有新发财的，此时专要保守得来不义不财，都不愿意有反对革命恢复旧制的举动。有许多变了宗社党的，也不过是采取一种有限公司的办法。路易第十八绝不肯与民更始，金钱派晓得君主制的保护力还不及共和制那样充足，自然是偏向恺撒式的解决。

（十）变卖国产

最奇怪的是乡下人，也有同样的趋向。

有人写道：“此时只有乡下人是满意的，只有乡下人还混得着钱，因为他们把逋臣们的田产都买过来了。”这两句话是有个人于一七九六年旅行法国写的。一七九五年的情形，同一七九六年是一样的。又有一个人写道：“种田的人是很发达，因为已经废除封建制度变买国产的缘故。”

作者要趁这个机会略为说几句，当时不过是政治革命，如何当时又变作极重要的社会革命？

一七九〇年三月十七日，收没宗教产业；一七九二年八月三十日，收没逋臣产业；这都是充公归为国有的。国产共值一兆利华（合英币二万四千万金镑）。一七九五年大部分已经变卖了。内中有若干产业，是一七八九年已经本年有田产的人买入的，因为价钱极便宜，比从前贱五六倍。其中也有市侩们买入的，中间还许有贵族买入的。但是还有中等以下的小乡民工匠们及作小买卖的，因为价钱便宜，也有买入的变作业主。惟是关于这种事实，著作家的见解不同。有以为当时确有这样的事实，反对家则以为言之太过，当时并无此事。第一次变卖国产是在一七九一年至一七九三年间，都是大批买进的人多，也有小数是零碎买入的。第二次变卖是在一七九三年至一七九四年间，却特为分作小批零碎出卖，使资本有限的人，也可以买进。有一位经济学家曾经研究过以十八分区作准，算出一种折中数目，说是富有资本买进的市侩们有十四万人，乡下人买进的有二十二万人。他又在别省的各县考究过，证明在十处自治区内，共有五百五十六个买进田产的人。其中却有三百九十九个至一七八九年以前，向未纳过某种地税者，可见得这三百九十九人从前并不是业主。

（十一）发生小地主

在一七九一年至一七九二年间，大批买进的国产，随后又分作零碎小批，再行出买。共和六年新五月，有一封信说道：“再行出卖的时候，分得是极其碎小的。”共和八年拿破仑曾颁命令

(共和九年拿破仑所派的地方官亦曾下一命令)，调查民间产业，证明小业主的数目比一七八九年增加得多。共和十年有一张报纸，计过当时有二千万户得有田产的。譬如以共和三年计，当作此年业主人数只得一半的话，又作为此半数中有许多是从前已经是有田产后来陆续买进增加者。然而仍有一极重要的事实存在，即是一七九〇年及一七九二年在市面上流通之数千百万现款，都已经转手了。变卖国产之重要结果，诚然是使多数小业主能够买进变作较大的业主，然而同时亦有许多在一七九八年无立锥之地的小民，也能买进若干，也变了小业主。即使以无力买入的小乡民而论，他们也忘不了从前受过种种的苛征暴敛，革命之后，却一切都废除了，颇享自由之福。大概而论：他们却也沾光多少好处，其中还有许多比从前增多收入。他们得了这种好处，是拼命保守住不肯放松的，不过所用的都是守旧方法而已。

(十二) 乡民之守旧本性

乡民是向来未作过什么共和党，亦未作过什么维新党的，他们也晓得有所谓铲平派，在巴黎提倡重分田产律。一七九五年有巴倍夫（Babeuf）及他的徒党攻击产业，政府不能制止。最后一层，是乡民仍旧是崇信天主教最诚笃的。这却有事实证明的，因为此时教堂里并无牧师谈经行礼，乡民们仍是百十为群的照常入教堂唱歌祈祷，他们是很想他们的好牧师回来。但是有两样要求，一是不许再来的牧师收回教产，二是不许再收宗教捐。

拿破仑很能体会乡民这种繁杂意思，是以乡民之感戴拿破仑，是久而不衰的。

是以有种种理由，工匠们、市侩们、乡民们无不盼望有一个能够体会他们的思想的人出来维持。一七九四年，马勒特杜磐写道："大多数的国人，既不管什么君主制，也不管什么共和制，他们只晓得紧紧抱住革命给他们的当地上的利益，及法律上的利益，那是他们丝毫不肯放松的。"他这个人的眼光很透亮的，又说道："毋论一个什么人出来，只要晓得能够使他们害怕，又能够使他们有盼望，只要有这样一个人出来，能够使这种手段操纵他们，他们就能服从他，拥戴他。"

（十三）畏威怀惠

这就是使人畏威怀惠的手段。这种手段不独可以操纵乡民市侩们，并且可以操纵宪法制定的教士们（他们自从一七九四年受过虐待之后，也有理由不愿有反动革命的事），及革命时代的军人们。因为军人们不过两年，就有许多升了官，若是在群主制的时代，是永远无升官的希望的。然而他们却看不起政府的政客们，是以有人说工匠、乡民、市侩、军人、教士等等都合拼起来，成为极有力的反抗君主制的保障。此外还有许多爱国的人，虽然痛恨恐怖政策，却不愿意取消征服所得者。又有若干被新思想灌满了的人，很愿意推翻从前的旧制，重新再来的。

以上所说的各种人，居通国十分之九的数目；诚然是不甚注意于共和，却是很顾住革命，只要一听见有什么复辟举动，就起恐慌；除非恢复君主制，是扫除一切从前的专制，不修旧怨，不收回他们所已得的利益，或者他们还许不起恐慌。惟是当时的王室代表们，好像是得了疯狂病的，所作所为的事，都是令国人恐慌的，是以国人只好紧紧的抱住共和、反对复辟的了。

（十四）王室之毫不通融态度

索勒尔（Sorel）说道："王室的亲贵，专注意于酷刑枉法，惩办国人，毫无宽大通融的意思。"

他所指的亲贵，我们晓得是说路易第十六的两位贵介弟及康狄（Condé）王爵。他们这三个人在外三年，受罪也算是受够了，将来的路易第十八受得更多。然而他们总算是能够坚忍，我们不必挖苦他们、责备他们了。

他们出亡的情形，有许多著作家说过了。有许多逋臣们追随他们东漂西荡的，欧洲各国是很无义气的挖苦他们、窘辱他们。其中却有许多出亡的人，是出于不得已的，并非是愿意出亡的，很想回国。他们的意思是无论要受什么束缚，都还是愿意回国的。他们到了愈难受的时候，贵胄们及左右的人愈许他们将来多少好处，不令他们绝望。那个自称摄政的将来之路易第十八始终一毫不肯放松，不独是要恢复君主的各种权利，还要恢复一切封建及原有的制度，恢复未革命以前的原状。他左右的人却并不晓得法国已经全变了，不是从前的法国了。有一位政治家写道："他们犯了一种出亡病，得不着出亡的好教训，他们的知识是毫无进步。"贵胄逋臣的主意，不独要恢复旧制，还要大诛杀，以示惩罚。

有一位历史家很研究新七月以后的情形，搜辑许多文件，证明他们报仇的思想，要把恐怖党、弑君党及所有一七八九年的和平派，都要诛杀。他们说道："我们要把立宪议会的垢秽荡涤尽净。"这是他们的呼声，他们的口头话。空斯通（Constant）写道：他有一天坐在一位少年逋臣身边（是一七九四年三月间事），逋臣说道："假使我是法国的大司法，我要诛戮八十万人。"

（十五）宗社党决意报复

据这样看来，宗社党一面在那里守候打倒革命，一面却把君主制杀了，迟至一七九五年，恢复君主制的思想并未全死，国内原有一班政客很预备使君主制复活的，假使新君主制采用和平立宪制，维持新得的各种自由，维持国人新得的利益，而反对收回权利，反对报复，及各种反动，法国人民不难欢迎君主制复活的。当少帝路易第十七在大庙内遇害时，有许多人盼望路易第十八有一句安抚人心的话。

新宗社党从前曾经发出好几条诘问的话，路易第十八从味罗那（Verona）地方有一个宣言书答复这几条诘问，说道："毋论什么都要无限制的恢复，重建绝对的专制君主制，新得的自由，一概取消，执业新制，一切废除，凡与革命有相干的人，都要惩罚。"随后又有人激动拉芬底地方造反，又有人用船装载逋臣及英国人要在海滨登岸，种种荒谬举动，正犯了法国人所最恨串同外国危害本国之忌。国会原来是颇有贰志的，一见这种举动，忽然变成一致。维新派及和平派及度量宽宏及有知意的人，原是并不迷信革命的，与兴宗社党尚无不可以表同情之处，一见他们这种轻举妄动，只可一切撇开不顾，另求方法以解决时局。

是以拿破仑之能够有进步，能得手，路易第十八从味罗那地方的宣言书，预有大力焉。

（十六）新发财的雅科俾党包揽把持

当下他却担保弑君党，保全他们。作者此时要说及新发财的革命党了。他们也是起自草昧，来自田间的人，却有手段压制全国，用激烈手段固位。因为要证明他们的举动之必要，故此主张战事，不肯罢休，只要说一个字，就改变一国的前程，反对全国的舆论。等到后来有一个人出来维护他们，把他们拉在一起，同他组织一个极有力的政府，保护他们，叫他们不用怕宗社党报仇。不怕剥夺他们所得的产业及种种不义之财，使他们可以高枕无忧。

著作家汪达尔（Valdal）用一个很严重不留余地的字眼，称呼这班人作新发财的革命党。他这个好称呼，是人人都承认的。他又称他们作很过得去的雅科俾党。

但是革命党却不是个个都是过得去的，然而度穆累的预言，却都应了。度穆累于一七九二年就说过：“宋波将占宋提宜（Chantilly）贵族产业；巴济尔（Bazire）将占龙部耶（Rambouillet）产业；麦林将占昌忒劳（Chanteloup）产业。”西耶士此时虽尚未占得克洛斯内（Crosne）产业，弗社也未占得菲利厄勒（Ferrières）产业，但是巴剌斯及麦林等已经得了发利主安（Mont Valerien）产业，连带价值二三百万的教产（这是一七九五年十一月十五日记载的话）。他连在他的别墅过很奢侈的日子，巴累在有名的瓦得尔（Vadier）堡邸大请客，他们是脾胃很强健的人。历史家索勒尔说共和三年的委员会（这都是新七月党权的人）中，就有一个将来封王的（指冈巴塞 Cambacérès），十三个是将来封伯的，五个是将来封子的，有七个是将来帝制时代的大参政，有六个是将来的大参议。另外还有五十多个民主党（将来的多特兰公爵 Duc d' Otrante 及麦林伯爵在内），都有了封号徽章插鸟羽的官帽，有了大辂，得了钱财产业，有城里的大宅，有城外的别墅。这都不过是十余年间的事，当时都是国会的议员。弗社死的时候，遗产值一千五百万佛郎。

但是在这班新发财的人看来，钱财产业，都算不了什么，他们要的是权力。因为有了权力，才能保得住首领。马勒特杜磐当选举的早一天晚上，报告说道："这班人原是很不和的，彼此都是相竞争的，到了这个时候，忽然都和气起来了，因为他们都记得正月二十一日的事，如在目前。"他说得很不错。

（十七）弑君党最怕的是报复

从前是三百八十七名议员投票赞成杀路易第十六的，宣布君主有罪的是六百九十一个议员。其中后来有六十个曾经投票的，是上了斩头台的，新五月被斩的，还有十个。此时还有三百个弑君派，就打成一片，成为一个很团结的团体。作者曾将其中的一位，一步一步的研究，从一七九三年起，研究至一八一五年止，这个人在指挥时代，在首领时代，在帝制时代，在路易第十八时代，都是当阁员的。他经过这几次不同的局面，无时无刻不恐惧报复。有一位替弗社作传的著作家说道："弗社无论对待什么事，无时无刻不把路易第十六登斩头台情景摆在眼前的，我们就可以把其余的一七九三年弑君的议员们，当作弗社看。"

历史上是向来未有过如是多数的人，终日夹在杀头同当权之间的。这班人只要一旦失势，就是永堕深坑的了。

当一七九五年间，他们夹在两种危险之间，在他们的左边是雅科俾党，他们称为乱党。雅科俾党却是毫无所得，常常要把他们打倒了。据他们的所得，以为己有，非要打倒他们不可。在他们的右方是一个路易第十八，才明白地宣布他的主意，一旦登位，要把他们都送上杀头台。读者就可以想见。他们自问，不过犯了极少嫌疑，也不愿意听见复辟两个字，那些明犯嫌疑的，是更不必说的了，故此他们是拼命的反对抗拒复辟。他们又晓得他们一旦出了国会，立刻就起首有反动革命的事变发生，是以拼死命的把持大权，不肯放松。这班人原是最令人愤恨的，这是不能遮掩的事实，我们要注意这一点，因为他们出国会的时候，忽然用一种手段，叫选员们不能不再选他们。他们所以招人愤恨，一因他们是预闻恐怖政策的，二因许多人疑心他们，得了许多不义之财。共和六年九月，林得特自己曾控告他的同事们操纵纸币，况且他们在外省当过节度使回来的，个个都是不干净的，都发了大财。这是众人皆知，不可遮掩的事实。他们此时很要收买人心。夫里龙曾常常宣布道："让我们来把这个共和变作一个极可爱的共和。"不久就有他连夫人走出来随便浪费金钱，令工匠们领略共和之可爱处。夫人在饿莩队中，每天化一百个路易打扮自己。

这一班人明晓得是为国人所愤恨，就主张向外作战到底，强逼国人维持他们。

（十八）接续作战是他们不能不出此的政策

从一七九一年至一七九四年，作战的问题很转移法国的内政。一七九四年以后，却是内政转移对外政策，恐怖党是用作战政策，强逼国人忍受，公安政府国会的议员们，是习惯用这种方法的了，况且此时又发生一种新危险，是将来的战事要闹大了，但是暂时却可以免得立刻受军阀的危险。现在的时候到了，军队要调遣出外，要军官们忙碌不及顾国内的事。因为这种种理由，他们的根本政策就是主战。

欧洲此时是已经厌倦战事了，有一位普鲁士军官当凯撒斯劳腾（Kaiserslautern）战败之后写道："我们就要一步一步的渡来因河回去了，回去也好。"普国军队果然是十月回去的。初六日法军就占了科伦（Cologne）；十二日就到了科不林士。此时因为瓜分波兰的事，敌国们闹得很利害，普鲁士恐吓奥大利要同他宣战，同时有信致法国驻瑞士的代表，说愿同法国讲和。

新七月的委员会答复的话，是骄傲极了。这原是党人的政策，却也合乎他们法律家的派头。普奥两国都愿意同法国讲和，委员不肯，却说出许多严酷条款，令普奥不能受的，才肯议和。这种政策完全是反对舆论，舆论此时是主张太平，不独要国内太平，还要边境上也要太平。委员会不管，十月初十日反下令进逼荷兰。麦林（统微尔）说道："法国一旦开边到来因河，就可统辖全欧了。"一七九五年正二月两个月，政府虽答应同普国议和，但是要求的条款太酷，假使普鲁士同西班牙都同法国议和，言归于好的话，委员会却很晓得奥国是绝不能同法国讲和的。因为奥国绝不肯让法以来因河为界的。英国亦绝不能答应法国在安特卫普驻兵的。既然如此，不怕军队没得事作。

（十九）将军们总要有事做

军队是万不能不叫他们忙的，这是千载一时的机会。读者已经晓得他们一受敌人的炮火，勇气就突如其来的发生了。法国军队此时的勇气，是好极的了，况且又受了几年的极严酷的纪律，指挥军队的都是少年，有勇有谋的将官，奥士马索（Marceau）、摩罗（Moreau）、克雷贝耳（Kléber）、马塞那（Masséna）、如耳洞、奥日洛（Augereau）、兰（Lannes）等，都是大将，很相信、很依赖他们的部卒。苏尔特（Soult）将军写道："当战争的时候，我们营里的人，所有军人的道德，都是极高的。"

惟是这些军人起初不过是义勇队的生料，不久都制成熟料，都变了完全的军人了。他们虽然不甚注意政治，却是很看不起这一群政客的，有他们的往来的函牍可以作证。况且他们都是热心极活泼的粗人，假使一旦议和，怎样能够叫他们都好好的安分回家？他们在一七九一、一七九二、一七九三年弃家投军的。当时有二十多个目睹情形的人，都能证明自从一七九一年以来政府是很怕军人的。罗兰在一七九二年间曾经写明他们如何害怕军人的情形。一七九三年俾约也写过，说得更激烈。一七九五年鲁柏尔（Reubell）更有理由害怕他们。

当道们尤其害怕的是军长，共和二年委员会用铁箍把他们都箍得紧紧的，自从新七月以后，却渐渐的放松了，不久他们觉得军长们全变了，因为部卒们都变了。不到一年工夫，就起首有许多人说奥士的兵、拿破仑的兵了。这时候军长们不独善战，且善于指挥了。假使这班军长都回来了，他们已经是向来公然说看不起这群律师的话，一旦回国之后，他们能服从律师们的命令吗？大概而论：国会是很明白军队的情形的，将来兵丁只服从军长命令的，那一位军长有本领操纵他们的，他们就听这位军长的命令，是以最妙的政策，无过于叫他们忙着打仗。

惟是军队打胜仗愈多，他们的志气就愈高，他们愈得胜，国人愈爱他们。叫他们忙于打仗，原是个最妙的政策，不过同时却把他们抬举得愈高，政客的思虑，原欠固密。有一天他们就走错了第一步，在共和三年的宪法内规定请军长们预闻政治。第二步又走错了，因为当年春间秋间民人起事攻政府，他们就纷纷调外兵入援，请他们入议场。最后一步，走得更错，是共和五年新八月间，因为一个私党的私利起见，请军人攻打神圣不可侵犯的国会议场，这种举动是新发财的革命党，竭力的请军人们也发财。

（二十）元老制

政客们的惟一思想，是暂时要想出方法怎样能够强逼国人只扶持他们，不去理其他劲敌，毋论其为乱党，为宗社党，或武官，或文官，总而言之，他们是要大权独揽，仿佛古时的罗马制。因为他们有这种思想，故此于共和三年新九月及共和五年新八月就不惜破坏自由，后来居然灭绝自由，以保障他们自己的权位。

但是他招外兵入援，不过是帮助设立军阀操国政之权，又不料国人反爱戴军阀。新八月之后，奥日洛将军虽然是大怒而去，然而拿破仑却窥见奥妙，得了一条干预国政的大路了。

（二十一）他们预备拿破仑将来地位

当日的实在情形，是自从一七九五年以来，毋论什么人，毋论什么事，都好像是组合起来，要把法国交与一个专制家的，好像是专为一个大专制家驱除。工匠们是怨声载道，说共和政府驱他们，中等人家新发财的，以为这种共和政府，不能依赖作保障。不能保护他们已得的钱财；乡下种田的人惟一的大欲望，是要保固革命。当时总有一千个私利的问题反对复辟的，因为要复辟的王室贵胄，是一事都不肯通融；但是全国人都是一致盼望一个强有力的人来执掌大权，保护革命以来所造成的事功。当时在军队中已经有一班光景很过得去的雅科俾党人，在那里预备一个强有力的政府了。

不过一年之前，俄国女帝喀德邻第二曾写道："法国若要革命成功，……将来是变作一只小羔羊，是最能服从的；但是法国要一个绝顶聪明的人，要有手段，有勇气，驾乎时贤之上，或者还要出类拔萃，驾乎此百年间诸贤之上，不知这样的一个人，曾否出世?"

这个人是已经出世了，不独是已经出世，还有群策群力都替他驱除。

第三十七章
挨饿的肚子反对腐败的肚子

（一七九四年九月至一七九五年九月）

（一）右党之重新组织

自从新十一月十八日，从前被列在罪魁单上之七十五个议员，再入议场之日起，自从不预弑君之议员，入了公安委员会之日起，从前的公安委员会就失败了。旧委员中如噶尔诺、林得特等，都被攻击。科罗得霸、瓦狄尔、巴累、俾约等，是更不必说的了。这几个委员，还恐怕有危险，新二月十二日他们就倒了，在议会通过一个议案，弹劾他们，定期新七月初三日审讯。

巴黎的人民说道："倘若这几个旧委员毁灭了，跟着就有八万人要上斩头台的。"卡累是十一月二十六日已经受刑了。读者就可以想见当时议会里及小酒店里，不知有多少人惊慌心跳；所谓清洁派的共和党人，很因为国会里一班伪君子装作要打倒乱党，说乱党就是宗社党，一定要揭开他们的假面具。既然如此，必先要求施行一七九三年的宪法。妙在这个宪法还锁在箱子里，未曾动过。

这一班日蹈危机的恐怖党，有的是一种军队，就是城里的许多饥民。

饥民同暴徒们喊道："你们要饿死我们，不如痛痛快快的开大炮，都把我们轰死了!"忽然有一天，饥民暴徒都走到议会来。新三月十二日是第一次空肚子起事。

这一天早上议会正在听霸栖洞格拉（Boissy d' Anglas）演说，霸栖洞格拉是专管民食的，却供给不出来。饥民同他起个绰号，称呼他"饥荒霸栖洞格拉"。饥民等聚集了有一点钟，霸栖洞格拉正在说到"我们已经重建自由"。饥民刚好闯进会场，喊道："要面包!"一面只管说自由，一面反对的人说面包不止一次，这次并非是最末后的一次。

（二）山顶党之起事

国会议员们见了很诧异，站起来喊："共和万岁!"但是一连有好几天，警察报告说饥民很用强暴手段对共和国的行政官吏。麦林（统微尔）以为同挨饿的妇女接吻，就可以了事。他们到处的闯，闯来闯去，也不知要干什么。极端左党，这时候得了一个称呼，叫作"山顶党"（Crest of the Mountain）很诧异，很不安。其中有一个议员加斯顿（Gaston）对饥民们喊道："我的朋友们你要面包，又要爱国人享自由，这两件都是有的，都可以给你们，但是你们先走出去我们被热气闷死了!"这时候妇女队中，很有许多强悍的男人，袒臂露胸的。

勒戎得尔现在还有余勇能扶助反动派走出议会，找保护国会的人。这一个杀猪出身的议员，是同少年军最相好的，他出去召集他们，他们拿了马鞭木棍，后面跟着几位警兵，就闯入会场，就不由分说的驱逐饥民。饥民纷纷逃走，也有跌倒的，也有躲在议席下的，不到一会子工夫，把饥民都扫除了。这一次算是镀金少年军大获胜仗，皮士格律将军（General Pichegru）恰好这个时候也到了会场，好像是无意走来的，当下就派他统带巴黎军队，议会算是遇救了。

议员们既然受惊，自然是要惩办几个人。第一个先下手的，就是科罗得霸。还有其余的几个被控的，不经审判，就把他们驱逐出境。有八个山顶党犯了与暴徒同谋的嫌疑，也被逐出巴黎。送他们出城的时候，囚车被群众拦阻，皮士格律将军不得不干预，他部下的刺刀打开一条路，让囚车走。那个声势赫赫的大委员会的余党，算是被贬远出，去当苦工了。十三日，皮士格律将军很郑重的到国会复命。说是奉命到了，当下就给他极大的面子，请他入议会的席。这是国会第一次踏脚入危路。

但殴打饥民是一件事，答复饥民要面包吃又是一件事，只是把科罗得霸及俾约贬到荒远地方作苦工，并不能生出面包给巴黎的饥民吃。

读者试读当年新三月新四月的警察报告，胜如读作者执笔追叙当时情形。当时的报告，把饥荒的惨状说得很可怕的，饥民饿到无生存之望，固然是怨声载道，有时嗟欢，很可惜罗伯斯庇尔死了！饥民们说罗伯斯庇尔不过是杀人，他却不偷不盗。有时候饥民们喊道：“难道国会要强逼我们要求复辟么？要求再立一个君主么?”新四月十九日，群众怨恨政府及国会到了极点，挨饿的空肚子，真是要大举反抗腐败肚子了。

高山党的余党看见新七月的反动派处境的为难，心里很高兴。剩下的山顶派，看见同党们充军到荒远地方去了，自己也觉得有危险。暴徒们滋事，原与这几个山顶派无干，然而他们心里却很盼望众怒难犯，或者可以办到恢复一七九三年宪法，恢复尚德政策，谁知反把他们拖入潮流里，同归覆没。

（三）新三月之起事

新五月初一日群众挨饿到无法可想，都饿疯了，闯入王宫，以为不如一死，比挨饿好受些，就拼命的乱闯。

这一次国会却预先得了警告，新三月二十八日预先取消军队不得走近巴黎若干里内的条例，于是有许多骑兵纷纷聚集巴黎，同时镀金少年团，也决意保护国会，这一次却不用马鞭了。其中有一位少年人后来写道："我此时想起前事来，还禁不住脸上发红，有惭愧之色，又禁不住大笑。"

国会虽然有了预备，但是事变一起，是来得很骤的。有好几点钟之内，国会被窘无法可想，几乎不免。

当日早上五点钟就鸣警钟（这一次饥民聚众滋事，是有一个团体指挥的，究竟这团体内是些什么人，至今尚不得其详）。群众就闯入王宫，喊道："这是黑手同白手决斗！（此时的滋扰渐渐发现社会竞争了。）非把这一群光棍轰了不可！"未到十点钟，王宫是完全包围住，午前就攻入国会议场，妇女们同饿狼一样喊道："面包！面包！"当过节度使的杜蒙当议长，用许多好听的话喂他们，他们喊道："不必说话！给我们面包吃吧！"此时议场是扰乱不堪，闹成一团。有几个议员喊道："难道国会还怕饥民吗？"有一个议员克垒则（Creuzé Latouche）后来写道："他与他的同人们，当时很相信以为万不得活，要送死的了。"

虽是发令调集军队，却还未来到。当下从穷民所住的小街僻巷有千万人走来。有几个少年军手执木棍，驱逐饥民，正在得手驱逐了好些，走出议场，忽然议长左边的一道门被人攻开了，一大群人冲进来，把面前什么东西都推倒了。

杜蒙把议长让给霸栖洞格拉，他却很有胆子，毅然就登了议席。当时群众们最恨的是几个人，这个霸栖洞格拉就是其中之一，群众大诅骂他一番。他看见有队伍来到了，但是军队去攻打群众。与群众之自卫同是一样，无精打采的，因为这个时候军队还未习惯攻击群众。当下四面八方都有群众闯进来，有一个议员要拦阻他们，被他们打倒了，用木鞋踢他，拖他出去，被一个开饮食店的人打死了，割下他的首级，抓住他头发，往众人堆里一摔，立刻就有人用长枪插了这颗人头，送到议场里，走到议长面前，请议长看。议长霸栖洞格拉对着人头鞠躬，从此以后这位议长的态度，变了历史上的典故。

到了晚上九点钟，山顶派以为时机到了。正在嘈乱之际，大声喧嚷，举了苏布蓝内（Soubrany）当议长；洛米（Romme）提议通过议案，以后只许制一种面包。谷戎（Goujon）及波博特（Bourbotte）提议通过封闭反动党各报馆。度揆讷（Du－quesnoy）通过取消委员会，设立临时管理处，所有的处员，都是高山党人管理，当即宣布退席去办公。

他们出去的时候，遇着勒戎得尔带来的一群人。

各委员会此时已设法召集一群人给他们军械，他们就用刺刀攻击饥民，把他们攻跑了。山顶派议员也有了护卫的人，群众要抗拒却抗拒不来都散了。有一位目睹的人勒微利说道：“我却不懂群众为什么散得这样快?”

（四）惩办恐怖党

群众既散之后，国会就要复仇，先从山顶派下手。他连首先喊道：“报仇！报仇！打倒暗杀党！”他却忘记了自己原是九月间的乱杀党。谷戎、度揆讷、苏布蓝内等，都在罪魁之列。他连的意思还想多杀许多人，要杀重立自治会的人（他却忘记了自己原是自治会的人）。他居然要求拘拿林得特及噶尔诺。

这时候街上还是闹成一团糟，到了晚上，闹得更凶。国会起先是用进攻的政策，这时候要用坚守的政策了。新五月初二日，林步亚将军（General Dubois）带了军队，用大炮攻打穷民所住的小街僻巷，要扫清他们的巢穴。到了初四日，才有启尔门将军（General Kilmaine）及蒙绰息将军（General Monlchoisi）围困穷民的住处，穷民们同军队开谈判，军人们喊道："我们既奉了命令，只知道尽我们的职责，我们只能用刀子说话！"六年之前，原是这穷街穷巷的穷民们攻破大监狱的，到了这个时候，才算是投降了。此时巴黎的穷民，不独是挨饿，还要加上一层害怕。

起事的第二天，反动的势力来得极其凶猛，勒令穷民们缴械。他们只好服从了，都缴了出来。于是派了三千马队，驻扎王宫附近的要路口上。他连、夫里龙、巴刺斯的意思，原想还要把穷民的巢穴付之一炬的，当此反动时间，这几个恐怖党，总还忘不了种种凶残手段。他们此时许是追想从前用自由名义惨杀无辜，此时又想道要用秩序名义再惨杀饥民。这次起事的结果，是监禁了六千个雅科俾党人，弹劾六十二个高山党的议员，定死罪是六个。这还算是好的，杀得不多，若是照他连的意思，是还要多杀几位同事的。噶尔诺是几几乎也要送命，幸而议员中有他一位朋友（这位朋友的姓名始终无人能指得出是谁）在议会中大声喊道："你们要杀噶尔诺么！噶尔诺是组织法国得胜军的人！"议员们听见这句话，才饶了噶尔诺一命。

高山党的余烬，听见他们定了死罪就自杀。谷戎自刺之后，把刀子交给度揆讷说道："佩突斯（Petus）！刀子在这里！"他们临死的时候，还要说波卢塔克（Plutarch）所著的古希腊古罗马英雄传，其中有几个虽然自杀，还是死不了的，一律都送上斩头台受刑。当时有一张报纸说道："这六个大暴徒，真有勇气，令人惊异。"他连这种样的人，听了自然是要惊异的，他的心里，此时一定是在那里盘算说道："我此时正在享受安富尊荣，值得倡乱，一旦失败，上杀头台送死么！"

（五）饥荒愈甚

空肚子的饥民称呼议员们作腐败肚子。过了五月初一、初二两日之后，国会就大失其名誉，最为舆论所反对。人民之穷苦是到了极点，群众是很同国会乖离，几几乎同革命乖离。有一天，议员们告诉穷民们要举行庆贺八月初十日的纪念，有一个穷民就对议员说道："请你们给我们面包吃，不必给我们音乐听。"穷民们还说了两句话，读者要特别注意，因为当时有人常常听见这两句话的。饥民们说的是："国会议员们自然是要庆贺，因为革命并没有便宜了什么人，只便宜了议员们。"但是仍然无一个人敢指责议员们的。此时国民军重新组织之后，都在国会的几个有势的议员手中，新五月初十日，空斯通很高兴的写道："从此以后，国民军都是靠得住的人组织成的，若是有一乱事，这些人都要受损失的；从前却不然，遇有乱事，军队中总有多少人得着好处的。"

真反动派好像此时是大权独揽。巴黎的镀金少年团得了国会发给他们的钱，就任意的放纵，得意到太过火了。他们听见国会的护卫唱《马赛健儿曲》就喊道："你们不要唱《马赛健儿曲》，该唱我们的军歌。"军队们果然听话，唱《国人复活曲》。

（六）白色的恐怖

此时各省也有反动，南方尤甚，很有反动革命的作为。我们常听说白色恐怖的话。若是拿白色恐怖这句话指本地时起时止的流血乱事，是不对的，应该用红色恐怖才对。因为这时候有了军队帮助，又有裁判官委员会及官派的刽子手的助力，政府厉行恐怖政策，遍及全国，令人人恐怖。南方却是闹得很凶，他们从前是很受压制的，此时要报仇，首先杀逐雅科俾党，随后对付共和党，再后是对付贱买国产的人。南方从前有宗教之事的，此时又闹起来。塔剌斯空（Tarascon）群众把雅科俾党及附和该党的人捉了去，从高楼上把他们捽下来。在里昂地他们把附和雅科俾党的人，捆送到上圣真（Saint Jean）炮台脚下受刑，我们是不能不承认南方有极激烈的反动。从前国会派出的监视员们也反动起来。易斯那原是汾约的左右手，这时候却痛恨雅科俾党，对左右的少年们说道："你们没得军械么？为什么不去挖掘你们的祖坟，把你们祖父们的尸骨取出来当军械，去杀灭这一班恶棍！"

（七）宗社党

北方这时候也不太平，拉芬底在外面看来是征服了，但是布勒塔尼（Brittany）及一部分的诺曼底（Normandy）地方是闹械斗。他们闹得很利害，不难给逋臣们及英国一个好机会来攻法国的海滨。路易第十六的贵介弟，常常讨论在海边登岸的计画。

国会中的中党，除了若干盲从主持反动者之外，也有若干议员们颇有复辟的倾向，不过他们却主张建立一种和平自由的君主立宪制。当时这班人有意思，不把那小孩子（指路易第十七）从大庙里迎出来，奉他作君主，请国会摄政。随后那小孩子死了（在五月二十日），有许多人等候路易第十八说几句话。路易第十八果然说了几句话，就是上文提过的味罗那宣言书。当时有一个有点知识的宗社党说道：“这张宣言书主稿的几个人，简直是罪人。”

马勒特杜磐回来之后，不久就写道：“国里的宗社党望君之眼欲穿，焦急到绝望了。”然而新七月的私党，却是额手称庆的。他们听见毋论怎么样的和平手段，复辟办法，都是可怕的，因为这一群弑君党都以为自己是罪无可赦的。他连自己很相信一旦复辟，他是第一个要问绞罪的。饥民不晓得，反说他卖了给宗社党，这个时候不敢认识稍带宗社党嫌疑的朋友。

（八）在岐布龙地方的逋臣

忽然有消息传到巴黎，说是新六月初七日（即旧六月二十七日），逋臣到了岐布龙（Quiberon）地方，是有英国海军装他们登岸的。布勒塔尼当地的人向来是恨极了英国人的，看见逋臣们串同外国人入犯，把他们盼望复辟的热心冷了大半截，故此虽有宗社党帮忙，也是并不十分出力的。英国海军把逋臣装到之后，却并无其他举动，逋臣们才晓得是上了请他们来的人的当，也算是上了英国人的当，被官兵围住，只好投降。逋臣们登岸的第二天，奥士带兵前来截断他们六千人的归路。其中有一千人，都是逋臣，交与国会处决。

他连看见宗社党失败，就借个机会安慰那些倒运的雅科俾党人，同时又提醒和平党（此时颇有复辟的趋向）尽忠于共和。此后每逢宗社党有什么举动，维持革命的人就立刻团结起来，对付宗社党。国会派他连到岐布龙把所有的逋臣俘虏都枪毙了，他还得意到了不得，对人吹说："岐布龙的贵族血，可以洗净新五月间巴黎的血了！"此时南方的宗社党举动及国会里宗社党的举动都破坏了。新七月初九日举行纪念庆祝，隆举伊内（新近还有人疑心他是个宗社党）同那个自鸣得意的他连同在一桌庆贺吃酒，当日两个私党结合，打倒罗伯斯庇尔的，这时候在外面看来，又重更团结了。国会很明白这一层，庆贺的时候，先唱的《马赛健儿曲》，随后唱的是《国人复活曲》。此时饥民倡乱是已经征服了；宗社党在岐布龙起事，也被打倒了。新七月的议员们，以为是快要驶到太平口岸了。这个太平口岸就是共和三年的宪法，是共和制，而反对民主的。

（九）共和三年的宪法

当初有人要请西耶士起草的。这一位预言家，这一位大祭酒，自一七八九年起，就在议会一直并未离开，一向躲在云雾中，在国会时代更是深藏不露，躲得更密，惟恐有人拉得走危险的路。他是抛弃了康多塞及舍瑟尔亚洛，让他们自己去架空中楼阁。

这一个奇异的西耶士，许多人都当他是个制宪法师，第一个营造师，向来不把他的图样示人的。一七九九年，汪达尔很描写西耶士（读者宜观原作）。其实在一七九五年，西耶士已经就是这个样儿，他是一个故作神秘的人，骄蹇，武斗，空泛。当时就有人说道："两个宪法，都是未成人就夭殇，一个死于过受劳顿，一个死于先天不足，都是因为不去请教这位大预言家大营造师。"一七九五年，大祭酒以为时机未到，不肯下山，国会虽然派他入宪法委员会，他还是弃而不顾，不屑入会。有从来的事体证明他不肯预闻，却有多少重要关系。

这十一位宪法起草员也不管西耶士来不来，就执笔起草。会里大约都是右党及中党的人，多努（Daunou）、隆举伊内、勒微利、卢未、雕篮得、马兰（Durand de Maillane）、提波多（Thibaudeau）、霸栖洞格拉等，都是市侩。总起草是多努，到底还要设法请西耶士帮忙。西耶士说道："我是研究宪法是研究到很深的了，但是我的意思，非你所能懂的。"

从他们的记载及往来函牍中，研究他们当时讨论宪法的情形，是很有趣味的一件事。作者只好说明当日的一宗事实；原先有人提议行政机关应该由人民公举，后来取消这个提议，恐怕人民会举一个王室的亲贵作执政，是以改为行政大员由两院公举。共总是五位大指挥，这就是指挥共和制。

宪法规定的是两院制。当时有一位称为大思想家的加利阿尼（Galiani）曾对巴剌斯说道："论到宪法，若是那国的种族是天性鲁莽易怒的，你一定要把国人代表割开，分作两院。"随后又说道："你若是替一群猴子定宪法，打算分作十二院的话，你替法国定制，至少也要分作四院，定一个四院制。"这一位大思想家的话，说得是太俏皮了，却未免太过无礼于法国人了。噶尔诺当时也手定一个计划，也是主张分作两院。

后来是定作两院。波当（Baudin）发一句奇论说道："一院都是少年，是造想的代表；一院是元老，是阐理代表。"噶尔诺已经在那里梦想设立保守派的上院，以为解释宪法的机关。西耶士是当末后快脱稿的时候，降格屈尊加入的，也有一个主张，与噶尔诺的意思多少相同，在两院之外再设一种裁判宪法机关。但是他来得太迟，来不及采用他的条议，因此他就痛恨共和三年的宪法。

这个新宪法，是从新六月十六日起讨论，至新七月三十日止，于共和三年新八月初五日议定草案。这个决意的宪法草案，是还要交国民会议取决的。随后因为疑惧国人有许多是有反动的倾向的，以为军人们主张共和的较多，故此也给军人们表决权。

（十）恢复财产资格

这个新宪法与从前两个最不相同的要点，就是完全恢复财产资格，以纳税多寡规定选举权，界限定得很严的。他们一起草就把产业当作选举合格的根柢。霸栖洞格拉说道：“凡是业主治国的，这就是有社会秩序的国。”新宪法是按纳税多寡，定选举权的等级。他们这种规制，是把立法机关分作两部，由各道按单选举代表，每年要重新选举三分之一。众议院（所谓造想机关）是五百议员，有提议的专权，但是也有权可以把提议当作议定之案，经过元老院（所谓阐理机关），就可由元老院变作法律。

政府是个指挥政府，有五位指挥，由两院选举。先由五百议员（即众议院）选举五十人，然后由元老院在五十人中选五个大指挥。每年有一个指挥要自请两院重新再举，当日有一会子原要把任用官吏的权交给指挥府的，这是从路易第十六所无的。惟是宪法起草员，没得这样的胆子，是以政府只有两条路可走，一条是包揽把持，把任用官吏的大权夺过来（指挥府就是走这一条路），不然，只好坐在政事堂里袖手旁观，冷眼看着不守纪律的官吏们胡为。这个宪法还有一条极令政府为难的，就是无管理财政之权（后来巴剌斯等因为这个为难，常发怨言）。财政是另由两院公举的一个委员团管理，是以行政机关就得了麻木不仁的病。此外还有一个要点，是无否决权。勒微利原先是一七九一年不肯给路易第十六以否决权的人，以为这个办法是非常之妥当。这五位大指挥虽然变了麻木不仁失了手足的作用，却得了一种特别好处，就是有极华丽的礼服披在身上。因为宪法规定，指挥们在私宅中也要穿华丽衣服。霸栖洞格拉说道："这个规制，是要表示我们反对无裤党。"

有一位历史家民耶（Mignet）很称赞这个宪法。共和三年的宪法，只可称为善于摆布两权竞争，倘若政府反对两院，两院却不能倒政府。两院要等三年过后，乃能有大多数指挥，代表两院。倘若两院举动违反共和的根本主义，指挥亦不能解散两院，亦不能否决其已通过之条例之不合宪法者。当时应该授两院以权，以吸收指挥之反对民意者，应该授指挥以解散两院之妄用其权者。

但是学者晓得，共和三年之宪法，原是国会饱受恐慌之结果。一七八九年，国会已有过有力政府之畏惧；一七九四年，又领略过强有力之一院制之害，是以共和三年只好定一个宪法，使两权并峙，都无彼此相侵害的利器，以为两权中间绝无冲突可以发生。但是无冲突之先见者，往往激动冲突，若无法以制止冲突，其效果必至互相仇视。是以共和三年的宪法前后共总发生四次大政变，还能够恭维这个大宪法吗？

其中却有一个人，在一七九四年已经见得到此种宪法之弊。马勒特·杜磐说道："西耶士因为他的理想失其威望，到处对人说对这种办法不对。"是以作者于上文提及西耶士反对那十一个宪法起草员，不是一件等闲的事。

新八月二十一日有个报馆说道："宪法是已经通过承认了，国人不如承 Izurveidan。"这一张所谓反动派报纸，又说这个宪法是十一个父亲生的杂种女儿。随后又说道："法国明知将来一定要离婚的，此时却无法，只要娶这个室女为妻。"当时明白国情的人，都存了这种意想。国会却打算保护这个十一个父亲所生的女儿，不使后来离婚，只好虎视眈眈的严密看管住这两位新结婚夫妇。议员们很晓得他们自己是不为舆论所归，又要设法使自己下届被选，就不顾廉耻的设法使国人非再选他们不可，是以制造出所谓三分之二的条例。

（十一）三分之二条例

共和三年新八月初三日，有一个警察长报告，说是空肚子们号召群众鸣国会警钟。当时的民情，是反对议员到极点，都说是不能再选他们，一个都不要。又说旧议员要引坏新议员。国会很晓得这个情形，他们很晓得除了有五十个议员如霸栖洞格拉、多努、隆举伊内等之外，其余都是要落选的。国人所最恨的是弑君党，九月间的乱杀党，及共和二年当过节度使的。国人都称这几派的议员作腐败肚子，一定是要落选的。

议员中如他连是各派都有他的份子的，一定是要落选的了。他连觉得时机到了，万不能错过的，他于是又用向来惯用的手段大声疾呼，说是共和有危险，若是任从选民得自由选举，不到三个月必要推倒革命。作者却不能承认当时他所说的话，真有事实为证。自从一七九五年以来，他连等一路的人，很晓得若无大权在手，必归灭绝。

他们于是立刻动手用攻其不备之恶辣手段。新八月初五日，他连提议在立宪法内规定新立法机关，共总是五百人，必要有三分之二前届的议员。当时的议员们自然是赞成的，只有一个人反对，是以提议这一天，就同时通过。

（十二）舆论之攻击

舆论自然大不以为然，而以巴黎为尤甚，所有的报纸都攻击这一条三分之二条例，说他们都变作永久的议员。却有一个极简单的办法，就是选民们可以不必奉行这个条例。十三日国会又通过一个新例，说道："倘若选民不能选足五百人之数，应由国会重选其原有的议员补足数目。"换而言之，国会是不必经国民选的正式手续，只要自己举此项非常代表。此时的国会，居然胆敢如此猖狂，国人见了实在是糊涂了。有一个人说道："此时国会是明目张胆的同通国的舆论宣战。"他连若听见这句话，是不能不承认的，不过他是打定主意，拼命的干去，若不能操大权，就要送命。

国会虽然有将宪法及这两条新例都交国民会议通过的话，但是他们同时又使手段，压制舆论，不惜作伪诈骗，只要求达目的。第一条是要先把味罗那的宣言书到处播传宣挂；当选举竞争的时候，这种办法也还算得公道。路易第十六的贵介弟这种恐吓话，很能令怀疑不定的省分立刻定计，维持共和宪法，更能令出价买国产得了便宜坐拥厚资的人拼死命的维持共和宪法。在乡下地方，有许多人不明白这两条选举新例的用意。议员们说这两条新例，是与宪法相辅而行的。对待外省是如此，对待巴黎却用辣手段，先把军队调入城里。新八月十二日，有一张报，请读者注意此时城里城外所驻扎的重兵。十二日，巴黎各分区已经递过反对这种举动的公文。

于是宣布这两条新例，已经由国民会议通过承认了。他们所宣示的数目，未免太过荒谬无理了。法国全国是二十六万三千票，反对的只有九万五千票。马勒特杜磐说道："这是显然欺骗，只论巴黎一隅地方及其附近，就不止九万五千票。"有一位外国的驻使写道："这都是绝妙的好把戏。"其实有好几省并无票赞成新例的。只说巴黎一道（办选举的人不敢十分骗人），反对新例的是二万一千七百三十四票，赞成的不过一千一百五十六票。作者最诧异的是不投票的人数，计算起来，足足有千百万人不投票的。论当时的情形，并无国人不注意选举的证据，大约是当时的人一来是恐慌，二来是蔑视议员，三来是讨厌他们，故此不屑投票，反令议员们得以肆行其专制。此种力量，比政府反对的力量大得多。

议员们之欺骗国人，等到选举后更有事实证明。议员们虽然用了许多压制手段，国人只选举了三百七十六人，尚要选举一百二十四人才能足五百人的额。国人是有意强逼国会自己去选。这一次选举，雅科俾党人最吃亏。

（十三）新议会之和平派

新被选的议员居多是第一届议会的议员，都是和平派，就是从前的斐扬党，不然，就是新人物之反对现状者，有许多都是当恐怖时代监禁过的人。国会议员再被选的是隆举伊内（有七十三道都选他的），霸栖洞格拉（有七十二道选他的），其余是右党的人，也有十处八处或二十处选举区同选他们的，高山党看见是要气死的。

恐怖党虽然在这两年间拼死命的保全他们自己的地位，也免不了被人驱逐了；就是未经驱逐的，也无力作恶的了。此时显而易见的指挥府里都是和平派的人，就是隆举伊内、霸栖洞格拉、逢忒科兰（Pontécoulant）、多努、冈巴塞（此君起首不认投过杀人票）。弑君党此时只好瞪着两眼，看着一个大深坑欢迎他们。

幸而新九月十三日的事，那一群不耐烦的宗社党，反救了他们。

第三十八章　新九月十三日

（一）宗社党反救了弑君党

一七九五年的宗社党，同前几年一样，是雅科俾党的最好的同盟，是救护弑君党的人。国人是很厌恶雅科俾党，很抛弃他们的。国人也许不知不觉的有维新宽大的君主立宪的盼望；因为有好几道所选的都是从前拉法夷脱、巴那甫等老朋友，可以证明国人有这样的盼望。法国此时若是先由和平共和制入手，慢慢的用和平手段办到复辟，不是不能办到的事。

但是在真宗社党中，有许多不以这种办法为然。我们很晓得他们痛恨和平派，与痛恨雅科俾党是一样的。他们深信国人愿意路易第十八登位，再受治于君主制之下；以为是他们的仇人禁止国人，国人就要起事勤王复辟。斯塔厄尔夫人（Madame de staël）此时已经回来法国了，常常警告逋臣们，说他们误会了一七九三年的惨剧；虽是令夫人厌恶到了极点，然而她仍是主张守法律的反动，举兵谋反是绝不能成功的。因为军队晓得宗社党串同外国谋害法国，宗社当一旦起事，军队必是很高兴的先攻打宗社党。饥民们虽是痛恨国会，却是一样的痛恨宗社党，其所以痛恨的理由，各有不同。雅科俾党是进退维谷，况且宗社党又无谋反的一切预备，毫无实力，宗社党所有的军实，不过是三千杆枪、二十吨的火药。

此时的反动，诚然是很改变了各分区的思想，不让其中尚有多数的审慎人，是静待时机的。但是有两个月以来，有许多宗社党及逋臣们潜归巴黎，常常激动暴徒。

（二）各分区反对新例

各分区反对新例，以为国会僭权，不肯承认他们。他们组织一个中央会，递了许多宣言书反对新例，斥责国会拖长议员之剥夺人民财产惨杀无辜者之权。四十八分区之中，有三十分区都是反对的。国会的答复，说是赞成宪法的有九十一万四千八百五十三票，反对的不过是九万五千三百七十三票。又说国人所赞成的选举新例，是要定为法律的。

于是群众大哗；说是国会伪作投票数目欺人！于是愈闹愈凶。到了新九月初三日，实在闹得太利害了。国会以离开巴黎恐吓群众。各分区付之一笑。于是军队纷纷入城，群众当面的反抗军官们。御苑里的暴徒们辱骂军队，军队不得已，拔刀驱逐他们。

十一日国会宣布解散，说明已经办完事了，若不解散，诚恐国民以为他们有谋害国人主权的尝试云云。规定选举新例的人，居然开口说出这种样的话，简直的是说出不怀好意、用心叵测的笑话。同时派去大街通衢宣传张贴选举新例的人，被群众大哈大喝，他们所宣传的话，是无人听见。当下选民们聚集大戏院议事，因为意见不一，议不成功。但是雷佩勒退分区（Lepelletier

Section）因为受了极有危险的激动，聚集的人数最多。国会里的各委员会很晓得巴黎全城都激动了，各委员会的委员人数太多，组织不成有效力的反抗，于是选派了五个人的行政委员会。巴剌斯自从新七月那件事之后，常常挂刀，自命为英雄，也被派在内。这几个人就要选调可靠的军队。巴剌斯写道："最妙莫如用暴徒们的天然的仇敌，攻打暴徒；爱国而被新七月的反动收禁在监的，就是他们的天然仇敌。"于是果然一群最令人可怕的凶险之徒，又都出现了。所有革命委员会的余党，九月间的乱杀党，好舐杀人刀的人及五月间谋反起事的人，共总是一千五百个凶徒，都放了出来。巴剌斯说："我们称这一千五百人作神圣队。"

（三）宗社党起事

这一个办法是最不妥的；因为笃实人都不以这种手段为然，都很发怒，宗社党的首领们是高兴极了。十二日早上，雷佩勒退分区鸣鼓宣传，说是已经给军械与饮人血的凶徒了，劝各人执械齐集各分区，以资自卫。有粮食市场分区（The Section of Corn Market）立刻将该区的恐怖党拘禁，其余各分区都纷纷执械，互相保卫。

所派的五委员决计先割断起事的萌芽，派麦努将军（General Menou）办这件事。麦努是个和平人，看见五委员派他去同假称爱国，其实都是杀人的凶徒合作，是极不愿意的，只好派队去虚应故事。雷佩勒退分区的选民们，空口答应了一声解散群众，这队伍就退了。

五委员把麦努革了，另派味得尔将军（General Verdière）领队再去该区弹压，不料此时已闹到难以收拾了。巴黎人看见麦努的队伍退了，非常之得意，于是更大闹起来，如同燎原之火了。各分区原已组织了一种军队，就占据了新桥（Pont Neuf）。他们的统领是达泥空将军（General Daniean），是一个号称爱国者。当时又成立了一个起事委员会，委员们自然都是宗社党。十三日早上，国会所处的情形，是极其危急了。

（四）巴剌斯被选为大元帅

现在巴剌斯是得了无上的总司令大权自此以后他自称将军，其实他是毫无韬略的人。他于是请雅科俾党的军官们（久已无人过问的）帮助；在这一班军官（当时有人称为罗伯斯庇尔军官团）中，最奇异的是他认得一个老朋友，这个老朋友从前是在杜高米埃将军（General Dugammier）部下与闻解士伦重围之役的一个小军官。他组织一个敢死的炮队，居然帮助夫里龙及巴剌斯，从英国兵及宗社党手里克复土伦的，此役算他是首功。自从新七月以来，变了一个罗伯斯庇尔党的嫌疑犯，在上一个新八月免了职，因为他自己是向来带惯炮队的，那时候改派他带步队，他辞了，故此把他免了职。巴剌斯此时认得的这个短小军官，就是拿破仑。他又短小，脸上是死白色，满头的乱发，穿了一件破旧团长军服。他此时的模样，并不能动人。巴剌斯请他帮忙，他看见巴剌斯弄了许多不相干的杀人凶犯，他却有点迟疑。

（五）拿破仑

巴剌斯这时候要个带炮队的人帮忙，却并未给拿破仑什么大官阶，不过放他在身边，将来组织成军的时候，请他带队。巴剌斯此时所缺的是大炮，有一个军械库里，此时还有四十尊大炮，若是不先下手抢过来，恐怕就落在乱民手上。巴剌斯就同拿破仑商量，拿破仑就保举缪拉（Murat）。这个人是最肯冒险的，却是法国军官中一个最激烈的雅科俾党。于是果然就叫缪拉带了一二百个马队跑到军械库，看见分区已经有人到了，缪拉把他们哄走了，把四十尊大炮抢来，翌晨六点钟就布置在王宫前后左右。这个拿破仑同缪拉两个人此时不过是帮助巴剌斯抢大炮，绝不能想到将来一个是称帝，一个是称王，就是从此次发迹的。

驻扎在巴黎城外的军队，陆续进城，听候巴剌斯调遣；但是最得力的还是这四十尊大炮，把王宫把守坚固了。若是早两点钟的话，要围困王宫，是一件极容易的事。这天早上却下大雨，这些暴徒死是不怕的，惟是还怕雨。

因为这个缘故，乱党虽然据了新桥，一步也不动，等到雨停了，才来攻打王宫。乱党在圣洛客（Saint - Roch）教堂也驻了重兵，其意是要包围王宫。达泥空派人拿了信旗，要同国会说话，要求把昨天给囚犯的军械收缴回来。

国会自然是不答应。国会以为乱民就要攻打王宫，纷纷的分给枪支及子弹与议员。到了下午四点半钟，议员们忽然听一阵炮声。这是拿破仑宣告他要登历史的惨剧场了。

（六）拿破仑将军登场

官军同乱民就打起来了；大约最初的一步是有人从窗口放枪打分区的人，分区的人就开一排枪答复，官兵于是异常之踊跃预备进攻。

作者若是相信当时的记载所说，这一次是拿破仑放了一排大炮，把驻扎圣洛客教堂的乱党队伍扫个清光。这一次的事，原是有关系的；但是并不是有普通人所相信那样的大关系。当时报告国会的军书，并无着重这一件事的话。按地理而论：拿破仑不能容易开一排大炮，就把乱民扫荡了。从前的记载，是未免太过铺张扬厉；新近的历史家，又未免故意看轻拿破仑这一次的举动，又未免不及；新旧的记述，都欠公道。据事实而论，大约拿破仑开了一排大炮，虽不见得扫荡了进攻王宫乱党，却能令他们心胆俱落，乱民立刻就退走，达泥空只好弃了这个要点，回到雷佩勒退分区商量再进攻。

此后只要打倒各分区，就可以了事。十四日九点钟，柏鲁耶将军（General Berruyer）恐吓雷佩勒退分区乱民分散回家，巴剌斯就据了这一分区。十四日中午，官军完全据了巴黎，乱事平了。

（七）国会之末日

国会是得胜了，却不甚夸张。他们很晓得他们的事权的根基是很薄弱的，虽然是把宗社党打平了，但是怕昨天帮他们忙的所谓爱国党，比怕宗社党还要利害得多。他们决计不为已甚，不借打平分区为名，又起首作恐怖的反动。只开了三次军事法庭，惩罚几个为首的，其余的人却让他们离开了巴黎，就不追问。共总不过杀了两个人，一个是法兰西剧场分区（Thâatre Francais Section）的区长，一个是统带分区队伍的首领拉封（Lafond），是一个潜行归国的逋臣，从监狱里放出来的。一七九八年的爱国国民，都设法遣散了，只有一个人，忽然就在这时崭露头角。十七日，巴剌斯介绍十四日帮他攻打乱党的军官们见议会，请议会扬名申谢。夫里龙这个时候正是迷恋拿破仑的同胞姐妹坡蕾忒（Paulette Bonapaite）小姐，急于要推挽他的将来的舅爷。夫里龙于是替拿破仑大吹特吹，说是他把宗社党打倒的。巴剌斯当这一位短小安详的将军是自己的私人，也只好不反对夫里龙所说的铺张大话。于是巴剌斯自己当了京畿军的总司令，派拿破仑当了副司令。过了几天，因为这位副司令办了几件重要的军事布置，保护这个快到末日的国会，巴剌斯就辞职，总司令就是拿破仑。

当时有许多人不知他的来历的，都互相探问："这个拿破仑是谁?"

他连及其同党要趁这一次的胜仗，取消反动的选举；但是议会以为极端的反对党，受过此次惩创，是死灰不能复燃的了，不肯听他连的话。在这很短时期间，那几位略带袒护分区嫌疑，如隆举伊内、霸栖洞格拉等，似乎是丧失了一切权力。弑君派有军队作后盾，现在可以压制新立的两院了。新政府的五大指挥都是弑君党的人，他们以为权力足用了。

其实此时议会是筋疲力尽了。有一个高山党的人写道："议员们这四年之内，天天都在暗杀党的刀下走过，什么心思精力都耗尽了。"麦林（统微尔）说道："我们也该走了。"因为麦林向来是一个最强毅有力的，也觉得疲乏了。如他这样的一个人也要告乏，其余远不如他的人，更不用说了。莫理斯也觉得他们疲乏，八月二十三日写道："我此时仍然深信这一班议员们，将来还是受一个大专制家压制。"最奇怪的一件事，是这国会是送路易第十六、丹敦、罗伯斯庇尔上斩头台的，最末后所作的一件事，却是帮助拿破仑上马，其后就飞扬不可复制。这位拿破仑就是莫理斯所说的一个大专制家。

给拿破仑一个升阶，就是这个国会最末后所办的一件事。这国会是无人不厌弃的。此时饥民穷民的情形，真是可怜，于是有一位议员于新十月初二日（在国会未解散之前两日）提议再颁行规定最高物价条例。第三日讨论这个问题，有许多议员昧于实情的，专事反对，有一位议员急了喊道："诸位难道是在这里酝酿反对革命么！"议会并无这样意思。初四日末后一次会议颁行大赦，只除外新九月起事的人及不肯宣誓的教士及逋臣，惟此三项人在不赦之列。当日有一条大街叫做革命大街，议决通过改称为同心大街。杀头台是拆卸了，只剩一个自由神的塑像，有了裂缝，不久就要破坏了。

（八）末后一次开会

末后一次开会，是一个不甚知名的议员当议长，刚才所说改街名就是最末后的议案，通过之后，议长站起来宣布解散。

这一个议会所办过的事却不少，在三年之间，好像是过了一百年，所经过向来未有过的风险，也真不少。法国原是路易第十四传下来专制国，这个国会却改作共和国，借自由为名，实行最可怕的专制；杀了一个君主，组织新军队，把欧洲各国的军队攻走了；实行恐怖，不惜自相残害；随后又保障实行恐怖的人，平了几处内乱，又开拓疆土，为法国立自然边界；通过两个宪法，又从大庙里把上帝驱逐出来，又把另外一个上帝请来，这个新上帝是无裤党的上帝，不过改换了新名称；政教分离又是他们办的，这个议会各种问题都提议过，最后来的是打倒叛逆私党。作者持论要平允，不能不请读者注意，勿忘新十月通过颁行的条例，就是一种遗嘱，交与后人讨论；一个极重要问题，就是普及教育，读者又要谨记勿忘。议会中那一位最有特色的议员，又是最显著的牺牲，曾经说道：“第一要紧是民食；第二要紧就是教育。”议会很相信这句话，正在危险万分的时候，于共和三年新二月初七日，为后来之国立学校及师范大学先立基础，是年新九月初七日，为后来之艺术学校立基础；一七九三年十月三十日，立师范大学基础，又重新组织博物院及法国大学，组织美术及实业学校，最后是创立最伟大的法国学会。这个议会，一面只管破坏，一面却能建设；一面恐怖，一面却能安抚。他们所作的事，有人以为罪恶滔天，另有人以为道德达于最高点。

惟是到快要解散的时候，没得人说国会好的，是以当解散的那一天，议长好像不敢放胆说这三年里头，国会作过什么事。

议长说道：“我宣布闭会，法国人此时都是同心同德，彼此都以友谊相待，这个才算是真正保全共和!”说完就坐下了。提波多听见他说得太单简，很诧异，喊道：“请议长说明国会已经尽其职责了!”那位议长又站起来，又说道：“国会宣布尽了职责，宣布闭会。”于是众人欢呼“共和万岁”，就散了。

这是共和四年新十月初四日午后两点半钟的事。有一位议员是向来很琐碎的，问道：“是什么时候?”有一个人说道：“是公平审判的时候!”这一句话未免说得太早。据作者看来，今日是事过一百多年了，到了现在好像公平审判的时候还未到呢！（意谓对于这个议会之是非得失，尚无定论也。译者注。）

第四卷　指挥府

第三十九章　指挥府与全国之关系

（一）大指挥之就职

共和四年新十月十三日（即一七九五年十一月初三日），是五大指挥就职日，摆了不伦不类的仪仗，在巴黎大街上走过，共总是有两辆很平常的赁来的大马车，一百名步队，一百五十名马队。这一堆马队不晓得是那里找来的，不齐不整的，其中有好几个连靴子都没有。这一群奇怪仪仗，是从王宫往卢森堡（Luxembourg）的。两辆大马车里头，共坐了四个人，其中有三个是群众看热闹的，都不甚认得的人，其中只有一个是颇闻名的，因为他挂了一把大刀夹在两腿间，有许多人认得他是巴剌斯。此时已经很有人挖苦这五位大指挥，都称呼他们作五位陛下。此时却还短了一位西耶士，不肯入指挥府。这个新政府觉得有点不便，这几个人就是法国的新政府。

卢森堡是国会派定的地方，指挥们到了，除了一个看门的之外，并无他人迎接他们。这一座大离宫自从王弟逃走之后，就变了一所极荒凉的地方，原来是很有许多华美家具的，不知被什么人都搬空了；房子虽然是很老，所有的大厅却是铺金的，这时候都变了空房子。指挥们走来走去，末后看见有一间房子，虽然不大，却有一张桌子，一个墙炉。这一张桌子因为久受潮湿，丢了一只腿，歪歪斜斜的倒在一边，很像这个政府。看门的把自己的四张有草垫子的椅子借给指挥们，拿了几块木柴进来。有一位指挥从王宫里从前公安委员会办事室内，带了一包信纸来，于是四位大指挥就坐下，在那张歪歪斜斜的三条腿桌子上，在一张粗信纸上，写他们就职的报告。

两院是初五日就职的，四个指挥是初四日选派的。

（二）两院

新代表们即是新选的三分之一，大概都是胆怯的维新派。其中就有杜马将军，脱伦孙（Tronson – Ducoudray）是个律师；杜滂（内木尔）（Dumont of Nemours）是个经济家；路瓦耶·珂拉尔（Royer Collard）是一个学者；巴贝·马霸（Barpé – Marbois）是个外交家；波他利（Portalis）及西缅（Siméon）都是布罗温斯的律师；帕斯托勒特（Pastoret）是从前当过议员的。这几个人都没得一七八九年那样的热心，这时候都冷淡下来了，绝不敢再冒险了，个个都变了很小心谨慎了。提波多写道：“这一班人都算不了什么，不会惊吓共和的。”

因为他们都是小心谨慎的人，反犯了曾经当过国会议员的同事们的疑忌厌恶，因为这一班新人物是很清洁的，未染过什么污秽。当过旧国会议员的人，向来是专权惯了的，当这班新人物是非我族类，当他们是闯进来分他们权力的人。倘若这班新人物是诚心要维持共和，他们自然是要一个很纯粹的共和，把什么私党、异党、贪赃的犯过大罪的人，都要驱逐出院的。他连及其同类，自然是要畏惧的。

（三）五个指挥

两院中的弑君党居然选举了，五个都是他们同党的人，当了指挥。这五位就是巴剌斯、鲁柏尔（Reubell）、西耶士、利托臬尔（Letouneur）、勒微利，可见得此时仍然以弑君的当作是真维持共和的记号。当时的选举不过是一种政变的办法，暗中就藏了冲突种子。当时有七十三道同选多努一个人，是表示国人主张和平政策。

西耶士看见不久就有冲突，故此辞了，他是向来不肯打冲锋的。过了几天，两院就选了噶尔诺补他的指挥缺，也是一个弑君党。但是新选的三分之一新议员们，当他是一个已经归于平淡的人。试看当时指挥们所作的噶尔诺就职报告，就晓得其余的四个指挥当噶尔诺是一个非我族类。

（四）巴剌斯

除了噶尔诺一个人之外，其余的四个指挥，都是声名平常的，毫无威望，不见得令人见了这个新共和政府会起敬的，并无令人爱戴之处。有点名声的，还算是巴剌斯，不过他的名声是不好的名声。巴剌斯原是一个子爵，在君主时代是个好色之徒，曾经在君主手下挂过刀的，同贵族们有瓜葛。他是个很漂亮的人，奢侈浪费，沉于酒色，又残忍，又卑劣。在他的日记中，他曾很自鸣得意的自认是一个凶淫之人。他虽是沉于酒色，作事很有心计，不惜把自己所爱的妇女供他人享受，当他的侦探。读者将来就晓得他要侦察拿破仑，就故意把所恋的约瑟芬掷入拿破仑怀中。他要侦察乌拉（Ouvrard），就慨然把德利稷亚（Therezia）掷在乌拉怀中。巴剌斯这个人是道德丧尽的了，他是生来是个丧德的人，无论恋爱女人，或是办国家大事，都是丝毫不顾道德的。这个人又最贪，他贪权为的是贪钱，当时的著作家把他写到不值一文钱。但是不必看他人的著作，只要读他自己所著的日记，更晓得他是天良丧尽，毫无道德的人。

他无所谓政治宗旨，有一个外国驻使写道："假使共和国无以供给他狗马、妇女、酒食、赌博之好，他就可以立刻把共和从窗口摔在大街上。"他这个人虽无宗旨，却有一样特色，就是怕杀头。他最怕的是复辟，把他捉来杀头，故此他用尽许多方法，要求路易第十六的贵介弟给他一张免死券（大约是要求到手了）。若是得不着这一张免死券，他是决计要同弑君党亲密的携手。这一个声名狼藉的贵族，最自鸣得意的，就是摹仿王族的一种召见排场（弗社说他好要王爵的排场），招待乱党及恐怖党。

（五）噶尔诺

命运不凑巧，偏偏要端凝严重的噶尔诺同这个酒色之徒共事。巴剌斯是身体轻巧，穿得极漂亮的一个人，噶尔诺是一个极魁梧的人，两个人正正相反。论到道德，两个人是尤其不同。噶尔诺是个有良心的人，是个顾家室的人，又是一个精于科学的军官。索勒尔论噶尔诺，说他不独是一个军事的建筑师，且是一个政治的建筑师。他这个人很庄重，很有傲骨，很有道德，微嫌过于严厉，极容易发怒。又是一个一丝不苟始终如一的人，他是个好揽权的人，不过好揽权专为的化纷乱为整齐。拿破仑论噶尔诺说他容易受欺。巴剌斯是看得很快的，不久就晓得噶尔诺容易上当，他晓得噶尔诺会同他过不去的，于是设了许多网罗，束缚噶尔诺。

因为国人有许多都晓得噶尔诺是组织法国常胜军的人，故此幸免于新七月之难，又不损失名声。末后这一次选举，有十四道都同选他一个人，他从议会走入政府，就走上了赴大马色（Damascus）的路。他是真正共和派，深晓得弑君是罪无可赦的；但是他为人正直，最恨的是扰乱，故此对于恐怖党及新政府的几位放荡同事，都是绝对不能表同情的。

（六）鲁柏尔

鲁柏尔是个雅科俾党，是个怙恶不悛的人，原是阿尔舍细亚（Alsatia）地方的一个律师，一副团团的脸，满面红光，肩膀是很宽的，是个果于自信的人，当革命作一种官司，是要打到底，一定要打赢官司为止。他在公安委员会一年，很看不起欧洲各国，自然而然的变了一个极骄蹇的人。勒微利及巴剌斯都很怪他，却很怕他。他向来好主张极端的，共和四年新五月间曾说道："凡是反革命的议员们，我们应该把他们一个一个的装在麻袋里，沉在河里！"向来又有贪赃的声名。西耶士很挖苦他说道："鲁柏尔因为身体起见，每天总要吃点好东西。"

（七）勒微利

利托臬尔也是一个工程队的军官，很是个庸材，他崇拜噶尔诺，说噶尔诺办事是永不会错的，故此他只是跟着噶尔诺走。鲁柏尔与巴剌斯同意，以为暂时非有雅科俾党人合手办事不可，故此勒微利变作一个重要人，他附那一边就是那一边胜。他原是个吉伦特党，是个很不中用的人，因为他不中用，故此幸免于革命法庭之难，因为无人看得起他。当日原有人要杀他的，高山党有几个议员说道："我们忙得很，为什么要糟蹋时候，讨论勒微利这样一个极不相干的人?"因为这两句话，他才得了生命。因为从前他名列过罪魁，受过恐慌的，故此同事们盼望他一入指挥府，就要公然反对他的仇敌。他们是很不晓得政客的手段，看错了这种事，那里有什么成例可援的呢?

勒微利只有一种特色，就是痛恨教士。他何尝不是个信宗教的人，但是他有一种牢不可破的反对教王见解。从外面看来，他为人原是很端正的，他自命为清洁派，很不以巴剌斯那种淫乱行为为然，假使不是迷于一种自然宗教思想，他一定要把巴剌斯当作仇敌的。因为他沉迷在这种问题上，就容易为人所愚。假使噶尔诺一连几个月是受了流血的红色鬼的催眠术，鲁柏尔受的白色鬼的催眠术，勒微利所受的就是黑色鬼的催眠术。噶尔诺及巴剌斯说到勒微利，总不免带几分挖苦他，况且勒微利的相貌是很丑恶的，他是个驼子，头又太大，满头乱发，两只小腿。有人形容他的，说他像一个塞酒瓶的木塞子，插上两口小针作腿。他的判断同他的背一样，是弯曲不直的，故此总被同事们利用，当他是一个傀儡。共和五年新五月的那一件暧昧的事，就派他去办，他自鸣得意，以为是打倒了教王庇护第六（Pius Ⅵ），不是打倒路易第十八。

五位大指挥第一次穿起礼服的时候，穿的是缎子大褂，带一种披肩，头上是红帽子，插鸟羽，有通花袖领，挂刀，脚上穿的是丝袜，鞋子是钉花的。这种打扮群众见了禁不住大笑，因为有许多人只顾笑话这个政府，打趣这个政府，却忘了这个政府的罪恶。最早的时候，众人只称呼这个政府作卢森堡的假面具的跳舞会。

这时候的国势是很难办的，最要紧的是要有一个奇材异能的人，才对付得了。

勒微利自己曾写过当时的情形（共和四年十月间），他说毋论什么都是破坏完的了，先从道路起，破坏至家庭止；从破坏医院起，至破坏神经止；从破坏财政起，至破坏良心止。凡是外国人胆敢踏足入法国的，都是说一样的话，这一个指挥府，共总是在位四年，不独是一种破坏都未经他们修葺过，他们还变本加厉反破坏了许多。

（八）党派之竞争

党派是预备竞争，自从新九月之后，左右的恐怖派，又得意极了，抬起头来。这一派为新七月党所仇视，故此只好投入巴倍夫（Babeuf）的党派，变作一种极端社会党，尽力的要社会党取得政权。他们在一个判提温（Pantheon）俱乐部聚会，是一个很有钱的雅科俾党人雷佩勒退（Félix Lepelletier）花钱供给费用的。巴倍夫常在俱乐部演讲社会革命，他们所主张的是一种大翻腾的计划，使国人共享欢乐，附和的人很不少。新十二月间警察的报告说：“党人的势力很膨胀最踊跃，入会的都是工匠们。”噶尔诺是最看不过的，责骂这个党派的行为，历时很久。鲁柏尔及巴刺斯始终不肯打散这种很危险的乱党。

这两个雅科俾党指挥所以不肯动手者，因为他们说宗社党又猖獗起来了。但是并不见得当时有什么宗社党起事的现象。此时法国的西边、南边及中央，原有许多盗贼之流滋事，都是借宗社党为名的，不过是借重宗社党三字掩饰他们的不法行为罢了。

（九）奥士在拉芬底

王弟达多亚伯爵（Comte d' Artois）忽然到了戴攸岛（Ile d' Yeu），原想有什么作为的，随后乘船又到英国，后来不敢再到西边来了，因为奥士正在西方安抚。这位将军是奉命去治共和国腹心的病，因为无人晓得治法，只好派他去。他到了，简直就用开刀割肉的法子。一七九五年三月间，先后克复两处地方，随后军事告终，就同拉芬底立约，任从他们奉教自由，同时又治疗疮痍，有许多宗社党毋论在巴黎或在外省的，暂时不望见有什么举动了，有许多是发誓不再干的了。又有大多数极盼望和平，并且说毋论那一方面同我们讲和，我们都是愿意的（这些人后来都投到拿破仑手里）。还有些人是习惯在指挥府之下过活，并无别的盼望，只有盼望重新选举。

但是这些余党凑拢起来，很能增加一个所谓反动党的势力，其实这一党应该称为恢复党。他们的意思是不打算牺牲一七八九年革命所得的利益，注意在重新建筑一七八九年以后全国之各种破坏；慢慢的破坏革命规制，恢复从前宗教，减轻惩办逋臣的严酷法律，整理财政，扫除政府的雅科俾党。这一个新党，毅然宣布他们的宪法宗旨及自由宗旨。这个新党很为指挥府的左党所痛恨，也为弑君党所痛恨，因为他们很晓得新党要驱逐他们。

（十）指挥府的政策

指挥府究竟有无自己的党派，一面可以挟持自己，一面可以反抗左党、右党及中党呢？他们始终结不成一个党。以政治而论，又无建设的能力。当时所谓指挥党，不过是一种的聚集。随后空斯通说出一个宗旨，说是休息是人人都该有的，但是幸福只配是共和党享受。试听多赍哈德（Treihard）对杜马所问："如何就可以称为好共和党？"他就答道："你走上演说台宣布，假使你当时也是国会的议员，你一定也投票赞成杀路易第十六，你就是一个好共和党。"这两句话就露出这一党的意思了。他们一发起就无领袖，又无办法，只管过活，只管解散，只管复合，时势及恐怖，逼他们走到那里就是那里。政府倚赖这一党维持，这一党却无实力维持本党，却每日被几十家报馆攻击。

指挥府同这一党是一样的，也毫无办法，向来不想到收买人心，向来不想法子把左党或右党的招引来麾下。他们惟一的思想，是专用粗野手段恐吓人。从巴剌斯眼中看来，全国是分作两大支军队；这种思想也太过，不成话了。他们的办法，就是从这一个思想发生的。指挥府自己当是被围的，其余都是围攻他们的，故此有时向此一方突出重围，有时向彼一方突出重围。指挥府晓得他们的党，在两院中是居少数，以为最妙方法莫如使全国骚动。到了选举的时候，他们就派员四出去指导选举，就动用秘密费（巴剌斯的记载是直认不讳的）。读者将来就读到，倘若一个法庭对待他们的仇人待得太宽，他们就把这个被告的仇人交到另一个法庭。麦林（杜亚）从前是阁员，随后当了指挥，就是指挥府拿主意的人。他曾说过一句极可怕的话道："执法是要受政治的理由支配的。”

若是政府专用压力，又贪赃，又横相干预司法，而国人不受他们的压制，就取消选举，若是立法机关得罪了他们，他们就用压力来杀他们。西耶士承认若是讲和，我们就要消灭了，故此他们始终坚持主战。这时候可怜这个法国，已经是土崩瓦解的了；指挥府却不管，只是用刚才所说的种种政策。

最不幸的是立法机关，因为议员们的声名扫地了，既不能制止扰乱秩序，又不能抵抗政府横行。国人看见立法机关所作的事，不是不成片段，就是毫无用处的，只好讥笑他们，不然，则隐忍受着。在国会的末日，饥荒更甚，议员们只要增加薪俸，从十八个利华加到三十六个利华。有一个早已说过，他们这一举是要损失名誉的。再过不久，纸币更加跌落，议员们却想出方法保护自己不吃亏。当下又预备修葺铺陈波旁宫（Patais - Bourbon），作五百个议员的住处，要铺陈到极其华美，过路的人看见了都啧有烦言。有一个警察报告说道：“有一个饥民看见了许多细石作叹一口气说道：‘可惜都是石头，不是面包!’”

所有一切这种举动，国人自然是看不起他们，后来就发生很重要的效果。两院同政府同是无能力救国，无能力建设。

（十一）军队之危机

惟有军队却为舆论所喜欢，日见其增加；凡是带兵的军长，各人有各人的计画，各有各党，各人衣袋里都有一个宪法，从皮士格律起，以至奥士，都是如此。皮士格律此时正在得了路易第十八的好处，设法帮助他。奥士都是个忠诚为国的，发表许多重新组织共和的理想，写了许多奇奇怪怪的信给他一位好朋友。这时候军队里有好几个胎里的满克（Monck）及恺撒，部下的兵卒们是很预备听他们军长的指领，兵丁们所说的话，是很可怕的。警察们听见他们说过："议员们都应该驱入一个树林里，然后放火，把树林连议员烧个清光！"

（十二）教士之危机

当时最可怕的，原是伏在军队里的危机，指挥府却不理会，他们所最怕的是教士们的危机。

过了几个月之后，有人对拿破仑说道："关于宗教，我们的革命是全无效果，国人还是回过头来崇奉天主教，我们将来不得不要求教王维持革命；借助于教士们，这就是要借重乡间的人，因为他们已经把宗教行政权握在他们的掌握中了。"奥士是很能记得当日在拉芬底所见的情形，也是存这样的意思。

现时是显然有天主教复活的情形；复活两个字用得不十分恰当，因为并未死过，不过是受了压制，此时是忽然炸裂。乡下人是因向来未断过愿意好牧师回来，要求他们回来。所谓遵守宪法规定的宗教的教士是居其极少数，不过专靠政府用压力维持，始能存在，即使有格里瓜那种样的最高的道德，有他那种毅力，也是无力补救。共和三年新二月规定政教分离的，就把这个宗教破坏了，及天主教复活，国人是偏重罗马式的天主教。大历史家奥拉德征引许多恢复宗教的证据。向来乡下人是不甚注意宗教的，上等人是不甚信教的，到了此时，上下人等都被宗教醉迷住了，自穷乡僻壤起，以至于学校，都是众口一词的，都主张宗教复活。

五大指挥看见这种宗教复活的举动，很不放心，尤其不放心的是勒微利。他当作是教主得胜，他最痛恨的是教王；他的同事们以为恢复宗教是复辟的先声，他们所最怕的原是复辟。故此指挥府就决计压制所谓宗教成见，要破坏教士们重露头角包揽教权。

指挥们决计的结果，就是忽起忽止的压制窘逼；有时用暴烈手段，有时用阴谋，有时用极无理的方法，有时在某处监禁一个教士，有时在某处把教堂的钟取下来。奥拉德写道："指挥府实在是想破坏天主教。"勒微利却要另用一种宗教替代天主教。他不惜用秘密费去提倡，他所喜欢的一种理想宗教，叫作慈善教，不久各教堂就发现这个奇怪新宗教的儿戏，随后谕令通国奉行一种旬日的教仪。最出力提倡这种教仪的是涅沙托（Neufchateau），他后来也作到指挥的，到了必要的时候，他也肯在教堂里主张行民法式及共和式的结婚礼。

格里瓜称呼这些礼节作滑稽戏；这种把戏，虽能令奉天主教的人心里极不安，却无人崇信。

（十三）国库空虚

五指挥还着急一件事，就是国库空虚。国人都不纳税。只好多发纸币，共和四年发出的是六万。三百万利华。这种纸币，自然是毫无信用。指挥就职的那一天，一个金路易（原值二十四利华）可以换三千四百纸利华，新十月十五，可以换四千纸利华，六个月之后，可以换一万二千纸利华。乡下人不肯用纸币，若是有人强逼他收用，他就答道："假使我的马肯吃纸币，我就收用。"政府反怪交易所操纵，派马队把交易所闭了。有一个外国人问法国人说道："你曾否见过马队可以维持信用的么？"这四年之间，我们很要注意政府如何对付财政竭蹶的问题。

此时众人都受其害，毋论是谁都没得钱。共和三年民穷财尽的情形是达到极点的了，再过一年更是不堪设想。我们现在翻开旧时的帐本一看，面包是六十个利华一磅，豆子是一千四百个利华一升（约合华量三合一勺），以为是荒唐话，付之一笑。我们的乃祖乃父在当日只有发愁的，是没得笑脸的。作者可以引五十封当日极凄楚的信，证明此时。当日的报告说道："满街上都是饿莩，鞋子是早已没得穿的了，衣服是破烂的，几乎不能蔽体，在街上拾泥或污秽东西，或在垃圾堆里找东西充饥。"

饥民只管这样挨饿，富人们是毫无怜悯的心。共和四年新十月二十五日，有一张报纸说道："时事把人心都烤干了；两院呀！指挥府呀！饥民们赤脚在湿地上走，两眼都看着你们！请你们首先赈济我们，还要求你们把道德给我们！"

读者不久就可以读到（见下文第四十五章）指挥府给所谓指挥会什么道德。

（十四）法国人道德之堕落

此时法国的道德是丧尽的了，并且无人能够振刷精神的，个个都是颓唐的。这是一个可怜的大法国。最后发现的事，最可怜的是此时无所谓舆论，只有一种坚实牢不可破的愤恨。恨的是指挥们，恨的是议员们，恨的是恐怖党，恨的是宗社党，恨的是富人，恨的是乱党，恨的是革命，恨的是反对革命。

作者可以引无限若干的凭据，证明指挥及议员们为国人所诅骂挖苦怨恨。

国人恨那些新发财的，简直是恨到要发狂了。他们喊道：

“毁灭君主、贵族等，有什么用处？既灭了君主、贵族，又生出议员、田主等出来，还不是同君主、贵族一样的吗！”他们只管叫喊，只管诅骂，也还不过是空喊一会，空骂一会，是毫无效果的。但是一旦巴倍夫提倡社会革命，或是宗社党的人用好言骗他们，说是复辟有多少好处，大喊大骂的饥民们都躲开了，人影都没得了。

（十五）民人之怠惰

国人此时都疲倦了，即使军队打大胜仗，也不能振刷他们的精神。军队里有许多逃兵，他们的措辞就是：“我们为什么去拼命呢？拼了命，也不过抢劫我们的人得了好处，好处是轮不到我们的，仍然还是叫我们挨饿。”人人都盼望太平，拿破仑坎坡-福米奥（Campe - Formio）的议和，最能得全国的人心，比在离伏里（Rivoli）讲和较为得法。总而言之：国人此时是悔祸到了极点，什么都不要了，荣耀也不要，自由也不要了。

当时无论什么报纸，什么警察报告，什么来往的私牍，都是众口一词说道：“人人都变怠惰了，毋论什么事都看得很平淡的了。”现在国人无力反抗指挥们之横行霸道，更无实力打倒他们，国人只好袖手等候吊民拯溺拯饥的人来。当时有一个外国驻使写道：“只要有一个雄才大略的人出现，国人都要全体一致的叩头欢迎这个人。”

法国此时是变作一片瓦砾场，什么都土崩瓦解了；所有一切什么党派，什么权力，什么国民代表，及宗教、财政、家庭、良心、道理，无一不是土崩瓦解的。最惨的是在这一片瓦砾场中，连最可宝贵的国性，也完全破坏无余了。

第四十章　巴剌斯巴倍夫拿破仑

（一七九五年九月至一七九六年五月）

（一）共和四年之勒借国债

指挥府就职之后，就任用阁员；所任的阁员之中，最可异的，就是麦林（杜亚）（Merlin of Douai）当司法总长，指挥们一派各部总长，立刻就为难起来了，因为无钱供给各部办事。读者记得上文说过，宪法规定，指挥无管理财政之权。指挥们把无款不能办公事的情形告诉了两院，两院经过几次正式手续，就议决通过，发给二千万利华作行政经费，却不交给指挥之手（可见得两院不甚相信指挥们），要直接交给各部。

既规定了行政经费，自然是先伸手去国库取钱，才晓得国库里是莫名一钱。然而此时要用六万万利华，从那里去找呢？只好向大财主勒借，就有纳税人全数中五分之一先受影响。因为要多少安慰受影响的人，故此稍示多少让步。外面看来，好像是略为采用民主制的理想，其实是因为有许多群众演说家大发反对议论。汾约要替他的计画辩护，无意中说出一句话，说是他的政策是为富室而发的。一七八九年的人，却曾经颁布过新制，最要紧的第一条就是民人纳税是一律平等的。汾约这一句话是发表在六年之后的。杜磐（内木尔）（Dupont of Nemours）就引这一条要例驳汾约，说他不是一个好共和党。有一位阁员向来是主张霸道的，赞美汾约这个政策，说是公道办法。群众看见暴发户要掏腰破财，自然是高兴的。空斯通却反对，说是这个办法不过是制造一类享受特别利益的人。作者很想全引空斯通信里的话，因为后来的事，很能证明他有先见之明。

两院很明白议员们不为舆论所归，不敢取消汾约的提议。这一个勒借的议案，是新十一月十七日通过五百人的议院，十九日通过元老院的。部左当时说过一句很要紧的话，众人都忘记了。他说道："我们若是把富人杀死，同时也就把贫民杀死了！"

不到几个星期，就证明部左这句话。有许多作小买卖的人说道："勒借也可以，我们不能不交，但是我们只好什么都卖光了！"于是货物堆积都卖不出去，工厂都关了门。小手艺家才觉得富人们不买什样家具了，就大骂勒捐的办法。乡下里小康人家，原是很维持革命的，无不人人发怒。有一个人写道："国人最痛恨的，就是这个指挥府，比恨罗伯斯庇尔的政府，利害得多。"

既已实行勒捐，却筹不足数。政府的预算是六万万利华，新三月初一日国库收到的是一千二百万利华，有现款，亦有重价之物，另外还有二万九千三百万纸币，却值不了多少钱，到底只得了二千万利华却把全国都毁了，这是指挥府第一步失策。

（二）地据借款

国用仍是不足，不得不设法另辟财源；然而因为勒捐已经把纸币弄到毫无价值了。政府于是妙想天开，创造一种地据借款，拿土地作抵押品，定出一种有定特别价值，作为担保品，是永远不能失信用的，把这种地据交给借主。但是纸币是已经用土地作抵押品的了，这种地据不过是一种特别纸币罢了，一发行就无信用，众人都问政府有什么方法，能免得地据不跌落同纸币一样的跌落呢？民间自然是不甚肯收受。这种特别纸币，发行不过几天，就跌落到原价的二六。不久又发几百万利华的纸币，民间更不胜其苦。

这两个财政计画，是大害于将来。

反对指挥府的人看见他们处境这么为难，起初不敢十分反对，这时候大胆反对了。

噶尔诺暗中鼓励他们反对，于是反对党就公然宣战。新十二月十九日，逢斯（Pons）（维丹 Verdun）送一个报告到五百人议院，提倡仍旧采用严厉法律对付逋臣。有一位议员反对，说是太不公道。议员们说他太过不顾名誉。他连等说他侮辱共和道德。但是霸栖洞格拉也出头反对这个提议，故此通过这个议案时，赞成的不过是少数。到了元老院，反对的是一百零一票，赞成的有八十六票，这个议案不能成立。但是右党的胜利，不过如此，他们要颁行宗教自由条例，却被人打倒，不能通过。新三月二十二日，禁止教堂不许打钟的条例，是通过了；赞成的票数却并不见多。维新党暂时先不计较，再过几月，再把这一个特别议案交选民解决。

（三）关闭判提温俱乐部

当下又要解决一个议案，最末后的两院投票情形，略为能使政府放心，晓得反对革命的人势力有限，于是用他们自以为绝妙轩轾政策，要给乱党一大打击。

判提温俱乐部，原是恐怖党及巴倍夫的徒党组织成的；这种俱乐部常常大声疾呼提倡社会革命。现时当指挥的以为这个俱乐部太过，不会使手段。

噶尔诺是最主张压倒乱党的，日怒一日，请同事们留意这种过激举动，又指明巴倍夫的徒党，已经钩通警察了。

一七九六年正月初三日，指挥府不敢公然直打左党，借口对付宗社党设立一个警察部。噶尔诺保举科春（Cochon）当部长，新部长用全力对付乱党，他的报告很能动指挥府。于是新二月初八日，拿破仑奉指挥之命，关闭判提温俱乐部。这个时候，他们又要用轩轾政策，同时也要把一个戏院（因为过于铺排宗社党举动）关闭了。又因为一个教堂，居然敢唱晚祷歌，也被关闭了。

巴倍夫暗中却得了巴剌斯许多鼓励的话，看见俱乐部被关闭，并不十分着急，每天都有他的人来报告说，如何同军队都串通好了，军人们常对巴倍夫的工人们说道：“你们不必害怕，军人不会反对你们的。”

社会党有了保障，于是很放心的推广他们的宣传；他们所办的国民报及平等报，极力攻击指挥及议员，说他们都是伪君子，必要用九月间乱杀的手段把他们杀个清光。另外还有两个社会党的报，连日登了许多社会革命的方法，答应把全国土地分给人民。其中有一个报，是张贴通衢的。凡是读这个报的人无不喝彩，喝得最热闹的，大多数都是工人。

（四）拘捕巴倍夫

当下这一党的纯粹雅科俾党人，并不注意于民众的欢乐同题，只注意于恢复权位，自行另外预备一种举动。他们这种举动是要执械的人，他们就去同格利则尔将军（Adjutant General Grisel）商量，晓得他是个纯粹共和党。格利则尔将军反去见噶尔诺告密，噶尔诺当巴剌斯不在场（噶尔诺的同事们都疑心巴尔剌），议决拘捕巴倍夫的党徒及恐怖党。新四月二十日，把他们都监禁了。

此时指挥府似是倾向右党，是不是也要把雅科俾党的新巢穴扫平了呢？

拿破仑却不在巴黎替他们办这件事，指挥府打破恐怖党阴谋的时候，是很放心的，因为是他们最喜欢的将军替指挥府立了大功，替他们增加多少荣誉。因为新四月二十日拿破乘胜预备入米兰城（Milan），昨天他还是一个不知名的人，今天却无人嘴里不说他的名字，起初不过是法国人闻他的名，后来是全个欧洲都知名了。

（五）军事

一七九五年春夏两季，军事还算是得手的，到了冬天，就很不好，要有如拿破仑这样的一个人出来振刷一番。

共和三年新三月十六日，普法两国立过和约，普国承认来因河左岸为法国地。日尔曼诸邦，同法国也定了办法。新四月二十一日，巴塔维亚共和国（Batavain Republic）抛弃在荷兰的来因河右岸，弃了夫拉醒（Flushing），正式承认在法国管辖之下。夏间西班牙也不战而退，把属地交与得胜者之手。

欧洲各国对待这几位忽然背信中变的王侯们很严厉，好在不过是空说严厉话。喀德邻第二说普鲁士王无信，立刻强逼奥大利动兵。奥帝立刻派军队至来因河。英国仇视法国有加无已。法国政府（此时仍是委员会当权）用闭关手段对付英国，封锁欧洲海口，最要的是封锁地中海各海口，不纳英国商船，因为要行封锁政策，既已吸收荷兰，就欢迎瑞典大使，同西班牙及意大利携手。

因为打过胜仗，军威是很震的。如耳洞是共和三年新八月二十日渡来因河，驱逐奥军至美因（Main）地方；皮士格律亦渡过来因河进兵，所向无阻。

共和四年九月初九日，国会未解散之先，很郑重的通过，绝对取比利时收入版图，正式宣布自然边界宗旨，称为立宪边界，这个宣布，简直的是一种永远宣战，至少也要有二十年的战争。

（六）攻打奥英两国的计画

读者已晓得指挥府有种种理由，不反对拖长战事，他们梦想要建开疆辟土的大功。法国向来是当奥国为最大的仇敌，二百多年来，法国的君臣都喜欢用旁击侧击的办法攻打属于奥国的意大利。这个时候，这个计画又露头了，共和四年就实行这个计画。他们以为出兵入意大利，就可以强逼佩蒙（Piedmont）讲和，把热那亚收为藩属，使两西西里（Sicily）岛守中立，就可以从奥国手中把波（Po）河两岸之地收过来，封锁全个意大利各海口，不纳英国商船。勒微利相信这样一举可以使教王让步。又有一层，若是得了意大利北方富庶之地，就有了财源，不必勒借民间了。

此外还有别的计画，除了断绝意大利各海口不纳英国商务之外，尤妙者莫如犯爱尔兰这一件事，就交付奥士将军去办。

（七）皮士格律之卖国

但是谁可以任征意大利呢？此时原有一位将官统带征意大利的军，惟是他逗留阿尔卑斯山不肯前进，但是此时非用旁击计策不可，不然，正面的攻击，恐怕不能成功。

皮士格律将军自从攻克曼亥谟（Mannhiem）之后，不晓得为什么动不得了；如耳洞正在竭力设法同他联成一气，若两军会合之后，就可以举兵向多脑（Danube）河恐吓奥国都城维也纳（Vienna）。但是皮士格律按兵不动，已经是坐失机宜，忽然莫名其妙任从敌军在海得尔堡（Heidelberg）打退他两支兵，纵令敌人两军会兵，声势复振。

于是有人弹劾他不胜任，其实是该劾他卖国的。皮士格律听了宗社党的话，要学度穆累，他这次的举动，有好几位历史家都详叙过。

他无故的退兵，被敌军所乘，共和四年新十二月初十日（即一七九六年十二月三十一日），与敌军立停战之约。在指挥府看来，是毫无道理。皮士格律一退，自然危及如耳洞，如耳洞也只好退兵。

政府以为皮士格律是偶然犯了什么糊涂病，并未怎样办他，不过派摩罗（Moreau）去接统他的来因河军队而已。这就是将来不久大举的枢纽。法国前进至多脑河与其他两军会师，直捣奥京，同时入犯意大利的大军从波河左右而进。噶尔诺称这个办法为大计画，于是第二次替法国组织得胜。

（八）拿破仑统带征意大利军队

当时原有一位将官统带南征意大利军队的，不过这一位将官是不甚知兵，不会得手，其余立过功的诸将，如奥士、如耳洞、摩罗等，都有了重大责任，指挥们要选派一个勇敢有为的将官，去统带阿尔卑斯山南的军队。他们此时已经在那里打算盘，此役若是得胜，最少也可以掳得几百万的现款。他们要选派一个将官，既要这个将官靠得住不染指，又要他肯昧着良心掳略敲诈，以实国库。还要这个对付得了的王侯，对付得了大教士们，是以这个人，一定要在雅科俾党里挑选的。最后一着，是这一个人若是得了胜仗，就不难飞扬跋扈，不听政府调度，却又不好，是以一定要找一个是政府的私人。噶尔诺要的是一个火气最猛烈的骁将，鲁柏尔要的是一个听调度的人，却是这五个大指挥，人人都想到拿破仑。不到一年，这五个大指挥个个都要居功，自夸有知人之胆。

这一位军官原是在巴黎帮助过他们的，是以他们都晓得他，却都同他不想熟，因为他同波哈内子爵夫人（Vicomtesse de Beauharnais）来往得很密，故此更同巴剌斯亲密。拿破仑很恋爱这位子爵夫人，却背地里很被人笑话，因为许多人都晓得这位美貌夫人的行为。这位夫人性情是好的，没得什么知识，道德是不讲的，惟是面貌态度却真能迷人。当时约瑟芬的大客厅中常来聚集的，都是一班打扮得极漂亮的轻佻浮荡的人，拿破仑却是个小矮子，脸色黑黄，满头乱发，又穿得极不漂亮，态度是很粗鲁，但是心地行为，却是洁白的，混在这个社会中，真是很反常，很不配。巴剌斯并非是无知无识的，有时看人料事，都是很糊涂的，以为拿破仑是个彻底的真共和党，就当他是个傻子。有许多人说拿破仑因为要谋当南征意大利的总司令，意在必得，故此不惜同巴剌斯抛弃的所爱结婚。这是诬蔑拿破仑的话，其实是约瑟芬很能迷住拿破仑，拿破仑恋爱约瑟芬是如疯如狂的，故此同她结婚的。只有巴剌斯造这种谣言，作者实在是找不着什么痕迹。更有一层，保举拿破仑统领南征大军的原是噶尔诺。勒微利告诉我们，诸同事都以为然的。新二月初八日，拿破仑奉任命的翌日，杜磐（内木尔）写信给鲁柏尔说道："我几乎不能相信你们会作这样的错事。……难道你们不晓得他是一个科西坎岛的人么？……这个岛的人，个个都是要发财的。"

惟有这一个科西坎岛的人，却被巴剌斯看错了。作者将于另一册详论拿破仑如何费了许多苦心苦力，预备立功扬名，及其如何善用其才力以达目的（此时指作者所著之第二册接续此时代之历史，原注）。但是读者已略为窥见这满头的乱发，盖住一个有奇才异能的脑海，这个短小身材，却藏了极大的烈火。巴剌斯自以为狡猾，却错看了这一个拿破仑。

（九）拿破仑结婚

拿破仑同约瑟芬结婚，是在新二月十七日，不过只享了两天新婚的欢乐。他一面为爱情所缠，却不忘他远大的前程。二十二日，他就起程赴前敌。拿破仑走的时候，巴剌斯很有点看不起他。他这时候的容貌的确是不能动人，他这时候面有倦容，有许多人以为他是个快要死的人。他穿的衣服又过于残旧，闭口不言，目无光彩，实在是令人看不起他。

指挥府对于拿破仑原来并无什么奢望，虽然盼望胜仗，只要得了不要紧的小胜利，也就满意了，谁知他们都料不着。

第四十一章　拿破仑登场

（一七九六年五月至一七九七年三月）

（一）佩蒙之战

“军人们呀！你们在两个星期之内，打了六个胜仗，夺了二十一面大旗，五十五尊大炮，好几处的有炮台守护的城市，把佩蒙最富厚的地方都征服了；你们获了一万五千俘虏，敌军的死伤有一万人。……然而军人们呀！你们并不算办了什么事，你们还要办许多事呀！”这就是新四月初六日（即四月二十六日）拿破仑犒军的演说。

他果然是到了，看见了，征服了（这三句话是古时罗马大将恺撒报捷最简单的话，译者注）。读者不要盼望作者详述这一次很有名的战事的情形，作者只好略为说几句。这一位短小总司令，这一位藐小算学家（拿破仑在陆军学校时以善算冠其曹，译者注），只要略使些眼色，部下的军官就踊跃用命（他的部将马塞那 Massena 尝承认一见拿破仑使眼色是会害怕的）。他驱逐三万六千人去当奥国及佩蒙军七万人，指意大利给他们看，告诉他们，这是极富厚的地方！他领军越过意大利有名的亚平宁（Apennines）山，极其神速。四月十二日，他的部将奥日洛（Augereau）攻奥军于蒙特诺突（Montenotte）。十五日，又命马塞那及拉阿普（Laharpe）攻奥军于得哥（Dego）。十四日，是奥日洛攻奥军于密雷栖摩（Millesimo）。于是把敌军两大支冲开，使其不能相顾，追逐其中坚，于是奥军败退，佩蒙被围。二十三日，大败敌军，法军乘胜，直捣佩蒙都城。不过十日之间，逼令佩蒙王为城下之盟，交出多处炮台，拱手以其国交与拿破仑，伦巴底（Lombardy）开城迎降，及签定和约之后，法国得了两省地方。四月二十六日，拿破仑犒军演说，就是指这件事。

拿破仑此时真是一鸣惊人，一飞冲天，从此以后，不能不任他飞扬了。他对军士们说道："你们并未作什么事，以后要作的事还多呢！"这两句话他并不是对部下说，实在是对自己说的。

他得胜之后，决计要渡过波河，当下他果然在匹阿森扎（Piacenza）渡河，把奥国大将标力（Beaulieu）逐至亚达（Adda）之后，曾在罗地桥（Bridge of Lodi）大战。这一战，是法国历史及战史上最出名的，他在此一战很显出他是谋勇兼优的大将。他过桥的时候，是在枪林弹雨中身先士卒，有一会子，他自己的军队阵脚有点不固，他自己奋勇当先，鼓励士卒，直冲敌军，敌军溃败，这是一七九六年五月初七日的事。

（二）征服伦巴底

四日之间，征服伦马底，五月十五日，入米兰城。当时军容之盛，真是如火如荼的。读者要看索勒尔的大著作，才能领略当时的情形。试听他此时的露布，这一次却不是对自己的军队说的，是对普天之下的民族说的。他的露布说道："意大利人呀！

法国的军队把拘锁你们锁链打断了！你们可以自由了！法国人是天下各国人的朋友。你们出来欢迎我们呀！……”他的眼光已经看透后来了，他自命为解放民族的人，自命为恢复民族自由的人，看他五月十五日的露布，就晓得他确有这种意思了。

欧洲各国看见忽然出一颗大明星，不久就改换欧洲面目。是非常之诧异。

尤为惊异的，还是那五位大指挥。他们原以为不过放一饿鹰替他们擒几只小鸟小兔，回来给他们吃，不料他一飞冲天，在他们头上。此时指挥们又高兴，又惊惧，同时拿破仑屡次告捷的军书都说解送若干百万的现币交政府。

（三）指挥府的金库充盈

此时指挥府是莫名一钱，天天盼望有钱到手，有了还望来得更多。当下拿破仑在米兰颁布告条，与民更始，给民人以自由及宗教自由。其时指挥们写信向拿破仑道：“罗勒托的圣库（Casa Sants of Loretto）堆积了一千五百年来迷信宗教人所捐的巨款，据说约值一千万利华现金，贵将军能否掳来；这是绝妙的筹款办法，除了几个老和尚吃点亏之外，是并无他人吃亏的，何妨把这一宗大款取来呢！”

其实拿破仑是陆续不停的解款到巴黎，读此时拿破仑致指挥府的书，就好像读小说所讲的发露大金矿，是取之不尽，用之不竭的。指挥们得了许多钱，少不免要恭维拿破仑几句，回信总称他是法国全国的第一个大英雄。

拿破仑诚然是法国的英雄，这不是看金钱面上说的话，是指他替法国增加多少荣耀的话。他四月间的大胜仗，国人都是很恭维他，谈起来是津津有味的，罗地桥之役，尤为国人所乐道。警察们看见群众久已颓丧到不堪的了，此时忽然都振刷起来，也觉得很诧异。国人原盼望他大捷之后，就主张和平，故此十分得意，人人都恭维约瑟芬，甚至称她为战胜的我后。巴黎人此时看拿破仑如同天上人，对于这位英雄，都存了很奇怪很特别的诚恳感情，是异常之爱戴，始终不衰的。

（四）指挥之丧失名誉

过了不久，指挥们不得不跟随民意走，却又无法制止这位英雄，只好一味的恭维他。说道："指挥府极信用你，你屡次立战功，是该享政府信用的，共和国很感谢你屡次解巨款来，很晓得你不独注意于国家的荣耀，且注意于国库的情形。"这种恭维的信，还有几十封，留传至今。共和四年新五月间举行庆贺战胜的那一天，指挥们居然大胆在冠上插鹰羽。

这却是一个要点，因为国人很厌恶指挥府，指挥们不得不大出风头，炫耀国人的耳目。选举的情形，此时大不利于指挥府。

因为巴倍夫创乱的事，惹起反动的旧病复发。新八月二十三晚上，巴倍夫党激动格勒涅尔（Crenelle）营房的军队起事，攻打政府。国人晓得了很激动。原来当天晚上十一点钟，巴倍夫党看见指挥府禁卫森严，无从下手，只好带了六七百人直趋格勒涅尔营房。有一位军官开一排枪打他们，把滋事的人围住了，捉了一百三十三个人。

于是人民大吵说道："此后那个还敢主张忘记旧恶，宽贷暴徒，咸令维新的话。这些暴徒是不停的阴谋起事，他们如同是毒蛇，只要活着，就能毒人，非把毒蛇打死不可。"政府只好开军事法庭，一连审迅了几天自新八月二十七日至新九月初六日，一共定了八十八个滋事的罪人。其中有三十一个是定的死罪。这三十一个定死罪者之中，有三个是上届国会的议员。当下在文多美（Vendôme）狱里监禁，巴倍夫等比从前更加严酷，等到共和五年新五月间，审过之后，再定了死罪。

五指挥被这件事吓倒了，内幕就不和起来。鲁柏尔因为这次的反动更害怕，同巴剌斯更亲近。勒微利起初附这边，随后又附那边。是以指挥府此时的政策，是纷乱极了。一七九六年十二月初五日，杜磐写道："政府今天免了一个雅科俾党的职，明天又任用一个更可怕的雅科俾党。"当下群众诅骂这个政府，日甚一日。

此时指挥府已丧失了名誉，两院的胆子就慢慢的变大了。在两院里头，反动的感觉是日见其盛。新四月十七日，元老院有人提议恢复窘迫天主教教士的条例，波他利（Portalis）演说，反对坚持宗教自由，随后居然把宗教议案取消。他当时大声疾呼道："此何时耶？整理教务还来不及，还能主张破坏耶！"这两句原是无甚大关系的话，却能表明当时的民情是的确如此。因为初十日有一个报告说道："两院此时破除党见，很恭维波他利所说的话。"

（五）阴谋及抵抗的阴谋

右党原有多少希望可以把指挥府赢过来。有杜马等几个人同指挥府来往得很密，指挥府是毫无服从让步之意。然而既是政府很怕不好的选举，于是四面八方的打听，看有什么阴谋。凡是政府快遇着选举的时候，都很喜欢用这种手段的。那些冥顽不灵的宗社党，又给指挥府一个把柄，使他们有所借口。

新正月十一日，有三个路易第十八的私人，阴谋害国，被捕了。这三个都是很不相干的人，但是在他们身上却搜出有路易第十八授权的真实凭据。这三个人曾经劝过两个军官同谋起事，因为要引诱这两个军官，就把路易第十八的授权凭据给他们看，又拿出了一张单子，列了好几个两院议员的名姓，说是这些人都是已经说好的了，同谋起事。其实是并无其事。有一位军官毫不迟疑，立刻拘住这三个人。

前有巴倍夫的阴谋，此时又有宗社党的阴谋，政府是高兴极了。巴剌斯所处的地位，本来是已经很有摇动，有了这个阴谋，他的地位又牢固了，于是到处播扬，惟恐国人不知。有许多人以为是政府特为造出来的。又有人说："不过都是不相干的人，要出不相干的风头。"然而舆论是激烈的，主张反动，凡是巴倍夫党及宗社党都很受恐慌，就联合起来，共谋反对政府。到了一七九七年春间选举的时期，指挥极为舆情所反对，比意大利军务未起之前还利害得多。

（六）意大利之大捷

当下在意国的法军是屡战屡胜，真是所向无敌，拿破仑的势力布满意大利。五月二十五日，巴费亚（Pavia）起事，被他打倒了，进攻奥军，追亡逐北，至提罗尔（Tyrol）大山，克威尼西亚（Venetia）三处要塞，进围孟都亚（Mantua），意大利只余此一城，为奥帝坚守。

拿破仑此时是意大利全境的惟一主人翁，受全国的王侯朝见，一面责交赎款，自然是能使指挥府诸事无不满意。他想得很周到。还要赠五指挥几匹骏马，替代他们驾大辂的下驷。此时他的威望，是大极了，他解款供给政府就同赈济饥荒一样，任意掳掠。意大利有两处的公爵，花钱求和，一个是花二百万利华，一个要花一千万利华。他的部将缪拉的胆子是大极了，派兵到海口抢了许多英国人的货物，共值一千二百万利华。拿破仑又强逼那不勒斯（Naples），改共和制，声威从此更大。随后他军队到了罗马附近，强逼教王纳款求和，此时的声威更了不得，全个意大利都匍匐在他脚下。

（七）一七九六年日耳曼战事

当是时如耳洞重整师旅之后，带着克雷贝尔（Kléber）及马索（Mareeau）两部将渡来因河。克雷贝耳两次获胜。马索进围马因斯。如耳洞由是到了美因，驱逐敌军，乘胜而前，攻下城邑，离奥国都城不过数日程。

马索亦屡战屡胜，打散日耳曼诸邦同盟。日耳曼此时也快到屈伏的时候，与意大利同。

拿破仑在意大利是所向无前的，并无一个敌手同他争名的。法国大将在日耳曼用兵的，却遇着一个敌手了。查理大公（Archduke Charles）年才二十六岁，此时初露头角，惟有这一位少年军官，可以算作法国当时的名将敌手，他一出马，就显出他的韬略。八月十六日，击败伯纳佗特（Bernadotte）贯串法国两大军的军队。查理大公此捷，截断法国两大军，使其彼此不能相顾，于是乘胜击退如耳洞。随后于九月初三日，又与如耳洞相遇，法军以三万人与奥军六万人相持竟日，法军不能支，退至来因河，又为查理大公所击破。马索阵亡，此时不过二十七岁。法军败退，亚尔萨斯几乎不复能成军。当下摩罗在危急中，情见势拙，不能不退，而退师极整，为知兵者所称赞，又连战皆捷，退归法境。

（八）拿破仑在意大利之战功

同拿破仑争名的法国诸将，虽遭挫折，拿破仑却威名日盛。一七九六年自八月至十一月，他一连几个月是无战不胜的，奥国大将服谟则（Wurmser）统带七万人来解孟都亚之围。未到猝为拿破仑所乘，部将战败。其后服谟则又为拿破仑所败，退守阿的治（Upper Adige），法军又击其部将，两次获胜，取其城邑。服谟则复来又败，九月初七日则大败，入孟都亚死守，十战而奥军死伤殆尽，不复能成军。当是时法军在日耳曼境内者，已被查理大公击退，奥军得以乘胜赴援，于是奥尔焚齐（Alvinczi）将五万人来攻，拿破仑在阿柯拉（Arcola）卑洼之地，法奥两军，连战三日，拿破仑与罗地血战一样，身先士卒，冲锋陷阵，奋不顾身，遂于第三日击退奥军，此时是十一月十七日。一七九七年正月，奥尔焚齐又将七万人来攻，法军见了，并不算事。这个时候，从士卒眼中看拿破仑是个不倒翁，是绝不会败的，士卒们相信拿破仑是百战百胜的，又相信他的命运好。正月十二日，在离伏里（Rivoli）地方决战，有一会子，部将朱伯尔（Joubert）的阵势有点不稳，拿破仑驰往救援，十四日再战，把敌军都扫荡了，敌军溃散。二月二十日，孟都亚开城迎降。不过几个月间，拿破仑两次血战，又比在罗地血战时候声名更大得多了。

法国军队有这样一位无与伦比的大将指挥，变成最能战的军队。当离伏里苦战时，部将拉萨尔（Lassalle）曾经东冲西突的，一连四点钟，未尝稍歇，其后实在是倦极了，脸无血色，站在夺来敌八军旗的堆旁。这时候拉萨尔不过二十岁。拿破仑指着旗堆对拉萨尔说道："拉萨尔！请你躺在旗堆上。这一堆旗子，只有你一个人才配躺在上头！"过了一年之后，不独拉萨尔一个人可以躺在夺得敌人的军旗堆上；连全军的人都配躺在旗上的了！

指挥府虽被国人攻击，因为法军在意大利屡获胜仗，把在日耳曼境内的败仗看得很轻，对于外交的态度是异常强硬，因为法国于八月初五日同普国立了条约。十九日同西班牙立了条约之后，更为强硬，因为同西班牙同盟，赠西班牙以法国海军上将。于是法国成为英国的劲敌。英国装作也要同法国立和约的样子，起首要同法国开谈判，法国很骄傲的拒绝了。英国在三个月之内，很要想方法，要开谈判，后来也不干了。英国的手段要得很得法，一七九七年正月奥士试在爱尔兰登岸，却不能成功。此时机会已是错过了，好像是诸事都要拿破仑成功，其余别的人大约都是失败的。

（九）拿破仑愿意讲和

拿破仑也决意讲和，时机是最好的。俄女帝喀德邻第二正在练好哥萨克的军队（Cossacks），已想在欧洲争雄，不料于一七九六年十一月十七日死了。继位俄帝是保罗（Czar Paul）有点神经病，很同鲁普士要好，写信给奥帝说道："同盟是解散了！"有一位大官从奥京写道："我们的恶运是到了极点了！"因为此时他听说俄女主快要死了，自从离伏里一败之后，他们的运气的确是很不佳。孟都亚开城迎降的时候，英国也想退步的了，奥国才明白过来，他们的得意日子是过去了。拿破仑深晓得他们是精疲力竭的了，就决意同他们讲和，却是要照他的意思办。

（十）议和

自从一年以来，拿破仑是一面打仗，一面同敌人立约。这时候他碰着通个欧洲最善办外交的政府，就是教王的政府，拿破仑同这一群大主教们办外交，很显露他能办事的才具，恐吓劝诱的各种手段，都用到了，迷人的本事是很有，狡谲手段也很有。他本来的意思，是并不愿意推倒教王的，但是嘴里却时时的恐吓要牺牲教王，教王的外交官只好事事让步。庇护第六（Pius Ⅵ）只好让出所管地方及亚威农等处地方让给法国，另外还要致送值一千五百万利华的贵重宝物，从王宫的石像起到教堂里所用的金银器具都有。拿破仑同教王大使们议约的时候，手段要得极好，好像是在戏台演戏。他有时候演的是惨剧，有时候演的是喜剧，或是爱情戏，把教王剥脱得很精光，然而大使们还是很感激他的。他走过一次这条路，立了标记，将来有一日，他还要走这条路的。

但是二月初三日，指挥有信给拿破仑说得很婉转的（现在变了一封很出名的信），劝拿破仑前赴罗马，吹灭那一个迷信大火，把信后又加一句说道："指挥府有这样的想望。"

指挥府的态度原来是这样的，他们看见拿破仑的声威日大一日，他们就日怕一日，他们还在暗中用手段要分拿破仑的权。当他入米兰之后，就派刻勒曼去分统他的军队。去同教王立约之先，又派葛拉克（Clake）去分他的兵柄。拿破仑是极其镇静的，不动声色，只请解除兵柄。指挥们没奈何他，只好随他自由行动。

拿破仑此时要预备大举，他以为是在所必要的，法国舆论是很想望同奥国讲和，拿破仑要强逼奥国讲和。惟是奥国此时虽然兵败分裂，是绝不肯让出比利时，伦巴底及来因河左岸诸邦的；况且查理大公新近屡次告捷，更不肯承认一个新造的共和国与他比肩，或者还不肯承认有共和国存在。况且这个共和国把他们的公主杀了，若是要奥国就范，除非是给他好些好处，饱他的欲壑，还要使他们骄蹇性得以满意。

（十一）拿破仑与奥国讲和

拿破仑是一个实行家，很晓得奥国的性情，他的意思，是所有战胜得来的土地是一寸都不能让的，但是他也同欧洲的政治家一样，能掩住良心，什么都可作得出的，慷他人之慨，把别人的东西分给奥国，奥国也就可以满意，不说话了。这个六月里头，拿破仑就两眼看紧了威尼斯，倘若他能够把威尼斯打服了，就把威尼斯交给奥国，就可以安慰他了。现在未到这个地步，只管拖长时日，同奥国讲和，那怕议不成，也只好暂时的先敷衍奥国。

他一面设法要取到这一件大礼物，一面且恐吓奥国，他同教王立过约之后，就向北方走。查理大公已在北方等候多时了，他先玉帛而后干戈，先派人去同大公讲和。

这时候奥国是腹背受敌，奥士接统如耳洞驻扎来因河的军队，一七九七年四月渡河，打几个胜仗，杀敌八千人，夺了几面军旗及六十尊大炮。当下摩罗也打一个胜仗，经过大黑林（Black Forest）向多脑河上游而进。

查理大公奉命离开多脑河南下，去抗住拿破仑。这时候那里有人能够拦阻他呢？拿破仑自然是不肯让奥士及摩罗先入维也纳的，带了五万三千人攻破几处地方。马塞那（Masséna）及朱伯尔已经先据几处险要，拿破仑就长驱直入奥国，离维也纳四百余里，暂停前进。这时候他才派人同奥国讲和，奥国也很愿意讲和。四月十三日，奥国派钦使到拿破仑驻兵的地方开议，十八日，拿破仑就提议拿威尼斯作议和的基础，奥国使臣承纳。

（十二）拿破仑以威尼斯给奥国

指挥府也是同欧洲各国政府一样，也是不问良心的，见得把威尼斯交给奥国，是并无什么为难，只怕两院不以为然。此时两院的自由党（即维新党）很有势力，读到下文就明白了。他们却反对拿破仑逼压噶尔诺，噶尔诺不肯把威尼斯交给奥国作这种没良心的事。指挥府不答应拿破仑这个办法，拿破仑只好还是用他惟一的妙法，就请解兵柄。他写道："我当文官也是很纯粹单简的，同我当武官一样！"指挥听了他这句当文官的话，吓了一惊，毛骨悚然，只好让拿破仑喜欢怎么办就怎么办。威尼斯已经陷入危境了，却还不知死活，自速其亡。四月十七日，留驻威尼斯味罗那（Verona）城的法国兵，被当地的人民出其不意的杀死了，法国自然是不肯干休的。拿破仑得了这个好机会，立刻进兵，三月十二日，法军入威尼斯。此时是礼物已经到了手，就催促同奥国议条款。他一面敷衍奥国，一面又恐吓奥国，已经有一个月了。五月三十一日他写信给巴黎说道："拿威尼斯当来因河的代价，和议似乎一定可以成功的了。"

不料正在这个时候，忽然出了一件极重要的事，是指挥时代最重要的一件内事。作者只好撇开战地，回头到巴黎，细说指挥府同两院预备开战的情形。

第四十二章　两院与指挥府之争

（一七九七年三月至八月）

（一）共和五年新三月之选举

新二月间，差不多人人都看得出新三月间的选举，政府是要失败的。审判巴倍夫党这一件事，尤其不能令反动党满意，且令该党有证实害怕的理由，更增加该党的势力。随后审判宗社党，不能拦阻反动党增加势力。

指挥府是用了许多方法（皆为两院所阻），要塞住所谓宗社党的选民的嘴，也无成效。

其实所谓宗社党选民，并不是宗社党，他们的惟一希望的是自由，而以宗教自由为尤要。在乡间选举，乡下人先要问一句话，问将来能否敲钟？乡民居然拿这种小问题作选举的趋向，可见得他们是很注意这种小事的。听了这种话，不能不令人心动，所问的虽不过是敲钟，其意就是要信教自由，行教自由，共和五年的选举，选民们并不问预备应选的人是个共和党，抑或是个宗社党，只要应选的人答应他们可以敲钟，答应他们牧师可以回来，他们就选这个人。当时有几个宗社党，因为选民当他是诚实人，被选作议员，却实有其事。若是说全国所举的，或意中所想举的，都是宗社党，却是与事实不符。国人大概目的，是驱逐雅科俾私党；所有旧国会的议会，按三分之一的规定，要重新再选的，几乎都选不上。原有二百十六人要先出院，再请选举的，有二百零五个人都落选。立宪党都要求驱逐这群坏种。

据事实而言，共和五年新三月的选举，是很出乎意料之外的。以巴黎而论，许多人以为被选的是宗社党，其实只有一个是当路易第十六时候当过阁臣的。其余他们所引证的，只有里昂所举的几个，内中有一个是路易第十八的私人。布罗温斯所举的尉罗特将军（General Willot），是与白色恐怖有关系的。惟是这些宗社党是该除外，又当别论的。作者上文已经说过（皮士格律与路易第十八之关系，有仇人及朋友皆不知，不算在内）。新选的二百零五个议员，大多数都是维新及守旧的市侩。其中有一个名约旦（Gamille Jordan），就是一个好榜样。当日波尔多地方举他，原要他实行恢复宗教，都要拿自由分离作根柢。所有新举的议员，都是维持宪法的，这是众人所承认的。当时的警察报告说道："新选的三分之一的议员，用意都是纯粹的，与维持宪法的人一致。"

况且在新选的大多数之中，另有一党，能够有势力可以使宗社党动不得。这一党里头，就有提波多（Thibaudeau）及霸栖洞格拉等，都是要有一个较为有美德的政府。不过这种要求，似乎并不过分，其实已经过分了。

（二）新的大多数

以事实而论，这个新的大多数之间，亦有各派之不同。趋势亦各有不同，从主张君主立宪以至于共和立宪，逐层递变，有深浅浓淡之不同。这各派之中，和平的也有，是以常常冲突。右党的议员，始终不能成为一个能一致的坚实团体，专心实行一定的规画。因是虽有大多数，而往往为敢于冒险之少数所侵犯。有一个议员说道："稳健派往往阻碍大多数党进行。"惟是杜马等则谓活泼派不欢迎他们的提议。皮士格律的日记说道："妒忌竞争多，而真诚合作少。"他们向来是不能完全一致的，一直等到后来政府把宗社党及共和党（即是稳健派及活泼派政客）关在铁笼里，送去当苦工，他们才能一致。

其实是政府很厌恶他们，指挥只要晓得他们立意要自杀，就不去理会他们。究竟是某甲抑或是某乙要破坏共和，或是要维持共和，政府既无解散两院之权，只有拘捕他们，或把他们远贬于国外而已。新六月间，有一个人写道："指挥府不能同两院携手合作，只有阴谋害他们，或是服从他们，或是归于消灭。"议员们既为宪法所束缚，指挥府却不受宪法束缚，明眼人却看得很清楚的。两院与指挥府之决斗，既不能相等，又不是无胜负的。有一次斯塔厄尔夫人（Mme. de Staël）对杜马说笑话道："你为什么搅起满天尘土？"夫人这时候是投入指挥党了。杜马却答得很妙，说道："搅起尘土，总比弄到那里都是烂泥好得多。"

（三）巴退尔米被选作指挥

两院是一七九七年五月二十一日开会，选了巴贝马霸（Berbe Marbois）当元老院长，皮士格律当五百议员院院长。利托尼（Letourneur）原是个指挥，此时落选（有人疑心是巴剌斯的手段）。两院选派巴退尔米侯爵（Marquis de Bethélemy）补他的指挥缺，表示他们主张和平是无疑的了。这个人曾经预拟巴塞尔（Basle）条约的。在噶尔诺的意思，原望他的朋友科春入指挥府，帮他的忙。这个人虽是个弑君党，却是一个很悔祸的，又是一个有毅力的人。因为右党反对他，噶尔诺因此不甚肯出力。但是有人看见过巴退尔米办事的，很晓得他并不能十分替新选的三分之一议员们出力。总而言之：在指挥府里，新大多数的指挥府代表却居了少数，噶尔诺是个真诚共和党，不见得一定维持他们。巴退尔米是个无甚才具的人，又过于怯懦。

当下两院就要宣战。新五月初七，有一位新选的议员对穆利勒（Gilbert Desmoliéres）就要政府报帐，人人都晓得拿破仑解了千百万的款子给政府，议员们要晓得这千百万的款子，是怎么样用的。财政股就派对穆利勒报告情形，他于是直接弹劾政府滥用公款。新五月三十日，通过一个议案，很掣指挥府的肘。元老院虽然加以修改，使较为和缓，却定为条例，指挥府很觉得麻烦。鲁柏尔及巴剌斯两指挥很不愿意两院限制他们动用公款，很发怒。

勒微利则对于宗教举动亦大发怒。新五月初四日，有一个议员要求派委员修改宗教礼拜条例，果然派了若干名委员，约旦被举作委员长。众院一面等候委员长的报告，一面要求指挥们立刻释放被监禁的教士。

（四）约旦之报告

二十九日，约旦递报告，其中有四条提议，我们今日在事过百余年之后，看来是算不了什么。

这四条是：一、凡是信教的人，可以任意选择合于己意的教士。二、凡是教士不必宣誓，得自由辨公。三、教堂可以鸣钟。四、毋论何教，皆应准其自设坟地。这四项原是不过实行分离，但是以当时的情形而论，毋论维持天主教的，抑或反对的，都以为是实行恢复宗教。

雅科俾党的各报，于是齐声吵闹，所有旧时反对宗教的发酵物，又胀发起来。国民之左报首先大喊，说是从前的教祸，又要发作了！所有这一张的论说，都是引及从前教祸的故事。当时读报的人，读报纸所引的旧事，却并不十分动心；惟是报纸的议论，常常提及教产，读报的人就不能不关心。因为报纸很论及这些迷信宗教的狂人，一旦恢复原状，现时执有宗教产业的人，是要大受其害的。

然而舆论却是主张维持天主教的，颇有势力。共和四年，在巴黎一隅而论，发还教堂的数目，从十五处增至四十处。指挥府派人用麻烦手段，阻止这种举动，但是教士们不怕麻烦。共和五年新七月初六日，有一张宗教报宣布三万一千二百一十四间教堂，已经恢复公众礼拜仪式，现在有四千五百一十一间，也要请准一律照样恢复举行。这是当时的普通举动，同时发生的，并且日见其推广。普鲁士驻使写信回国说道："此时法国的宗教渴，为向来所未有。"此时乡下的小教堂，处处鸣钟了。

新六月二十日，众议院开始讨论约旦的报告。这是一个正经实在问题，到了解决的时候了。这是千百年留传下来的。宗教是否可以任其恢复权力呢？当时反对天主教的哲学家及政客都深信不疑，若是恢复这个宗教的自由，即是恢复宗教极重大的主权。

（五）我们祖先们的奉教

放第一响枪的人，却不是个哲学家，是个军人。如耳洞将军演说一番，发表军人一方面的意见；军人们最恨的是假信仰，假道德，比什么人都利害。如耳洞大骂教士，因为他们在拉芬底极反对共和国的军人。有一位极右端的议员很激烈的反对，他说道："毋论你怎么样不停口的称赞我们祖先所崇奉的宗教，你永远不能把他们的无理信仰，愚呆的成见，及如疯如狂的迷信，叫我们照行，你是永远作不到的。"他这几句侮辱的话，激动大多数的人如狂的发怒。但是又有一个新选的议员，将来是左党的领袖之一，发了许多更激烈的议论，反对教士。他说道："一旦免了教士们发誓，他们立刻恢复旧时的大小教区，重新劝人入教，必要用尽他们的力量恢复教产，打倒变卖教产的共和制。"他所说最重要的理由，是共和国现在正是要打倒教王，教王是我们的外国仇敌，恢复宗教，即是把共和国献与教王手中。

路瓦耶·科拉尔（Boyer－Collard）及霸栖洞格拉等用极动听的话演说一番，赞成约旦的结论。路瓦耶科拉尔说道："我们要公道，再要的也是公道，最后及永远要的也是公道。"此等守旧派的市侩们之中，颇有好几个哲学派政客，都发生一种感情。一到投票表决时，维持宣誓的是二百十票，反对的是二百零四票，但是惩罚的条例，却取消了。这是五百议员的通过案，交到元老院时，元老院通过定为条例。（新八月初十日事。）

这个解决，是一极重要的事。作者深信此案关于后来诸事都有极重要的关系，发生极重要的效果。勒微利原是很想附和鲁柏尔及巴剌斯，把所有新选的议员列在罪魁单里，他是很不以新八月十八的事为然的。

（六）免反动派阁员之职

他看见大多数议员决计要恢复天主教，他才肯作三大首领之一的。此时三大首领要出场决斗了。读者试比较日期，五百议员投票表决是在二十七日，到了二十八日就免了反动派阁员之职，作大变政的先声。勒微利要因此打倒约旦及教王庇护第六。

巴剌斯早已有意打倒两院，两院也想打倒巴剌斯，却是手段来得不如他那样的坚决，或者是因为巴剌斯晓得有办法，他的仇敌却看不到。巴剌斯的办法，就是利用军队。这两方面起首较量，关于阁员的问题，就争斗得很利害。阁员之中，有四个是雅科俾党，有两个是吸受许多新精神。两院是要指挥府免了四个雅科俾党的阁员之职。噶尔诺在指挥府是帮助反对派的。鲁柏尔说立法机关这种举动是违反宪法。三大首领不答应，于是变守为攻，强逼非雅科俾党的两个阁员辞职。

（七）奥士及塔力蓝被选为指挥

随后他们牺牲了两个雅科俾党阁员，好在这两个是很不中用的。于是奥士及塔力蓝同时入指挥府。巴剌斯就利用奥士实行大政变。塔力蓝一入指挥府，就拉了一大群议员，帮助巴剌斯。

这一群议员是以斯塔厄尔子爵夫人及空斯通作中心点的，决计要攻打反动党，设了一个立宪俱乐部，反抗一个克立支俱乐部（Clichy Club）。所有右党的议员，都是这个克立支俱乐部的人，有许多人称为贵族窟。

这个立宪俱乐部决计至少也要有一个指挥当他们的代表，他们就派塔力蓝当了这个代表。

塔力蓝韬晦了几时，新近才再出台的，他自然趋向一七八九年的老朋友，就是斯塔厄尔（泽门）（Gemaine）。他要登高，不能不找一个台阶，他一眼就看准了这位性情很好的子爵夫人。这位夫人说塔力蓝这个人旧时代的坏处，他也有新时代的坏处。也有夫人虽看不起这种样的人，却常常受这种样的人运动。塔力蓝原是个跛脚的，巴剌斯很迟疑了许久，才肯让这个跛脚人入指挥府的。子爵夫人是很强逼巴剌斯拉塔力蓝入政府的。隐谋家是世界上最可怕的一种人，这一个面貌温和的外交好手塔力蓝，是最善于献最激烈的政策，使巴剌斯实行的。

巴剌斯在指挥府，一面虽有和平派的代表助他的声威，一面却有失意的雅科俾党同事攻打他。常有人对他说："你还不晓得么？你若是迟疑不决，就要被人把共和推翻了！"西耶士向来是不露面，催促他进行。新六月末后数天，巴剌斯见得四面八方都有助力，他就预备一切，要恢复各权，同心办事的地位，动用武力，亦在所不惜，只要能达目的，大政变是万难幸免的了。

第四十三章　新八月之大政变

（一七九六年八月至九月）

（一）求助于军队

到了这个时候，是不能不用武力解决了。两院因为免了反动派阁臣之职，不由得不大怒，暂时决计弹劾指挥。杜马对摩罗很说过受辱的话，皮士格律已说过许多恐吓话。这时候两权的竞争到了极点，警察报告都说觉得诧异；因为他们竞争，娱乐场都变得很冷清了。

巴剌斯很细心的审评军官们一番：摩罗全不是个政客（这一句是很恭维军人的话）；拿破仑是个危险可怕的人，况且他又离巴黎太远；只有奥士可用。巴剌斯借口要派他当陆军部总长，请他来见（其实奥士尚不合年岁，照例还不能当部长）。巴剌斯对他说些话，使他相信两院的议员主张复辟。奥士就答应帮忙，作个恶人。巴剌斯写道："我们已经同奥士将军说妥了。"他的军队要宣布他们的意思，于是议定派四大队人出发，借口调往布勒斯特。只要这四大队人一到了离巴黎若干里科贝尔（Corbeil）的地方，他们就于新七月十四或十五日越过宪法规定的地界，直入巴黎，听候指挥府调度。

（二）巴剌斯不承认奥士

不料漏了消息，新七月初四日就有人警告五百议员，说是军队已经出发了。议员们责问噶尔诺，噶尔诺自然说是全不晓得军队里这种可疑的举动。噶尔诺转问巴剌斯，巴剌斯害怕，一切都不认帐。噶尔诺此时是指挥长，要把这件事查考明白，请奥士来考问。奥士此时正在巴黎等候他的军队来，奥士觉得很难为情，却作英雄作到底，不肯供出巴剌斯来。巴剌斯太不是个人了，一切都不承认，赖得干干净净的。当天晚上，奥士就离开巴黎，又生气，又后悔，又难过。他本来已经为旧病所苦，不过几天死了。噶尔诺此时很放心了，不过在巴黎界外，四围竖了许多柱子，表示军队不得越过宪法所规定的界限。巴剌斯一定是偷笑噶尔诺太过小心了。巴剌斯惊定之前，又四顾的找军官供他利用，这一次他却看准了拿破仑。

（三）拿破仑与五百议员

拿破仑却无时不留心观察巴黎政局的，他是很反对复辟，也晓得反动党有好多是他的仇人。新议员诚然是很反对他的，当他是一个雅科俾党军人，是新九月的英雄。此时又有巴退尔米及噶尔诺发起，新议员们就跟着很反对意大利政策。反对党却恭维拿破仑日见其甚，雅科俾党的报纸是非常之恭维他，称他为共和国的柱石。

两院另外还有一层道理，反对拿破仑，恨极了他，称他作乱头发的小虾。

有一个议员在克列支俱乐部攻击拿破仑破坏威尼斯的政策，于是反对他的情形，全然显露出来。杜马等以为他这个同事的演说太过欠分寸。拿破仑晓得了，很发怒，说议员们要杀他，他一定要自己保护自己，同时并保护共和。于是立宪俱乐部全体及斯塔厄尔夫人塔力蓝等，无不恭维拿破仑，激动他兴问罪之师，军队也都预备等这位大领袖一到，就要发表他们的意见。

军队是恨极了这群新议员。有一位议员说道：“我们的见解，是人人都晓得的，致令我们为军人所痛恨。”军人们说新议员是保护宗社党及逋臣的，是反对自然边界宗旨的，简直的是一堆垢秽，一定要扫荡净尽的。朱伯尔是其中最和平的人，写信给他的父亲说道：“克列支俱乐部要遭殃！”自从新六月以后，所有法国的军队，自来因河以至波河的军队，都是要把君主的代表从窗口摔在街上的！

（四）军队的宣言书

七月十四日是国庆日，是示威的好机会，拿破仑打发马尔蒙（Marmont）把口号告示诸位将官，吩咐各军队用宣言书式发表意见。奥日洛（Augereau）所带的军队最出色，他们的宣言书说道：“我们在维也纳立功，这一群罪恶贯盈名誉扫地的人，却在巴黎城中阴谋起事，危害国家，他们还要国人流血，还要国人滴泪，要在国内倡乱，牺牲国人，借内乱践踏瓦砾及死尸，以破坏自由；军队们蓄怒已久，隐忍不发，我们原以为有国法在，谁知国法无灵，军队若再不言，更有何人敢言！……用是我们军人宣言。……不能不使阴谋害国者有所恐怖，你们是罪恶贯盈了，今以刺刀问罪！”其余的军队都照行。朱伯尔的军队宣言书说道：“军队一定要涤荡法国！”拿破仑自然是唱同调，他的檄文说道：“替法国获得胜，打倒欧洲各国同盟的军队尚在，宗社党胆敢一刻露面者，是死无赦！”拿破仑把各军的宣言书同他的檄文送去指挥府，自己又加了几句话说道：“你们必要当机立断，我晓得克列支俱乐部很想践踏我的尸首，以便破坏共和，难道法国此时没得维持共和的人么？你们若要助力，军队一呼即至！”

拿破仑的信送到巴黎时，正是巴剌斯抵赖一切，牺牲奥士的时候，拿破仑既然自告奋勇帮忙，只好就拉他。指挥们以为拿破仑入都驱逐议员，他们此时还不晓得拿破仑之为人，他并不打算亲身插入干预他们家庭的口角，他的政策不过是主动，自己却袖手旁观。他在军营里诚然是熟读波卢塔克（Plutarch）所著的古罗马古希腊《英雄傅》的，但是他也很熟读《马基雅弗利》（Machiavelli）（即著霸术者，译者注）。当下他只愿意供给指挥府极有价值的利器，因为在意大利味罗那城搜着丹特累格伯爵（Comte d’ Antraigues）的秘密函牍，这函牍能证明皮士格律谋逆的罪状。

（五）发露皮士格律谋逆罪状

皮士格律却害死克列支俱乐部了，他们都被一个大网罗网住了，有许多却还是莫名其妙的。这是一件喜出望外的好运气。原来这五百议员第一次选举的议长，就是这位卖身给君主危害共和的罪魁，搜去这种凭据，反对党受了致命伤。大政变的那一天，就把这件事体宣布，暂时可以当作大变政的充足理由。

当下军队的宣言书陆续到了，两院同政府都大为惊扰，噶尔诺在指挥府攻击这种宣言书，议员们在众议院也作同样的攻击。除此之外，两院并无特别举动，不过发一道严重的公文给指挥府，要解说明白军队之发动及宣言书之由来。

（六）奥日洛在巴黎

但是此时三大首领的地位很坚固。新七月二十日，奥日洛到了巴黎，拿破仑原当他是个傻子，却以为他能胜任，为大规模的部署警察。这一位是将来的公爵，原是一个极激烈的雅科俾党，又是一个未受过教育的人。他到了巴黎竟不隐讳的坦白说道："我是来杀宗社党的！"这种粗军人办事是很单简的，他写信给拿破仑说道："我们的洁白心地，我们的勇敢气概，将能援救共和，不为王室的徒党所陷害。"这一个军官身躯又大，说话又粗，很把指挥们吓了一跳。鲁柏尔第一次见过他之后喊道："他是一个好强盗！"但是他虽然是粗，却说几句安慰他们的话，有指挥府答复五百议员的来文可以为证。这个答复是二十三日送给立法机关的，指挥府答复措词很傲慢的，说道："因为有人用阴谋或武力尝试再陷法国于革命，使国人备受惨酷，推翻现状，因此有许多国民很为焦急，这就是答复。"

要吓倒右党是用不着多费力的，只有这句话就够了。此时不独是奥日洛到了巴黎，很有退伍的五六千名军官们也都到了巴黎，攻击教士，激动军人们发生激烈举动。杜马很着急，很生气。军人们都谈到要把皮士格律捉来支解，这种举动分明是反对他，他却随他们去，毫无举动。新近有一位历史家科德里雷（M. Caudrillier），证明皮士格律自己很晓得他的大逆行为，是已经败露了。他又很晓得他的大逆罪恶，一定株连同党，他想到这里，就提不起精神。

此时两院惟一自卫的方法，是重新组织国民军，却办不成。三大首领先事播扬，说是大翻腾就在眼前。他们调动国民军，不过是要复辟。巴黎的市侩这时候变了很懦弱，不敢入伍。指挥们是决计要动手，诸事都已经预备好了，首先布散谣言，说议员们要取消国产充公条例，凡是已经买入国产的，都要奉送出来。又说他们要乱杀一番，平反路易第十六的罪案，将所有与闻革命的人一个个的充军，充到极远地方当苦工。警察们不独听了这种种谣言不去禁止，反帮助着造谣的人去播传，等到新八月以后，把议员装在铁囚笼送到陆许福（Rochefort）监狱的时候，议员们听见群众喊道："这就是要恢复捐项及监税的议员们！"

（七）指挥们之不和

指挥府里却是天天争吵。有几位指挥宣布一件公文，阻止重新组织国民军，噶尔诺不肯签字。鲁柏尔喊噶尔诺是个罪犯，说他当罗伯斯庇尔时代表，原想把他们都送上斩头台。巴剌斯粗口谩骂，噶尔诺喊道："你身上的虱子，无一个不是有权可以唾你的面的！"噶尔诺对巴剌斯挥拳，幸而有旁人劝开。这时候的空气，是预示不久将有大风雷。

奥日洛已奉命统领巴黎军队。两院此时已受有警告，还是无闻无见，如在梦中，只是呻吟嗟欢，似乎令人难以相信。有一个议员写道："议员们只能分而不能合，全体都变了手足麻木，动不得。"新八月初三，议员答复指挥的话是很和平的，显露出议员毫无能力。又有一个议员主张用严重手段的，说道："议员既示弱，巴刺斯胆子更变大了！”新八月初七日，元老取消惩办不宣誓教士的条例，勒微利大怒，只好加入他的同事们，取一致行动。

当日这一个哲学家就当了指挥长，噶尔诺是辞了指挥长。初十日，这一个吉伦特党用政府名义，演说一番极激烈的话。五月三十一日的事，似乎是难免于发生的了！

假使两院先发制人，或者还可以抵抗住危险。十五日晚上，有某军官对杜马告奋勇，去掳勒微利及巴刺斯两指挥。这个理想家杜马很害怕，不敢叫他动手。后来有一天，杜马曾对拿破仑说及这件事，拿破仑那时候已经称帝了，说道：“你是个傻子！你完全不晓得什么叫作革命！”读者应能与拿破仑同意。

（八）一七九六年新八月十七日

新八月十七日，五位大指挥照常会议公事，所议的都是倒行事件。午后四点钟勒微利微笑站起来散会。噶尔诺写道：“我一世忘不了他腹里藏刀的一笑。”

当天早上，有一个王爵，是向来在反对党的秘密会议，及警察局的密室闯来闯去的，告诉巴刺斯，说两院要弹劾他。巴刺斯决计先发制人。

晚上八点钟，三大首领又聚议，于是议定办法，说是因为得有警告，有人谋害共和国，又有宗社党预备杀五指挥，推翻共和宪法，指挥府的三个国民鲁柏尔，勒微利，巴刺斯定议，永久开会云云。他们的办法，是以为宪法不可无这三个宝贝指挥，因为保全这三个指挥，就不惜破坏宪法。有著作家曾经刊行指挥们此次会议的完全报告。他们这一次开指挥会议，一连议了四十八点钟，刚才所引的，就是一开会所说的几句话。这一个报告中无一行不说到包围某府、某宅、驱逐某人，监禁某人的话。那一天晚上所作的事，全是救护宪法的事，等到天亮的时候，宪法是全毁了，只剩一片瓦砾。

（九）噶尔诺之逃

噶尔诺是第一个得消息，说是同事们要拘拿他，送去当苦工。假使有人偶然误刺噶尔诺一刀，把这个最讨厌的噶尔诺刺死了，巴剌斯是不见得懊悔的。巴剌斯曾写道：“假使噶尔诺被杀身死，也是一件合乎法律的事；因为与其被这个魔鬼杀你，不如你先杀魔鬼。”噶尔诺既得了警告，立刻做了一件很聪明的事，先从指挥府的后门溜走了。勒微利很发怒。巴退尔米却欠小心，未能先事预防，到了晚上三点钟，在睡梦中来捕。巴退尔米问道：“你们奉谁的命令来捕我?”捕役答道：“奉指挥的命令。”巴退尔米说道：“我就是指挥!”捕役说道：“你是个卖国贼！此时你是我手中的罪犯!”于是把他严密看管住，等到九点钟，就强逼他辞职。巴退尔米不肯辞职，于是把他先监禁在大庙，要送去罚作苦工。

噶尔诺想出法子，警告皮士格律。皮士格律睡在王宫，警告来到的时候，已有军队包围住王宫了，是奥日洛奉命围住两院的。议员到来的若是众议员，不是收捕，就是送去奥德温（Odéon）。若是元老院的议员，就送去外科大学。好议员就在大学会议，不好的议员就送入大庙。当日早上已有命令调军队入城，于是城外的军队纷纷越过宪法规定的边界入城，同奥日洛的军队会合。

皮士格律等当下派人去请两个院长的表示，同时统带守护立法机关的军长，传令部下八百余人把守各园门。奥日洛包围王宫的，是共总一万二千人，有大炮四十尊，叫把守的人撤退，军长不允，去同皮士格律商量。此时是早上三点钟，三点半钟的时候，新桥发了一炮，奥日洛的队伍闻号进攻，那守护队八百余人立刻投降，说道："我们不是瑞士卫军，我们不替路易第十八打仗。"任从包围的军队把守护队的大炮掉过来向王宫。

（十）奥日洛在王宫

奥日洛到这个时候才出现，跟他同来的是一群极可怕的人，大约都是暴杀党。其中有佛耳内（Fournier），他是九月间乱杀党之一；有松退耳，从前当过国民军司令的；还有帕彻（Pache）等，都是杀人的凶徒。我们到了这个时候才明白过来，为什么拿破仑还逗留在意大利！奥日洛这个时候的行为完全是个强盗，不是个军人，他把带护队的军长抓住了，撕去他的肩章，打了他几个嘴巴子。巴剌斯就道："奥日洛先喝了好些香槟酒，预备行凶的。"

此时议员们陆续到了，军队们任从他们进去，并不拦阻。过不了一点钟，维德勒将军（General Verdiéres）把他们送入大庙。那两个议长却仍然不动，不肯让将军把他们送入大庙，他们还引这条宪法，那条宪法。军队只是挖苦他们，嘴里诅骂了几声，把议员抓走了。军士走到皮士格律面前，却迟疑不敢动手，因为他是个征服荷兰的将军。他的日记详载此时的情景，说道："有一个兵用刺刀恐吓他，他把这个兵推在一旁，于是有十几个兵上前攻他。"作者要承认皮士格律是个无趣味的人，他也是一个违背职责的一个军人。但是我们却要分清，此时兵卒打的并不打违背职责的军官，打的是国民代表。

众议院院长被军人们拖下来，他却还有时候吩咐秘书写宣言书的末后一句话说，说是五百议员的议员是被武力解散的。马霸（Marbois）说得不错，末了这句话，还是在共和三年宪法管辖之下说的。从此以后，这个宪法，就不是管理法国的法律了。不过一点钟之间，两院的院长，都监禁在大庙了。

早上八点钟，还有许多议员从四处来的，都被军队哄回头，也有被军队冲散了，也有被他们捉住的。有好几个还用法律同军人们争辩，有一个军官喊道："刀子下就是法律!"这几个字，就把当时的情景说尽了。

（十一）议员在大庙监狱

终天都有人把议员送到大庙里监禁起来。当天的下午四点钟，监里装满了议员，最奇异的，是有一个真宗社党议员同两个弑君党议员关在一起，因为这两个弑君党也被人当作宗社党。他们被禁的地方，就是从前路易第十六的监房。

守护两院的护兵既倒戈之后，就到了指挥府，指挥大称赞他们一番，还有好几个未入监的议员们也奖誉他们。到了新十月十九日，又是这些护兵援例，把指挥府及两院送与拿破仑。

现在剩下的若干未收禁的两院议员，一群在奥德温（Odéon）开会，一群在医学校开会。指挥府饶了他们，原是有个用意的，是要他们自相残害，要他们判定同事们的罪状，指挥们自己只任宣布张贴阴谋派害国的罪状。他们的宣布造了许多谣言，说是宗社党攻打指挥府的守卫兵，是以要替指挥报仇。

翌日早上九点钟，五百议员在奥德温开会，派委员们设法保固宪法，其实是要写罪魁单子，正在听候主人翁们命令如何开列。随后命令来了，是一个通告书，宣布有人阴谋害国，强逼一个宗社党供词作证。但是最有力的，还是拿破仑在味罗那搜出来的凭据。这些凭据，的确证明皮士格律谋反。但是有证明皮士格律的凭据是一件事，不开法庭，不让皮士格律及被禁的五十二个议员辩护另是一件事。这个不开法庭的办法，是议员早一天晚上议决的，由一位议员名部雷（Boulay de la Meurthe）陈请照办的。他们的理由是：非常的事变是不能用平常的法律办理的。当他们商议办法的时候，有一个有远见的人说道："舆论是很不好，不能让我们冒险，此时我们自己一方面还有力量，我们应该利用的。"部雷也是这个命意，登台说道："请位一定也晓得宽缓及纯粹法律的形式，此时是不能用的；诸位今天是得胜的人，诸位若是不利用这个胜仗，明天又要开仗的，再开仗却是非同小可的了，是要大流血的。"

维勒尔（Viller）原是从前国会的人，是很熟悉雅科俾党的政策的，此时提议取消四十九分道的选举，又提议有若干议员，应定远处充军的罪；又应该将取缔教士的法律，定为严重些。有若干议员仿照马拉一七九三年六月初七日的办法开列名单。于是众人争先恐后纷纷的指控同事的罪状，一个比一个激烈，惟恐有人说他是热心。议会此时虽不完全，也有许多怀疑不决的情状，也讨论辨驳了许久，才通过开列罪状的条例。到了半夜（新八月十八、十九），才让他们散会的。有一个少年议员散会之后，看见戏院门外贴的戏单写道："今夜准演'强逼承认'（戏名）。"这叫作事有凑巧，戏院所演的，同议院所演的是一样的戏。

（十二）颁布惩办罪魁

元老院更不容易就答应惩办议员，十八这一整天，他们迟疑不决，十九早上五点钟，元老院昨夜所派的委员会，要求有较为充分的事实，较为确实证据。马波特将军（General Marbot）是一个很激烈的雅科俾党，答道："反对宗社党，是不必有什么凭据的。"此是佛揆坦维尔的宗旨，可惜他死得太早了。元老院议员足足讨论了一天。当下军人们是很不耐烦，只催道："来吧！发令进攻吧！"

指挥们又派人来催说道："群众就要同你们讲道理，找例案，请缓办；……这是寻死的意想！"后来才把罪魁名单投票，大多数的议员坐住不动，不投票。这个议会名为有二百五十人，只有十五个人投票通过到罪状的，七个人投反对票的。

这些议员们虽说是开了四个月的会，为全国定法律，这个新八月十九日的条例，就把四十九分道新三月间的选举作为无效，是以就有一百五十四个议员要出院，同时这四十九分道被选的官吏们，也要同时解职。又恐怕选民们要报复，于是定例：凡是逋臣的亲族，都丧失选举权。又要选民们宣誓仇恨王室。这次通过的条例第十三款，又定一百六十五个国民的罪。其中有两个是指挥，不经法庭审问，都定为充军的罪。恢复严治逋臣之已经回国者之罪，定的是枪毙。不肯发誓的教士是罚作苦工。指挥府又有权指名拘拿教士之扰乱治安者，凡教士之肯宣誓者，俱在扰乱治安之例。这就是狄克退陀制了。当下又铲平各报馆，任从反对报馆的人处置，主笔记者充军。这时候巴剌斯是无怨不报的了。

我们今日读当时的罪魁单子，就好像是读一张奖励有功的单子，因为其中有约旦、西缅（Siméon）、马霸、马替乌（Mathieu）、杜马等，是不肯违犯法律，以保全自己生命的；亦有几位是当恐怖时代，舍身冒险，援救无辜被禁的；亦有大学问家，曾当长任学会总秘书的。其中就有组织战胜之噶尔诺，都有道德，有材干，曾为法国立功，增加荣誉的人，都名列罪魁，贬到远处充军，却留这个声名最恶劣的巴剌斯在法国横行。

（十三）议员贬至基阿那充军

十七位很有名望的人都作了囚犯，囚在铁笼里，派了一个度忒特累将军（General Dutertre）（这位将军从前犯过抢劫偷盗杀人的大案，曾经当过苦工的）。押解至陆许福监狱，然后解至基阿那（Guiana）地方当苦工。这个地方天气极不好，有好几个就死在那里。这就是巴剌斯等的用意，他要杀他的仇人，不用湿的斩头机器，却善于取巧，用于的斩头机器杀仇人。

这就是巴剌斯阴险狠毒的手段，他要独行其意，就不惜杀同事。有一个不顾危险的议员登演说台说道："我们是日蹈危机，不是死于绞人架上，就是死于斩头刀下！"

巴剌斯又派了许多军事委员，四出横行，以保护巴剌斯。他们在外省定了一百六十人的死罪，充军到基阿那的是三百二十九人，死在那里的是一百六十七人。然而勒微利还写道："新八月的政变，并没流过一滴血！"

群众对于这件事却并不甚注意，勒微利说他还听见有许多人喊："勒微利万岁！"土耳其都城是每三个月不是杀一个皇帝，就是废一个皇帝，都城的人，是见惯了的，不以为意。大约此时，法国人也就是这样。

（十四）新八月政变之后效

指挥府这样政策，是要危害法国的，他们就起首破坏宪法，破坏法律及民权，当作是自然而然毫不要紧的事。这时候军人们常开会议干预政事，议过之后，就请军长们去实行，应该如何关闭两院，如何奖赏守护两院的掷弹队，因为他们倒戈，反害两院。又请军长们要求不经法庭审问，就把议员充军，压制自由，破坏法律。凡此等事，政府还盼望国人欢迎，国人却并不欢迎，却也并不反对，是毫不理会。后来有一次政变，勒微利却被牺牲了。他才写道："国人如此漠视，不是好榜样。"巴剌斯也写道："这样破坏一切，是糟蹋了共和三年的宪法。"

即使余剩下来的两院，果者是要复辟，他们仍然是神圣不可侵犯的。但是其中不过有极少数的人，想复辟的。我们当初研究这一件事的时候，原存了成见，当他们是复辟党，等到我们研究过之后，才晓得并无其事，他们大多数都梦想成立一个自由的共和制。

（十五）宪法扫地

破坏宪法的后效，是受了致命伤的后效。政府诚然是得胜了，却无立足之地了。此时无论如何反对政府，都不能算作害国的罪了。若是果然把政府推倒了，也不算是一件僭越的事了（如新十月十九的事）。两院是已经赞成帮助武力干涉了，指挥府从此以后有例可循了，只管借两院的名义，任意横行。两院之对待指挥府亦复如是。最后就是发起新十月大政变的人，就快要破坏全局了。宪法既然不存在了，有谁能够加他人以破坏宪法的罪名呢？

从此以后，国人是很看不起当权的人，当被牺牲的议员们是自取罪戾，当下毒手的议员们是懦夫。这时候法国两院的情形，很像从前的英国，剩了国会的屁股，只候专制的格林威尔出场。

指挥府先关闭报馆，压制舆论。又糟蹋两院，叫国人先习惯狄克退陀制，其实他们自由任免官吏，就是狄克退陀制萌芽，是新八月发生的。

不料这个新八月，就把恺撒请出来。当时这个法国的恺撒是权力极大的，只要点一点头，部下的军队就要实行他的意思。这位恺撒虽然是屡战屡胜，征服了许多地方，假使新八月的举动不替他作先路之导，也还可以禁止他。新八月政变打倒的私党是主张和平的，得胜的私党是主战的，惟是有恺撒则胜，无恺撒则不胜。毋论如何，拿破仑的机会是到了，要登台了。

新八月十八日的事，法律变作刀枪，虽然能够阻滞路易第十八复辟，却不能不先产生一个拿破仑第一。

第四十四章　指挥制时代之社会

（一）寻乐时代

当下是人人都志在寻乐。我们很要注意这件事；因为政治上的举动，诚然是授拿破仑以大权。同时人人好寻乐，加以指挥府的暴烈举动，亦是替拿破仑驱除。

当时人人都是如疯如狂的要寻乐。有空斯通的函牍可以证明，自从新七月初九日以来，即是如此，一直等到新十月十九日才变过来的。

那时候社会上对于政治文学及高等美术，是毫不注意（自一七八九年至一八五一年法国之文学美术情形，将于下一册讨论之，原注）。据说共和四年新四月二十一日，乱党阴谋举事，要大肆掳掠。揭露这个阴谋的报纸，说什么呢？报纸说道："新近有一件事，他连夫人及拿破仑夫人们改了梳髻的式样了，向来她们都是满头黑发的，现在都改了，都要加上白色假发。"

到了共和五年新正月间，正是宗社党阴谋复辟的时候，又是拿破仑有意大利之捷及攻克孟都亚的时候。报纸说道："我们听见说白假发快要不时髦了，快要看不见了，都要改作古希腊妆，带两三排的拳发。”

新三月间是办选举的时候，与政局前途是有极重大关系的。有许多人以为是就要复辟；有许多人以为是乱党要起事。各国此时正在雷奥本（Leoben）讨论欧洲和局。当时的报纸说道：“索非（Sophie）改穿了短褂。”

共和五年新六月，正是两院阴谋推翻指挥府，或指挥府阴谋推翻两院的时候。当时的报纸说道：“此时人人都注意在戴帽子；有主张戴甲种帽子的，有主张戴乙种帽子的，闹个不休。”又说道：“此时最时髦的扇子，是一种芙蓉鸟尾式样带绣花，不晓得这种时髦扇子，是否能够通行。向来是兴红鞋，现在却兴绿鞋了；但是要露出绿色鞋子，必要把右手伸入外衣里，把外衣拉起来，拉到膝下，才能露出鞋。”

新八月十九日，是监禁犯罪议员的日子，又要在教堂里拖去了千百个牧师。国人是不敢说话，闭口无言，但是巴黎却有三百处跳舞场，三十间戏院，都是大开其门的。

一七九六年，马勒特杜磐写道：“现在的人是什么都不管，只注意在渴于寻乐，学时髦，大饮大食，考究家具铺陈，追逐妇女。”

（二）他连夫人

什么巴倍夫或路易第十八走来，把巴剌斯哄了，同他们都不相干。什么人执掌政权，都可以不管。这时候只有他连夫人第一，是个君主。

他连夫人的宫廷，就是一个跳舞场。巴剌斯称夫人是美女界的狄克退陀。夫人不久就要同他连离婚，要作指挥府的女主。他连夫人算是一个很放荡的女人，然而巴刺斯还要比夫人放荡得多。

他连夫人一定是一个最能迷人的，读者试看空斯通（另是一个画师）一七九六年六月初四所画的像，就晓得了。当日有许多人都说是他连夫人最能迷人。

她的面貌并不算美，神色态度却能迷人，她的天性又好迷人，居然许多男人都被她迷住了。有四年间巴黎是最饥荒的时候，只有夫人那一辆红色大马车敢在巴黎东闯西跑的，不被群众窘辱。她却是肯花钱赈济饥民，她并不深藏在指挥府里的，常在稠人广众中出风头。她出现的时候，是袒露半身的，她的迷人肢体，不是只给一个人看的，是众人都可以看的。当时又有一个美人，也是裸了上体，在街上走来走去的，却被群众喝骂，群众却不喝骂他连夫人。她两只媚眼有绝大的能力，能把政府，社会群众迷倒了，都当了她的奴隶。

这几年间，都是她首倡风气，她要恭维土耳其的大使，巴黎的风气于是为之一变，人人都不戴帽子，改作裹头布，仿土耳其装。有一次，巴刺斯把一船的印度货物充了公。他连夫人立刻用绒毛巾，人人都改用绒毛巾；夫人是黑头发，故此最时髦的，是黑头发。忽然有一天，她高兴，加上一个淡黄色的假发，于是通城都变了淡黄色的头发。

（三）巴刺斯的社会

指挥府是他连夫人当女主人，招待一切。几位大指挥之中，只有巴刺斯是讲应酬的，他所请的客人，是混杂极了的，最出风头的自然是他连夫人。德利稷亚（Therezia）、累卡美（Juliette

Récamier）也是时髦女人，是常到指挥府的。拿破仑也到的。斯塔厄尔夫人有时也来，她说话向来是过火的，巴剌斯同他连夫人有时觉得很不便。其余来的都算不了什么人物，但是什么样人都有，逋臣们、杀党们的夫人，也有军官、议员、包办军需军械的，约瑟芬带来的半黑半白的女人，外国人之在本国站不住的，女戏子、财政家等等都来的。指挥府简直是一个鱼龙混杂，良莠不分的世界，但是巴剌斯自己的夫人，却向来未在巴黎露过面。

最少的是军官，因为他们忙得实在是无暇。少年们这时候有许多都当了包办军需的，或当了投机家。这时候是无人不作投机事业，连妇女们也不免，很好作地产、纸币、咖啡、白糖投机事业，愈是大投机家，愈好在指挥府出风头，其中就有好几位是包办军需的。有一个是包办十四军的军需，不久就发了一千四百万的财，还有几个是银行家，专管政府的财政出入的。

除了这些人之外，也有几个贵族，专来寻乐的。最特色的，就是父亲上过杀头台的，儿子们却同杀他父亲的人的女儿跳舞。当日新发财的人，是什么人都有，都混在一堆，如疯如狂的寻乐，闹成一个糊涂世界。他们所谓寻乐，并不见得是什么乐，不过是毫无道理的，闹作一团罢了。读者就怪不得这一个糊涂国里的女帝，就是他连夫人。她原是一个外国银行家的女儿。她的徽号却是时常改变的，有时称为“封特讷侯爵夫人”（Mme. Marquiee de Fontenay），有时称为“国民他连夫人”（Mme. Citizen Tallien），有时称为“王爵的王妃”（Princesse de Chimay）。

（四）时髦的服装

当时的服装最诧异，每三个月一变，读者要看当时的画片，就晓得了。当时所谓有知识的女人的服装，已经是怪异的；无知识的女人，简直的是无所谓服装，因为他们身上并没得什么衣服，几乎是全裸的。当时称为无裙派，袒胸露臂，下体只挂点东西就完了。脚上及大腿都要带金刚钻的镯子，自然不要什么东西遮掩才好出风头。美术家以露体的金星石像为最美，当日时髦的妇女，只要在身上除下不多一两样的东西，就变成金星石像了。当时的制女服的裁缝，很能把持一切，他们惟一的本事，是要用极少的材料，制成极漂亮的衣服。当初法国初革命的时候，是无袴党的男人出风头，革命之后若干年，是无裙党的女人出风头。

（五）寻乐之地

时髦妇女是从指挥府下凡到人间的公园，全个巴黎城里的人，无不要寻乐。当时公共的娱乐场是多极了，最有名的一处是每星期放两次放花盒，还有一处著名的是个马戏场，有一个是很著名的跳舞场；这个跳舞场总有千百妇女跳舞，穿的都是窥见肉体的衣服，头上满戴玫瑰花，把跳舞场变成一个香花世界。读者不要误会了，以为跳舞的都是妓女，并不是的，跳舞的都是议员们、部长们、指挥们的正式及非正式的夫人。又有一个地方是他连夫人常到的，她好披一件裂缝的长外衣，从这条大衣缝露出雪白的脚，满戴了镶满珠宝的镯子。后来群众把所有这些新奇悦目的事看厌了，不以为奇的了，要看新花样，于是有一个人异想天开，提倡活裸体画，笔墨既不便说，又不能说，只好不说。

城里的人所谓寻乐，就是这种事，而尤其喜欢的是跳舞，随处都是跳舞场，共总有三百处公共跳舞场。当时的人，都犯了跳舞狂的病，竖立杀头机器的杀人场，也变了跳舞场。晚上是人人跳舞，白天都有许多游树林的。最喜欢的是跑马车，往往看见一串马车足有二千多辆，其中总有他连夫人及累卡美夫人。

（六）巴黎之人好食

好吃的人很多，却是指有钱的人说。当时一只羊腿要值一千二百四十八个利华。有钱的人都不在家里吃饭，都是要到大馆子的。大馆子有好几处，有几家是在御苑里。有一个人写道："巴黎有钱的人都没得心脏了，他们的心脏都变作脾胃了！"

御苑里是不独有大馆子，还有大赌馆，都是豪赌。有一个议员的夫人打错一张牌，输了二百万，读者可以想见这个议员，绝不能每月只领那有限几个钱议员的薪俸，就可以满意的。

（七）戏场

巴黎有三十二间戏院，都是满座的，是不必说的了。警察报告说道："戏院里是极其华丽，极其舒服的，很可以寻乐的。"当时的人又很好学演戏，除了公开的戏院外，还有二百多处是私开的，学戏的人所学的榜样，是不必说的了。

（八）离婚律

从当时外国人的往来尺牍看来，他们最诧异的，是当时的浮薄风气。家庭制度，是完全破坏了。从前是家庭作社会的基础，自从废了长子承继律之后，及当时的各种横议，儿子女儿都解放了。有一个著作家写道："革命把路易第十六的头杀了的时候，同时把法国家庭父亲的头也都杀了。"但是这个著作家写这两句话的时候，已在拿破仑恢复家庭制度之后了。在指挥制时代，父亲与儿女同住，不过是一种朋友的关系；有许多回国的逋臣，看见这种情形，大为惊异。其实父亲与儿女相见的时候很少，家庭是完全破坏的了。一七九二年九月三十日，颁布离婚条例，一七九四年，又经国会更事推广。这两次的离婚律，四年之间，发生很重大的效果，都是立法机关所梦想不到的。毋论男女，只要呈报性情不合，立刻就可以离婚，若是有一造不肯离婚者，至多不过再迟一年，就可以强逼离婚。共和二年新四月二十八日，颁布的条例：两夫妇之中，毋论或夫或妇，只要离家六个月，就可以离婚。为国效力的军人，也要受这种条例的束缚，是以有许多军人在外立了战功，回国的时候，一入家门，就看见他的夫人有了新丈夫了。

呈请离婚的人也不知有多少，一七九三年的年底，在颁律之后十五个月，巴黎法庭所准的离婚案，是五千九百九十四起。在指挥制时代，只要经一次法律手续，某甲的女人，立刻就变成某乙的女人。这种接续不断的结婚所生的子女，有什么办法呢？有许多人把子女抛弃不管了。共和五年，巴黎一城的这种无人管的子女，有四千人，外省共计是四万四千人，父母若是留养这种子女的，家庭中往往闹出凄惨的小戏，常闹笑话，乱得不堪，不可究诘。一个人可以把一家的几个姊妹先后娶来，有一个国民呈请五百议员的议会，准其娶他两个夫人的母亲。婚姻的制度简直的乖乱到不堪，道德是完全扫地了。五百个议员也有点觉得不对，不能不调查情形。共和五年新十二月，有一个议员登台读报告，听他读报告的人不晓得是应该哭，抑或应该笑，立法机关是束手无策，无法补救，家庭是解散了。然而新四月初十日，还举行婚姻的庆贺，新正月举行孝道庆节，他们简直是演小戏。

国人的性情既然是大变了，看死丧的事更轻视了。法国向来是很重死者的，现在是毫无敬死尽哀的事了，葬事是非常之草草。

（九）性情之乖僻

道德是堕落了，我们试看看他们的道德堕落到什么程度！马勒特杜磐原是个反对革命的人，他的记载说过索多谟（Sodom）及哥摩拉（Gomorrah）的话（指男风盛行地名，见《旧约申命记》）。我们或者疑心他说的话，不尽是事实。至于当时的警察长的话，是可信的，他有一个报告有十多页的，议论当时的情形，他说当时淫乱的情形，真是匪夷所思的。新五月初五日，他把情形告诉麦林（杜亚）一番。我们也只好说当时淫乱的情形，是到了极点了。当时的报纸常说当时的少年女子，最喜欢看淫书，奇怪乖戾宣淫的事，传染到外省。共和七年五月的一个报告，说这些乖戾宣淫的事，说到野兽都不如，简直是笔墨写不出来的。总而言之，是道德堕落到了极点。

（十）道德与政治

宗社党听见国人这样的淫乱，是很高兴的，觉得各种社会都显露瓦解的情形了，共和精神，快就要消灭的了。……奉天主教的人，却是更忧心，因为宗教已经受了许多窘辱，恐怕无力量挽回人心世道的了，很替宗教可危。我们由道德就可以想到政治了。

这时候的堕落社会，也晓得日越日近，快要陷入深坑了。国人既是悍然不顾的，只顾寻乐，偶然也有兴尽的时候，就觉得世界的情形很讨厌，也有想到恢复从前家庭制度的时候。上等人家得个一知半解哲学知识的，有时也尝发问把上帝逐出社会，得毋太早否？于是有许多提倡严定法律的。警察长也会发过问题，说道："恢复家庭旧制是否要请上帝？"我答道："不必，只要有好好的共和制度就可以了。"

但是此时无人相信什么好好的共和制度了，因为众人都看见巴剌斯还安然坐在宪法瓦砾堆上施威。

共和制度是绝不能补救的了，只好在共和之外想法子。

第四十五章　拿破仑与指挥府

（一七九七年九月至一七九八年五月）

（一）麦林及弗郎沙当指挥

当时有人喊道：“我们可以把荒谬的理想，及援引的宪法，一切抛弃了！”这两句话就很像《伊索寓言》说的话：一个人因为头上有一只小苍蝇麻烦他，旁边一个人就拿一块大石打在头上，苍蝇是打死了，人也不得活了。可见得又要暴动了。

当冲锋队的雅科俾党，是一步一步的揽权，第一步是要求酬劳。不久有一天，指挥府觉得他们的要求是无了期，也未免讨厌他们，就不肯使他们满意，于是新八月大政变得胜利的人就争端起来。这一本决斗的戏，只有两幕：第一幕是共和六年新四月，第二幕是共和七年新五月。

其中有一个在战争之列的佛社（约瑟）（Joseph Fouché）写道：“这一班爱国者，是日行荆棘之中，现在是时候到了，这一棵自由树，应该结些甜果子给人吃了。”我们不晓得佛社是说的认真话，抑或是开玩笑的话。

甜果子是被麦林及弗朗沙（François）两个人摘了。塔力蓝很想当指挥（巴剌斯说男女的运动力，他都用到了），却无人举他，他非常之难过。麦林及弗朗沙被选作指挥。

弗朗沙是个讲学问的，著了一本书，居然入了学会。他却是毫无道德的，当着众人面前是满口道德，在后幕就毫无道德。他是个浮荡子，却带点哲学的倾向，故此勒微利很欢迎他。但是其他的同事，见他是毫无道理，只想驱逐他。

麦林却是个令人注意的人，过于奇异了。勒微利及巴剌斯都说得他很可怕的。他的材具是在中人以上，惟是他的两眼同他的声音，很显出他是个野蛮。他原是个律师，很熟悉法律，毋论什么持平的判决，他都可以引律反驳。新八月十八日的大政变，指挥府发现一种特别情形，很用得着这一个恺撒派律师（拿破仑称帝，他当检察长）。他入了政府，就变作一个极有权力，极为人所恨的一个人。

指挥们一登台，第一件事是照应私人，照应亲友。有一个得过指挥的恩惠的写道："有几位次长，高级委员及驻使大使，都沾他们所洒的甘露。"

（二）新八月以后的恐怖

巴黎看见惩罚议员，是很冷淡的；在外的各分道却不然，有几处很表示反对政府，惩办他们的代表。有亚列尔（Allier）分道，就是如此。伯纳佗特（Bernadotte）写信给拿破仑说道："这一分道要遭殃！"已经从各处调兵共合有八千人，都向亚列尔而来，各分道以为再演恐怖惨剧，都不敢动。巴黎的反对表示，只限于戏园同几间学校。那时候各机关，各法庭换了新人，巴黎人很害怕新到任的裁判官。

报馆是已经受了压制，不许开口，戏院是取缔得很严，戏台上只许演道德的戏，说哲学家的格言，要演时事的，只许演到奥日洛围攻两院为止，再过火的，是不准演的。

最后是实行组织反对贵族及教士的办法，只要被政府捕着的逋臣是杀无赦，立刻枪毙。这时候往往听见排枪声，报纸上的半官半私的报告说道："自然是只会呻吟，但是法律是要说话的。"这时候最奇异的是要定旧贵族的罪，部雷（Boulay）及累内（Rénier）（一个后来对公，一个后来封伯）。这个时候是很激烈的攻击有爵位的人，凡是有过爵位的人，一概剥夺公权，不在国民之列。

最受残酷待遇的是天主教人，因为勒微利（主张神道博爱教的），格里瓜及斯塔厄尔（泽门）（Germaine de Staël）是深信惟有用耶稣教可以破坏天主教的，都附和一个不信教的巴剌斯，自然要发生这种效果的。

他们无一个不大失所望，斯塔厄尔及勒微利最为失望，因为不久就晓得现在的反动，是反对无论何派基督教，并非只反对一宗一派，他的徒党无处不受人反对。到了共和六年新十一月，勒微利发起的不伦不类、半官半私的宗教（是政府拨教堂及经费）破产了，为众人所笑骂。当时有报告说道："从反对这个怪僻国宗的舆论看来，却并不十分注意天主教。"共和六年新九月初一日，勒微利当群众在大校场，祈祷他之所谓万物主宰的时候，群众看这一个高而驼背的教王，未免大笑，他的徒党也被人侮辱。毋论怎样，从前的罗伯斯庇尔比他像样得多。

（三）教士充军

舆论不注意于天主教么？这件事是要禁止的。新八月所颁布的条例第二十四款授指挥以任便拘人的权，那时捉拿教士的拘票上头，只写道："拘拿有恶行为的人。"共和六年一起首三个月内，充军的教士是四百六十四名。再过三个月，是四百三十一名；又过三个月，是一百八十五名；最后三个月，是三百八十六名。一年之内，充军的教士，是一千四百四十八名。在比利时拘捕的，是八千二百三十五名，未算在内。当权的人，还说捕得少。在乡下的地方，乡下人有许多都窝藏教士。共和六年新六月间，指挥府说教士比强盗或杀人凶手为害于国，更为利害，极不以乡下人窝藏教士为然。

被拘的教士，不是枪毙，就是罚作苦工，也是同归于死，一个也活不了。解到远处当苦工的教士们，一百九十三名之中，不过二十一个月之内，只有三十九个不是得热病死的。

这种残暴举动，是公然反对基督教。弗朗沙强逼教员们教学生以真正道理，眼看所谓宪法规定的宗教，毫无成效，却十分满意。雅科俾党的报纸，极力攻击格里瓜。这时候凡是照宪法发誓的教士，也被群众所侮辱，同从前侮辱不肯宣誓的教士一样。对待尼姑（借用）也是一样，向来小女孩子们都是她们教育的，现在不让她们办教育的事了。

总而言之：新八月十八日所办的事，都有了结果，不出当日所料。议员是惩办了，贵族是剥夺了权利，教士变作奴隶，戏院是不得自由，分省是大受恐怖，教士们充军了，逋臣们是枪毙，仍然是实行恐怖，不过假借道德为名，借弗朗沙几个口头话，作招牌罢了。

（四）三分之二的破产

这次大政变，不独对于反对党收其效果，维持大政变的人，也收相当的效果。他们原先约好成功之后，如何分肥的，他们约好的合同，不过实行了两个月，指挥府趁暂时群情冷淡的时候，从新造的立法机关手上，把三分之二的破产夺过来，这是大政变之前两院所反对的。

此时财政情形是很可怕，毋论军人或官员，都不发给新饷，政府的债主也不过是偶然领到几个钱。政府既不能按期偿还本息，还是竭蹶到了不得，但是此时是任意用革命办法的时候，也顾不了许多了。政府于是用很单简的法子，减轻国债，自此以后，政府的债主，只能领债本三分之一的利息，其余三分之二的利息，随后发给。这个办法，也还算得是守规则的，但这是三分之二是用国库券归还，而国库券即是土地纸币的代表，此时这种纸币，简直是变成废纸的了，一文也不值，这就是破产。共和五年，是绝不敢有人当两院提议这种办法的，然而这个办法却是早已预备好了的，因为新八月十九日，曾经请新造的两院恢复财政。

两院是无一事不表同意的，某月某日，五百议员的议会通过了，新九月初九日，元老院通过定为法律，当日就发现破产情状了，纸币跌到百分值一，两院是太不中用了。

这个时候，群众起首议论，说法国没得选民了，只有一个选民，就是政府。

（五）新八月党之分裂

当下全个左党都分裂了；财政法律一经通过之后，指挥府就不肯酬当日帮助政变的人的劳，于是左党斥责指挥府食言，不肯分肥，把所有的优差优缺分给私人亲友，极力反对指挥们举动，且说他们贪贿，最受攻击的是鲁柏尔。

共和六年新十月的新战争，是借道德为名，雅科俾反对党起首说道德话。当时道德扫地的情形，作者已于上文说过，大概借道德为名，却是很得法。这一年的冬天，各娱乐场虽然是热闹如故，但是穷民所住的地方，却是异常之惨酷。穷民要作工，是无工可作，穷苦的情状，是日见其甚。本来有点小进款的，因为新例一颁行，也都变了穷人。从此以后，他们更恨那些新发财的人，喊他们作光棍，喊他们作腐败人。穷民们自然就会发问：究竟谁庇护这一群光棍？也自然晓得是指挥府庇护他们。群众也晓得巴刺斯就是个光棍，鲁柏尔是个强盗，麦林是因革命发了好几百万的财，自然而然，就有一班人出来，暗中激动群众。他们的意思，是指挥府已要再造的了。

新十月十四日，马波特将军首先攻击，走上演说台，把道德如何堕落，政府如何腐败的情形，淋漓尽致，演说一番，假使两院不能自拔于污泥之中，国人是要把两院当作政府相待的，说他们是一样的腐败。立宪俱乐部，此时是被极端派把持，就跟随马波特将军一路走，首先攻击指挥府。指挥们以为当攻击萌芽初起的时候，先打倒他，自然是较为容易的（这是大错，观后文自明）。于是封了俱乐部，从此两方面就闹翻了。政府把这件事看得很轻，因为这个时候正是拿破仑大捷，立坎坡－福米奥（Campo Formio）条约，群众就不十分攻击他们。

（六）指挥府反对议和

指挥府的政策，是反对议和的。拿破仑却不管。指挥们意思要永远站到底，他们有他们的意思。这个时候他们最怕的是军队，一旦都讲和了，叫回国的军队作什么呢？巴剌斯说道：“若是叫他们回来种菜，是无菜可种。”是以指挥的眼光，看得各处所订的和约，不过是停战的约，不是永久和平，故此看得很轻。

大政变把主和的巴退尔米打倒了，以为是主张自然边界的党派，得了胜利。自然边界这四个字，在面子上是没得什么的，骨子里却含着帝国主意，无限度的侵略政策。指挥们是很得意，自大起来，以为奥日洛打倒两院，就好像是打倒了全个欧洲。

指挥于是把在里尔及柏林的和议打消了，还要把拿破仑同奥国立的和约也要打消了。

但是拿破仑此时是一定要讲和，因为他此时意不在战，而在揽权，他晓得能够叫法国享受有荣耀的和平的人，必定为舆论所爱戴。他此时并不想回国，要打大胜仗，带了有荣耀的和约，才肯回来，他接到指挥府训令，叫他打消和议，他装作指挥府疑他的美德不足，就回复指挥府，说他要回来，在多数国民之中滋养力量（所用滋养两字，有双关之意，既可以指滋养体气而言，亦指招募新兵而言，译者注）。指挥们听了大怕，只好放任拿破仑随他自由。指挥府回拿破仑的信，是新九月初八日发的，很露出畏惧服从的意思，拿破仑一见就晓得他自己的权力足用了。

（七）坎坡－福米奥之和约

拿破仑进行议和，新九月初五日（即九月二十七日），奥国的大使科本士（Cobenzl）到了，就正式开议，议了两个星期，证明拿破仑不独是个大将，并且是一个极好的外交家。这个历史上很著名的条约，是一七九七年十月十七日（即共和六年新九月二十五日）半夜签的字，地点是坎坡－福米奥，此后欧洲大陆，得以暂享和平了。

这个条约表示法国此时是一个最强的国，法国是向来未曾到过这样地步。奥国愿割比利时给法国（比国早已为法国所征服），此外还让出伦巴底（Lombardy）及发尔忒林（Valteline），连同夺自教王及夺自摩德拿公爵的土地，及威尼斯共和邦，作为一个阿尔卑斯山南共和国，归法国严密保护。威尼斯有几处城邑，则割归奥国。至于来因河问题，将来要在拉斯塔忒（Rastadt or Rastatt）开大会议商定，发给若干赔款，将来因河左岸的地，都归了法国。

末后这一款是极其重要的。最易激动战争，又藏了许多说谎抵赖的根子。神圣帝国，能原意把所管辖之地破裂吗？奥国预料这个问题，必然发生许多竞争的，奥国满拟借这个有名无实的和议为名，暂时休养兵力。英国也借这个机会牺牲一切，预备作战。这一个和议，不过是有暂时的和平，大约指挥府也明白这一层，故此就于十月二十六日批准签字。

（八）国人非常爱戴拿破仑

国人得了签的和约的消息，是如醉如狂的欢乐。当时有许多警察报告，同一百余家的报纸，还有许多私人往来的尺牍，都可以证明当日欢迎和约的情形。有几个政府授意的报馆，都恭维指挥府，说是新八月的指挥们的大功，却没有什么人相信。当时的记载，都是恭维拿破仑的话。

国人这样的好感情，这样的爱戴，是自然同时忽然发露的，从极远的穷乡僻壤起，一直到巴黎城里穷民所住的地方止，好像是一长条的火药线，同时燃着了，都是一片恭维拿破仑的声音。

法国人原是慷慨激昂，是富于爱情的，可怜这七年以后，他们无从发表好感，只有恐怕怨恨；因为拿破仑有极可爱之处，故此国人都爱戴他，他们当拿破仑是个大英雄。拿破仑却有许多特性，可以配受他们的爱戴，配居英雄之名。在国人意想中，都以为拿破仑是无一件美德不备，智勇大度样样都全。

拿破仑在蒙贝洛（Monbello）地方有三个月之久，接待四方来宾，接见许多法国人，当他们面前说过许多话。他所说的话，是众口相传的；他所说的，有许多年在法国是听不见的。他说道："因为国人的良心起见，故此要讲和；各人信仰各人的宗教，不必用压力；因为国人的利益，也要讲和，让国人享受各人之所有，不要受惊扰，不要纳税，不要受麻烦；国人为公共利益起见，应该同心一致，要忘记了从前的仇恨；政府要有力，惟是对于法律自由及秩序要适中。"他又恐怕国人还不甚明了他的宗旨，于十一月十一日把他的宗旨的要义精华，在他宣布于意大利及山南等的大诰中发表，其实是要法国人晓得他的宗旨。

还有一层，拿破仑并不是一个主张武力家，他曾写道："一个大国，既有三千万人，在十八世纪时代，一定要用干戈才能救国，这是一件大不幸的事。"这一位马基雅弗利（Machiavelli）（即指霸术者，译者注）的大弟子，当新八月发难的时候，原是他送来的干戈，国人却忘记了。国人为好感所动，很高兴听他所说的话。

国人是很心安的，不安的只有几个指挥。他们要把这一个很讨厌的支开了，不要他回法国，就派他当拉斯塔忒地方大会议的大使。但是国人奉拿破仑如神明，巴黎人是决意要见这位神人。指挥们没法，只好讲他来巴黎，他们还希望他到了巴黎之后，或者可以设法把他也拖入污泥里。巴剌斯以为共和四年新九月间拿破仑曾经受过他卵翼的人，也许他还是从前一样，并未改变。巴刺斯以为他不过共和四年新九月间的人，不晓得昨日今朝大不同，其实是已经过了一百年了，今日的拿破仑，不是从前的拿破仑了！

（九）拿破仑至巴黎

拿破仑果然来了。他从意大利起程的时候，一路上有多少人欢迎他，他很有点舍不得离开的。路经瑞士的时候，也是一路的欢迎。拉斯塔忒地方已经有好几位日耳曼的使臣等候他来，他叫他们等了好几个星期，他们心里是很称赞他，又很害怕他。

有一天巴黎忽然得了消息，说是拿破仑到了，回家去见他的夫人。巴黎人好奇，有许多聚在他所住的那条得胜街，要瞻仰这位大英雄，但是他不愿意过于消磨国人的好感，不与他们见面。

试问拿破仑既到了巴黎，有什么计画呢？有许多人相信他希望入指挥府，但是他还未到年岁（法定以四十岁起为合格，拿破仑此时不过二十八岁）。他一旦入了指挥府，同事们只好仰他鼻息的了。他尝同他的亲信左右谈过这件事。巴剌斯暗中设法拦阻他，拿破仑熟计一番，以为果子还未曾熟。他既明白这个情形，是难以久在巴黎逗留的，若是耽搁得太久，难免不被他们拖入混水里。勒微利写道："拿破仑觉得地下太热，烧他的脚。"他这句话，却很能够写出拿破仑此时的感觉。拿破仑要找一个脱身之计，现在他的声望位分，如此之高，却不容易。他又说道："我若是不能作法国的主人翁，我一定要离开法国。"当下他既不能飞扬，又决计不肯堕落，只好站在高处，作个旁观者。

他于是杜门不出，国人更想望见他的颜色，此时真有望君如望岁的情形。群众所爱戴的人，毋论他此时作什么态度，都是从好的方面看，以为他是谦让未遑新十一月初十日，指挥府正式的接待他，巴黎的人，总有万千人聚在图拿街（Rue de Tournon）等候他，瞻望他的颜色。凡是社会中有名的人物，都在大院等候他，高呼欢迎他。有一个外国人说："他们热心欢迎他，到了发狂的热度了。"

（十）指挥府欢迎拿破仑

他果然到了，穿的是很淡素的军服，一七九七年皮尔·给朗（Pierre Guérin）画师画他的像，就是这个时候的拿破仑；长黑头发，脸色淡白，两眼有锋芒，端正的鼻子，两唇紧合，却无后来那样不豫之色，两颊刚顽，额高为乱发所掩，身上所穿的军服极少花绣。欢迎他的指挥们、部长们、议员们，都是金花辉煌，满帽的鸟羽，穿的都是花绣缎衣，都比不上他淡素服装的尊严，好像是特为表示与他们不同的意思。他的态度颇板滞，欠雍容，但是一言一动，都露出他是一个极坚强志意的人。

他此时的态度，入人很深，有一会子工夫，都无人说话，众人好像却糊涂了。过了一会，就有许多人大声欢呼喝彩。

巴剌斯当主席，很吹他自己聪明，说话得体。在我们看来，不过是几句很平常的话，内里藏着讥讽的意思。这个指挥说的是：也许将有一天，他们要请这位英雄出山，不容他有意深藏，杜门谢客。拿破仑的答话，似乎无甚巧妙，只有一句话是使人注意的。他说道："等到国人有较好的法律，巩固他们欢乐的时候……"塔力蓝沉思，回头对巴剌斯说道："这一句话，是有下文的。"这一位前主教，已经在此时就预备将来自己的位置了。因为他此时欢宴拿破仑，座中有二百多个都是法国的绝色妇女，穿得又极其富丽的，他都不去招呼，只全副精神招呼拿破仑夫人一位。

（十一）拿破仑入学会

他受塔力蓝的欢宴，这一次算是一个例外，其余的欢宴，他是不到的。但是他却到个弗朗沙的家里，同学会中人周旋得很欢洽，学会的会员，个个都很心折他。那时候学会最有名望的就是兰格伦日（Langrange）、拉普拉斯（Laplace）、西耶士、社内、多努、达成德这几位，他都恭维到了，他愿入学会。新十二月初十日，有一张报说道："拿破仑入学会，是学会的极大光宠。"他到学会在科学部力学股，宣读一篇著作。新三月十五日，学会开五股大会，拿破仑到场，主席很欢迎他，三次欢呼喝彩。他此时在巴黎，只同学会的会员们相接近，这是很有后效的一件事，读都将来便知。

除了学会的朋友们之外，其余别的人都见不着他的面。有一天晚上，他在艺术戏院（Théâtre des Arts）看戏，有许多人认得他，就同时欢呼喝采，他立刻就走了。人人都说他这个人谦退。当过第一届议员逢美尔（Rabaut Pomier）的一封信里，很议论拿破仑，后来才晓得是把他看错了。他说拿破仑好读波卢塔克的《英雄传》，却并不是个恺撒，只是个新新纳图（Cincinnatus）（古时罗马大英雄，国人举为狄克退陀，出师破敌，立即辞职，扫耕不闻国政）。说他向来不出门，只在家的小花园散步。有几个不喜欢拿破仑的人，说他是日见其衰颓。有几个很害怕他的人，才放了心。

这是甚中拿破仑的下怀，他很晓得此时不能有什么举动，只好抚慰他的仇人，叫他们安枕熟睡，他决计走开。指挥府叫他去打英国，他很晓得政府也很晓得这是一件失败之事，他晓得指挥府要他上当，他请政府派他去打埃及。政府只要他离开巴黎，派他去打魔王，也是肯的，就答应他去打埃及。新三月间，拿破仑得了政府承认他的计画，这是个大计画，是先攻英国的后路，把地中海先从英国夺过来，夺了摩尔太（Malta）岛及亚力山大（Alexandria）海口，据了科佛（Corfu）及安科呐（Ancona），扼住英国往印度的咽喉，于是立刻就预备起来。

（十二）征埃及

这个计画虽是太大，却并不是办不到的。从一方面看来，是极重要的一件事，表示拿破仑的远见。他的意思，是法国应该独有地中海的海权，当作是法国的属海，一百年间大势的关键，就在这里。英国是很明白的，故此一步一步的把摩尔太，塞浦路斯（Cyprus），亚力山大海口先后都据了，直布罗陀（Gibraltar）是早已为英国所有了。但是拿破仑要国人追悔他走开，指挥府却要他走开，这两种的意思，一定都是很坚决的，不然，政府是绝不能依他的计画的。因为共和六年春间，欧洲各国又要预备再攻法国，是毫无疑义的，他们何尝不晓得。

好在拉斯塔忒地方的会议，奥国有意延宕，一直等到三月初九日，日耳曼诸邦最后承认割让来因河左岸，却附了一个条件，要奥帝允准。奥帝却要找一句借口的话，激动欧洲。

（十三）重敛意大利

要借口的话是很多的。法国此时要筹款征英国（这是遮掩攻打埃及的一句话），除了在意大利、瑞士、荷兰是无处可筹的，决计出征罗马（在意大利群众杀死杜福特将军 General Duphot 之后），不过是为筹款起见。当柏替亚（Berthier）往罗马时，他的名义是征英军的军需监。他三月十五日入罗马，是借自由为名，其实是要掳掠，既废了庇护第六，建设一个罗马共和国，亦勒索了许多钱。

因为筹款就要侵瑞士，借保护发多斯（Vandois Palriots）反对百伦专制（Tyrants of Berne）为名。三月初四日，布轮将军（General Brune）把百伦政府推倒，掳了国库所存的好几百万现款，还要勒征到一千五百万，结果是建立一个民主制共和国，归征服国束缚得很紧。

当下睦尔豪赠共和邦（Republic of Mulhausen）自愿归附法国，于是就收入版图。

朱伯尔将军四月十二日同荷兰立约，把荷兰船只及国帑，随便拨归法国应用。

二月二十二日，山南的意大利，也受铁链子束缚紧了，法国强逼撒地尼亚国王（King of Sardinia）割让佩蒙。加拉将军（General Garat）奉命入那不勒斯（Naples），也是办同样的事，又派索廷将军（General Sotin）到热那亚，也是勒索他们的钱。法国此时所作所为的事，授欧洲以口实的，实在是不少。

幸而奥国尚未预备好，只是还在拉斯塔忒大会议支吾敷衍，但是人人都晓得俄罗斯是从睡梦中醒了，欧洲不久就有大战。

（十四）拿破仑赴埃及

五月十九日，拿破仑率师征埃及，统水兵万人，陆兵三万五千人，部下诸将，如柏替亚、克雷贝耳（Kléber）、达武、兰、布律亚（Brueys）、微伦牛（Villeneuve）等皆从，幕府中皆一时硕彦，文学家、科学家、美术家皆有，极似是远赴异域的科学研究团。

过了几时，巴黎就得了捷报，说是不战而下摩尔太岛，六月三十日全军在埃及海口亚力山大登岸。

巴剌斯在巴黎叹了一声说道："他果然走了！"这一声很露出他心里的奇异政策，可见得他是很害怕。

第四十六章　新四月　指挥府与乱党

（一七九七年五月至一七九八年五月）

（一）共和六年新三月之选举

拿破仑未登舟之前，就听见雅科俾党同指挥府竞争。这是新十月间事，到了新四月二十二日，又发生政变。

新十一月初七日，普鲁士驻使写道："大局是解决了，因为指挥们决计趁雅科俾党羽翼未成之先，就把他们打倒，不让他们高飞。"

这是一个要着，因为新三月间的选举，是很有重大关系的。新八月驱逐的议员们，还没有补人，此次几乎有半数的议员（七百五十人中有四百三十七人）是要重新选举过的。各党都很害怕，都想联合起来，共同抵抗指挥府，即使选举了许多乱党，也在所不惜。

指挥府就用向来的手段，抵抗他们联合。第一步指挥府先把他们的私人选定了，把单子交给部长们，随即派人分赴各分道运动，都是带了许多款项去的。随后于新三月初一日，是举行人民主权庆祝日，大事铺张。这是在新八月之后六个月，在新四月之前两个月的事。这一天的庆贺，所有铺排，都是不伦不类达到极点了。

指挥府是什么手段都用到了，强逼，行贿，种种方法都用到了。还恐国人选举得不好，不合他们的意思，于是定出一种办法，说是被新选的议员，不归他们自己核验权证，改归将退职及已退职的议员们核验。这就是叫选举失败的议员，核验得胜的议员权证。这种提议，自然为仍在位的议员所喝采赞成，竟于新正月十二日通过颁行。

最后一步，是在新三月十二日有一项报，登了一段半公半私的宣布，说是假使恐怖党被举作议员，是不能承认的；凡有分道，选举这种议员的，是不算数。这种分道，只好无代表的了。有两家反对党的报，当时称为乱党的机关报的，很攻击这种办法，于二十二日被政府封闭了。

这就是共和六年，即自由九年选举的预备。

（二）果然选举乱党

指挥府虽然用尽种种手段，然而各处还是选举政府之所谓乱党。有许多诚实君子，看见新八月政变很灰心，都是杜门不出的，不敢出来任事，故此激烈派很得意。当初选的时候，几乎到处都是恐怖派得胜利。于是他们遵照巴黎发来的号令，凡是居少数而维持政府的都立异，另成团体，居然举居少数的人当议员，同居大多数的所举的议员反抗。

新三月三十日揭晓，才知道四百三十七额之中，有三百个议员是大多数选举的，都是要反对指挥府的。这个数目加上原有而尚未退职的议员数目，又变成大多数，都是反对政府的。此时又适值指挥中有一个（即弗朗沙）要退位，立刻要新选一个指挥，所选的指挥，一定是个乱党的了，一定是政府的仇敌，指挥们很害怕。

于是又要用手段。从此时计算，要等到新五月初一日两院才开会，当他们未开会之先，政府还有自由行动的时间。第一步他们叫弗朗沙提前一个月退位，就叫两院现在的议员选举一个新指挥（这是不合法律的办法）。指挥中那一个西耶士，同事们讨厌他好发议论，又因为他同雅科俾党有关系，于是设法把他派到柏林，又设法使议员们选举了一个特理哈得（Treihard）作指挥。他是一个市侩（是当时一位沙腾内夫人 Mme. de Chastenay 称他作市侩的），他又是一个恺撒派（专制派也，译者注）律师。

于是又用手段，使反对派所选举的议员发生阻碍，失败的议员如累内（Régneir）等，天天晚上入指挥府，布置他所谓澄清议员的事。

炸裂的事，是新四月初八日在元老院发现的。累内（其后在帝制时代当司法总长）要求澄清新被选的议员，他说新被选的是乱党（他们用乱党两个字裁所选的议员），是宗社党变相。十三日指挥府交到一件紧急公文，维持赞成累内的提议。新八月打击宗社党的办法，是绝妙计策，惟是现在也要用新八月的手段打倒罗伯斯庇尔的余党，却不能照同前次对待巴倍夫党的通融办法，对待此时的宗社党，绝不能稍示通融的了。巴剌斯自己说道："把他们都杀了！"

（三）共和六年新四月之政变

新四月十四日，派大员查验此届选举主席的提议，凡是选举有危害指挥府的，都要作废。有一个委员赞成这个提议，他的理由是：政府是竭力要国人选举共和党及守旧党（当时守旧两个字算是极新鲜的名词，可见此时人心之改变），既经政府三令五申的谆谆告诫，而选民们还是选举私党，可见得选民们是目不能视、耳不能听的了，这种无耳无目的选民的见解，是不能算数的。众议院果然通过这种的怪议案，元老院又居然承认，于是以新四月二十二日定为法律。这是指挥府第二次大打击。

于是取消七处分道的选举，有二十二个新选举的议员都作废了，指挥府索性保留二十二个旧议员，不令七分道重新再举。另外还有三十处的选举，都不算数。政府说新被选的菲翁将军（General Fion）是一个巴倍夫党；新选的林得特，是太过激烈；指挥说勒岐尼奥（Lequinio）议员，是恐怖党。我们却要诘问：巴刺斯是不是恐怖党呢？他凭什么就到了指挥府的呢？最后的手段是政府最注意的，是不取二十一分道大多数所选举的议员，反取少数所选举的议员。例如亚尔德世（Ardèche）分道选民团的数目共总是二百三十人，居少数的只有五十七人。这五十七人选举的议员，是算数的，总结果是五十二个新议员都取消了，不算数，另外还有一百多人政府不承认，只承认少数所选的。

这原是一件最不公道的事，然而指挥府的地位，依然不稳固。当时还有许多雅科俾党反对指挥府的，政府以为把他们吓倒了，不敢开口了，不料不久他们又卷了大多数附和他们。指挥府用这种阴谋行他们的变政手段，又得不着所希望的效果。那时候毋论那一党，都晓得指挥府受尽了破坏自由的种种恶名，却得不着好效果。变政而不成功，是一件最遭劫的事。

（四）雅科俾党之愤怒

幸免取消的雅科俾党，到了两院的时候，是异常愤怒，读者已经晓得他们进攻的方略，就是扫荡一切腐败，到底是非要把腐败肚子党打倒不可。人人都晓得麦林是得他们进攻的方略，就是扫荡一切腐败，到底是非要把腐败肚子党打倒不可。人人都晓得麦林是养了许多外妇，巴剌斯是一团糟的腐败，鲁柏尔的左右都是光棍，特理哈德是个野兽，勒微利是个执迷不悟的宗教怪物。有二十张弹劾指挥的文，都是说这样的话。至于部长蓝美尔（Ramel）是新发财党的代表，塔力蓝是个坏极的人。当时所谓高等社会中人所聚集的地方，全是宣淫为恶的窟穴，指挥府里的反乎常性的种种不堪的行为，传染到那里都是，巴剌斯的多年积秽的马栈，必要荡涤一番。

反对党攻击政府的方略，是很妙的。法国虽然算不得一个崇尚清洁道德的国，但是一旦有许多人发起崇尚美德的举动，是往往能得胜利的。这一个大题目，又可以容纳许多反对政府的各党派，从崇奉天主教的党起，以至于恐怖党，都可以组合势力，用于明年的选举。读者快要晓得，将来就是这个办法。

（五）崇尚美德派

以道德为名的党派，此时却还不敢公然同政府开战。到了新七月，却要动手了。于是派了一个委员会，查考国内丧失道德的情形；委员查访后，作一个报告，措语是很空泛的，却是很可怕。报告上说道：“政府机关，无一处不是腐败的，无一处不是作丧德的事的；……若是长此宽纵放任，不难把我们都放在垢秽堆里，被国人指为同谋与闻，受国人斥责。政府的人，无一个不是坐拥厚资的，试问他们是从何处得来的？用什么方法得来的？他们的不道德行为，不问可知。他们是国人所不齿，将从最高地位被国人推入深坑的。”

当宣读这个报告的时候，在场的人，嘴里说的大约都是巴剌斯，鲁柏尔两个名字。

巴剌斯并不表现什么诧异，心里大约说道：“我是一柄老雨伞，挡过多少大雨的了。”鲁柏尔却不然，听了是很害怕，害怕到发病。巴剌斯尝说过：“一个人的左右，虽然都是光棍，但是本人是干净的。”他这句话，也许是说得不错。他自己要辞职，但是他的亲戚朋友不肯失去这个靠山，不能升官发财，极力阻止他，不让他辞职。

指挥府此时又自行决裂，更不能抵抗外间的反对。特理哈德以为鲁柏尔拖累同事，说道：“他不是病，是生气。”麦林是很预备驱逐巴剌斯及鲁柏尔。巴剌斯因为想同反对党讲和，也很预备牺牲同事。反对党得了指挥府内里不和的消息，攻击得更起劲。况且反对党这个时候又有一个新出场的人物，鼓励他们攻打政府。这个人是很危险很活动的，他的名字是琉森·波那帕脱（Lucien Bonapane）（拿破仑之弟）。

（六）共和七年的选举

共和七年的选举期快到了。当时反对指挥府的情形，比共和六年利害得多。

冬天是异常之冷。粮食是日见其贵，穷民们都饿病了。此时攻打政府，是正中他们的要害。没得工作的工人们，无不痛骂政府的。此时左党的反对派，逐渐无声无响的同国内奉基督教的暗中团结起来。

此时的宗教的思想很兴盛，政府只管惩罚教士，贬逐他们远处充军当苦工，或是枪毙他们，也不相干，压不住国人的宗教思想。有一个人说道："政府把教堂的大钟的舌头拔了去，还是要说话的。"政府虽然从教堂里把宗教逐出了，宗教却都躲在人心里。共和六年新四月十四日，政府下令把所有的祈祷堂都封闭了，巴黎全城只剩了八间教堂，给天主数人去祈祷。城里的人，争进这八间教堂，简直是争先恐后的进去，同发狂的一样。

但是勒微利所发起的怪僻宗教，却有十五处教堂，把这十五处教堂的名称都改了，用他所定的新名称，另外还定了每旬的教仪，强逼国人入新教堂行礼。民人讨厌新教仪过于烦重，都不肯去，只好强逼，官吏的妻女亲族们，倘若不去，是要免职的。政府又勒令国人每逢旬日休息，以替代星期日，要众人星期日仍旧照常作事。国人那里肯依，于是星期日关店的要罚，闹个不休。政府又定了许多烦苛的规则，例如星期五日禁止卖鱼；出殡有十字架前行的，是不许走过；有好些学校还有挂十字架的，都拆下来。

天主教是预备受窘辱了，但是他们有一个报复的法子。

（七）联合反对指挥府

他们是不能选举同他们一鼻孔出气的真诚君子，他们想道："指挥府是苛虐到极点了！假使乱党当权，也不能再比此时的指挥府这样苛虐的了！我们既不能选举真诚君子，索性选举乱党罢！这一次是不比从前的选举那样好说话的了。这一次一定要把政府打倒！”

于是无声无响的彼此都会意，联络起来，要打倒这个指挥府。快到选举期前数星期的警察报告，就报明民间有大举动，此时两极端的反对党联合起来。当时的报告说道：“在峰对美耳（Vendémiare）是右党的人，选举一个极端的乱党；在另一处乱党选举一个极激烈的乱党。”

结果不久就发现了；指挥们从前所免职的雅科俾党官吏，都被选了。巴剌斯写道：“这才算是报新四月二十二日的仇。”因果分明，再没得比这一次这样显露的。政府虽用了许多巧妙手段，结果不过是强逼各反对党结合得更坚固。

（八）第二次之欧洲同盟

政府此时所处的境地，已是十分为难的了，不料又发生一件事，更令其为难，因为破坏了和议，法国的国势很不好。

拿破仑由巴黎走开的时候，巴剌斯喊道：“他居然走了！”欧洲各国，看见拿破仑走了，也同巴剌斯一样，同说一种话。奥国一见拿破仑走开，就力劝俄帝保罗第一（Paul I）入决斗场。

侵犯法国的机会是很多，好像是有意从法国新征服的入手。如瑞士共和国、荷兰共和国、山南共和国、罗马共和国受法国的钳制，是愤怒极了。那不勒斯求奥国帮助。奥国从前敷衍法国，在塞尔兹（Selz）会议，是七月初六日打散的。

原受中立的普鲁士王威廉第二（Frederick William Ⅱ）是死了，继位的是威廉第三（Frederick William Ⅲ），是一个最痛恨革命的。他一登位，拉斯塔忒的诸邦会议就解散了。

这一次是一个大瓦解的局面，战事立刻要发现，又与从前大不相同，奥、英、俄三国都加入了。法国的边界，此时已经展拓了许多，比一七九二年为难得多了，况且政府无钱，国人同仇敌忾之气又远不如从前。

（九）拿破仑在埃及

从埃及来的消息，却都是好消息。作者不能详叙法国军队在埃及所立的战功。总而言之：在法国历史中，埃及之役，是一章最奇异的历史。当日拿破仑如何对埃及的回教人，讨论回教的《可兰经》；拉萨尔的马队，如何令回教向来著名的马队佩服；缪拉如何善以少击众，直捣回教的中军帐，生擒他们的大将，及种种奇异的事，作者却不及详叙了。

拿破仑是六月三十日登岸，连打两三次胜仗，就直入埃及都城开罗（Cairo），把当地的主人翁哄走了，乘胜深入内地。英国的海军虽然打了胜仗，八月初一日，纳尔逊（Nelson）又在亚布吉尔（Aboukir）打败法国舰队。在拿破仑眼中，以为不过叫他作孤注一掷，出奇制胜。于是平定了埃及都城反乱之后，征服上埃及（Upper Egypt）。预备以一七九九年春间攻叙里亚（Syria），一连打了好几个胜仗。拿破仑是梦想绕路从大马色（Damascus）经土耳其都城，及奥国都城回巴黎。

（十）法军在日耳曼及意大利之败

但是法国军队在欧洲的，却并不得手。朱伯尔是据了佩蒙，又有一位法国将官产匹温内（Championnet）从罗马反攻那不勒斯。这几处虽然是得手，却是靠不住的，支不住欧洲的大军来攻。

一七九八年十二月十七日，欧洲联攻法国的政策成立，所有法国的要塞，南从那不勒斯起，北至阿姆斯特丹（Amsterdam）止，沿边所有的地方，处处都可以受敌。

政府派社累尔将军（General Schérer。）赴意大利，派布轮（Brune）及伯纳佗特（Bernadotte）两将军赴荷兰；中间只有如耳洞将军的四万人在日耳曼，马塞那将军（General Masséna）的三万人在瑞士防守法国的旧边界，同他们相离很远的。那不勒斯地方只有马克多那尔将军（General Macdonald）的三万人。法国所有抵御欧洲各国四面入犯的军队共总只有十七万人。

二月二十八日，如耳洞渡来因河，不过几点钟之间，拉斯塔忒的大会就解散了（此时都除了假面具用不着戴了）。敌人做了一件最违背国际公法的事，从容匈牙利的骑兵，殴辱法国三位大使，有两个被他们杀死。这种野蛮举动，就是预告将来的战事，是非常之残暴的了。

如耳洞并未深入日耳曼，被查理大公打退，守住斯特拉斯堡（Strasburg）。征意大利的军队，就很有点戒心。其后十六年，法国的大军，是第一次受巨创。

（十一）苏瓦罗夫及哥萨克军队

统带这种野蛮哥萨克军队的，是一个俄国将官，名苏瓦罗夫，他自己就是个野蛮，又是个迷信宗教的，是个骁将，是个野兽，专好掳人，又好焚毁城邑，又专好杀敌，是个最可怕的仇敌，与一七九二年的仇敌大不相同。

假使奥国任从这个野蛮自由行动，只要一年之间，法国就被他蹂躏了，要等拿破仑回来，才能制得住他。幸而奥国掣肘住他。欧洲的联军大多数都是奥国军队，俄国军队只有三万人。奥国要操纵全局的军事，初时是让俄军自由行动的，后来却慢慢掣他的肘。然而法国的情形，是很危迫的；给里孙（Grisons）有奥军二万六千人，提罗尔大山（Tyrol）有奥军四万六千人，在威尼斯境内有八万六千人，又有苏瓦罗夫的俄国兵三万人在波河，同时又有英俄联军四万人在荷兰登陆。共总是敌兵三十二万人，攻打法军十七万人，况且法国此时又是军气最不扬的时候。

四月二十七日，苏瓦罗夫初次与法国军相见，乘法军不备，渡过亚达河（Adda），直捣摩罗中央，逼法军渡波河。退入佩蒙。摩罗仍希望与马克多那尔相合，马克多那尔从那不勒斯提师而北。苏瓦罗夫即用拿破仑的军略，横亘冲至，使法国两军不能会师。逐入米兰，驱逐雅科俾党政府，再进攻吐林（Turin），然后进攻马克多那尔，血战三日（六月十七至六月十九）。马克多那尔虽能统率余烬与摩罗相合，然而寡不敌众，为俄军所败。

（十二）法国失意大利

法国遂失意大利。那不勒斯、罗马、米兰各处的雅科俾党政府，都被打翻了。法国的旧边界是很危急，马塞那在日耳曼不复能保全秩序；瑞士各处都举兵反叛法国；普鲁士及巴威（Bavaria）两国，有不守中立，反攻法国之势；英国是到处花钱。法国此时是国内不和，政治腐败，国帑空虚，军额过少，寡不敌众，是否要受牺牲了呢？

四月二十日，拿破仑自请班师。指挥府是怕他到极点的了，此时法国里里外外，虽然是四面受敌，指挥府还是不答应他班师，不愿他回法国来，还要遭逢更大的不幸的事，然后叫这个救国的英雄回来。

第四十七章
新五月　雅科俾党的最后奋斗

（一七九八年五月至一七九九年七月）

（一）共和七年的两院

当法国的灾祸尚未到最高点的时候，反对政府的人，就拿来作利器，攻击政府。两院到了新五月，又要退职改选，国人绝不管指挥的意思，仍然是选定新三月所选举的人。指挥府此时要对付极有力的反对党了。

反对党分作两派：一派是好嘈吵的极端左党，要求恢复公安委员会及恐怖法律；一派是最痛恨政府的政客，这一派的目的，是要整顿指挥府，有部雷等当领袖。

初动手的时候，他们是专攻巴剌斯，随后却起首饶了他。巴剌斯到底是用什么手段，同这些反对党请和呢？姑毋论巴剌斯用什么手段，不过几个星期，就显露出反对党的政策，是以复专攻鲁柏尔及特理哈德两指挥，却饶了这个不倒翁指挥巴剌斯。原来巴剌斯还是用他的老手段，是很单简的，就是卖友两个字。巴剌斯的日记虽然说过，他当鲁柏尔是指挥府的灵魂，但是躯壳已经得了大病，于是决计牺牲灵魂。不晓得他们是用什么手段，鲁柏尔居然辞职，指挥府还要安慰他一番，从秘密费拨出十万利华给鲁柏尔，还让他把车马等等带走。西耶士说（西耶士说的话恐怕靠不住）：“鲁柏尔临出指挥府的时候，还把家具都带走了，连他房间的蜡烛都卷走了，一根也不留。”

（二）西耶士被选为指挥

西耶士屡次不肯当指挥，说是不能与鲁柏尔共事，现在鲁柏尔出了指挥府，他可以进指挥府了。

我们不晓得西耶士这个人，怎么样得了那种大声望的？有一位外国驻使写道：“西耶士的徒党，崇拜他如天神一样，反对党骂他，当他是个魔鬼。”作者以为西耶士兼有两层的荣名。

读者早已领教过这位先生的了，他是个自鸣得意、目空一切的哲学家，到了这个当口，他以为机会到了，挟着他那本法律可以下山救世了。若是有人问他，那本法律，是写着什么东西，他就露出极其骄蹇的神气来，一语不答。其实他并不甚晓得那本书里说的是什么。若是他贸贸然就撒手办事，原是因为他糊涂，他白天的思想比人家晚上所作的梦还要糊涂得多。他这个人的头脑，并非时时都是清楚的。

他是个骄傲的人，故此就好像比别人骨头重些。他最看不起的，就是这四年来当国的狐群狗党。他把这群人分作两堆：一堆是光棍，一堆是过着鬼迷的人。他的计画，是先把摆钱摊的小掌柜们逐出大庙（见《新约·四福音》，译者注）。第一步是被鬼迷的一班人，逐小钱摊的小掌柜们；第二步，就要逐出被鬼迷的刽子手们。把这两堆人都驱逐了之后，他就动手改宪法。

他被选作指挥的时候，是在柏林，一得了消息，就答应下山救世。他的朋友们听见这个消息，都异常欢喜，说道："这是法国之福，西耶士出山，从此天下可以太平了。"六月十三日瑞典国派驻巴黎的委员写道："有许多党国家危急存亡的时候，一位英主登极，受国人欢迎，都没得此次西耶士出山那样能安慰人心的；但是他出山之后，并无什么丰功伟业，不过是证明理想家是不能治国的，如西耶士就是一个极好的榜样。"后来果然证明一件事实，请哲学家出山，就是请军阀出山的先声。哲学家见得自己的力量实在是不足，只好请军人来帮助。

指挥们是痛恨西耶士的，一旦西耶士被选，他们就觉得好像是平空来了一个霹雳。勒微利说："大祸快来了！"自从这一天起，巴剌斯就决计不管事了，他的惟一主义，是一味的唯唯否否。巴剌斯说道："他说什么，我也说什么，绝不反他，他自然以为我的聪明，差不多可以比得上他，我们就可以携手，不然，就要发生冲突。"

（三）免特理哈得职

当下反对党一面等候西耶士回来就职，一面就攻打指挥府，就从军事失利作题目，责问指挥府解说军事失利的理由。有一个议员登台演说道："你们这几个当国的庸材，此时还不发抖么！"

此时巴剌斯很畏缩，但是仍然不断的同两院开谈判，办交涉。他已经卖了鲁柏尔，何妨再卖特理哈得呢！特理哈得与巴剌斯不同，巴剌斯肯敷衍两院，特理哈得是看不起两院的，故此议员们无不恨特理哈得的。有一天，议员们骂特理哈得道："你这个鄙夫，我们总有同你算帐的那一天！"他们是专等西耶士来，就要惩办特理哈得及其党徒。

新五月十七晚，西耶士到了，却不立刻就到指挥府，一直等到二十那一天，他才进府。就职之后，十天之内，是很安静的。

五百议员们还等候指挥府的答复，等了许久，不见有答复来，很不耐烦，于是动手发威，先从特理哈得下手。

动特理哈得的手，原是一件容易的事。按法律说话，特理哈得原不能算是政府的人，因为他是卸任的两院所举的，这是违背宪法。议员们此时要维持宪法。（近年以来，每三个月必违背宪法一次，惟有此时议员们要维持宪法，说话最多。）于是勒令特理哈得辞职。指挥府开会议，特理哈得看见同事们的脸色很难看，晓得他们决计要牺牲他。他原是个很简单的人，不比鲁柏尔，站起来抓了自己的那把雨伞，就出了指挥府，回家睡觉去了。

五百议员选派哥亥尔（Gohier）补特理哈得的缺。他当过司法总长，罗兰夫人批他两个字，说是“庸材”。这两个字批得很对。他原是两院的私人，要联络西耶士及巴剌斯，驱逐麦林及勒微利。

（四）一七九八年新五月间的政变

到了这个时候，不得不用强硬手段了。部雷担任实行：这个部雷，将来是拿破仑的部臣之一，是一个敢作敢为的，凡有激烈举动，他无不匹马当先的。新八月的政变有他；新四月的政变有他；现在新五月的政变，是他先告奋勇的；随后新十月的政变，也有他。他跑上演说台，斥责一番，只说政府有几个不妥当的人，必定要打倒的，却并不引什么事实证明。于是派委员团调查，部雷是委员之一，责成他作报告。他的报告，说勒微利及麦林（为什么巴刺斯独可以幸免，无人能说得出理由）都犯了任意横行，违背法律，擅行捕人的罪。两院就照他的报告施行。

十一点钟，两院代表至指挥府宣布勒微利及麦林若不好好的辞职，就要受拘捕。这两个指挥还要支吾。巴刺斯强逼这两位同事辞职，初时不过是讽示，后来却说激烈话，于是责骂麦林种种私德不好，说道："你赶快走出指挥府罢！"勒微利大有所感，还要演说一番，（他的日记详载他的演说，他自命为大罗马最末后的一位大英雄，可惜他话虽说了许多，却并未说清楚。）但是同事们恐吓他，他满面流泪，哭哭啼啼的同麦林两个人出了指挥府。这是新五月三十晚上的事。

于是选派两个新指挥：一个是杜科（Roger Ducos），当过地方官的；一个是穆郎（Monlin）。两个都是向来不知名的。国人都是糊里糊涂的，不知是什么一会事。有一个半官（Semiofficia）报告说道："两院善用其力拯救了政局，现在已经把指挥府的两个大人物打倒了，国人可以相信能享受自由了！"可怜这两个大人物！

但是国人早已不相信自由了；什么自由或不自由，国人都看得很冷淡。林得特写道："国人都是怨声载道的，但是诸事都看得不甚关切，只好忍受。"但是要晓得小民的感觉，不如看当时一个乡下人的日记。有一个种葡萄的，他于一七九九年六月初间写道："国会是议决雅科俾党的选举是合法律的。指挥府里的几个大指挥，向来的惟一目的，是要发大财。国人已经宣布，他们只存这样目的，已经呈请免职了。他们退位的时候，都是满载而归的。他们的金钱珠宝，是一辆大车都装不完的。……柏桑爽（Besançon）的地方官，都换了人，新来的都是一班好流血的人。"

新来的是好流血的人，是好食人的人，法国的国运实在是不好，去了一班恶人，又来了一班恶人。一七九九年夏间，无论城市乡村，小民们的感觉，就是这样。

（五）高山党之叛

真是好流血的人又来了吗？恐怕是当真回来了。新高山党已经来了，这就是从前的高山党，现在是打倒了贪财的指挥府，新添了许多势力。这个新高山党立意要赛过旧高山党，从新六月初一日起，一连提了不知多少非常的议案。他们说：“因为外国仇敌已经到了国门，一定要恢复公安委员会。”既有公安委员会，自然要再把那部杀头机器竖起来。在雅科俾党常到的小咖啡馆，常常听见他们互相诘问道：“还不该杀几个人吗？还不安杀头机器吗?”

当下俱乐部重复开门，大张旗鼓，雅科俾党的报馆，又开张了。两院有一个很有势力的党，很在那里商议要定征兵新制，要向有钱的人家勒索大款，以充军饷。又要定交质法律，要立刻宣布法国危险，再行恐怖政策。

凡是有体面的人家，听了这种议论，是很害怕。当时有一个外国驻使写道：“他们看见那一班太过不堪的指挥们倒了，是很欢喜的，但是觉得新来的人，比去位的人更危险，是要扰乱治安的。”这个外交家所说的话，同乡下里那个种葡萄的所说的，是一样意思。

当时得胜党如西耶士，部雷等的徒党，所发的议论，尤其令人害怕。他们以为再竖立杀头机器，是很危险的，不如敷衍议员们，采用他们征兵勒借交质的议案。重开俱乐部也可以答应，一旦这些徒党们，觉得自己势力充足的时候，再把俱乐部封闭。

（六）西耶士执指挥府大权

这就是新指挥府的态度，新指挥大约都是庸材，故此西耶士就能利用他们当傀儡。有一个亲眼看见指挥们就职的，翌日写道："可怜那个哥亥尔一披上紫色袍，就糊涂了，不知怎样是好，有人来同他贺喜，他就称呼人作国民指挥，他所看见的人，都是指挥。"这句话说得很不错，因为哥亥尔这样人，也当了指挥，是人人都可以当指挥了。据西耶士的表示看来，西耶士的确当哥亥尔是个大傻子，穆郎将军是个大笑话。他是暴徒们的将军，有人说他是度巴列（Du Barry）的下人，从度巴列宅里出来之后，是卖蜡烛过活。巴黎初起事的时候，他当过松退尔将军的副手，随后自己独当一面，也作到将军。当时法国的军籍中列名的都是当时名将，如马塞那、摩罗、如耳洞、朱伯尔、拿破仑等。却也有穆郎的名夹杂在内，岂不是个大笑话么！当时有一位女著作家写道："我们看见这样不堪的一个人，当了指挥，据了国中最高的位置，不免令人想起古时的野蛮，往往作到皇帝。"西耶士一看见这位暴徒的将军，就晓得他是个毫无价值的人。西耶士却看上了杜科，因为杜科肯听话。杜科这个人却也有特色，他从投票赞成杀路易第十六那一天起，一直等到后来一八一四年，他在元老院投票赞成复辟，请路易第十八回国，登其大宝，这一天止，在这两时期之间，法国所演的种种把戏，都有他一分子，可惜一八一六年他自己把自己杀死，不然的话，等路易·腓力登位，一定封他一个爵的。当一八一六年间，他有一天从马车上跳下来死了。杜科这个人，毋论遇着什么政变，都要从中渔利的，惟有此次跳下马车，却得不着什么好处。共和七年新五月间，人家都称呼他是西耶士的奴才，受西耶士支配的。又有人常听见拿破仑说道：“残废的杜科，卑劣的穆郎。”

巴剌斯不敢公然有什么表示，他的心肠，早已腐败的了，他的头脑，也腐败了，但是还有余力，要施行他最后的一个阴谋。他同路易第十八的左右通款，要办复辟。有人证明他已为路易第十八所收买，不过静候时机。也许他不过愚弄收买他的人，据他自己说，是不过愚弄他们。但是他以后专事吃喝玩乐，不与同事们讨论公事了。指挥府的垢秽，总算是洗刷了；他的运气真好，什么祸都惹不上身。

巴剌斯既韬晦不肯露面，自然是西耶士独揽指挥府大权。他是从来不想到路易第十八的，只有一会子，却尝想到路易·腓力第一；但是他此时的政策，是要同一个好说话易商量的军人定个办法。读者快要读到他用些什么手段。他一起首就把他的秘密计画告诉哥亥尔，哥亥尔听了大吓一惊。当下他一面等候这个军人，一面先已经驱逐小钱摊的掌柜们出了大庙，第二步就要驱逐好滋事的人。他看见新雅科俾党的举动，很有点忧心，不久他就很讨厌他们了。

（七）雅科俾党的三大政策

高山党此时是大发雷霆。读者很要留心他们的举动：历史家都是一致同意的说这种举动的末后结果，是驱国人求专制家保护。

雅科俾党起首是要求位置，这是向来的办法。他们果然得了位置，居然把塔力蓝也驱逐了。塔力蓝付之一笑走了，（国人此时还不晓得政府不用他，这个政府就容易破坏。）却来了一个来印哈德（Reinhardt）补他的缺。雅科俾党因为他过于和平，不甚喜欢他。新司法总长是坎贝塞勒（Cambecérès），他们也是嫌他太和平。他们要求要一个纯粹共和党如林得特等当财政，后来居然强逼反对党，非派他不可。他们犹以为未足，以为所得的好处太少。在他们眼中，西耶士是个反叛。

（八）共和七年之征兵

新政府第一件失望的事，就是征兵。这原是可以料得着的，朱伯尔给他父亲的信说得当时的情形很为难。自从一七九五年以后，国人投军的热心都冷淡下来了，已经应征入伍的常想逃亡，故此共和七年征兵就发生许多为难。有一个旅行家经过法国南方好几省的地方，说是到处的征兵，公然反抗政府委员。有一个委员说是教士们作怪，但是不必教士们告诉国人，说是政府无钱，说是送到前敌，不过是被敌人屠宰。政府的信用，是完全扫地了，这就够了。随后国人听见有拿破仑登岸的话，所有的反抗政府的征兵们，忽然大让步，就愿意投到拿破仑麾下。但是共和七年却不然，所有法国南部，都反对征兵。

最令政府失望的，尤其是财政。作者不愿详论这件惨事。当时有若干社会党，从巴倍夫派各俱乐部出来，这一群极端主义的社会党，对于时局有许多误会，不主张纳税平等，要特别重收富人的税。

（九）共和七年之勒捐

共和四年，曾经实行勒捐，所用的是择肥而食的办法，却并未办到。这一群社会党，全忘记了，还要再用勒捐政策。他们不说是办法行不通，却说因为不是纯粹共和党人当权。现在是交给林得特去办，立刻就要筹一万万利华，应该责成有钱的人去筹。新定税率，田产收入每年过三百利华的，是要纳十分之三，按级增加；凡所得在四千利华或在四千利华之上者，要纳四分之三。这就是雅科俾党强逼两院于新六月初十日通过的新例，到了新七月十九日，变本加厉的苛征。

税则是非常之重：有些人要纳五万利华，也有纳三十万的，纳五十万的也有。然而富人并不受苦，受苦的还是穷人。

共和七年新六月初十在五百议员会通过税则，那一天起，就发生极大的关系。十二日，有许多报纸说市面都很不好，凡是奢华品都没得买卖；稍有钱的人家，都纷纷辞退仆人；定制的家具及衣服都退了不要。随后晓得元老院也有通过税则的趋势，民间更惊慌。有许多商人都纷纷请护照出国，到汉堡、瑞士、西班牙等处。有些取巧的，用缓兵之计，先宣布破产，奢侈的举动都停止了，工人是无工可做。

估税的官吏受怨最深，他们都倚势报私仇，于是有许多告密的人出现。这一次他们告密，并不是要害人性命，是要害人家的财产。

读者要注意的是富人并不吃亏：有许多富人不是置田产的，他们的财产都是各种证券，官吏所不能动的。有一个外国人说道："有一个富人，宁愿花到十万利华，请官吏们不去查他的所得。官吏们不要。"富人答道："你们不要么？我能叫你们一文的税也得不着！"这种富人是不会吃亏的，所有吃亏的，都是买国产的人，巴黎的商人；间接吃亏的，就是作工的人。所有工厂都先关了门，官吏强逼他们开工，也做不到。其实凡是有钱的人，都离开巴黎了，他们躲避税官，如同从前躲避公安委员会一样。

富人，商人都走了，穷人自然是无工可做。有一个小木器作写道："官吏们饶了我六个利华的税，但是他们把我的主顾都吓跑了，我所吃的亏，何止六十个利华!"政府愈想敛钱，愈无钱可敛，国库仍然是空空如也。有人说道："自从施行勒捐的办法，注册局，印花局，一文的进款也没得；政府这种举动，是自塞其财源。"

于是用了许多苛暴手段，不知害了多少人家，才能搜括四千万。他们当初以为可以搜括到几万万的，不过是一场梦。不到三个月，两院也晓得这办法无好效果，就有一个议员演说，要恢复从前比例纳税的办法。新十月十六日通过，离拿破仑变政不过两日，却来不及了，可惜太迟了，禁不住大富翁欢迎拿破仑来替他们报仇，禁不住有田产的人欢迎他，更禁不住无工可做的工人们欢迎他来解救。

（十）交质例

交质例是更苛，是新六月二十四日通过的。当恐怖时代，残杀的是贵族，但是并不想到残杀无辜的人，以征罚有罪的人。这个时候却想出这个无理的办法，此时法国雅科俾党的旧病复发，不止是恐怖，全国简直的是放了一把大火，把全国通烧着了。通国的地方，有四分之三是乱成一团糟，私斗的事，几乎到处都有，到处都预备起事。强盗们同反叛的征兵携手滋事，政府装聋作哑，把他们都当着是路易第十八的兵。于是新六月二十四日，极端的高山党强逼两院通过交质的恶例：凡各自治区（即是从前的革命委员会复活变相）都要立一个册子，把贵族的亲戚名姓登在册上，若有一个爱国的人被人杀死，就要远贬四个贵族亲戚，每一次盗案，要责成贵族的亲戚照赔。

（十一）各省之反乱

人人看见这条恶例都害怕。国人是决计不肯再受苛政。各省以前不过是有反乱之势而已，自从施行这条恶例，立刻公然倡乱。一天之内，南方倡乱的，同时都反了，声势很大。新七月十八十九的晚上，反者有二万人，都是不期而合的，也用不着号召，也无首领，都是被这条恶例激反的。新八月初三日，政府却把他们击散了，散过之后，这班人就变了流寇。

法国的西部自然又乱起来，拿破仑以为西方起事，都是为恶例所激的。到了新八月月底，西方反者有五万人，他们的首领虽然是庸材，不能当机立断，但是部下的群众，都是很骁勇的，攻下好几处城邑；若是问他们要什么，他们却答不出来，只晓得是为苛政所逼，山穷水尽，不得不反。一七九九年的秋间，八十六道反了十四道，尚有四十六道是预备好了的，随时都可以反。恐怖的旧病复发，就是产生这种效果。有一个外国人很留心法国时局的，写道："勒借及交质这两条恶例的不良效果，是计算不出来的。"第一条恶例，是破坏商业工业，使国家受种种的祸害；第二条恶例，是破坏全国的社会。

第四十八章　请军人干预

（一七九九年七月至九月）

（一）新雅科俾党

再造的指挥府，不等到有不良的效果发现，就竭力禁止恐怖政策之再施行。新五月得胜利的人，不久就互相争斗。雅科俾党是终归失败，但是当时两派相争极其激烈，显出西耶士及他的同党们太过薄弱。等到他们竞争终止的时候，两派都不以现时的制度为然，两派都盼望一个人来；一派是盼望他来增长势力，一派是盼望他来报仇。

自从末一次政变后，所有的俱乐部都重新大开其门，许多人都发怒害怕。新六月十八日，雅科俾党重新组织。但是巴倍夫死后的潜力很利害，深入于拥护自由之新朋友心理，存了许多更激烈的意想。他们的政策（在一七九三年宪法之外），主张平等公共教育，还要组织民立工厂，欢迎巴倍夫及其徒党，作为是为国殉难的英雄。这一派不久就主张杀人，首先要杀前指挥府的指挥及满载而归的财政家。这一派的麾下，有了三千人，就在王宫里从前作议员的会议场，作他们的俱乐部，公然自命为正式国立的议场。外省也有好几处重新组织俱乐部的，有意恢复一七九三年的办法。在两个月之内，这些俱乐部屡次演说，议论日见其激烈。

（二）一七九九年之和平派

实在的指挥派，自称是保守党，就是此时的和平派。他们都是弑君党，又是一七九三年六月残害同类的人，又是共和二年新七月间共和五年新八月间共和六年新四月间共和七年新五月间杀人的人，现在自称为和平派，真是名不副实。他们还有老脸皮说是要把国家置于不可摇动的基础上，他们自称和平党，却带了许多雅科俾党的性质。他们所谓和平，却是很激烈的。

他们不知不觉的都几乎全变了专制家。他们很晓得共和三年的宪法是完全撕破了的，一定要重新立一个宪法，使市侩们及群众都可以各安其业，享受和平之福；要立一个强有力的政府，保护他们由革命得来的种种好处。这班人虽自称为保守派，他们所要保守的，就只是保守革命。但是他们很在那里顾虑，若是禁不住他飞腾的那一个人走来，要他保守一切利益，他们一定要受这个人束缚住了，动不得。

两院之中，就有一个议员名拉麦退（La Meurthe），就是新和平派的一个好标本，原是个雅科俾党出身。他此时就是一个首领，有许多人都是跟他走的。这许多人之中，什么样人都有；有议员，有学会的会员，有政治家，有著作家。拉麦退所说的话，他们都赞成的，因为激烈派又出现了，他们就不得不设法反对。

（三）西耶士要用专制手段

这个时候最竭力反对激烈派的，就是西耶士，他以为可以同两院商量，出一个办法。在这个当口，西耶士尝说道：“两院的议员可与为善，可与为恶，却是要看操纵他们的手段。”他阅历过几时之后，见得当日的宪法从根本到枝叶都是腐败的，全用不得，于是同几个议员提及修改宪法的话。因为有了这件事机，故此琉森·波那帕脱（Lucien Bonaparte）（拿破仑之弟）起首交结西耶士。

但是西耶士此时并非注意拿破仑，他所要的是一个易受操纵的将军。他曾对佛社说过：“我很要两样东西；一样是头，一样是手！”他自己以为就是头，就是他两个肩膀架起来的头，就是架在西耶士两肩膀上的头，他自以为西耶士是全欧洲的大政治家之一。但是他虽然有了头，还要找一双手，要选一支执刀的手。

（四）朱伯尔将军

当时的将军是很多，西耶士以为只有朱伯尔合格。朱伯尔年纪既轻（现在是刚好三十岁），相貌又出众，有志气，却能小心。拿破仑说过：“他有勇而能镇静。”他是废过吐林王（King of Turin）的，又涤荡过荷兰共和国，他的手有过阅历的。雅科俾党虽然恨他（他在议会说过反对他们的话），但是也有几个党人很敷衍他，如佛社是也。保守派及贵族们是很欢迎他的。有一个是很会看相的，看中这位少年将军，将军一定要大发达的，就把承继女儿许配他为妻。佛社也常对西耶士提过他，西耶士只说一声很好，就不往下说了。但是朱伯尔奉派统领巴黎军队，这原是当日拿破仑初出场时候当过的，朱伯尔一得了这个消息，就会意了，说道："毋论你几时选定了时期，我只要带二十名兵，就把事情了结。"

（五）西耶士攻击新雅科俾党

西耶士既有了后盾，就开始攻打敌人。新七月初七日，叫元老院正式通知雅科俾俱乐部，要他们搬走，不许在王宫。初九日会友们很发怒的，先迁往太平庙。当天他以指挥长的名义，当庆贺新七月初九日佳节的主席，乘机演说，对于罗伯斯庇尔不甚用严厉的贬词，惟对于将要采用罗伯斯庇尔手段的人，很有严重的话。

雅科俾俱乐部很激烈的攻击西耶士。西耶士决计对雅科俾俱乐部。但是谁人有这个胆子去施行他的计画呢？陆军总长伯纳佗特是靠不住的，因为他同雅科俾俱乐部常有往来。警察部总长，又是个废物。反动派中有什么人敢担任封闭一个有三百个议员当会友的俱乐部呢？塔力蓝虽不露面，却是常常暗中献策于同党，是一个精于心理学的人，他料事料得很中肯的，说道："以盗捕盗，若要攻打收服雅科俾党人，是要用雅科俾党里的一个人去办的。"指挥很摸不着他的意思，使眼色问他。他说道："佛社。"巴剌斯赞成塔力蓝的主张；巴剌斯以为佛社是自己的私人。

巴剌斯虽然是一个坏透了的人，却有时还是很老实的，他把佛社当作是自己的私人，他是大错了。佛社是向来绝不肯当定一个什么人的私人的，他向来是毋论什么人的私人，这就是不肯当定是某人的私人。他此次与毋论那一次，都是要看风头的。这个时候，别人都以为是风从左边吹来，佛社独觉得是从右边吹来，一起首是反动，反动过了，就是专制。佛社是将来对公爵的人，此时料事料得很准，他晓得最清楚，要打倒雅科俾党，是要用雅科俾党的手段。他的头脑是极其灵醒，他的良心早已是丢开的了。他有头脑无良心，再添上辣手段，这才成其为佛社。

（六）佛社当警察部总长

新七月初二，果然派他当警察部总长，他当时原在荷兰都城当大使，一得了消息，就立刻昼夜兼程的赶到巴黎，来得是非常之快，几乎把他所骑的马跑死了。十一日就到了巴黎。十七日，据他所上的条陈，政府就请两院发令，封闭所有俱乐部。

雅科俾党有一次，居然有大力强迫五百议员通过恐怖例，此时却起首失势，但是他们还相信势力仍然存在，很激烈的反对封闭俱乐部。他们听见佛社条陈上所说的话，大喊道："全是一篇谎话，这个反叛佛社，一定是作了宗社党的朋友，这是无疑的了。"当天晚上，就在俱乐部很激烈的攻击佛社，造谣言。佛社不顾，丝毫不为他们所摇动。

二十七日，雷佩勒退正在俱乐部说反对佛社的话，佛社走入俱乐部，宣布解散，把会友都驱逐了，关闭大门，加上锁，派马队把守，随将钥匙交给指挥。指挥看他办得这样神速，都很诧异。政党世界见了，都变了化石，不敢动。有一个议员在众议院演说，反对这种举动，同事们都不理他。有一个报馆攻击佛社及维护佛社的人，新八月初一日，发一个谕条，把这个报馆封了。

失败党无法，只好借口法军打败仗，作一个最后的希望。有一个帮助他们的如耳洞将军，主张宣布法国临危。这种宣布的结果，是再行恐怖政策，假使要实行，一定是失败的。

（七）朱伯尔阵亡

因为前敌来的消息很可怕，苏瓦罗夫已据意大利全境，进逼法国南边。指挥们要掷一个孤注。朱伯尔本已奉命当征意大利军的总司令。读者当猜得着这个任命的目的，与朱伯尔同时的人，有许多都猜着了。普鲁士驻使写道："朱伯尔的声望还不够。"指挥府是深信朱伯尔有天才，可以打败苏瓦罗夫，阻止敌军，不使犯边，凯旋而归，就实行指挥们所定的作梦政策。这是用一矢射双雕的手段。

苏瓦罗夫是很镇静的等候这个小孩子来。苏瓦罗夫有七万人，朱伯尔不过有四万人。新七月二十七日，两军大战于诺尾（Novi），交锋不到一点钟，朱伯尔受伤坠马。摩罗原是甘在朱伯尔部下的，只好代主将当了总司令，血战十六点钟；见支不住，才决计退兵。两军死伤相等，各失八千人。摩罗整师而退，至热那亚，俄军高唱谢上帝的歌。

法军虽败退，却并未损失声誉，然而法国之不幸，已达到极点了。意大利全境，此时只有热那亚一隅之地，为法军立足地方。马塞那在瑞士与查理大公相持两月，终恐寡不敌众，不久苏瓦罗夫就来助大公成功。此外还有四万英俄联军在荷兰登岸，布轮将军只有一万七千人，是难以抵御的。日耳曼境内，是无法军踪迹。法国的边界，从北至南，是随时都可以有敌军来犯的。法军整队的开拔，从边界上回来，衣服是破烂到不堪，又吃得不饱。他们推究致败理由，都说是败于某公司包办军需，并不是败于敌军。

（八）指挥府打倒新雅科俾党

指挥府有一会子很绝望，没得主意了。朱伯尔既阵亡，是没得手可倚赖了。但是佛社壮他们的胆，说是只要六辔在手，什么都不怕！摩罗在诺尾地方打得很好，又是痛恨乱党的，可惜他胆子小些，也不要紧。他们要调他进京，壮他的胆，当他未到之先，一面要攻击雅科俾党，果然是不歇的攻打。他们指挥府又根据一张警察部的报告，于新八月十七日，又有公文到两院，要定封禁报馆的条例。有一个议员很激烈的攻击佛社，佛社在报上登了一张辩护，自称仍是爱国者。但是他很觉得只要一旦雅科俾党稍得胜利，一定是要大报仇的，于是很催促动手，先要一个可靠的人。他写信给巴剌斯说："一定要个人。"

当下西耶士专办毁灭了乱党的事，以为带巴黎军队的统将及陆军总长伯纳佗特都是附和乱党的人，故此首先免了那个统将的职，随即强逼伯纳佗特辞职，乱党此时是完全屈服了，不敢动。但是有个人写道："乱党的仇恨心，却并未死。"

他们仇恨政府是恨极了。因为这班爱国者，得了两个消息，是很高兴：一个是马塞那在瑞士打了大胜仗，一个是布轮在荷兰也得了大胜。

这一次又是因为联军自己内里不和，救了法国。俄罗斯同奥大利意见不合，苏瓦罗夫的举动很令奥国政府大有戒心。因为这个俄国野蛮将军，答应了意大利人民，还他们的自由，或是替失位的王公恢复他们的地位；但是奥国的政策不同，一到和平恢复的时候，就要波河两岸的地酬劳。于是俄奥两国互出怨言相稽；

奥国政府一定要把俄军请出伦巴底境内，故此命查理大公离开瑞士，前赴美国，把苏瓦罗夫调赴瑞士，去打马塞那。

这种调动，却把苏瓦罗夫毁了。因为他愤极奥国把他的通盘计划都打翻了，又因年老积劳（他是七十岁了），全个人忽然都变了。

（九）法军在瑞士及荷兰之捷

苏瓦罗夫的军队，要过阿尔卑斯大山，这是极劳苦的事，军队已疲劳极了；遇见法军，先与勒库贝（Lecourbe）的军队交锋。勒库贝善于山战，此次的军略是很有名的。随后俄军又同马塞那的军队激战（两战即在一七九九年八九两月）。这两次战事，在战史中称为“沮利克之战（Battle of Zurich）”；其实战事布满瑞士高原，不止在沮利克一处地方。苏瓦罗夫的前锋三万人，大败于沮利克。八月二十六日，血战一场，俄军始退出。这一次俄军死八千人，被俘六千人，失了一百尊大炮，苏瓦罗夫来救，已来不及了，只好向巴威（Bavaria）而去。

另一方面，布轮也打了胜仗。九月十九日，他分击英俄两国的分队，英军大败；英将约克公爵（Duke of York）签约，限于九月十九日起，至十月十八日止，所有英俄军队，都退出荷兰。两地的法国军队都打了大胜仗，似乎法国的人民听了这种好消息，一定是高兴的。谁知不然；此时不比从前了，就是打了大胜仗，也不能激动法国人民的高兴了。同时国里虽然打倒了雅科俾党，也解不了他们的愁困。因为这两种利益都是靠不住的，都不过是暂时的。雅科俾党还诬赖指挥府捏造消息。实在情形是国人已怠倦极了。

国人向来相信自由有许多好处，打胜仗也有许多好处。不料都大失所望，并不能得着什么好处。国人到了这个时候，心都死了，只有盼望有一个强有力的人出来，才能够攻打雅科俾党，保护国人的自由。

此时只有一个人能够办得到这件事，但是这个人还在异国。

（十）假使拿破仑在这里的话

拿破仑也尝着失败的滋味：一七九九年四月，土耳其军阻止住他不得前进。他的计画是要绕一个大圈子，从土耳其都城回法国，完全失败，被敌军驱逐回头，回到埃及，出不来。他却把土耳其军追到海边，但是他仍然是出不来。他前次的败仗，国人不甚理会，这次的胜仗，却替他增加了许多光荣。国人也晓得他管理征服的地方，能令被征服国人民爱法国，畏法国。拿破仑不独能打胜仗，且能维持地方的秩序。

此时法国人嘴里只有一句话，众人说的都是："假使拿破仑此时在国里！"但是他有什么机会能回来呢？

盼望拿破仑回来，这一句话是到处都听见说的，上自指挥府两院起，以至于巴黎各等社会及穷人所住的小街小巷，都听见许多人说这句话，连外省穷乡僻壤乡下人说的，也是这一句话。

作者已经说过，当时有种种原因，引出一个专制的恺撒来。这一个专制家的名字，许久无人说出来，现在是人人心里嘴里都有这个人。有一位大历史家汪达尔（Albert Vandal）写了二百张纸，历数当时的种种情形，如何发生新十月的事。

毋论那一类人，毋论那一党派，毋论那一种社会，毋论那一群一队的人，全个法国都盼望这个人出现，来恢复秩序，盼望他来作一个报仇的人，作一个保护人，作一个专制人，作一个狄克退陀。莫理斯曾于一七九三年写信给华盛顿（Washington）说道："法国不久就一定要有一个专制家来管理这个国，此是显而易见的，要一个从革命产生的狄克退陀，或是一个共和派将军。"但是比他更早，已有人料到这一层了。一七九〇年，立瓦洛（Rivarol）写道："不是国王要个军队，就是军队要个君王；凡是革命，都是用刀子收拾残局的。"一七九一年，伯楞斯（Pallence）说道："因为这个时候的当国的人，只能令国人起疑心、国人宁愿得一个有幸福走好运的军人来管辖他们。"作者已经说过俄女帝喀德邻一七九四年研究时局所说的话了，她说道："我很留心看一个出类拔萃的人，或是才气冠全欧的大能人出来，管理法国。"

（十一）各党的惟一希望都在拿破仑一个人

自从一七九七年定了坎坡－福米奥和约之后，有许多人低声耳语，说的就是拿破仑。他本人却以为果子未熟，溜走了，溜走还不算，还要走得远远的，远离本国。他的兄弟们常常同他通消息，除了他兄弟之外，还有许多人盼望他回来的。有人曾经对佛社提过他。一七九九年，巴剌斯提议调拿破仑回国。巴剌斯的同事们答道："拿破仑在埃及办得很好的，还是随他在那里吧。"雅科俾党仍当拿破仑是他们的同党，如耳洞请拿破仑当一个雅科俾党的狄克退陀。乱党首领布理奥（Briot）要登台演说，欢迎他回来。有许多宗社党以为拿破仑或者是个满克（Monck）将军。他们牢抱着这种梦想，一直到了一八〇二年才醒悟过来。学会里哲学家更恭维他，也要请他出来。奉天主教的人，很念念不忘拿破仑当日在米兰所说的话，又忘不了他对大主教行过军礼，更忘不了他优待红衣大主教奇兰蒙替（Cardinal Chiaramonti）（将来的教王庇护第七）。只有当时的显著的军人，不见得十分热心欢迎他。但是军人们向来是互相妒忌的，譬如说：“伯纳佗特是绝不愿意看见摩罗或如耳洞得胜利的，奥日洛是绝不能甘心受布轮节制的。”若是一定要一个军人当元首，只能选拿破仑的。

最重要的一层，是国人并不信仰政客们，或学问家，或军人，惟有对于拿破仑是很有好感的，很叹惜他走得太远。提波尔（Thiébault）也是个军人，却不是拿破仑的好朋友，写道：“自从他到了埃及之后，法国就发生许多祸事。”国人的意想，以为其他的将官所打的败仗，假使是拿破仑去打，是绝不会败的，法国军队所退让地方，假使拿破仑驻守，是绝不肯退让的。国人之相信拿破仑可谓至矣尽矣。国人懊悔他走，盼望他来，绝非其他将官所能磨灭国人这种思想的。马塞那虽然奋勇，打了大胜仗，法国的军声大震，但是国人的意思，以为只有拿破仑一个人可以担保一定打胜的。

指挥们最后决定召拿破仑回国，但是心里却希望他回不来。他们心里想，即使拿破仑果然得着政府的公文，他怎么样能够逃得过敌人的海军，他一定回不来的，难道他能从天而降吗？佛社是个信命的，预料他一定能回来。其余政府的人，却都不甚相信，以为法国看不见救国的人回来。

（十二）拿破仑归自埃及

新九月十九日，有几个装扮得很诡异的指挥府打发来送信的人，到了两院，议员们见得很诧异，心里想道：“难道又有什么不好的消息么？难道是政府又要提议什么新财政的计画么？大约又是横征暴敛，害国害民的政策。”原来都不是的，送信的人说道：“国民！请听指挥府通告诸位，接着埃及的消息了；柏替亚将军（General Berthier）本月十七日在夫理查（Fréjus）地方登岸，拿破仑将军是同他一道来的。……”议员们听到这里，就不往下听了。不问是那一党的人，立刻都站起来，大声欢呼，旁听的人也欢呼喊作一团。只听见喊道：“共和国万岁！”这个消息是真的么！不是一场好梦么！不到一会子工夫，巴黎全城都晓得了。新近这些日子，巴黎的人是毫无生气的，什么都不理会的，打了胜仗，也提不起精神来的，一得这个消息，人人都跳起来，欢喜欲狂。有笑的，有哭的，见了面彼此相搂抱，东奔西闯的去打听消息。毋论在那里，只听见一个人的名字就是拿破仑，彼此相告，拿破仑登岸了！

拿破仑果然是踏足入国门了！七个星期之前，他听见国里种种不好的消息，就立刻奔赴国难，离开埃及。他坐了一条船，从亚力山大海口起程，在路上六星期才到了马赛。往往遇见敌船，费了许多事，才逃脱了。新九月十七日，才到的。

第四十九章　拿破仑之降临

（一）巴黎之狂喜

新九月二十一日，提波尔偶然走入御苑，看见极奇异的景象。有许多人围住一个过路的人，这个人一路走，一路喊，忽然围住他的人散了，各人如飞的分向各方跑，好像是要去报告什么重要奇怪的新闻。有一个乱跑的人，碰了提波尔说道："拿破仑将军已经在夫理查登岸了！"再过一点钟，巴黎全城好像是过佳节。满街上都是军乐队，毋论那里，彼此见了面，就是搂抱贺喜。当天晚上，所有的戏院，都有一个戏子登场先报告喜信。满戏院的人无不拍掌欢呼。大小酒馆，饭馆，无不举杯庆贺拿破仑回国。

指挥们看见群众如此欢迎这个将军，就可看出他们的地位，有点不妥了。众议院的高山党，向来是公然反对政府的，这时候是欢喜极了，那个情景令人可怕。

有好几点钟之间，政府是一片忧疑，不知怎么样是好。哥亥尔及穆郎是很疑心拿破仑的，巴拉士是后悔让拿破仑脱离樊笼，西耶士是很怕他。二十晚上，只有指挥府得了消息，还未透露出去的时候，西耶士请摩罗及波狄（Boudin）来议事。波狄是向来极端主张用武力解决的。西耶士告诉他们："拿破仑回国了！"摩罗（领兵的队长）喊道："你心里所要的人到了，你不如把政变的事交给他办，他去办比我们办好得多。"波狄听了这个消息，更是如醉如痴的欢喜。第二天波狄中风死了，巴黎人都说他是欢喜死的。波狄原是第三届国会议员，又是个弑君党，这样欢喜死了，是应该注意的。指挥府看见通国都是欢喜的，不能不跟着潮流走，不然的话，立刻要消灭的，只好也装着欢喜，只用强力，是打不过狮子的，若用网罗，还许有几分把握。

（二）拿破仑路经法国

当下拿破仑向巴黎首途，一路都有人欢迎。过阿尔卑斯大山的时候，乡民用火把照他晚上走路。里昂城自从一七九〇年以来，是受尽蹂躏的了，他到了这里的时候，很像是正在革命时间的城市。

他在路上的时候，很严肃很多虑的，有时不知不觉的微笑。他此时心里盘算许多冒险的大计画。他在埃及将要动身的时候，尝告诉同袍说道："我回去驱逐律师们。"这种说话，伯纳佗特也能说的，不过是伯纳佗特只能作到这一步，就算完了。拿破仑却不然；这一句话，不过是他重整法国的大计画的一个起点。他原想用和平手段重整法国，并不十分梦想连合一个私党，用军队力量作激烈的一击。他所要办的，是各党派都能承认的革命，授权与他解决法国各项争端；办成之后，建设国民政府。这个思想，颇能包括当时的普通想望。新九月二十四日，有一张报说道："人人都盼望拿破仑赶快到巴黎，因为人人都要晓得他如何教导各党各派，同爱共和。”

国人都猜着拿破仑的意思，一定用慷慨手段及坚决手段解决时局的，故此人人都恭维他如天上人。此时国人受电气，如同一七八九年一样。有一个本地的行政机关写道：“拿破仑回国的消息，如同电气，过了共和党人的身上，有好几个因此得了病，有好些是哭的，没得一个不疑心是一场好梦的。”

但是拿破仑自己也为种种忧虑所侵，他已经听见说他的夫人约瑟芬有不贞洁的行为，他从夫理查一路到巴黎，心里也是难过到流血。他决意乘他的夫人不备，忽然到家，同他的夫人离婚，洗涤家门之辱，故此他骤然就到了巴黎，好像是从天而降的。

（三）拿破仑到巴黎

二十四晚上，拿破仑溜进家里，家里没得人。原来约瑟芬很恐慌的匆匆忙忙的去迎接丈夫，要安慰他一番，谁知走错了路，碰不着他。故此当巴黎全城欢喜欲狂的时候，拿破仑却是一个人在这个寂寞无人的家庭里闷过了二十四点钟，为种种伤心的事所搅扰。国人的高兴，同他一个人的忧闷，正是遥相反衬，可见得人世什么大动劳，大富贵都是空的。

二十六日，拿破仑进指挥府。惟恐他们害怕，他穿的文官衣服，戴一顶圆帽子，穿一件惨绿色的外衣。他这样打扮，很显出奇形怪状；况且在埃及时候，他把长头发剪短了。卫兵一见是他，立刻对他行军礼。他到了这个时候，还是要掩饰他是个军人。指挥府今日是哥亥尔主席，以同胞资格欢迎他，行搂抱礼。拿破仑神经也有点不宁，只能断断续续的说感谢他的话。他出府的时候，府外已聚了许多人，都欢呼喝彩。

他从府里回家，约瑟芬已回来了，满面流泪，跪在拿破仑面前哀求。约瑟芬原是个造作的好手，叫儿女们也跪下。拿破仑到了这个时候，已经想透了；他此次回来，原要重整乾坤，犯不着先破坏自己的家庭。他于是饶恕了约瑟芬，从此以后，专心办他的大事业。

（四）新十月的党人

于是一群一群的政客，都来见拿破仑；最重要的，就是洛得勒（Roederer）、塔力蓝、里尔（Réal）、勒诺（Régnault）等四个人。拿破仑问道："你们以为能办得到么?"四个人同声答道："已经办到四分之三了!"随后有一天，里尔把佛社带来见他，以为诸事都办好了。惟是这位警察部长向来办事都是极小心的，自己动手办的事是很少的，只在那里等候瓜熟蒂落，水到渠成。他自己所作的，不过是给几服麻醉药，给指挥们吃，等到药性发作的时候，指挥们自然是动不得，就把指挥们交给外科医生动刀施手术。

当下西耶士很严肃很着急的盼望大将军降临；西耶士向来不十分欢喜他，他也极讨厌这位理想家。但是学会却使他们两个人相亲近，变作较为亲切的好朋友。在学会眼中看来，一个是戴主教帽的哲学家，一个是穿军靴的哲学家，两个人合手办国事是最合宜的。学会此时自以为指挥一切举动，拿破仑是时刻都把会友记挂在心上的。他一入国门，写的第一封信就是给拉普累（Laplay），谢他惠赠他的大作天象力学。他对于学会中之考古家服尔内（Volney）及大画师达威德都是很恭维的。蒙日及柏托雷是随军赴埃及，又随拿破仑回国的，对会员们极称赞拿破仑如何保护埃及学会。学会的朋友们，无不齐声一致的恭维拿破仑，说他是绝不会把拉瓦节（Lavoisier）（拉瓦节是一位大化学家。译者注）及康多塞（康多塞是大哲学家，大算学家。译者注）送上斩头台的，也绝不会把许多化学家哄出法国的。若是柏托雷所说的话，是可以相信的，学会以为若有拿破仑帮忙，那几位化学家及学会的朋友们，就可以治这个共和国！大将军此时却还未起首讥笑理想家。西耶士原是学会的会员，还是学会把西耶士同拿破仑拉拢在一处的。

（五）拿破仑及西耶士

拿破仑一旦决意同这个狡猾教士（这是拿破仑当哥亥尔面称呼西耶士的话）携手办事，就专心留意恭维西耶士，尝对西耶士说道："我们此时无政府，因为是无宪法，即使是有一个宪法也不合用：我们盼望你这个天纵之才，给我们一个宪法。"

这样的谈话，其效果可知宪法是在所必改的了。元首不能太多，只好从五个人改作三个人，这却要两院帮忙。但是五百议员中的高山党，是很有令人可怕的理由。过了不久，高山党以为来了一位替他报仇的人，到了新十月初十日，如耳洞曾访拿破仑，自愿帮他推倒指挥；但是这样一来，是变作同高山党一鼻孔出气了。这个高山党，却是最为舆论所不归的。拿破仑不愿意当一个在马上的罗伯斯庇尔，于是把这个他所不欢迎的条陈撇开，但是说得很婉转周到的。他的意思，是到了打击的时候，要人人都晓得这次打击，是各党各派都赞助的。这种计画是很要紧的，因为军队中并非是完全与拿破仑一致的。新十月十八日的大政变，有极多数的人都不深晓得当时的实在情形，随后有大历史家汪达尔研究明白，重新叙述当日的情事，人才明白过来。二十年前，许多人都相信新十月十八日的大政变是侍卫军（指古时罗马帝制时代，侍卫军操废立之权，行篡弑之事。译者注）。其实不然，这次大政变，是两个指挥及两个部长在他们的书房里预备的，在两院也有讨论的，在学会里也讨论过。总而言之：各处都曾商量过，惟是在参谋室却并未讨论过。在军人中摩罗及马克多那尔（Macdonald）是怀疑打不定主意；伯纳佗特是一味狡猾，顾虑奥日洛及如耳洞两个将军，因为他们所献的计画，不见采纳，简直的是极端的反对。拿破仑及他的朋友们所忌者，只有陆军部长杜步亚、克蓝司（Dubois Orance），他们又费了许多心血，把巴黎的地方长官勒非甫耳（Lefebvre）说好了。勒非甫耳虽然是痛恨律师们，却也不甚欢喜拿破仑。在军人之中，恭维拿破仑如天上人的，只有他从埃及带回来的一班少年军官。因为当时报纸所载的，是很出名的炸弹队，故此把此次大政变作为是军人的大政变。其实这种炸弹队，与征意大利及征日耳曼的军队毫不相干；此次的炸弹队，是两院的卫兵，原是在两院门内供警察役务的，当日政变事起，炸弹队曾在元老院出现，故此沾了军队政变的彩色。其实他们的出现，原是议院之事，与军队无干。

当时政变，无所谓政府，侍卫队只有雅科俾党的卫队。

（六）拿破仑与政界

军士们虽是袖手旁观，政客们却是不停的讨论。佛社写道：“各党各派，好像是静候拿破仑动手。”其实新十月党并不是静候，他们是很活动的，常常聚议；有时在大将军家里，有时在馆子里，警察们装作毫无闻见的。有一次，哥亥尔听见有阴谋举动的许多报告，就请问佛社，佛社很大胆的答道："倘若有阴谋，自然有革命街（革命街有斩头机器所在地）作证，或有格林尼里（Grenelle）（格林尼里是枪毙囚犯之地）作证。"这一个哥亥尔是莫名其妙；原来他是个色鬼，这个时候他正在用全副精神，全副手段，去挑动约瑟芬，常常到拿破仑家里去同约瑟芬调情，他以为这个蜂窝里只有甜蜜。

新十月十五日，诸事都预备好了。政客们是把元老院的大多数议员都说好了，元老院的司卫官也说好了。在政府里头，佛社、冈巴塞、西耶士、杜科也都说好了，以为临时巴剌斯是必守中立的。约瑟芬担任牢笼哥亥尔。巴黎的地方长官是为佛社所愚；缪拉及勒克雷尔（Leclerc）几乎劝到勒非甫耳入伙。洛得勒有勒诺及马累（Maret）帮忙，到处替拿破仑当说客，终日东奔西走，什么地方都走遍了。他的儿子自己走入印字房躬亲印刷宣言书，以免泄漏。有一个财政家借出几百万，资助举事。

（七）大政变的计画

他们的计画，是先从元老院发起：元老院预备好，忽然得了报告，说是有乱党起事害国。元老院立刻迁往圣库路宫（Saint Cloud），令拿破仑统带所有军队。西耶士及杜科同时辞职，于是劝诱巴剌斯及哥亥尔也辞职。政府既瓦解了，两院立刻组织新政府，因为国家阽危，不得不组织强有力的政府，要比上一个政府强得多。于是拉拿破仑入政府，最伟大的立法家西耶士也入政府。一面西耶士能畅达其一生的怀抱，替法国立一个他意中以为必需如此如此的宪法，大将军一面扫除阴谋害国的人。五百议员是不反对的，因为要预防不测，调些军队驻守圣库路宫。

十七晚上，就先把炮队部署好了，炮手都齐集了。缪拉将军及沙森尼舍巴斯提阿尼（Sebastiani）将军得令，翌晨一个带马队，一个带轻骑齐集王宫。洛得勒的儿子印刷宣言书，拿破仑去司法总长家里吃饭。因为要蒙闭住巴剌斯，拿破仑自请明早到巴剌斯家吃早饭，同时约瑟芬请哥亥尔来家里吃早饭。总而言之：凡是不预闻大计的，都被蒙骗过了。

（八）新十月十八日

十八日早上，因为昨天晚间元老院的司卫官传请，议员们就齐集议场。有一个司卫官读一张不清不楚（因为不清楚更令闻者害怕）的报告，说道："可怕的现象，……很令人发愁的报告，……不久就要变作燎原之火了！……共和国是不能存在的了！连共和国的骨头，也要在饥鹰的爪中了！……"这个报告说的都是这样的话，却未说出一句事实。因为当时是难以说出什么事实，一说出事实来，就恐怕得罪人。这个报告说的都是含糊话，就同从前控告布里索、丹敦、罗伯斯庇尔等的罪状一样的含糊，却把他们几个人送上斩头台上去了。议会听了，也不追问详细解说，惟一的办法是要先救护这个共和国，不要被饥鹰抓了去。此时若要救国，只好委拿破仑去，除了他之外，那里还有胜任的呢？于是匆匆忙忙写了五条，通场一致通过。立法机关就赶到圣库路宫派拿破仑统带第一师，立刻请他到王宫宣誓。司卫官跑到拿破仑家里，请他出来救国。

司卫官一到了拿破仑家里，看见有许多人。原来昨晚拿破仑请了好几个将军于翌晨到他家里聚会，他们都到了，议论纷纷，人人都是很受了激刺。要紧的人，也陆续到了；摩罗、马克多那尔等走来的时候，看见已经有许多会议，很诧异。随后到的是勒非甫耳、伯纳佗特，这两位以为是请来私谈的，谁知是一种军人俱乐部的会议。有许多人想走，被众人劝住不走。勒非甫尔是第一个先要走的，被大众劝住了，只好不走。只有伯纳佗特溜走了，他虽然走了，却并未与同袍翻脸失和。西耶士描写巴剌斯说得很对，说他是满脸和气，一肚子的狡诈。巴剌斯并不发表意见，也走了，躲在波那帕脱（约瑟）（拿破仑之兄）家中等候消息。这是明白表示，有一半附和拿破仑。

元老院的司卫官到拿破仑家里的时候，看见有六十个将军聚议，司卫官把来意告诉拿破仑，拿破仑答应担任。忽然花园门打开，这六十个将军看见征服意大利的英雄脸无血色，戴了黑帽子，披了绣花军服，走进园来。同袍见了，如一阵狂风的喝彩。拿破仑同众将军演说几句话，说他们是骁勇的同袍，请问他们能否帮忙救国！诸位将军听了一齐用手抓住刀把，齐声说道：“何必多此一问！都愿齐心合力的救国，法律同荣耀携手，都愿同他到元老院宣誓。”于是有缪拉的马队作护卫。从得胜大街（拿破仑住处）同到同心大街（元老院所在地），街上群众见了无不欢声如雷。八年之间！这六十个将军创立不朽大功！他们的性情不一；也有镇静如摩罗的，也有猛烈如缪拉的，却是无一个不是功在史籍的。当时有一个财政大王，从楼窗望见这六十个将军走过，立刻写一个字交给他的证券经纪。他写的只是一个买字，就是这一个买字，也值得历史家谛听的。

他们到了王宫，此次是大关宫门欢迎他们进去，恭迎大宾，不是从前那几次都是要攻打宫门才能进去。当着全议会高声喝彩的时候，这位贵客就走入元老院。当他入院时候，群众欢呼：“救国的人万岁！”

（九）元老院之会议

元老院选派拿破仑的消息，是早上七点钟传到指挥府的。这种举动，很出乎他们意料之外。巴剌斯听了不胜诧异，他自己说道："我猜错了爆裂的时候，我猜迟了四十八点钟。"但是他还相信是大将军的老朋友；他一想，不如用一个缓兵之计取一个巧，临时规避他。就跑去洗澡，把所有的房门关锁得很严，同事们就无法找得着他，请他来议事。

他们找西耶士也找不着；原来新近这几天，他每天早上学骑马，因为这一个前主教要陪拿破仑骑马，并辔而行，显出多少军人模样，出点风头。他得了消息，就向王宫而去，不到指挥府，他是骑马去的，有两个军官陪他去的。

指挥府主席哥亥尔请诸位指挥会议。杜科也不见面了，照例若无三个指挥在场会议，是不能决定什么办法的。巴剌斯打发人来送信，说是梳洗未完，要等一点钟才能到，他只派了一个自己的秘书到王宫。哥亥尔同穆郎同坐，说了许多慨叹的话。佛社走来，露出愁闷诧异神气，两个指挥当他若不是奸贼，就是呆子，很无礼的对待他。他们这种看待，更催促这个警察部总长不再迟疑，先把这两个指挥驱逐了再说。但是他好像还有时候示意，此时惟有驱逐巴剌斯或者还有补救的办法。哥亥尔及穆郎心里存着这一个最后的希望，就要到王宫看看两院在那里干什么。这个时候，人人都往王宫跑。

（十）拿破仑斥责指挥府

这一本大戏，不久就演完了。作者要承认这个台柱演得并不出色。拿破仑一登演说台，总是神思不宁，说话迟滞的，他断断续续的说了效忠于国的话，随即宣誓，元老院就散会。在对河的五百议员们，为宪法所拘，只好一无讨论，也作同等的举动。十一点钟时候，拿破仑骑马出王宫，是满肚子的不高兴，因为演说得不好，在那里想，应该说什么话的。忽然间看见一个巴剌斯最亲信的私人，拿破仑就把这个人当作指挥府，要想痛责一番。于是骑向巴剌斯的私人，大骂指挥府种种不对，大声喊道："所有的军队都帮我！我帮立法机关！"群众听了欢呼。拿破仑又喊道："我把法国交给你们的时候，是何等有光荣的法国！你们到了现在，把法国弄成什么样了？我走的时候，法国是享和平幸福的；我现在回来了，法国是受战争的痛苦！我走的时候，法国是战无不胜的；我回来的时候，法国是无役不败的！我把意大利的千百万金钱交给指挥府，现在所有的金钱，都往那里去了？所作的无非重征暴敛的事，国里无处不是穷苦愁困的！我的袍泽，我的十万老朋友，法国的健儿，现在都在那里了？他们都死了！这种情形，还能够再容忍得下去吗？不到三年，我们都要饱受专制之害了！但是我们决意要建设共和，拿平等道德，人民自由政见兼容作基础。在一个良好政府之下，凡是个人，都可以忘记他是某党某派的人，可以自由当一个法国人。凡是听见好作乱的人的议论，反以为我们费尽心力，巩固共和的人，不久就要变作共和的仇敌，我们现在不要这班爱国者了，我们只要为共和受过疮痍的人。"群众听他说一句，喝采一句。拿破仑掉过头来，策马驰到军队前头回家，以为是得胜而归。

指挥府此时是无影无形的消灭了，总算是得胜。

（十一）指挥府之倒

西耶士、杜科两个人自行辞职，还不能算数，还要巴剌斯决计辞职。塔力蓝拿了作好的巴剌斯辞职书来，措词是很大方的，不过说是辞职休养的话，只要巴剌斯签个字。巴剌斯看见群众对军队喝采，知道无可挽回，就签了字。刚好他连夫人走来，劝他忍耐观变，不必辞职；但是巴剌斯已经决意归休，晓得抗拒是无用的了。巴剌斯于是同他连夫人分手。这两个人，原是最腐败的政界的代表。他连夫人回到自己的别墅，后来她还要出风头，作了犀美王爵（Princesse de Chinnay）的夫人，政界上却无他的踪迹了。巴剌斯签字辞职之后，有一百多名马队护送他出指挥府回家，从此以后，历史上见不着他的名字了。

哥亥尔及穆郎两指挥不肯辞职，事权是没得了。当权的人，以为不如派一个大人物，在指挥府看管这两个人，派的就是摩罗。

指挥府是无权了，事权现时在谁人手中呢？事权就在拿破仑手中，因为他统领军队。这次政变算是成功了；公债立刻起价。大将军此时很放心了。西耶士还想援例要拘捕四十个不听调度的议员；拿破仑不肯，派了一个人去安慰议员们。议员们有许多不受抚慰，要架弄伯纳佗特反抗拿破仑。当日巴黎大雨，人心有点惶惶。

（十二）新十月十九日

十九日早上天晴，有许多人多往圣库路宫去。他们都往这里跑，究竟要干些什么呢？最奇怪的是指挥府既倒了之后，应该再干些什么？却是并未商议好。法国的大革命，是始终听天由命的，试看此次的政变。新十月十九日这一天，拿破仑自己也不晓得应该干些什么，即如从前七月十四攻破大监狱之役，及八月初十推翻君主制之役，九月二十一日成立共和之役，不晓得应该再干些什么一样？

以当日的事势而论，似乎两院先该聚在一处会议，劝他们欢迎三位大首领，如同古代罗马恺撒故事，把拿破仑、西耶士、杜科举作三大首领。这样一来，群众心定悦服，这件事就可以结束了。谁知不然，元老院先据了极华丽的太阳殿，只把橘园（Orangerie）让给五百议员，又要重新铺陈才能迁入，因此坐失时机。两院议员不能相聚会议，只好任园里混杂闲谈。这种样的闲谈，彼此都不能解说明白，当时的事变情形及其宗旨，彼此又不能切实交换意见，都觉得昨天的举动，是一件诡秘莫测的事。等到午后一点钟，把橘园铺好了的时候，元老院就有点纷乱的情形，五百议员中，竟有一党要竭力反抗。

（十三）巴黎人都到了圣库路宫

这时候巴黎人，凡是与政界有点关系的，都跑到圣库路宫。拿破仑是骑马去的，同西耶士，杜科在楼上会面。他此时饱受激刺，神色不宁，觉得浑身发冷，走到炉前烤火。

当下议员们开会议。拿破仑的胞弟琉森当五百议员的议长，已经有一个星期，此时仍是他作主席。哥丁（Gaudin）首先提议，选派委员，调查共和所受的危险情形。极端左党很说些讥刺的话，且有人大喊："打倒专制家！"新十月派很有点不安，因为两派都要用缓兵之计（不知他们是什么用意），一致同意通过一个最荒谬的办法，就是每个议员，都要上演说台宣誓忠于宪法。

元老院此时也变卦了，送了一个通告给指挥府。指挥府的秘书答道："现在没得指挥府了！"于是拿破仑出现。在元老院演说了一番，说得很不好，措语很不巧妙，说得又不连贯。他不外要辩护他不是专制的格林威尔，说完就出院，神色还是很不宁的。

他很晓得元老院这班老头子，是不想往下再干什么的了，他只好试用冒险手段，希望成功。他的手段，并不是十分惊人的，不过把两院的警卫炸弹队喊来，吩咐他们闯入橘园。

他一踏入五百议员会，议员们看见他进来，风潮大作。拿破仑看见了，很大惊失色。议员们群起大喊道："打倒这个狄克退陀！打倒这个横行家，办他的罪！"

（十四）拿破仑与五百议员

忽然间，所有高山党的人都走过来，群众殴他。拿破仑人本来短小，不见得有多大气力的，被他们重重围住，他几乎喘不出气。有一个身躯壮大的议员挥拳殴他，他被众人围柱，有推他的，有打他的，他几乎失了知觉。炸弹队把他抢护出来。当下有许多议员喊道："他是个罪犯！"

琉森此时也管辖不了，这班议员们也有人过来攻他，他离了议长席，走下了，据住演说台要说几句话，替他胞兄护辩。有人拖他，打他，他据住不走。他虽说了些话，因为人声嘈杂，听不见他说些什么。议场中原有许多胆小的，恐怕犯激烈派的疑心，也要附和他党，于是叫喊罪犯的声音愈闹愈大了。从前新七月，原有过这种叫喊，是送了罗伯斯庇尔性命的。

拿破仑起初很受惊扰，在客厅休息一会子，觉得安静些。他左右的人，都主张用强硬手段。外面的军队，好像是晓得有事变，都自己部署好了。但是巴黎军队在第二线，两院的炸弹队在第一线，他们的前面就是橘园，后面才是巴黎军队，解决现局，还是靠炸弹队。

大将军谕令备马，他这个时候的面貌是很可怕的，死白色的脸上流血。他已经一连有好几天发热病，这天早上他脸上发现红点，他因为受了许多刺激，很烦躁的，把脸上的红点抓破了流血，于是误传说是议员们用刀子伤害他。军队是怒极了，痛恨律师们胆敢举手伤害百战百胜的大将军。

拿破仑对军队喊道："军人们，我能依靠你们么！"

军士齐声答道："可靠！可靠！"于是齐声辱骂议员。大将军喊道："我要使这班议员们明白过来。"马队们是跃跃欲动，恨不能够就要动手。惟是炸弹队有点游疑，有人告诉他们，说是议员被一班杀人凶手所压制，望他们救护。但是有什么真实证据呢？

忽然间大声欢呼：五百议员的议长琉森走出来。

（十五）琉森之援救

这次全靠琉森机警，能当机立断，居然设法靠几个兵士帮他，从议会跑出来，成了大功（今日只有琉森是一个最重要的人）。

此时他当了议会的惟一代表，他骑了马，在他兄弟身边说话的时候，似乎全是替议会说话，叫两院的炸弹队帮忙。琉森说道："五百议员的议长告诉你们，此时会场里有大多数的议员，被不多的几个凶暴议员掏出小刀子来，强迫他们通过极残暴可怕的议案。我今告诉你们，这少数的暴徒，是得了英国人的钱，是无疑的了（琉森这几句话是套罗伯斯庇尔的调）；他们反叛元老院，胆敢呼喝把奉元老院之命办事的大将军当作罪犯。我告诉你们，这几个凶暴议员，敢于破坏两院的自由，是国法所必诛的！我倚靠你们救护，大多数自由的代表将军们兵士们国民们请听，你们只能承认，追随我的议员是法国的正式合法的议员，其余盘踞橘园的议员，是要用武力驱逐的！这群暴徒，并非代表国人的，是代表杀人的刀子的！"琉森说到这里，还要使出他的善于演戏的好手段来，当场作给军士们看，叫他们深信他的话。于是伸手把他阿哥拿破仑的军刀拔出来，把刀尖正向着拿破仑的胸脯说道："若是这里头有一个专制家的心，我就绝不留情，一刀就要刺过去的！"

（十六）炸弹队围橘园

于是只听见一片声响：炸弹队被他这一说说动了，打定主意了，一定要救护被威吓的大多数代表。军官们拔出刀来，随即在众人喊叫之声外，听见另外一种按拍而响的惨淡鼓声。鼓声一起，在后头的大队人马，立刻成列，插上刺刀前行。领队的就是以勇敢著名的缪拉，一直向橘园的台阶而来。群众欢呼如狂，喊道："打倒雅科俾党！打倒九十三！"（指一七九三年的惨杀也。

译者注。）这几句话是群众早已要说的了，却不敢放胆说，一直被制六年，到了今年今日，才敢尽情说出来，出一口气。群情是很想再打倒一个罗伯斯庇尔，却被拿破仑占了便宜。

橘园里头，这时候是乱成一团，只见议员们冲过来，撞过去。鼓声起首是很远的，慢慢的愈走愈近了。起初是旁观人躲开走了，后来是议员们从窗口跳下来。院门一开：缪拉带了人入据演说台。炸弹队进来走一遍，说道："诸位国民，你们是被解散了！"议长席上有一个军官，也喊他们被解散了。缪拉喊道："把他们都摔出去！"此时只见有许多刺刀闪动。于是就有许多议员打破玻璃窗，见有许多披红袍的议员们跳出场外。一会子就不见人影了。翌日有人看见许多议员的红袍紫衣，都挂在树枝上。有许多议员一逃出会场，一直奔向城门，要逃出城外，不料佛社早已下令闭城。

若是佛社下令关城是恐怕暴动，未免过虑。两个月前，从前的暴徒群众，从前对穆郎、唐屯、松退耳、罕理奥等的旧部已经说过道："毋论他们干些什么，我们工人，穷民们是一句话都不说的了！"从前因为芮克免职，群众就动了公愤，攻倒大监狱，不过相离了十年零几个月，群众的心理，都完全改变了，与从前是绝对的不同。共和八年新十月十九日，工匠们、穷人们听见把议员们从窗口摔出来，却拍掌喝采，说道："这一群都是搅乱时局的人，一个一个都滚跑了，如同圣库路宫的瀑布一样。"

（十七）选举首领

十九日天将黑的时候，重新建设一个政府。元老院派了一个五个人的委员会，于是委员会提议通过选定拿破仑，西耶士，杜科为临时首领，两院闭会，至新十二月初一日再开。因为五百议员们退位（退位两个字未免令人发笑），先创立两个立法委员会。得胜的人正在很高兴吃饭的时候，就有人设法再建立两院，以便好有形式上通过他们议决的各种办法。于是四出找寻议员；也有从酒馆饭馆找回来的，也有从马车上找回来的，也有从圣库路宫找回来的，有穿议员制服的，也有不穿的，都找了回来，请他们聚在一间无甚灯光的房子里。部累等还演说几句话。部累说了一句很妙的话，说道："我们要把共和变作国民的共和。"

半夜里两点钟，请三个首领宣誓。对谁宣誓，宣誓什么？却无人晓得。看热闹的人，聚了许多。三个首领出现的时候，议会喝采。三个首领宣个誓走了，群众欢呼："共和万岁！"

（十八）进行曲

到了六点钟，所有的人，都回家去了。炸弹队也回营房去了；一路走，一路唱进行曲，他们深信救了国，救了革命。

结　论

炸弹队以为他们救了革命，从近今三十年所刊行的《法国大革命史》看来，这句话是一句不言而自明的话。据前三十年的历史家看来，法国革命，是新十月十九晚告竣的。但是今日的历史家，却并无一个承认这句话的。据今日的历史家看来，新十月十九晚上，不过是革命的一种新面目。大历史家如索勒尔、奥拉德、汪达尔等都告诉读者，法国人的意思，新十月十九日的傍晚及二十日的早上，某间只有一件变动的事，就是革命宗旨，革命所征服的，向来并未定有分明的界限，到了这一天晚上，是变巩固，是变成永久的所得了，这就是所谓变动。在法国看来，这天晚上的事，既不退步，又不是停止，不进不退。国人所见，有若干分是不错的。

此后共和似乎并未受恐吓，似乎且受了整顿，其实是走了厄运。作者已经解说过：凡是过大的举动，及措置错误，及作了许多罪孽，是要产生专制家的；这个专制家一出场，就要抓住国家，僭权越分，废弃共和的。但是读者是晓得的：所有提倡激动及造成革命的人，毋论上中下三等人，毋论其为富人、贫人、贵人、下人，都并非愿意共和的。

一七八九年的革命，原是全国所办的事，是全国的意思。因为知识进步，开了上等人的眼，很见得不平等之害，群众是为苛政所逼，激到造反。乡民是决意要废封建制度，受了许多激刺，也要造反。当时的政府是纷乱无主，于是国人都想制定一个宪法。但是当时所谓宪法，十个人有九个的意中都不过以为一道诏谕，重新组织整顿政治而已。一七八九年正月间，法国人所要求的不过是法律平等，纳税平等，废除封建制度，有规则，有秩序的行政，如是而已。

是年八月间，国人当时所要求的几乎完全办到了，是以初五那一天主张革命的人，都很表示好感，说是革命终止了。在大多数的乡民看来，尤其以为是革命终止了。

惟是革命一起，未有不激动许多混浊波澜的。毋论那一国的革命，毋论古今来的革命，都是如此的，都是免不了的。在上一级的人民中，有慕富贵的政客；在下级里头，有许多亡命之徒，有许多在社会上，道德上立不住脚的人。在这两级之间，又有专好在混水里摸鱼的人。事变初起的时候，这些人就忙起来了。一七八九年七月十四日，一个少年的报馆记者，激动了一群穷民，其中当过盗贼的很多，攻打大监狱，打破了，守监的兵也杀了，夫勒塞（Flesselle）也被他们杀了。这种极大的罪恶，却为通国所赞成，从此以后，反叛的事是可以作得的，不久就成为老毛病，动不动就要造反。

就有许多人从中得了利益：有许多其心不可问的人，有许多善于说话激动群众的人；演说的无非是极高贵的意想，满口都是仁义道德，其实满肚子装满了极卑鄙恶劣的思想。因为一七八九年的政治及社会革命办得太快，他们来不及把持什么事权，于是专心致意于影响较为广远的革命，以便他们可以从容夺取事权。他们要弄成一个普通的新局面，将古风、古制一切洗刷得干净无余，建设一种新鲜永存的民国。有许多法国人对于所得的效果，已是满意，虽然不肯跟随政客们一路走，却是隐忍受着。

这班人所以甘心忍受，只因为他们相信所得的效果不难得而复失，恐怕保守不住。政客们自命为国人保守所已得好处，凡是志在发财的人，专以激动群众为事的人，及议会的领袖们，却很得着宫廷里及享受特别利益的人的好处。随后享受特别利益的，自行分裂。他们当日原有两条大路可走的：一条就是组织公然抵抗的办法，一条就是挺身出来顺着潮流走，引导潮流。但是宫廷拿不定主意，有时要抵抗，有时又要顺着潮流，有时要表示对于新思想有同情。教士们、贵族们及政府，往往变本加厉主张维新破旧，比民党还要过火得多；但是其中也有许多不明时势，不晓得牺牲的。时候是已经到了，是不能不忍痛牺牲的，故此教士贵族等就分裂作两派，故此他们的反抗力是时起时止。有时又太无手段，有时又过于阴险。

他们这样抵抗，不免令许多决意要保守新得利益者恐慌。当时有许多贵族激动煽惑贵胄们，作出许多不顺舆情的事。怪不得起事的首领们，要办完全的革命，他们说宫廷不过是等候机会，把所有退让的权利，重新收回，不久仍旧要把对建制度，重征暴敛等等虐政，恢复回来。

此时法国要有一个伟大君主在位。当革命的时候，在位的君主，何尝不大度，不笃信宗教，何尝不是有意维新的君主（并非如群众所想象以为是个庸懦君主）。然而他的才力，的确不能对付此时的种种极大的为难。路易第十六对待王后，对待他的兄弟、朝臣、左右及议会人民，都是表示好感的，却永远拿不定主意，决定一个办法。他是一片真诚，要作一个立宪制君主，深信慈祥君主就是立宪君主。于是反对革命的，还希望他将来有忽然变脸之一日。

等到后来，这一位受过许多困难的君主，果然要反抗攻击君主的人，才觉得缺少一种利器。这个利器，不独是君主制度所必需，亦是共和制度所必需的。这个利器，就是军队。这时候的军队，是全体瓦解了。这是当时最重要的一件事，军队一旦瓦解，君主还能够作什么呢？路易第十六到了这个时候，好像是一切只好听天由命了。

此时议员们大多数都是理想家，被他们自己的理想迷住了。于是革命的领袖们，乘势大翻腾，拖住议员们通过许多极可怕的大改革。那时候他们是不知利害，不顾轻重，什么旧制都一切推翻了，产生出一个奇形怪状不伦不类的宪法来，是一个绝妙的理想宪法，可以行于无何有之乡的，却毫无可以持久的性质。另外宣布一个极好听的宣言书，凡是宪法所不载的，都在宣言书里答应国人，于是发生不能停止永远进行的革命。假使议员们不为已甚，君主原可以勉强承认这个怪宪法。不料议员们要透底的改革，要动宗教的手。法国的宗教最古远，在君主制度之先，民教相仇，由来已久。议员们一来是要报仇，二来是要弄钱，于是就要改革宗教，把所有宗教产业当作国产，公然变卖，将产业作为发行纸币的基本金。教士反对，于是议会定一种宗教的官制。这是议会所铸成的一个大错。他们以为是很容易通行的，教士们为自卫计，就发生许多宗教不和的事。这是一件最难对付的事，比平定内乱，为难十倍。

路易第十六原是一个奉教极其诚笃的一个人：他对于革命一切，都可以原谅，都可以宽贷，甚至于屈辱君主也可以不计较；却永远不能宽恕议会强逼他批准宗教官制。这一强逼，把君主强逼到反对革命的人们的怀里，要他们设法帮助他。反对革命的人劝他出奔，他果然出奔，又被国人把他截住，送回巴黎，备受种种不堪的侮辱。国人是怒不可遏，从前并无侵犯君主之意，经这一次逃走，国人却攻击君主制了。

当下有一种双层的举动发现。革命伤害了许多人，因为这个革命并未计及许多利害，许多情感。有许多人以为革命走得太快了；商业工业及许多小本营生的都吃了大亏。小民是日见其穷困。到了一七九一年，革命是已经革过火了，有许多人大不以为然，有一半从前赞成及发起的人，都很后悔。另外一方面，却有一班人是新加入革命的。这一班新加入的，就是卖了国产，得了许多利益的人。一七九〇年至一七九一年，国内产生一种新业主。到了一七九二年，这些新业主是得了承认的地位。到了这个时候，只要有人反对革命，新业主们就以为是反对他们。这班新业主并无什么革命思想的，惟是他们深信宫廷力谋推翻革命，倘若得手，是要破坏新业主的，故此新业主都附革命党领袖，攻击宫廷。

此时宫廷不独要设法阻止革命，并且要把革命潮流冲击回头。又因贵族们不在国里组织团体，合力反抗，却纷纷出奔，逃到外国。宫廷见国内既无助力，只好求救于外国。

外国是最欢喜听求救的话，他们却并无好意，并非巩固君主制度，不过要乘法国内乱，兴兵入犯，瓜分法国，路易第十六是绝对不肯让外国瓜分法国，出亡在外的亲王贵胄，也是不肯的；与其割地求援，毋宁一死殉国的；但是外国军队中颇有逋臣在内，国人就立刻看破外国的用意，是要破坏法国。逋臣们这样与外国军队通款，拖累了路易第十六，国人以为君主私通外国，是百口莫辩的。日耳曼军队开到法国边界那一天，就是君主命运告终的一天。外国军队犯边的那一天，就是君主授首的那一天。

同时有极激烈的举动，扰乱全国。法国的独立，有了危险；凡是攻击革命的，就是攻击法国，到了此时，爱国派就是救国派，救国派就是雅科俾党。凡是有极正当的理由反对革命的人，是敢怒而不敢言，只要一开口，就被人疑心私通外国。当时是无处不受激动，国人是如疯如狂的，结果是发生一种极可怕的革命狂热病。

革命首领们乘势作一件事，是最与革命性质相反的，因而以为己利。一七八九年革命，是大声叫喊“自由万岁”及“君主万岁”办成的。首领们却首先推翻君主，随后要斩断回头的路，把君主杀了。第二步是借国家阽危及保全公安为名，建设雅科俾党的狄克退陀制。这三年以来，雅科俾党俱乐部，布满全国。这时候全国都无可奈何，受制于一个公安委员会之下。公安委员会同国会一样，那个自名为最爱国的，那个就揽大权。最后一步，是革命政府，早已宣布，是酷爱和平。到了此时，忽然举国如醉如疾的主战。法国军队既大败敌军，追逐出境，犹以为未足，乘胜进攻，欲以共和主义强迫外国奉行。法国人向来是激昂的，既存了这种思想，由激昂变作疯狂了；既战胜敌军之后，国人于是主张自然边界主义。既要实行这个主义，就不能不延长战事，此则正中恐怖党之下怀，因为从此有所借口把持政权。于是郑重宣布自然边界宗旨，作为革命应有的主义。

一七九三年，有少数的人把持政局；但是此时法国人民有四分之三盼望革命告终，免得有许多人因革命以为有利害及全国。然而这班因以为利的人，用种种方法，把持一切，压制全国，反对他们的人，一动手就被把持的人打倒。这一群把持的人，却是异常的动劳，用全力对付，又有善战耐劳的军队听他们指挥。他们专用恐怖政策，毋论什么人反对，非杀之而后快，即使是最有功于革命的人，杀之亦在所不惜。是以一七八九年首倡改革的大人物，如巴那甫丹敦等都被恐怖党杀了。先杀的是他们，后杀的就是一七九二年建设共和的人。

如此惨杀，是破坏了革命的精神。强逼国人服从这种有名无实改头换面的革命。于是毋论什么社会，都有许多人痛恨专制惨杀党。他们所恨的，不过是这一群专制党，至于革命的真宗旨，他们是决意要保存的；毋论如何，是绝不肯抛弃的；此外还有实际上的利益，是更不能抛弃，仍然是痛恨恶绝旧时制度。国人所要的，是法律上的自由平等，以此作根基，重整政制。最痛恨的，就是那一群演说家及政党俱乐部，与议会中那一群政客；因为他们所说的话，都是要国人流血的。国人可要保存革命所发生的种种利益，但是一个过于横行专事惨杀根基不固的政府，是绝不能保存此项利益的。最后一层，是国人要法国独立，又要将征服的地方收入版图，却不愿拖长战事，劳民伤财。总而言之：自从一七九四年以后，所要的是措置法国于坚固基础，实行从前各处所递的诉苦书的请愿，国人所要求的就是这件，不独此时如此，在其前之一七八九年，在其后之一七九九年所要求者，亦不过如此。

但是少数人已夺了政权，尝惯了滋味之后，如何肯放松抛离呢？这一群得了好处，把持政局的雅科俾党人，其意并非要实行毋论那一个新宗旨，其意只在保护他们的利益。他们惟一要保护的，就是权力及财产，尤其要保护的是他们自己的头颅。他们很晓得自己多行不义，人人欲得而甘心，假使反对革命得手，他们就不能保存他们的头颅。因为这个缘故，他们就首先杀了一个君主，随后杀了一个王后，其后又惨杀无辜，杀到几千人之多，却都是借口人民的主权杀的。后来摆脱了恐怖党的束缚，到了新七月初九日，所谓人民主权真要说话的时候，他们又不承认。假使一个国王，当日肯批准业主新制，答应不念旧怨，以免内乱，国人原无不可容纳，请君主回来复辟的。但是贵胄们过于昏聩，绝不肯通融，复辟一层是绝不能容纳的了，只好建设自由的共和；尤其重要的，是要有一个政府，主张宗教自由的。

但是这种办法的效果，是要推倒少数专制的局面，他们自然是不甘消灭的。一七九五年，这个专制政府强逼国人承认，压制舆论，既作不到，遂于共和五年新八月封闭报馆。自此以往，完全都是个欺人的假局面。国人是痛恨极了，很要推倒这群少数专制的人，惟有盼望一个天纵英武的人出来，替国家解放束缚。国人对于他们所说的空话谎话。政治的演说，及贻误国事的，及许多小专制家，是深恶痛恨到了极点，这时候无人相信自由了。忧国的人看见法国屡蹈危机，又经过多次的摇动，国力消耗，是很为法国危，却是并无补救良策，只盼望有一个人出来救护。

他们所盼望的人，果然出现了。他是个军人，这却是必然之事。

从前的军队很有瓦解之势，是路易第十六所不能用的，后来出征在敌人枪林弹雨之中，却重新组织好了。这种军队，大战三十次，打过一百次胜仗，也会夺得数省，征服几个国。演说家一面说许多空话骗军队，国人却是异常之喜欢这军队。军队既为国人所爱，是很危险的；最危险是少年军官，他们很晓得有功于国，立意不奉那一群演说家的命令。

其中有一位少年军官，好像是应运而生的，很像古时所演的惨剧，快到收场的时候，就有一个神人出现。但是这位军官，也是时势生出来的，他能炫耀全国人的眼睛，把全国人都迷住了，把全国人都收服了。国人所盼望的，是要从他手上享受有光荣的和平。假使这位少年军官给法国以和平之后，建设法律平等自由于坚固基础之上，收拾破坏封建制所余的残局，立一个永久巩固的根基。假使他能为国人组织合情理，有规则的政局，此是旧制所办不到的，亦是议会所丝毫并未办到的。苟能如是，则可以饱一七八九年的国人所想的奢望了。假使他能够劝谕原业主，以事势既已如此，米煮成饭，无可挽回，只好牺牲，不再计较，以安新业主之心（最要的是安抚买教产者之心，使其安居乐业）。如是则能维护许多享受新利益的人，使他们放心。假使他能够不惜重何党何派以处理国事，不专用结党专制的革命党人，对于一七八九年以来专力使革命告成的人，一切处以宽大，不追既往，如是就可以免于再陷法国于意外危险，且能饱国人的第三条奢望。最后一层是：假使他能强逼欧洲低首下心，承认法国的新边界，苟能如是，则不独不破坏革命，且能办竣及保护国人所最重视的功业。他只要能够办到这几件重要的事，国人自然正眼都不肯看什么会议场，什么演说家的聚会，及一切俱乐部，政党报纸，连什么共和不共和，国人都可以不管的了。一七八九年国人所盼望的，并不是这等事；这不过是节外生枝的事，乍见似乎是很新鲜很好看，其实是吸收了许多精华，害了这一棵好树了。

惟是事势所趋，这一方面既过火，那一方面也必定过火，这是在所不免的事；法政的自由，原靠议院制度保护的，国人这个时候，又太轻视自由了。惟是法国此时的议院制，并未有过正当的组织；说到自由这两个字，凡是政府的建筑，都有自由两个字雕在上头，但是法律中及习惯中，并没有自由这个东西。

拿破仑出来，凡是国人所望于他的。他都照给的。是以新十月十九日晚上，革命并未告厥成功，因为还要定法律，同教王立约，同各国立约，才算成功。

法国的大革命如同火山炸裂，喷出许多熔石；其中也有许多无价的宝石，也有许多极难看的渣滓灰烬，不分玉石好丑，一齐都滚在山脚下，日久渐渐凝固了。未冷结之前，不知毁坏了多少东西。现在凝成一块大花刚石，石质是极好的，可以作为建筑新民国的原料。一七八九年冬天，弥拉波所搅动喷出的熔石；一七九九年秋天，拿破仑所降服的熔石，就是法国帝制时代，及其后百年，即今日之法国所用以建筑的原料。